第一书记

扶贫读本

本书编写组 编

山东教育出版社

图书在版编目（CIP）数据

第一书记扶贫读本/《第一书记扶贫读本》编写组
编.—济南：山东教育出版社，2016（2017重印）
ISBN 978-7-5328-9465-9

Ⅰ.①第… Ⅱ.①第… Ⅲ.①扶贫—中国—学习参
考资料 Ⅳ.①F124.7

中国版本图书馆CIP数据核字（2016）第130592号

第一书记扶贫读本

《第一书记扶贫读本》编写组　编

主　　管：山东出版传媒股份有限公司
出 版 者：山东教育出版社
　　　　　（济南市纬一路321号　邮编：250001）
电　　话：（0531）82092664　传真：（0531）82092625
网　　址：www.sjs.com.cn
发 行 者：山东教育出版社
印　　刷：青州市新希望彩印有限公司
版　　次：2017年8月第1版第2次印刷
规　　格：710mm×1000mm　16开本
印　　张：31.25印张
印　　数：45001—51000
字　　数：377千字
书　　号：ISBN 978-7-5328-9465-9
定　　价：50.00元

（如印装质量有问题，请与印刷厂联系调换）
（电话：0536-3539196）

《第一书记扶贫读本》编委会成员名单

主　　任： 王军民

副 主 任： 杨东奇　赵润田

执行编委：（按姓氏笔画为序）

刘永巨　刘炳国　杨炳平　李超群　时培伟　张瑞东

陈保亚　邵国君　林建宁　周忠高　赵　东　高尚山

编委成员：（按姓氏笔画为序）

于富军　马福义　王艺华　王少杰　王文中　王伟杰

王红勇　王金宝　王春英　王桂芹　王登启　王　熠

王豫生　尹　刚　甘信忠　田　野　冯建国　冯海英

邢善萍　刘永亮　刘冠凤　刘海滨　刘继东　闫化川

宇向东　许广民　杨卫华　杨树国　李广军　李业兵

李进友　李国琳　李京进　李　政　宋永泉　宋　伟

初明锋　张文涛　张兴民　张国防　张忠军　张金宁

张型成　陈红光　范正金　岳　滨　赵玉庆　赵国卿

姜卫良　姜　凝　宫松章　宫晓芳　祝　丽　耿为华

耿庆海　夏鲁青　钱淑芬　徐国勤　殷文彬　郭九成

唐建俊　曹　磊　崔升平　董廷杰　蒋　文　蔺如伟

谭　涛　翟培建　魏传永

编写人员：（按姓氏笔画为序）

丁纪伟　王　曦　公浩伟　曲　艺　刘显世　刘　哲

孙　宁　孙永泗　吴爱梅　沈文涛　张传民　张鹏远

武　军　武晓明　岳增勇　赵之峰　赵建忠　赵晓霞

胡志刚　胡洪杰　战　星　黄建龙　曹　源　盛　新

阎亚男　翟振然　潘宏庆

序言

消除贫困，改善民生，实现共同富裕，是社会主义的本质要求和我们党的重要使命。改革开放以来，我国实施大规模扶贫开发，使7亿贫困人口摆脱贫困，取得了举世瞩目的伟大成就。以习近平同志为总书记的党中央高度重视扶贫开发工作，提出了一系列关于扶贫开发工作的新理念、新思想、新观点，从战略和全局的高度深刻阐述了脱贫攻坚的重要意义，科学分析了扶贫开发工作面临的新机遇、新挑战，进一步阐明了新时期扶贫开发工作的大政方针、目标任务、总体要求和重大举措。习近平总书记关于扶贫开发重大战略思想和党中央的一系列决策部署，为我们做好新时期扶贫开发工作、打赢脱贫攻坚战提供了科学指南。

历届省委、省政府都高度重视扶贫开发工作，坚持把农村贫困人口脱贫问题摆在经济社会发展的重要位置来抓，投入力度不断加大，政策措施不断强化，基本构建起专项扶贫、行业扶贫、社会扶贫"三位一体"扶贫开发新格局，"十二五"时期全省连续五年每年减贫100万人，农村贫困群众收入增幅高于全省农村居民收入增幅，为提前完成脱贫攻坚任务打下了坚实基础。在看到成绩的同时，我们也要清醒地认识到，我省扶贫开发已经进入攻坚拔寨的冲刺阶段，目前全省仍有240余万农村贫困人口，总量较大、分布零散，都是些难啃的"硬骨头"，脱贫攻坚任务十分艰巨。为加快补齐全面建成小康社会中的这块突出短板，省委、省政府决定，要继续下大气力抓好扶贫开发工作，用两年的时间基本完成脱贫任务，第三年全部兜底完成，后两年巩固提升脱贫攻坚成果，确保全省人民同步迈入全面小康社会。

有针对性地向贫困地区、扶贫工作重点村派驻第一书记，是我省脱贫攻坚"政策组合拳"的重要工作举措之一。为推进农村扶贫开发、夯实基层基础，我省从2012年起开展了选派第一书记工作，每年都选派优秀党员干部到扶贫工作重点村担任第一书记抓党建促脱贫。四年来，全省共选派了4万名第一书记，实现了对省定扶贫工作重点村和党组织软弱涣散村的全覆盖。广大第一书记铭记组织重托，深入扶贫开发第一线，团结带领扶贫工作重点村干部群众实干苦干，充分发挥了党的政策宣传队、农村党建工作队、脱贫致富服务队的作用，取得了令人注目的成绩，受到了基层干部群众的欢迎和赞扬。第一书记工作成为新形势下推进脱贫攻坚、加强农村基层组织建设的有力抓手和工作品牌。

为深入贯彻落实习近平总书记关于扶贫开发工作的重大战略思想，总结推广我省第一书记扶贫开发工作的经验做法，给第一书记和农村基层工作者提供工作指导和服务，经省委、省政府主要领导同志同意，王军民同志牵头组织编写了《第一书记扶贫读本》。全书突出以学习贯彻习近平总书记关于扶贫开发的战略思想为引领，把加强基层组织建设与带领贫困群众致富奔小康相统一，把脱贫攻坚任务落实与推动农村综合改革相结合，把农村产业发展与农业结构调整相融入，把各项扶贫政策落地与第一书记工作实践相衔接；既有对重大理论的深刻解读，又有对相关政策的详细说明;既有明确的措施办法,又有生动的具体案例;可学习,可借鉴,可复制,可推广,是一部具有很强的理论性、政策性、实用性、可操作性的扶贫开发工作指导用书。

希望广大第一书记、农村基层干部,认真阅读《第一书记扶贫读本》,深入学习贯彻习近平总书记扶贫开发战略思想和中央扶贫开发工作的决策部署,按照省委、省政府的要求安排,进一步深化和创新扶贫开发工作的思路和方法,直面挑战,真抓实干,攻坚克难,以更大的决心,更精准的措施,超常规的力度,坚决打赢脱贫攻坚战,为全面建成小康社会、加快建设经济文化强省做出积极贡献。

中 共 山 东 省 委 副 书 记
山东省选派第一书记工作领导小组组长

2016年5月

目录

1

■ 第三章　坚持精准扶贫精准脱贫基本方略

■ 第四章　加强扶贫基础设施建设

第一章
坚决打赢脱贫攻坚战

消除贫困、改善民生、逐步实现共同富裕，是社会主义的本质要求和我们党的重要使命。扶贫开发工作事关全面建成小康社会，事关人民福祉，事关巩固党的执政基础，事关国家长治久安。打赢脱贫攻坚战，带领贫困地区和贫困人口全部脱贫，是党中央向贫困全面宣战的动员令和冲锋号，也是全面建成小康社会最艰巨的任务。当前，扶贫开发工作已进入攻坚拔寨的冲刺阶段。要打赢这场脱贫攻坚战，必须认真学习贯彻习近平总书记系列重要讲话精神特别是扶贫开发战略思想，切实把思想行动统一到中央和省委、省政府的决策部署上来，坚持精准扶贫、精准脱贫基本方略，采取超常规举措，拿出过硬办法，举全省之力，确保贫困群众与全省人民一道提前迈入小康社会。

第一节
习近平总书记扶贫开发战略思想

党的十八大以来，习近平总书记多次就做好扶贫开发工作发表重要讲话，深刻阐述了扶贫开发重大理论和实践问题，提出了许多新理念、新思想、新论断，作出了一系列新部署、新要求、新安排，形成了新时期扶贫开发的重大战略思想，为当前和今后的扶贫开发工作提供了根本遵循和行动指南。

一、总书记扶贫开发战略思想的精神内涵

习近平总书记扶贫开发战略思想，从战略和全局高度，明确了新时期扶贫开发工作的大政方针、目标任务和总体要求，内涵丰富，博大精深，深刻揭示了协调发展、共享发展的一般规律，科学回答了我国如何跨越"中等收入陷阱"、全面建成小康社会的重大命题，是党中央治国理政方略的重要组成部分。既有理论上的科学指导性，又有实践上的现实操作性。

（一）关于扶贫开发是社会主义本质要求、事关巩固党的执政基础和社会主义制度的重要阐述

1. 扶贫开发是社会主义的本质要求

消除贫困、实现共同富裕是社会主义的本质要求。习近平总书记多

次指出："消除贫困、改善民生、实现共同富裕，是社会主义的本质要求，是我们党的重要使命。""贫穷不是社会主义。如果贫困地区长期贫困，面貌长期得不到改变，群众生活长期得不到明显提高，那就没有体现我国社会主义制度的优越性，那也不是社会主义。"自1949年新中国成立以来的社会主义建设发展史，从本质上说就是消除贫困、改善民生、实现共同富裕的历史。当前，我们面临的扶贫开发工作难度越来越大，脱贫攻坚任务越来越艰巨而繁重。打赢脱贫攻坚战，带领贫困群众实现共同富裕，这是我国社会主义的本质属性、应有之义。

2. 扶贫开发事关巩固党的执政基础

脱贫攻坚是巩固党的群众基础的战略举措。2014年3月，习近平总书记在河南省兰考县委常委扩大会议上指出："发展仍然是我们党执政兴国的第一要务，仍然是带有基础性、根本性的工作，但经济发展、物质生活改善并不是全部，人心向背也不仅仅决定于这一点。发展了，还有共同富裕问题。物质丰富了，但发展极不平衡，贫富悬殊很大，社会不公平，两极分化了，能得人心吗？因此，经济总量无论是世界第二还是世界第一，未必就能够巩固住我们的政权。"我们党打天下靠的是穷人，坐天下决不能忘了穷人。只要我们真心实意帮助他们过上好日子，老百姓就会拥护我们，我们党执政的群众基础就能不断巩固，就能经得起风浪和考验。

3. 扶贫开发是我们党的执政责任

我们党一贯高度重视扶贫开发事业。新中国成立前，我们党领导广大农民"打土豪、分田地"，就是要让广大农民翻身得解放。现在，我们党就是要领导广大农民"脱贫困、奔小康"，就是要让广大农民过上共同富裕的好日子。习近平总书记多次强调，"小康不小康，关键看老乡"。总书记从"执政责任"的高度，多次要求各级党委和政府增强做好扶贫开发工作的责任感和使命感，格外关注、格外关爱、格外关心，千方百计帮助他们排忧解难，把群众的安危冷暖时刻放在心上，把党和政府的温暖送到千家万户。我们要从政党性质、执政责任、巩固制度的高度，深刻理解扶贫开发工作的战略意义，统一思想，不负使命，坚决打赢脱贫攻坚这场硬仗。

（二）关于扶贫开发长期性、艰巨性、复杂性的重大判断

1. 扶贫开发工作的长期性

扶贫是一个阶段性的渐进过程，任重道远。习近平总书记在谈到经济落后地区发展时语重心长地指出："没有什么捷径可走，不可能一夜之间就发生巨变，只能是渐进的，由量变到质变的，滴水穿石般的变化。"国际反贫困理论和实践也已证明了这一点。我国贫困人口基数大、分布广，决定了贫困问题在短期内将很难获得彻底解决。因此，根本改变贫困地区面貌，仍是一项长期任务。

2. 扶贫开发工作的艰巨性

当前，脱贫攻坚进入啃硬骨头、攻坚拔寨的冲刺阶段，越往后脱贫难度越大。同时，稳定脱贫也是一道不容易迈过的坎，一些刚脱贫的群众抗风险能力差，得一场病、遭一场灾、市场行情不好，很可能就会返贫。"饱而复饥、暖而复寒"，脱贫的拉锯战可能要较量一阵子。这说明了扶贫开发工作客观存在的艰巨性、反复性。不但我们社会主义国家扶贫开发工作任务艰巨，世界上一些发达国家也有一部分人处于低收入水平，也还没有解决相对贫困问题。为此，习近平总书记郑重提醒："打赢脱贫攻坚战，不是轻轻松松一冲锋就能解决的，全党在思想上一定要深刻认识到这一点。"我们必须牢记总书记的指示，对未来五年脱贫攻坚的难度有清醒的、充分的认识，一步一个脚印地推进

扶贫开发各项工作。

3.扶贫开发工作的复杂性

贫困地区之所以长期贫困，原因复杂多样，要改变面貌非一日之功，需要不懈努力。我国的贫困问题与自然条件、人口素质、家庭状况、社会生产力的发展水平等因素密切相关，导致贫困原因非常复杂。在脱贫攻坚克难的新阶段，"输血式"的传统扶贫模式难以为继，精准扶贫成为扶贫的新举措。我们要深刻领会总书记关于扶贫开发工作的战略思想，深化对扶贫攻坚长期性、艰巨性、复杂性的清醒认识，进一步坚定信心和决心，以时不我待、只争朝夕的精神抓好扶贫开发工作，决不让贫困地区和贫困群众在全面建成小康社会进程中掉队。

（三）关于坚持精准扶贫、注重实效的重要理念

1.精准扶贫永远在路上

精准扶贫是解决扶贫开发工作中底数不清、目标不准、效果不佳等问题的重要途径。精准扶贫的核心内容是做到"真扶贫、扶真贫"，旨在使扶贫资源更好地瞄准贫困目标人群。精准扶贫的重要理念，是指引我们做好扶贫开发各项工作的行动指南。习近平总书记在总结各地实践和探索的基础上，要求做到"六个精准"、实施"五个一批"工程，强调要"因地制宜，探索多渠道、多元化的精准扶贫新路径"。2015年11月，他在中央扶贫开发工作会议上提出："总结各地实践和探索，好路子好机制的核心就是精准扶贫、精准脱贫，做到扶持对象精准、项目安排精准、资金使用精准、措施到户精准、因村派人精准、脱贫成效精准。""六个精准"的高度概括，是总书记关于精准扶贫、精准脱贫战略思想的集中体现，抓住了新形势下扶贫开发工作的要害。我们在扶贫开发工作实践中，一定要解决好"扶持谁"、"谁来扶"、"怎么扶"、

"如何退"的问题，真正把精准理念落细落小落实，锲而不舍，久久为功，做到扶真贫、真扶贫、真脱贫。

2. 提高脱贫攻坚的实效性

提高脱贫攻坚的实效性，关键在于推动脱贫攻坚各项决策部署落地生根。一是要落实责任，立下"军令状"，配强"突击队"，倒排工期、强力推进。二是坚持苦干实干，各级领导干部既要带头学、带头干，又要能干会干，善于激发贫困群众脱贫攻坚的热情和干劲。三是激发内生动力，尊重贫困地区干部群众的首创精神，增强贫困地区发展支撑能力，激活贫困地区的土地、劳动力、资产、自然风光等要素。四是用好各类资源，动员方方面面力量广泛参与扶贫事业，增加资金投入和项目支持，出台更多惠及贫困地区、贫困人口的政策措施，让贫困群众真正得实惠，确保脱贫攻坚取得实实在在的效果。

（四）关于坚持激发内生动力、调动贫困地区和贫困人口积极性的明确要求

1. 因地制宜选准脱贫致富的好路子

早在1988年9月，习近平同志在《弱鸟如何先飞——闽东九县调查随感》调查报告中，就明确提出："要使弱鸟先飞，飞得快、飞得高，必须探讨一条因地制宜发展经济的路子。"党的十八大后，他又进一步完善了这一思想，指出："实现脱贫致富，不仅要解放思想，更要把握方向、找对路子。"2013年11月，他在湖南调研时强调："发展是甩掉贫困帽子的总办法，贫困地区要从实际出发，因地制宜，把种什么、养什么、从哪里增收想明白，帮助乡亲们寻找脱贫致富的好路子。"实践证明，贫困地区只有立足实际，选准脱贫致富的好路子，因地制宜培育发展特色优势产业，鼓励贫困地区的企业、农民合作社与贫困户建立紧密利益联结机制，激发

其内生动力，确保贫困农户在特色产业发展中获得实实在在的利益。

2.搞好教育扶贫，形成扶贫的合力

中国特色扶贫开发道路的一个重要特征，就是广泛动员全社会力量共同参与扶贫开发，形成扶贫的合力。习近平总书记指出："要大力弘扬中华民族扶贫济困的优良传统，凝聚全党全社会力量，形成扶贫开发工作强大合力。""要加大投入和工作力度，突出连片特困地区，重视片区外'插花'贫困户，完善专项扶贫、行业扶贫、社会扶贫'三位一体'工作格局。"我们要按照总书记的要求，通过增强贫困地区政策支持，助推扶贫开发工作成功，加快农村水电路房等基础设施建设，努力改变贫困地区、贫困人口的生存发展环境，要用好社会保障、基本医疗、义务教育等政策条件，确保兜底脱贫。2013年11月，习近平总书记在山东考察工作时明确要求做到"三个紧紧扭住"：紧紧扭住发展这个促使贫困地区脱贫致富的第一要务，立足资源、市场、人文旅游等优势，因地制宜找准发展路子；紧紧扭住包括就业、教育、医疗、文化、住房在内的农村公共服务体系建设这个基本保障，编织一张兜住困难群众基本生活的安全网，坚决守住底线；紧紧扭住教育这个脱贫致富的根本之策，务必把义务教育搞好，再穷不能穷教育，再穷不能穷孩子，确保贫困家庭的孩子也能受到良好的教育，不要让孩子们输在起跑线上。要发展学前教育，确保实现义务教育，强化职业教育，努力提高贫困人口的基本技能，努力不让贫困代代相传。习近平总书记非常重视教育扶贫工作，他指出："抓好教育是扶贫开发的根本大计，要让贫困家庭的孩子都能接受公平的有质量的教育，起码学会一项有用的技能，不要让孩子输在起跑线上，尽力阻断贫困代际传递。"2014年6月，他在全国职业教育工作会议上强调："要加大对农村地区、民族地区、贫困地区职业教育支持力度，努力让每个人都有人生出彩的机会。"我们要按照总书记的要求，紧紧扭住教育这

个脱贫致富的根本之策，保证贫困家庭孩子受到教育，不让孩子输在起跑线上。

3. 调动贫困人口的积极性，增强内生动力

开发式扶贫，必须注重调动贫困地区和贫困人口的积极性，激发其内生动力。实现脱贫致富，根本还是要靠贫困地区干部群众增强自我发展能力，要靠贫困群众用自己的辛勤劳动来实现。扶贫先扶志，一定要把扶贫与扶志有机地结合起来，既要送温暖，更要送志气、送信心。习近平同志在1988年《弱鸟如何先飞——闽东九县调查随感》一文中就强调："弱鸟可望先飞，至贫可能先富，但能否实现'先飞'、'先富'，首先要看我们头脑里有无这种意识。""地方贫困，观念不能'贫困'。'安贫乐道'，'穷自在'，'等、靠、要'，怨天尤人，等等，这些观念全应在扫荡之列。"总书记指出："贫困地区发展要靠内生动力，如果凭空救济出一个新村，简单改变村容村貌，内在活力不行，劳动力不能回流，没有经济上的持续来源，这个地方下一步发展还是有问题。"要打赢脱贫攻坚战，就必须充分调动贫困地区干部群众的积极性、主动性，扶贫先扶志，让他们的心热起来、手动起来，摒弃"等人送小康"的心态，调动起自身的积极性，激发其内生动力，让他们特别是年轻一代自己行动起来，改变贫困状况。还要重视培养脱贫致富带头人，优先扶持他们先富起来，然后带动其他贫困人口脱贫致富，最终实现共同富裕。

（五）关于扶贫开发要坚持发挥政治优势和制度优势的重要指示

1. 要充分发挥我们党的政治优势

中国特色社会主义的政治优势和制度优势，是扶贫开发的根本保障。坚持党的领导，发挥社会主义制度可以集中力量办大事的优势，这是我们的最大政治优势。这一政治优势，可以高效地把全社会资源整合起来，

精准聚集、精准扶贫，按照中央统筹、省负总责、市（地）县抓落实的管理体制，片为重点、工作到村、扶贫到户的工作机制，党政一把手负总责的扶贫开发工作责任制，层层抓落实，确保脱贫攻坚各项工作真正落到实处。

2. 要充分发挥我国社会主义的制度优势

新中国成立以来，特别是改革开放以来，我们实施大规模扶贫开发行动，贫困人口大幅减少，群众生活水平显著提高，贫困地区面貌发生翻天覆地的变化。短短30多年，实现减贫7亿多人，在全世界也只有中国能够做到。这充分体现了中国共产党领导和中国特色社会主义制度的优越性。

改革开放以来，扶贫工作之所以取得巨大成绩，一条基本经验就是坚持全党动员、全社会参与，政府、市场、社会协同发力，充分发挥社会主义的制度优势。把这一制度优势充分发挥出来，我们可以集中力量办大事，做到"一方有难，八方支援"，集中更多的资源和条件解决好贫困问题。

我们要深入学习贯彻习近平总书记关于扶贫开发的重要战略思想，做到内化于心、外化于行，用其武装头脑、指导实践，为今后五年打赢脱贫攻坚战提供强大的思想动力。

二、总书记扶贫开发战略思想与五大发展理念

习近平总书记关于新时期扶贫开发的重要战略思想，全面系统总结了中国特色扶贫开发道路的创新实践和主要经验，精辟阐述了扶贫开发在"五位一体"总体布局和"四个全面"战略布局的重要地位和作用，贯彻了创新、协调、绿色、开放、共享的发展理念，体现了马克思主义世界观和方法论，是治国理政思想的重要组成部分，是中国特色扶贫开

发理论的最新成果，也是做好当前及今后一个时期扶贫开发工作的科学指南和根本遵循。我们要结合实际，认真学习领会，贯彻落实到脱贫攻坚各项工作中去。

（一）贯彻着创新的思维

总书记的扶贫开发战略思想，用改革创新的办法破解难题，深刻贯彻了创新发展的科学思维。扶贫开发工作是党和国家事业的重要组成部分，离不开创新的引领，需要创新的推动。脱贫攻坚涉及面宽，贫困地区自然条件、资源禀赋迥然相异；贫困人口点多面广，发展水平、致贫原因、帮扶需求多种多样。这决定了脱贫攻坚的工作重点、方法举措不能"千篇一律"，决定了脱贫攻坚各项工作必须要创新扶贫路径、创新考核机制等。总书记在中央扶贫开发工作会议上强调："各地情况千差万别，不要形而上学都照一个模式去做，而要因地制宜，探索多渠道、多元化的精准扶贫新路径。"我们要深刻学习领会总书记的扶贫开发战略思想，解放思想，实事求是，不断开创扶贫开发的新思路、新模式、新成果，拓宽视野，与时俱进，不断提升脱贫攻坚的实际成效。

（二）贯穿着协调的要求

总书记扶贫开发战略思想，用统筹协调的办法总揽全局，深刻体现了协调发展的基本要求。扶贫开发工作的长期性、艰巨性、复杂性，决定了新时期脱贫攻坚战必须做到统筹协调、整体联动、突出重点、精准发力。总书记相继提出了"没有农村的小康，特别是没有贫困地区的小康，就没有全面建成小康社会"、"加大统筹城乡发展、统筹区域发展力度"、"在统筹推进新十年农村扶贫开发中，进一步加大扶持力度，加快老区开发建设步伐"、"把扶贫开发同基层组织建设有机结合起来"、"健全东西部协作、党政机关定点扶贫机制"、"加快形成中央统筹、省（自治区、直辖市）负总责、市（地）县抓落实的扶贫开发工作机制”、“全党全社会要继续共同努力，形成扶贫开发工作强大合力”等一系列新论断、新要求。统筹协调，弹好钢琴，就要建立健全各类促进脱贫攻坚的机制，如考核机制、退出机制、资金整合机制、监督机制等；就要促成各级各部门全面行动，将脱贫攻坚各项举措全线推进。

（三）彰显着绿色的追求

总书记的扶贫开发战略思想，把生态环境保护放在更加突出位置，深刻体现了绿色发展的长远追求。总书记一再强调扶贫不能以牺牲环境为代价：要把生态环境保护放在更加突出位置，像保护眼睛一样保护生态坏境，像对待生命一样对待生态环境。在生态环境保护上一定要算大账、算长远账、算整体账、算综合账，不能因小失大、顾此失彼、寅吃卯粮、急功近利。2013年11月，他在湖南考察工作时强调：“扶贫开发要同做好农业农村农民工作结合起来，同发展基本公共服务结合起来，同保护生态环境结合起来，向增强农业综合生产能力和整体素质要效益。”2014年3月，他在参加十二届全国人大二次会议贵州代表团审议时指出：“绿水青山和金山银山决不是对立的，关键在人，关键在思路。保护生态环境就是保护生产力，改善生态环境就是发展生产力。”他一再强调，“绿水青山就是金山银山”。许多基层脱贫的实践也证明了这一点，通过保护生态环境，发展乡村旅游，实现了脱贫致富。我们要在总书记“绿色脱贫”战略思想指引下，推行新常态下绿色减贫的新型扶贫模式，合理开发利用生态资源，把精准扶贫、发展产业与生态保护、美丽乡村建设结合起来，促进贫困地区生态资源转化为生态资本，使贫困地区发展扎实建立在自身资源禀赋的有利条件之上。

（四）体现着开放的胸怀

总书记的扶贫开发战略思想，用全球眼光思考我国的脱贫攻坚方略，深刻体现了开放发展的国际视野。他在《摆脱贫困》一书中提出："我认为，开放和扶贫对闽东来说，出发点和归宿都是为了商品经济的发展，所以都应统一于商品经济规律的运动之中。"他强调，开放和扶贫彼此融合，提倡用开放意识来推动扶贫工作和在扶贫工作上运用开放政策，开放和扶贫相互依存，相互促进，扶贫成果将是开放的新起点，开放将使扶贫迈向新台阶。2015年11月，他在中央扶贫开发会议上指出，经过改革开放37年来的努力，我们成功走出了一条中国特色扶贫开发道路，成为世界上减贫人口最多的国家，也是世界上率先完成联合国千年发展目标的国家，为全球减贫事业作出了重大贡献。他强调，加强同发展中国家和国际机构在减贫领域的交流合作，是我国对外开放大局的重要组成部分。实施开放战略支持扶贫开发与发展模式创新，推动反贫困工作的思维开放、行动模式开放和参与机制开放，应成为我们在扶贫工作中重要的基本遵循。

（五）饱含着共享的情怀

总书记的扶贫开发战略思想，坚持发展成果由全体人民共享的一贯理念，深刻体现了共享发展的民生情怀。总书记从县、市、省到中央40多年的工作历程中，心里始终装着贫困老百姓，始终把扶贫作为一项重要工作，花的精力最多。党的十八大以来，总书记发表了一系列重要讲话，多次强调消除贫困、改善民生、实现共同富裕。2013年12月，他在纪念毛泽东同志诞辰一百二十周年座谈会上指出："面对人民过上更好生活的新期待，我们不能有丝毫自满和懈怠，必须再接再厉，使发展成果更多更公平惠及全体人民，朝着共同富裕方向稳步前进。"总书记率先垂范，身体力行抓扶贫，并把贫困地区和贫困群众脱贫致富奔小康作为对民族的责任、人民的责任、党的责任，有机地统一于实现国家富强、民族振兴、人民幸福、人类发展进步的历史使命之中，体现了当代中国共产党人的崇高境界。我们一定要增强政治意识、大局意识、核心意识、看齐意识，切实把总书记关于新时期扶贫开发战略思想贯彻到各项工作中去，把中央脱贫攻坚的决策部署落到实处，坚决打赢脱贫攻坚战。

三、用总书记的扶贫开发战略思想统一认识，坚定信心

当前，脱贫攻坚已进入啃硬骨头、攻坚拔寨的冲刺期，既面临一些多年未解决的深层次矛盾和问题，也面临不少新情况新挑战。

（一）正确认识当前我国脱贫攻坚的形势

习近平总书记在中央扶贫开发工作会议上，对当前脱贫攻坚面临的形势作了深入分析。他指出，经过改革开放37年的努力，我们成功走出一条中国特色扶贫开发道路，为全面建成小康社会打下坚实基础。但同时，"形势逼人，形势不等人"。

1. 实现脱贫攻坚的目标任务十分艰巨

截至2014年底，全国仍有7000多万农村贫困人口，贫困人口超过500万的有6个省区，贫困发生率超过15%的有5个省区。各地建档立卡数据显示，全国还有12.8万个贫困村、近3000万个贫困户。到2020年，实现"两不愁、三保障"的目标并不容易，平均每年要减贫1000多万人，需要投入1.4万亿元；农村新的贫困人口还会出现；越往后脱贫攻坚成本越高、难度越大、见效越慢。

2. 脱贫攻坚面临的矛盾问题比较突出

打赢脱贫攻坚战，还存在许多方面的制约。既有客观因素，受资源环境约束；也有主观因素，取决于能不能把各方面积极性都调动起来。特别是在体制机制方面，存在不少薄弱环节，突出表现在以下方面：脱

贫攻坚还存在不尽完善的地方和薄弱环节，精准扶贫机制还不健全，扶贫开发责任还没有完全落到实处，扶贫合力还没有形成，扶贫资金投入还不能满足需要，贫困地区和贫困人口主观能动性还有待提高，因地制宜、分类指导还有待加强。总书记深刻指出："贫困地区的发展靠什么？千条万条，最根本的只有两条：一是党的领导；二是人民群众的力量。"我们一定要以总书记的扶贫开发战略思想来统一认识，坚定必胜信心，以更大的决心、更明确的思路、更精准的举措、超常规的力度，众志成城实现脱贫攻坚目标。

（二）牢牢把握我省脱贫攻坚的复杂性和艰巨性

历届省委、省政府都高度重视扶贫开发工作。"十二五"时期，省委、省政府把贫困人口脱贫问题作为经济社会发展的重要内容，省财政专项扶贫资金由2011年的8000万元增加到2015年的8.45亿元；贫困地区基础设施明显改善，基本公共服务保障水平进一步提高；农村居民人均收入持续增加，农村贫困人口大幅减少，连续五年每年脱贫人口超过100万人，基本构建起专项扶贫、行业扶贫、社会扶贫"三位一体"扶贫开发新格局。同时，也要清醒地看到，我省面临的脱贫攻坚任务仍然十分艰巨。

1. 贫困人数较多

根据建档立卡统计数据显示，截至2015年底，全省贫困人口总量保持在242万人左右（其中国标以下110万人）。这在东部六省（不含河北）中数量最多。我省现有农村贫困人口多数年龄偏大，文化程度不高，脱贫致富能力比较弱。

2. 贫困地区情况复杂

我省贫困人口分布涉及17市的125个县（市、区）和23个管委，贫困户中1人户、2人户占多数，因病、因残、因灾等致贫的占半数以上。贫困地区"插花式""分散式"分布特点明显，多数集中在我省西部地区，有不少分布在滩区、湖区、库区、山区、塌陷区，脱贫攻坚难度很大。

3. 工作存在薄弱环节

从扶贫开发的措施看，以往的扶贫开发方式还有一些不适应的地方。从扶贫开发投入看，资金投入与脱贫攻坚需求还不够匹配。从工作推进情况看，有的地方认识不足，重视不够，扶贫工作的能力和水平还需进一步提高，等等。

（三）进一步增强打赢脱贫攻坚战的责任感使命感

2015年11月，习近平总书记在中央扶贫开发工作会议上指出：脱贫攻坚战的冲锋号已经吹响。我们要立下愚公移山志，咬定目标、苦干实干，坚决打赢脱贫攻坚战，为全面建成小康社会而努力奋斗。"我们一定要以总书记的扶贫开发战略思想为强大的思想动力，清醒认识扶贫开发工作的重要性、紧迫性和艰巨性，真正把思想高度统一到打赢脱贫攻坚战事关全面建成小康社会、事关人民福祉、事关巩固党的执政基础、事关国家长治久安的战略定位上来，进一步增强思想自觉和行动自觉；统一到中央对新时期扶贫开发形势任务的科学判断上来；统一到打赢脱贫攻坚战必须坚持精准扶贫、精准脱贫基本方略上来，切实担负起脱贫攻坚的重任，把脱贫攻坚作为当前的一件大事来抓，真正聚焦工作中的薄弱环节，突出工作重点和着力点，按照倒排工期、落实责任、强力推进的要求，加强组织领导，加大工作力度，采用超常规措施，确保全面完成脱贫攻坚任务。

小贴士

习近平总书记心系沂蒙扶贫

习近平总书记一直心系老区，关心老区的发展。2013年11月，总书记来到位于山东临沂的华东革命烈士陵园，向革命烈士纪念塔敬献花篮，并参观沂蒙精神展。在展厅会见了"沂蒙母亲"王换于孙女于爱梅等模范人物。随后，总书记来到临沭县曹庄镇朱村"老支前"王克昌家看望。一家人干农活做柳编，日子"基本奔小康"。在山东考察工作时，总书记强调，生活一天比一天好，但我们不能忘记历史，不能忘记那些为新中国诞生而浴血奋战的烈士英雄，不能忘记为革命作出重大贡献的老区人民。让老区人民过上好日子，是我们党的庄严承诺，各级党委和政府要继续加大对革命老区的支持，形成促进革命老区加快发展的强大合力。他叮嘱当地干部，要带领老区困难群众打好扶贫攻坚战，紧紧拉着他们的手，帮助他们过上心里踏实、生活殷实的好日子，不让革命老区在全面建成小康社会进程中掉队。

第二节

深刻认识打赢新时期脱贫攻坚战的重大意义

党的十八届五中全会明确提出，到2020年我国现行标准下农村贫困人口实现脱贫，贫困县全部摘帽，解决区域性整体贫困。习近平总书记在中央扶贫工作会议上强调，把"扶贫攻坚"改成"脱贫攻坚"，就是要在2020年这一时间节点上，兑现脱贫承诺。这一字之差，体现出了我们党对全国人民特别是贫困群众的庄严承诺。打赢脱贫攻坚战，是中央从实现全面建成小康社会的战略高度作出的重大决策，具有十分重大而深远的意义。

一、打赢脱贫攻坚战是巩固党的执政基础的内在要求

我们党的血脉在人民、力量在人民，让贫困群众脱贫致富，过上幸福生活，是我们党义不容辞的责任。当年我们打江山，靠的是亿万穷苦百姓，如今坐了江山，决不能忘了穷人，决不能再让人民群众在贫困线上挣扎。总书记指出，中国共产党在中国执政，就是要为民造福，而只有做到为民造福，我们党的执政基础才能坚如磐石。脱贫攻坚说到底，就是要解决民心向背问题。提高人民群众的生活水平，改善贫困地区贫困人口的民生，也是我们党一以贯之的执政理念。国外一些国家发生政权更迭，一个重要原因就是没能解决好民生问题，特别是贫困问题，贫

富悬殊差距大,失业率长期居高不下,政府严重腐败,最终政权被迫垮台。这从另一方面表明,打赢脱贫攻坚战是一项关乎政治方向、政权稳定和发展道路的大事要事。

2013年12月,习近平总书记在纪念毛泽东同志诞辰一百二十周年座谈会上指出:"检验我们一切工作的成效,最终都要看人民是否真正得到了实惠,人民生活是否真正得到了改善,人民权益是否真正得到了保障。"总书记还多次强调,对困难群众,要格外关注、格外关爱、格外关心。我们一定要把扶贫开发工作作为一项具有特殊政治意义的群众工作,通过扶贫工作这一重要平台提升各级干部做群众工作的能力,在与贫困群众一块苦、一块过、一块干中密切党群干群关系,巩固我们党执政的群众基础。

二、打赢脱贫攻坚战是全面建成小康社会的基本要求

实现农村贫困人口全部脱贫,贫困县全部摘帽,是全面建成小康社会的一个重要性指标,也是最艰巨的任务。2015年11月,习近平总书记在中央扶贫开发工作会议上指出:"全面建成小康社会、实现第一个百年奋斗目标,农村贫困人口全部脱贫是一个标志性指标。"全面建成小康社会目标能不能如期实现,很大程度上要看脱贫攻坚工作做得怎么样。总书记多次强调:"小康不小康,关键看老乡。""全面建成小康社会,最艰巨、最繁重的任务在农村,特别是在贫困地区。没有农村的小康,特别是没有贫困地区的小康,就没有全面建成小康社会。"

总书记的这些扶贫开发战略思想,为各级党委、政府带领广大人民群众脱贫致富、全面建成小康社会提供了根本遵循,明确了目标和方向。由于受历史和现实等多种因素影响,我国贫困地区发展面临的主要矛盾和深层次问题还没有得到根本解决,贫困形势依然严峻,有些特困地区

人口远远生活在我国现行扶贫标准以下。目前，我国7000多万贫困人口主要分布在十几个集中连片特困地区。这些地区地理位置偏僻、人口居住分散、生存环境恶劣、基础设施薄弱、公共服务滞后，扶贫难度大、成本高。这就要求我们要把集中连片特殊困难地区作为主战场，把稳定解决扶贫对象温饱、尽快实现脱贫致富作为首要任务。与此同时，这些贫困人口的受教育程度普遍偏低、自我发展能力低下，贫困的代际传递现象日益凸显。贫困问题是全面建成小康社会的最大短板。没有贫困地区的小康，就没有全面建成小康社会。全党全社会要形成扶贫开发工作强大合力，创新思路方法，加大扶持力度，善于因地制宜，注重精准发力，充分发挥贫困地区广大干部群众的能动作用，扎扎实实做好新形势下扶贫开发工作，推动贫困地区和贫困群众加快脱贫致富奔小康的步伐。

三、打赢脱贫攻坚战是实现共享发展的必然要求

打赢脱贫攻坚战，是促进全体人民共享改革发展成果、实现共同富裕的重大举措，是体现中国特色社会主义制度优越性的重要标志，也是经济发展新常态下扩大国内需求、促进经济增长的重要途径。目前我国经济总量已居世界第二，进入中等收入国家的行列，已经到了先富帮后富这一阶段，必须不失时机地予以推进。推动先富帮后富，一个重要途径就是通过实施脱贫攻坚工程，使改革发展成果更多更公平地惠及贫困群众。

党的十八届五中全会提出了共享发展理念，强调必须坚持发展为了人民、发展依靠人民、发展成果由人民共享，作出更有效的制度安排，使全体人民在共建共享发展中有更多获得感。2013年3月，习近平总书记在第十二届全国人民代表大会第一次会议上指出："我们要随时随刻

倾听人民呼声、回应人民期待，保证人民平等参与、平等发展权利，维护社会公平正义，在学有所教、劳有所得、病有所医、老有所养、住有所居上持续取得新进展，不断实现好、维护好、发展好最广大人民根本利益，使发展成果更多更公平惠及全体人民，在经济社会不断发展的基础上，朝着共同富裕方向稳步前进。"贯彻落实总书记的这些重大战略思想，促进全体人民真正共享改革发展成果，必须扎实有效地抓好脱贫攻坚各项工作，必须毫不懈怠地团结带领贫困群众一起脱贫致富奔小康。

四、打赢脱贫攻坚战是培育经济新动能的重要途径

当前，我国经济发展进入新常态，要保持经济中高速增长、迈向中高端水平，必须拓展发展新空间、培育新动能。打赢脱贫攻坚战，加强贫困地区基础设施和公共服务，既能新增有效投资需求，也有助于消化过剩产能；提高贫困群众收入水平，可以扩大有效消费需求，为产业结构调整升级赢得时间。仅易地搬迁一项，直接总投资至少达到6000亿元，不仅能够形成巨大的有效投资需求，还可以有效扩大居民消费，形成促进经济增长的新动能。同时，贫困地区的自然资源和劳动力资源都很丰富，促进贫困地区加快发展，可以形成新的经济增长点、增长极、增长带，为经济发展注入新动力。

脱贫攻坚是一场时间有限、任务明确、务求胜利的硬仗，也是一项严肃的政治责任。我们要深入学习贯彻习近平总书记关于新时期扶贫开发重要战略思想，认真贯彻落实中央和省扶贫开发工作会议精神，用心、用情、用力开展扶贫工作，举全党全社会之力，坚决打赢脱贫攻坚战。

小贴士

我国现行的扶贫标准和"两不愁、三保障"

世界上关于贫困的标准并不统一。我国的贫困标准原来为：农民年人均纯收入2300元（按2010年不变价），每年还将根据物价指数、生活指数等动态调整。2014年，我国将贫困标准上升至2800元，按购买力平价计算，约相当于每天2.2美元，略高于世界银行1.9美元的贫困标准。按照这个标准，截至2014年底，我国仍有贫困标准以下贫困人口7017万人。

2015年11月在中央扶贫开发工作会议上，习近平总书记、李克强总理发表重要讲话，中共中央、国务院发布了关于打赢脱贫攻坚战的决定，对"十三五"脱贫攻坚作出安排部署。打赢脱贫攻坚战是全面建成小康社会的底线目标。这个目标的主要内容是，到2020年，实现"两不愁三保障"，核心是"两个确保"。"两不愁"就是稳定实现农村贫困人口不愁吃、不愁穿，"三保障"就是保障义务教育、基本医疗、住房安全，"两个确保"就是确保农村贫困人口实现脱贫，确保贫困县全部脱贫摘帽。

第三节

脱贫攻坚的总体要求

做好"十三五"时期的扶贫工作，要树立导向意识，明确指导思想、工作目标和基本原则，把思想统一到中央和省委、省政府部署要求上来，把目标聚焦到2020年全面完成脱贫攻坚任务上来，把行动体现到对基本原则的切实遵循上来。

一、指导思想

30多年扶贫开发历程表明，只要方向正确，扶贫就能事半功倍、不断深入。做好新形势下的山东扶贫开发工作，坚决打赢脱贫攻坚战，指导思想是：全面贯彻落实党的十八大和十八届二中、三中、四中、五中全会精神，深入贯彻落实中央扶贫开发工作会议精神和中共中央、国务院《关于打赢脱贫攻坚战的决定》，认真贯彻落实习近平总书记系列重要讲话和对山东工作重要指示精神，按照中央的部署要求，协调推进"四个全面"战略布局，坚持创新、协调、绿色、开放、共享发展理念，充分发挥政治优势和制度优势，以走在前列为目标定位，以增加农村贫困人口收入为核心任务，坚持精准扶贫、精准脱贫基本方略，进行广泛深入动员，采取超常规举措，拿出过硬办法，层层压实责任，切实解决好"扶持谁、谁来扶、怎么扶、如何退"的问题，确保提前完成脱贫攻坚任务，稳定实现农村贫困人口不愁吃、不愁穿，义务教育、基本医疗和住房安全有保障，确保全省人民同步迈入全面小康社会。

二、工作目标

2015年11月，习近平总书记在中央扶贫开发工作会议上指出："新时期脱贫攻坚的目标，集中到一点，就是到2020年实现'两个确保'：确保农村贫困人口实现脱贫，确保贫困县全部脱贫摘帽。"具体到山东来说，打赢脱贫攻坚战同样要树立目标导向意识，在精准识别、精准施策基础上，对建档立卡的300万左右农村贫困人口，集中开展扶贫工作。通过发展生产实现150万人左右脱贫，通过转移就业实现60万人左右脱贫，通过易地搬迁实现6万人左右脱贫，通过生态补偿实现4万人左右脱贫，其他农村贫困人口通过社会保障兜底脱贫。在脱贫进度上，2016–2017年两年基本完成脱贫任务，2018年全部兜底完成，后两年巩固提升脱贫攻坚成果，建立长效机制。

三、基本原则

根据中共中央、国务院《关于打赢脱贫攻坚战的决定》和中共山东省委、山东省人民政府《关于贯彻落实中央扶贫开发工作部署坚决打赢脱贫攻坚战的意见》，打赢脱贫攻坚战要坚持以下基本原则：

一是坚持党的领导，夯实组织基础。充分发挥各级党委总揽全局、协调各方的领导核心作用，严格执行脱贫攻坚一把手负责制，省市县乡村五级书记一起抓。切实加强贫困地区农村基层党组织建设，使其成为带领群众脱贫致富的坚强战斗堡垒。

二是坚持政府主导，增强社会合力。强化政府责任，引领市场、社会协同发力，鼓励先富帮后富，构建专项扶贫、行业扶贫、社会扶贫三位一体的大扶贫格局。

三是坚持精准扶贫，提高扶贫成效。扶贫开发贵在精准，重在精准，必须解决好扶持谁、谁来扶、怎么扶的问题，做到扶真贫、真扶贫、真脱贫，切实提高扶贫成果可持续性，让贫困人口有更多的获得感。

四是坚持保护生态，实现绿色发展。牢固树立绿水青山就是金山银山的理念，把生态保护放在优先位置，扶贫开发不能以牺牲生态为代价，探索生态脱贫新路子，让贫困人口从生态建设与修复中得到更多实惠。

五是坚持群众主体，激发内生动力。继续推进开发式扶贫，处理好国家、社会帮扶和自身努力的关系，发扬自力更生、艰苦奋斗、勤劳致富精神，充分调动贫困地区干部群众积极性和创造性，注重扶贫先扶智，增强贫困人口自我发展能力。

六是坚持因地制宜，创新体制机制。突出问题导向，创新扶贫开发路径，由"大水漫灌"向"精准滴灌"转变；创新扶贫资源使用方式，由多头分散向统筹集中转变；创新扶贫开发模式，由偏重"输血"向注重"造血"转变；创新扶贫考评体系，由侧重考核地区生产总值向主要考核脱贫成效转变。

小贴士

精准扶贫脱贫的基本方略是"六个精准"和"五个一批"

实现贫困人口如期脱贫，贫困县全部摘帽，必须实施精准扶贫、精准脱贫基本方略，改革现行扶贫思路和方式，变"大水漫灌"为"精准滴灌"，变"输血"为"造血"，变重GDP为重脱贫成效，解决好"扶持谁"、"谁来扶"、"怎么扶"、"如何退"的一系列问题。精准扶贫和精准脱贫的基本要求与主要途径是"六个精准"和"五个一批"。"六个精准"是：扶持对象精准、项目安排精准、资金使用精准、措施到户精准、因村派人精准、脱贫成效精准。"五个一批"是：发展生产脱贫一批、易地搬迁脱贫一批、生态补偿脱贫一批、发展教育脱贫一批、社会保障兜底一批。总的说来，我们要锁定目前242万农村贫困人口，建档立卡，分类施策，不留锅底。

第四节
脱贫攻坚的基本方略

把精准扶贫、精准脱贫作为打赢脱贫攻坚战的基本方略，是中央着眼全面建成小康社会、确保不让困难地区和困难群众掉队作出的重大决策。贯彻精准扶贫、精准脱贫的基本方略，要按照习近平总书记"六个精准"的要求，切实做到扶持对象精准、项目安排精准、资金使用精准、措施到户精准、因村派人精准、脱贫成效精准。要重点解决好以下四个问题。

一、解决好"扶持谁"的问题

扶贫必先识贫。2014年，根据国家统一部署，我省坚持"县为单位、规模控制、分级负责、精准识别、动态管理"的原则，按照组织培训、农户申请、入户调查、民主评议、公告公示、建档立卡六个工作步骤，对全省7万多个行政村、7000多万乡村人口开展了精准识别。共识别出扶贫工作重点村7005个，省定扶贫标准以下贫困人口519.5万人，到2014年底还有省定标准线下贫困人口394万人。2015年再减贫120万人，有进有出。目前，全省贫困人口总体达到242万人左右。"十三五"时期山东坚决打赢脱贫攻坚战，主要是对建档立卡的242万左右农村贫困人口开展精准扶贫。

二、解决好"谁来扶"的问题

推进脱贫攻坚，关键是责任落实到人。按照"分工明确、责任清晰、任务到人、考核到位，既各司其职、各尽其责，又协调运转、协同发力"的要求，省委、省政府对全省脱贫攻坚工作负总责，抓好目标确定、项目下达、资金投放、组织动员、监督考核等工作，确保贫困人口如期全部脱贫、贫困县如期全部摘帽。各地级市党委和政府要做好上下衔接、域内协调、督促检查工作，把精力集中在贫困县如期摘帽上。县级党委和政府承担主体责任，县委书记和县长是第一责任人，做好精准识别、进度安排、项目落地、资金使用、人力调配、推进实施等工作。同时，鼓励支持国企和民营企业、社会组织、个人参与扶贫开发，实现社会帮扶资源和精准扶贫有效对接。

三、解决好"怎么扶"的问题

开对了"药方子"，才能拔掉"穷根子"。解决好"怎么扶"的问题，就是要坚持问题导向，按照贫困地区和贫困人口的具体情况，实施"五个一批"工程。一是发展生产脱贫一批，引导和支持所有有劳动能力的人依靠自己的双手开创美好明天，立足当地资源，实现就地脱贫。二是易地搬迁脱贫一批，贫困人口很难实现就地脱贫的要实施易地搬迁，按规划、分年度、有计划组织实施，确保搬得出、稳得住、能致富。三是生态补偿脱贫一批，加大贫困地区生态保护修复力度，增加重点生态功能区转移支付，扩大政策实施范围，让有劳动能力的贫困人口就地转成护林员等生态保护人员。四是发展教育脱贫一批，治贫先治愚，扶贫先扶智，国家教育经费要继续向贫困地区倾斜、向基础教育倾斜、向职业教育倾斜，帮助贫困地区改善办学条件，对农村贫困家庭幼儿特别是留守儿童给予特殊关爱。五是社会保障兜底一批，对贫困人口中完全或部分丧失劳动能力的人，由社会保障来兜底，统筹协调农村扶贫标准和农村低保标准，加大其他形式的社会救助力度。加强医疗保险和医疗救助，新型农村合作医疗和大病保险政策要对贫困人口倾斜。

四、解决好"如何退"的问题

2015 年 11 月，习近平总书记在中央扶贫开发工作会议上指出："精准扶贫是为了精准脱贫，目的和手段关系要弄清楚。要加快建立反映客观实际的贫困县、贫困户退出机制，努力做到精准脱贫。"解决好"如何退"的问题，就是要按照中央对贫困人口定期全面核查的要求，对贫困县和贫困人口实行动态管理，制定严格、规范、透明的进退标准、程序和核查办法，建立精准扶贫台账，对扶贫对象进行全方位、全过程监测，脱贫销号，返贫挂号，做到退出有标准、纳入有程序。为巩固提高扶贫成果，对脱贫销号的贫困户，脱贫攻坚期内继续给予帮扶，促进稳定脱贫。

艰苦创业脱贫的九间棚和房干村

在20世纪扶贫攻坚中，九间棚村自力更生架电、修路、治水、造地，每人每年投入义务工310个，从平邑县最穷的村庄之一奔上了小康之路，成为全国靠艰苦奋斗改造自然的一面红旗，成为全国农村基层组织建设的典型，铸造了闻名全国的"团结奋斗，顽强拼搏，坚韧不拔，艰苦创业"的九间棚精神。2013年11月，习近平总书记视察山东临沂期间，村支书刘嘉坤作为农村基层代表受到了总书记的亲切接见。

莱芜市房干村是一个只有170多户、550多人的小山村。通过依靠自身力量、艰苦创业、大干苦干，三十年时间经历了"治山治水，走上温饱路"、"调整结构，走上富裕路"、"发展旅游，走上小康路"三个阶段，从荒凉贫瘠的小山村变成了生态优良、生活优越的社会主义新农村。2005年，全村人均纯收入13000元。2006年被评为山东省十大名村。世界著名生态专家、诺贝尔特别奖获得者何塞·卢岑贝格称赞道："在巴西，取得这样的成就，政府不投巨资是办不到的，而在这里，一个小山村却做到了。"

第五节

脱贫攻坚的政策措施

打赢脱贫攻坚战，要全面贯彻落实中央确定的脱贫攻坚各项政策措施，按照"六个精准"、"五个一批"要求，创造性地开展工作，集中围绕实现农村贫困人口"两不愁、三保障"，因人因地施策，因贫困原因施策，因贫困类型施策，形成形式多样、作用直接、务实高效、更可持续的脱贫攻坚新格局。要着重通过以下方式，推进扶贫开发工作。

一、做好基础工作，精准务实推进脱贫攻坚

要精准务实地推进脱贫攻坚工作，必须做好以下几个基础性工作。一是开展精准识别。抓好精准识别、建档立卡这个关键环节，对农村贫困户、贫困人口定期进行全面核查，对脱贫任务比较重的县、扶贫工作重点村进行再识别、再认定。建立脱贫认定机制，制定严格、规范、透明的退出标准、程序和核查办法。建立扶贫动态管理制度，脱贫销号，返贫挂号，做到退出有标准、纳入有程序。对已经脱贫销号的贫困户，脱贫攻坚期内继续给予帮扶，促进稳定脱贫。二是科学谋划设计。根据致贫原因和脱贫需求，对农村贫困人口实行分类扶持，选准脱贫路径，明确扶贫方式、扶贫项目、扶贫资金、帮扶单位、帮扶人员等，赢得群众认同，签订帮扶脱贫承诺书。三是强化社会监督。建立扶贫政

策落实情况和扶贫成效第三方评估制度，加强对扶贫工作绩效的社会监督。对搞"关系扶贫"、"人情扶贫"和弄虚作假"数字脱贫"的，严肃追究责任。

二、大力发展生产，提高贫困人口收入水平

立足农村贫困人口增收，牢牢把握产业发展、转移就业两大重点，统筹用好产业发展各项扶持政策。一是依托当地资源优势和种养习惯，通过结对帮扶、资金支持、技术服务、订单收购等方式，因地制宜发展特色产业。实施农村电商扶贫工程，大力培训电商人员，对农村贫困家庭开设网店给予网络资费补助、小额信贷等支持。采取以奖代补、先建后补、财政贴息、财政资金入股等方式，扶持乡村旅游业。实施光伏扶贫工程，帮助有条件的农村贫困户新建分布式光伏项目。二是增强农业新型经营主体扶贫带动作用。鼓励支持农业龙头企业、农民合作社、家庭农场等主动承担扶贫责任，通过"龙头企业＋基地＋农户"、"公司＋合作社＋农户"、"合作社＋农户"等方式，使每个有劳动能力并适宜在当地发展的贫困户至少加入1个合作组织。对吸纳农村贫困人口就业30人以上或带动农村贫困户10户以上的各类经营主体，在用地保障、财税政策、银行贷款等方面给予重点支持。三是多渠道促进农村贫困人口就业。创新培训方式，加大精准培训力度，两年内完成对所有具有劳动能力并愿意学习技能的农村贫困人口的免费培训。四是发展集体经济，增加农村贫困人口资产收益。加快村集体产权制度改革，把村集体闲置土地等资源和经营性资产作股量化到村民，组建股份合作社。五是创新产业发展投融资方式。引导现有各类基金向扶贫开发倾斜，设立省特色产业扶贫基金和省小额贷款扶贫担保基金，重点为农村贫困户发展生产提供贷款担保。

三、实施易地搬迁，促进贫困人口安居乐业

坚持群众自愿、积极稳妥的原则，全面落实中央易地搬迁脱贫政策，确保搬迁对象搬得出、稳得住、能致富。一是积极稳妥推进特殊地区搬迁脱贫。按照中央确定的搬迁范围和下达的搬迁人口数量，加快实施易地搬迁。对滩区、湖区、塌陷区、山区、库区等不适宜居住的村，以及新建湿地自然保护区、湿地公园等涉及的村，根据群众意愿实施易地搬迁，搬迁村庄单列土地指标。二是妥善做好搬迁农村贫困户安置工作。尽可能将特殊地区贫困户搬到新社区、中心村。探索利用农民自愿有偿转让出来的农村空置房屋和土地，安置易地搬迁农户。支持搬迁安置点发展物业经济。为符合条件的搬迁户提供建房、生产、创业贴息贷款等支持。对易地搬迁的农村贫困户，参照保障性住房有关政策，优先利用县城、乡镇驻地周边已建商品房就近安置。

四、结合生态保护，开辟绿色发展脱贫路径

按照中央生态脱贫有关要求，把生态保护放在优先位置，提高农村贫困人口参与度和受益水平。一是健全生态补偿机制。落实重点生态功能区生态补偿，适度提高生态公益林等补偿标准，对农村贫困人口集中的区域重点倾斜。对符合条件的25°以上坡耕地实行退耕还林还果。二是让农村贫困人口从生态建设中得到实惠。结合沿海沿河沿湖生态防护林建设、湿地生态保护区修复、湿地公园提升等工程，在增加生态保护补偿收益的同时，为农村贫困人口提供更多护林员、管理员等就业岗位，让农村贫困人口从生态建设中得到实惠。在推进城乡环卫一体化过程中，新增保洁员等就业岗位优先提供给农村贫困人口。

五、加快教育脱贫，阻断贫困现象代际传递

注重扶贫先扶智，对农村贫困家庭学生从学前教育到高等教育进行全过程扶持，让农村贫困家庭子女都能接受公平有质量的教育。一是加大农村贫困家庭学生资助力度。对建档立卡农村家庭困难学生，从学前教育到高等教育实行资助全覆盖。学前适龄儿童免收保教费；普通高中免除学杂费。通过助学金、助学贷款等方式，进一步做好农村贫困家庭大学生救助工作。以发展中等职业教育为重点，普及高中阶段教育，让未升入普通高中的农村初中毕业生都能接受中等职业教育。实行贫困农村留守儿童关爱行动，在乡村学校（含教学点）设置留守儿童关爱室。二是充实师资力量改善办学条件。通过撤并、改企转制等方式收回的事业机构编制资源，优先保障农村贫困人口集中区域乡村中小学教师编制需要。按照"退补相当"原则补充教师，缺编的学校要"缺编即补"，满编超编的学校，采用临时周转编制专户，解决总体超编但学科结构性缺员问题。加快改善农村义务教育薄弱学校基本办学条件，鼓励城镇中小学与农村贫困人口集中区域乡村中小学开展结对帮扶、联建共建。

六、强化社会保障，兜住贫困人口民生底线

大力实施健康扶贫工程，完善农村最低生活保障制度，稳定解决无法通过开发性扶贫实现脱贫人口的生计问题。一是提高农村特困人口供养水平。新建、扩建一批养老院、儿童福利院、残疾人康复中心等服务设施。根据群众意愿，两年内实现符合集中供养条件的农村贫困人员集中供养。设立省公益事业扶贫基金，重点用于支持公益设施建设。对重度残疾农村贫困居民，由政府全额代缴最低标准的养老保险费。二是努力减少因病致贫、因病返贫。提高农村贫困人口大病保险报销比例，最高支付限额从2016年起提高到每年50万元。加大医疗救助、临时救助、

慈善救助力度,将农村贫困人口全部纳入重特大疾病救助范围。对农村贫困人口大病实行分类救治和先诊疗后付费结算机制。对农村贫困人口参加居民基本医疗保险个人承担部分,由各级财政给予补贴。三是保障农村贫困户基本住房安全。将符合条件、有改造意愿的农村贫困户全部纳入农村危房改造计划。落实农村危房改造补助和贷款贴息政策,适度提高补助比例。四是推行农村低保线和扶贫线"两线合一"。2016年各县(市、区)低保线不低于国家扶贫标准线,2018年低保线达到省定扶贫标准线。实施"两线合一"政策后,新增支出部分,省财政对西部地区补助比例提高到80%,对中部地区提高到60%。

七、完善政策体系,加大脱贫攻坚支持力度

发挥政府投入的主体和主导作用,鼓励各类金融机构加大对扶贫开发的支持力度。一是加大财政投入和统筹使用力度。各级财政把专项扶贫资金纳入年度预算和中期财政规划,确保每年增幅明显高于本级财政收入增长幅度,财政投入与扶贫任务相适应。今后3年,大幅增加省级财政专项扶贫资金,按农村贫困人口数量、人均财力等因素精准分配到县。整合各类涉农资金,除据实结算的普惠性资金外,其他涉农资金20%以上用于扶贫脱贫。切块到县的省级以上行业部门涉农资金,由县统筹安排使用,集中用于扶贫开发。二是加强金融扶贫支持。用好人民银行支农再贷款和扶贫再贷款。依托国家开发银行、中国农业发展银行等金融机构安排更多的政策性贷款支持扶贫工作。对农村贫困人口开展5万元以下"富民农户贷",银行实行免抵押、免担保、基准利率,由各级财政贴息支持。对实行"以企带村、以社带户"的龙头企业、农民合作社等带动农村贫困群众脱贫的,给予贷款贴息支持。扩大农业保险覆盖面,支持特色农产品保险发展,各级财政给予保费补贴。加快在脱贫任务比较

重的地区设立村镇银行、小额贷款公司等金融机构。三是完善土地政策支持扶贫。新增建设用地计划指标优先保障扶贫开发用地需要。完善城乡土地增减挂钩政策，旧村改造、空心村改造、土地复垦等节余的土地指标，允许省域内交易，所得收益重点用于扶贫。省里统筹部分土地占补平衡指标，专项用于脱贫攻坚项目建设。

第六节

脱贫攻坚的体制机制

要打赢脱贫攻坚战，提前全面建成小康社会，必须坚持问题导向，在脱贫攻坚的体制机制探索创新上多下功夫，建立起适应脱贫攻坚任务的体制机制，形成强有力的制度保障，高标准高质量完成脱贫攻坚任务。

一、建立精准扶贫工作机制

目前，国家已制定统一的扶贫对象识别办法。我省正在建立以大数据为基础、全领域覆盖、全过程监督的扶贫开发综合平台。这个综合平台将运用大数据、云计算等信息手段，依托相关部门的人才、技术支撑，实现省市县三级互联互通，集信息汇集、政策发布、供需对接、调度监督、成效评估五项功能于一体，对扶贫开发工作进行全领域覆盖、全过程管理。信息汇集主要是把农村贫困户、贫困人口的基本情况、脱贫需求等信息，专项扶贫、行业扶贫、社会扶贫等资源，统一纳入平台数据库，全面反映扶贫供需情况。政策发布主要是把各级各类扶贫政策、脱贫措施纳入平台，向社会提供政策服务。供需对接主要是按照扶贫要求和标准，对需求信息和供给资源进行合理配置，搭建供需对接桥梁，实现政府、爱心企业、爱心组织、爱心人士"点对点"精准帮扶。调度监督主要是对省里确定的扶贫重点工作任务推进情况，进行全过程跟踪调度、动态分析、督导落实，接受社会监督，提高工作效能。成效评估主要是通过网上民意调查、意见反馈等方式，结合实地考察、第三方评估等，对扶贫成效进行科学考评。绘制农村贫困人口分布、扶贫措施到户到人、脱贫人口动态管理"三张图"，将扶贫对象、扶贫措施、脱贫进度等情况全部细化上图，倒排工期、挂图指挥。综合平台运行后，将有效整合各方面资源和力量，形成省市县互联互通的扶贫开发信息网络，成为省委、省政府打赢脱贫攻坚战的指挥系统、推动工作落实的有力抓手。

二、提升第一书记扶贫工作机制

近几年，我省开展了向扶贫工作重点村派驻第一书记抓党建促脱贫工作，创造了具有山东特色的扶贫开发经验，成为我省扶贫开发工作和基层党建工作的一张靓丽"名片"。实践证明，第一书记住在村里，能够直接了解贫困群众的愿望、需求和利益，能够把上级的脱贫项目、扶贫资金精准落实到扶贫对象身上，使扶贫工作更接地气，起到了沟通联络、协调组织的重要作用，这本身就是一种机制创新。"十三五"期间，我省将继续加大第一书记派驻工作力度，扶贫工作重点村要全部派驻第一书记，实现驻村帮扶长期化、制度化。任务重、工作难度大的村，首先由省直机关选派，任务艰巨的还将选派驻村工作队。对省定扶贫工作重点村，每村安排30万元产业扶贫资金，所需资金由省市县统筹，省级资金向扶贫任务重的地区倾斜。第一书记由当地党委和派出单位党组织共同管理，脱贫任务不完成，派出单位不脱钩。对做出突出实绩的第一书记给予表彰奖励，特别优秀的优先提拔使用。

三、强化财政金融扶贫工作机制

2015年11月，习近平总书记在中央扶贫开发工作会议上指出："扶贫资金不但不能减，中央和省级财政还要明显增加投入。"各级要根据扶贫开发任务和扶贫目标，逐步加大财政专项扶贫资金投入。省里根据绩效考评结果、贫困人口数量、地方财力等因素，安排一定数量的专项扶贫资金到市，与市、县专项资金统筹使用。县级财政要加大对贫困地区的一般性转移支付力度，市、县政府要严格按规定使用资金，确保专项用于扶贫开发，重点支持贫困乡镇、村发展。要强化资金使用管理和项目组织实施责任，扩大财政专项扶贫资金以奖代补规模，坚持和完善资金项目公告公示制，逐步引入社会力量，发挥社会监督作用。

2015年11月，习近平总书记在中央扶贫开发工作会议上指出："要做好金融扶贫这篇文章。"要完善扶贫贴息贷款政策。对在贫困村发展一定规模基地和带动一定数量贫困农户的扶贫龙头企业、农民合作社、种养大户、家庭农场等新型经营主体，实现贷款贴息政策。鼓励涉农经济实体与贫困村、贫困农户对接，到贫困村建立产业扶贫基地园区。选择一批有条件的县（市、区），推行金融扶贫试点，引导商业性金融机构创新金融产品和服务，提升金融支农服务水平。加快推动农村合作金融发展，进一步推广小额信用贷款，推动金融机构网点向贫困乡镇和社区延伸，改善对农业产业化龙头企业、家庭农场、农民合作社、农村残疾人扶贫基地等经营组织的金融服务。

四、健全地区之间扶贫协作机制

中共中央、国务院《关于打赢脱贫攻坚战的决定》对"健全东西部扶贫协作机制"作出了具体部署，强调加大东西部扶贫协作力度，建立精准对接机制，使帮扶资金主要用于贫困村、贫困户。东部地区要根据财力增长情况，逐步增加对口帮扶财政投入，并列入年度预算。东西部扶贫协作双方要制定规划，在资金支持、产业发展、干部交流、人员培训以及劳动力转移就业等方面积极配合，发挥贫困地区自然资源和劳动力资源优势，做好对口帮扶工作。强化以企业合作为载体的扶贫协作，鼓励东西部按照当地主体功能定位共建产业园区，推动东部人才、资金、技术向贫困地区流动。2015年12月召开的全省扶贫开发工作会议，也对加强我省东西部扶贫协作提出了明确要求。我省将积极开展东西部就业结对帮扶，东部地区职业学校和企业定向招收西部地区农村贫困家庭学生、定向吸纳西部地区农村贫困人口劳务输出就业。鼓励东西部地区建立和完善劳务对接机制，互通供求信息，加强组织协调，帮助贫困人员及时找到合适岗位。支持有条件的地方用好土地政策，大力推广新型社区和工业园区"两区同建"的做法。对吸纳贫困人口、残疾人员就业的企业，将落实好税收优惠、职业培训补贴、贷款贴息等政策，增强企业参与就业扶贫的积极性。

五、创新社会参与机制

脱贫攻坚是全党全社会的共同责任。社会扶贫是我国扶贫开发的一条成功经验，也是我们政治优势和制度优势的重要体现。必须举全省之力，引领市场、社会协同发力，加快形成全社会参与的大扶贫格局。发挥单位、行业优势，做好定点扶贫工作，建立制度化、规范化的社会帮扶体系，健全定点扶贫机制，提高扶贫的精准度和有效性。强化国有企业扶贫社会责任，每年拿出一定比例的利润用于扶贫脱贫，并通过社会捐赠、吸纳农村贫困人口就业、领办社会养老等多种方式，积极参与脱贫攻坚。动员民营企业开展产业扶贫、商贸扶贫、就业扶贫、捐赠扶贫、智力扶贫。发挥工青妇、残联等群团组织优势，发挥民主党派、工商联、无党派代表人士和爱国华人华侨作用，鼓励开展脱贫攻坚结对帮扶活动。发挥广大志愿者在扶贫中的作用，定点联系帮扶农村贫困人口，积极开展上门送温暖送爱心活动。支持各级妇联开展"代理妈妈"等活动。各级慈善总会要从慈善捐赠中拿出一部分用于脱贫攻坚，并设立扶贫专户，接收扶贫捐赠。脱贫攻坚期内，省"慈心一日捐"资金全部用于扶贫脱贫。发挥民兵预备役在脱贫攻坚中的作用。邮政、供销合作社等系统要在乡村建立服务网点，鼓励工商企业建设农产品仓储和流通设施，重点加大对革命老区基础设施建设支持力度。发挥科技、人才帮扶作用。实施科技下乡助推脱贫行动，支持科技指导人员开展创业式技术服务。弘扬家庭美德，履行赡养责任。激发农村贫困群众脱贫致富内生动力。

小贴士

什么是"1+N"精准脱贫方案？

"1+N"精准脱贫方案，即一个全面推进脱贫攻坚的文件，加上若干个配套文件。我省的"1+N"精准脱贫方案，是发挥行业扶贫资源优势打赢脱贫攻坚战的重要载体和措施。其中，"1"是指中共山东省委、山东省人民政府《关于贯彻落实中央扶贫开发工作部署坚决打赢脱贫攻坚战的意见》，这是我省脱贫攻坚战的纲领性指导文件；"N"是指我省25个业务职能部门，针对全省扶贫工作重点村和建档立卡贫困户现实情况，根据自己行业职能优势，各自出台的脱贫攻坚实施方案。这些方案按照"注重系统性、突出针对性、增强操作性、体现创新性"原则，有任务目标、政策措施、完成时限、评估验收等内容，对今后3—5年的脱贫攻坚任务进行细化和量化，确保我省脱贫攻坚任务目标顺利完成。

第七节
脱贫攻坚的组织领导

脱贫攻坚战越是在啃硬骨头、攻坚拔寨的冲刺期，越是需要加强和改善党的组织领导。切实强化推进扶贫脱贫工作的领导机制，充分发挥我们党的政治优势、组织优势和群众工作优势，能够有效凝聚全党全社会的力量，形成扶贫开发的强大工作合力，为打赢脱贫攻坚战提供坚强的组织保障。

一、强化脱贫攻坚领导责任制

实行中央统筹、省负总责、市（地）县抓落实的工作机制，坚持片区为重点、精准到村到户。一是省委、省政府强化职能，统筹协调推动脱贫攻坚工作，各市党委和政府加强组织领导，县级党委承担主体责任，各级各部门都建立起责任到人、任务上肩，横向到边、纵向到底的责任体系，形成省市县乡村五级书记一起扶贫、逐级落实责任制的治理格局。各级逐级签订脱贫攻坚责任书、与每个扶贫对象签订责任书，层层压实责任，层层传导压力，切实做到扶贫到户、责任到人。二是明确党政主要负责同志第一责任人职责。党政一把手特别是贫困问题较突出地区的党政主要负责同志，把脱贫攻坚作为"十三五"期间头等大事和第一民生工程来抓，坚持以脱贫攻坚统揽经济社会发展全局，亲自抓进度安排、资源调配，亲自抓部署调度、协调落实，把握指导工作的主动权，为班子成员和各级干部作出表率。三是构建脱贫工作新格局。省直有关部门（单位）立足本职工作，配套制定出台专项实施方案，明确各自任务、目标、责任和工作计划，制定"1+N"精准脱贫方案，形成各部门统一步调、统一动作、通力合作、各负其责的脱贫攻坚工作格局。

二、发挥基层党组织战斗堡垒作用

加强贫困乡镇领导班子建设，有针对性地选配政治素质高、工作能力强、熟悉"三农"工作的干部担任贫困乡镇党政主要领导。抓好以村党组织为领导核心的村级组织配套建设，集中整顿软弱涣散村党组织，提高扶贫工作重点村党组织的创造力、凝聚力、战斗力，发挥好工会、共青团、妇联等群团组织的作用。选好配强村级领导班子，突出抓好村党组织带头人队伍建设，充分发挥党员先锋模范作用。完善村级组织运转经费保障机制，将村干部报酬、村办公经费和其他必要支出作为保障重点。注重选派思想好、作风正、能力强的优秀年轻干部到贫困地区驻村，选聘高校毕业生到扶贫工作重点村工作。根据扶贫工作重点村的实际需求，精准选配第一书记，精准选派驻村工作队，提高县以上机关派出干部比例。加大驻村干部考核力度，不稳定脱贫不撤队伍。对在基层一线干出成绩、群众欢迎的驻村干部，要重点培养使用。加快推进贫困村村务监督委员会建设，继续落实好"四议两公开"、村务联席会等制度，健全党组织领导的村民自治机制。通过议事协商，组织群众自觉广泛参与扶贫开发，让群众真正成为脱贫攻坚的主力军。

三、加强对扶贫工作的考核和督查

加强考核督查是树立导向、严明纪律、打赢脱贫攻坚战的有力保障。中央组织部、国务院扶贫办已经出台了《关于改进贫困县党政领导班子和领导干部经济社会发展实绩考核工作的意见》。中央办公厅、国务院办公厅印发了《省级党委和政府扶贫开发成效考核办法》。根据中央、省委的要求，省扶贫办制定了《山东省市级党委和政府扶贫开发工作成效考核办法》，已经以省委办公厅、省政府办公厅名义印发。《山东省扶贫开发领导小组成员工作成效考核办法》，市级党委和政府、领导小组成员单位《考核实施细则》、《市级扶贫办工作考核办法》等，把减贫实绩作为最主要指标，突出科学性、合理性、操作性。一是建立年度脱贫攻坚报告、调度通报和督查制度，强化跟踪督查、随机抽查、定点检查，省里每年派出督查组开展督查。二是严格问责追责，对未完成年度减贫任务的党政主要负责人进行约谈，连续两年完不成年度任务的，对党政主要负责人进行组织调整。三是把党风廉政建设贯穿脱贫攻坚全过程，加强财政监督检查、稽查等工作，建立扶贫资金违规使用责任追究制度，对挪用、侵占扶贫资金等违法违纪行为从严查处。四是认真做好扶贫信息公开，及时将政策规定、资金使用等情况向社会发布。引导扶贫对象积极主动参与资金项目管理，强化多方监督作用。

四、把扶贫工作纳入法治化的轨道

党的十八届四中全会强调要依宪治国、依法治国，各项事业要于法有据。会议通过的《中共中央关于全面推进依法治国若干重大问题的决定》特别提出："完善教育、就业、收入分配、社会保障、医疗卫生、食品安全、扶贫、慈善、社会救助和妇女儿童、老年人、残疾人合法权益保护等方面的法律法规。"《中国农村扶贫开发纲要（2011—2020）》强调，"加快扶贫立法，使扶贫工作尽快走上法制化轨道"。要积极推进扶贫立法，抓住提高立法质量这个关键，实现立法和扶贫改革相衔接。必须认识到，依法治贫、依法脱贫不仅是缓解直至最终消除贫困的必然选择，更是实施依法治国基本方略的内在要求。只有推进依法治贫、法治扶贫，才能做到扶贫改革于法有据、扶贫立法主动适应改革和经济社会发展需要，也才能适应科学扶贫、精准扶贫的新要求。要用法治思维和法治方式推进扶贫工作，促进扶贫工作治理体系和治理能力的现代化。要注重提高扶贫规划编制、项目安排、资金使用、监督管理等方面的法治化水平。要强化贫困地区社会治安防控体系建设和基层执法队伍建设，健全贫困地区公共法律服务制度，切实保障贫困人口合法权益。

五、加强扶贫开发队伍建设

稳定和强化各级扶贫开发领导小组和工作机构。扶贫开发任务重的省（自治区、直辖市）、市（地）、县（市）扶贫开发领导小组组长由党政主要负责同志担任，强化各级扶贫开发领导小组决策部署、统筹协调、督促落实、检查考核的职能。加强与精准扶贫工作要求相适应的扶贫开发队伍和机构建设，完善各级扶贫开发机构的设置和职能，充实配强各级扶贫开发工作力度。扶贫任务重的乡镇要有专门干部负责扶贫开发工作。加强贫困地区县级领导干部和扶贫干部思想作风建设，加大培训力度，全面提升扶贫干部队伍能力水平。

　　总之，我们一定要以习近平总书记的扶贫开发战略思想统领脱贫攻坚各项工作，凝心聚力，精准发力，苦干实干，坚决打赢脱贫攻坚战。

小贴士

脱贫攻坚的六大基本原则是什么？

　　2015 年 11 月，中央扶贫开发工作会议通过了《关于打赢脱贫攻坚战的决定》。在这次会议上，党中央将脱贫工作提到一个前所未有的高度来认识，向全党发出了打赢脱贫攻坚战的总动员令，吹响了脱贫攻坚战决胜阶段的冲锋号。为确保实现脱贫攻坚目标，会议提出了"六大基本原则"，即坚持党的领导，夯实组织基础；坚持政府主导，增强社会合力；坚持精准扶贫，提高扶贫成效；坚持保护生态，实现绿色发展；坚持群众主体，激发内生动力；坚持因地制宜，创新体制机制。这"六个坚持"当中，党的领导是根本保证，政府主导是落实关键，精准扶贫是基本方略，保护生态是重要屏障，群众主体是内生动力，体制机制是激励手段。必须始终遵循这"六大基本原则"，确保脱贫攻坚目标如期实现。

第二章

抓好党建促脱贫攻坚

　　抓好党建促脱贫是贫困地区脱贫致富的重要经验。习近平总书记多次强调："帮钱帮物，不如帮助建个好支部。"贫困村之所以贫困，从根本上是因为村班子战斗力不强，党员先锋模范作用发挥不明显。加快贫困地区脱贫致富步伐，必须把夯实农村基层党组织同脱贫攻坚有机结合起来，抓好以村党组织为核心的村级组织配套建设，真正把基层党组织建设成带领群众脱贫致富的坚强战斗堡垒。实践证明，第一书记只有紧紧抓住村党支部建设这个核心，不断规范班子运行、激发党员活力、强化制度落实、增强服务能力，着力推进扶志、扶智，才能凝聚起脱贫致富的强大动力，为帮包村留下一支"永远不走的工作队"。

第一节

坚持农村基层党组织在带领群众脱贫致富中的领导核心地位

一、农村基层党组织是农村各种组织和各项工作的领导核心

打赢脱贫攻坚战，必须抓好农村基层党组织建设，特别是要注意发挥农村基层党组织在带领群众脱贫致富中的领导核心作用。《村民委员会组织法》规定：党在农村的基层组织，发挥领导核心作用。全国农村基层党建工作座谈会确定，农村基层党组织领导核心地位体现在四个方面：第一，农村基层党组织是确保党的路线方针政策在农村得到贯彻落实的领导核心，在执行中央和各级党组织的决策部署中起着组织者、推动者的作用。第二，农村基层党组织是农村各种组织的领导核心，无论是行政组织、经济组织和群众自治组织，还是各类社会组织、服务组织，都要在党组织领导下，按照法律和各自章程开展工作。第三，农村基层党组织是农村各项工作的领导核心，农村经济社会发展各方面的重要工作、重要问题，都是由党组织在广泛征求意见的基础上讨论决定、领导实施。第四，农村基层党组织是团结带领群众建设美好生活的领导核心，肩负着组织群众、动员群众、教育群众、引导群众的重要职责，发挥着凝聚群众的主心骨作用。

二、强化农村基层党组织的政治属性和服务功能

当前，发挥好扶贫工作重点村党组织在带领群众脱贫致富中的领导核心作用，必须强化农村基层党组织的两大功能。

1. 政治引领功能。习近平总书记强调："党的基层组织建设制度改革，着力点是使每个基层党组织都成为战斗堡垒，这个战斗堡垒，首先要是政治上的战斗堡垒。"农村基层党组织战斗堡垒作用最重要的是体现在政治引领上。扶贫工作重点村党组织强化政治引领功能，就要牢牢把握中国特色社会主义这个大方向，紧紧围绕建设社会主义新农村、全面奔小康这个目标，团结带领群众坚定不移跟党走，自觉贯彻中央各项决策部署，推动党的路线方针政策特别是党的惠农政策在农村落地生根。

2. 服务功能。全心全意为人民服务是党的根本宗旨，党的十八大提出要把加强基层服务型党组织建设作为基层组织建设的重大任务。因此，扶贫工作重点村党组织要把服务作为加强自身建设的鲜明主题，不断提升自身服务能力和水平，更好地服务改革、服务发展、服务民生、服务群众、服务党员。现阶段，根本的任务是服务脱贫攻坚。

3. 正确把握二者关系。习近平总书记深刻指出，基层党组织是党全部工作和战斗力的基础，建设基层服务型党组织，是功能上的一个要求，但总的是战斗堡垒，不能变成纯服务组织，它的政治功能要充分发挥。农村基层党组织的政治属性和服务功能是内在统一的辩证关系，一方面农村基层党组织要引领好群众，就必须抓住服务这个有效手段。另一方面，要把党的政治属性寓于服务之中，通过强化服务功能来彰显农村基层党组织的政治属性，使服务群众的过程成为赢得群众的过程，让广大群众自觉拥护党、跟党走。

三、提高农村基层党组织的领导能力和水平

习近平总书记强调："建立和完善以党组织为核心、村民自治和村务监督组织为基础、集体经济组织和农民合作组织为纽带、各种经济社会服务组织为补充的农村组织体系，使各类组织各有其位、各司其职。"扶贫工作重点村基层党组织对群众自治组织、经济组织、社会组织要敢于领导、善于领导、有效领导，切实担当起领导责任；要讲究方式方法、探索有效途径，教育引导村级其他组织自觉服从党的领导，带领引导各类组织把思想和行动统一到脱贫攻坚大局上来。村民委员会和其他各类组织要置于村党组织的领导之下，依法依规行使职权，积极主动地做好职责范围内的工作，沿着正确方向健康发展。

案例

干部住农家　农户得实惠

省委组织部第一书记工作组

常山庄、双泉峪子、东柳沟3个村地处沂蒙山区腹地，是山东省党的群众路线教育基地——沂蒙红嫂纪念馆所在地。我们依托沂蒙红嫂纪念馆，充分发挥红色教育资源优势，打造党员干部"三同"教育基地，实现了"干部受教育、群众得实惠、集体促增收"的多赢目标。

主要经验做法：驻村后，我们考虑利用全党开展群众路线教育实践活动的契机，在3个村建设干部群众同吃、同住、同劳动"三同"教育基地，这个想法得到村两委和群众的支持。在实施过程中，我们确立了遵纪守法、尊老爱幼、团结邻里、热情好客、勤俭卫生的基本条件，经广泛宣传，动员村民积极报名。针对报名比较多的情况，我们成立了由村干部、党

员群众代表组成的检查验收小组，逐户验收，筛选出初步符合条件的农户，进行健康查体，对查体合格的张榜公示。为使他们更快熟悉工作职责，我们邀请县党的群众路线教育基地办公室、旅游局等部门，进行文明礼仪、待人接物等方面的培训，对如何搞好接待、餐饮、住宿、卫生、劳动等进行重点讲解。培训合格后，确定为正式联系户，悬挂"党员干部三同联系户"门牌。确立了联系户后，我们争取上级资金10万元，为"三同"教育联系户的学员房间统一购置了床铺、桌椅以及毛毯、被褥、蚊帐等生活用品，发放《党章》、《共产党宣言》等学习书籍。争取省旅游局扶持农家乐项目资金，每户投资1.6万元，改造厨房和厕所，提升居住卫生条件。制定《"三同"教育联系户守则》，在学员吃、住、劳动等方面提出全方位、高标准要求，确保饭菜新鲜，环境整洁卫生，被褥经常晒洗，对学员态度热情。

为促进"三同"教育基地持续健康发展，成立沂南县红嫂人家乡村旅游专业合作社，实行规范化管理。建立学员评价反馈机制，学员填写《学员评价反馈意见》，对联系户的服务态度、饭菜质量、环境卫生等方面，按照好、较好、较差、差四个等次进行综合评价，及时收集学员反馈意见。合作社不定期检查指导，对联系户服务进行评定，评价结果差的进行整改提升，连续两次以上整改不到位的，责令其退出。每期培训班结束后，合作社及时将费用划拨到各联系户。"三同"教育基地打造以来，接待能力不断提升，共接待各类培训班党员干部16批次900余人，为干部接受教育提供了平台，户均收入3600元，为农民带来了实惠。

【工作启示】第一书记帮助村民增收致富，必须依托当地的特色资源，注意找准与国家产业政策、重大活动的结合点，充分利用好外在机遇和条件，走规范化运作的路子，既要"建"好，更要"管"好。另外，发展农村经济，提高农民收入，要解放思想、拓宽思路，除增加土地收益外，引导发展农村第三产业，向服务业要效益，也是一个重要方向。

第二节

选好村党组织带头人 引领群众脱贫致富

一、选好村党组织带头人的重要性

农村党组织带头人，是农村党组织发挥领导核心作用的关键，是带领群众实现脱贫致富的"主心骨"、领路人。"村子强不强，要看领头羊"，加强农村党组织带头人队伍建设，是农村基层组织建设的重中之重。习近平总书记指出，要从巩固党执政基础的高度出发，坚持问题导向，进一步加强农村基层组织建设，完善各项村级民主管理制度，特别是选好、用好、管好村两委带头人，加大严肃查处不正之风和违法违纪行为的工作力度，为农村改革发展稳定提供有力保障。实践证明，我省第一书记抓党建促脱贫之所以取得显著成效，关键就是抓住了村党组织带头人这个"牛鼻子"。选拔培养一支好的带头人队伍，是群众的期盼，也是第一书记抓班子强队伍的第一责任。

二、选拔村党组织带头人的标准条件

选拔村党组织带头人，要坚持高标准、严要求。中央强调指出，要把思想政治素质好、带领群众致富能力强、作风扎实的优秀党员选拔为村党组织书记。省委提出选拔村党组织带头人要坚持"讲政治、重公道、有本领、善服务、口碑好"的标准条件。讲政治，即理想信念坚定，认

真执行党在农村的路线方针政策，自觉接受上级党委领导。重公道，即坚持按法律法规和政策办事，处事公平公正。有本领，即具备履行岗位职责应有的能力和素质，能带领村庄发展、村民致富。善服务，即尊重群众意愿，善于做群众工作，热心为群众办实事解难题。口碑好，即模范遵守社会公德、家庭美德，品行端正，廉洁自律，在党员群众中威信高、形象好。

三、选拔村党组织带头人的程序

选拔村党组织带头人，要严格按照程序来进行。当村党组织书记出现空缺或需要调整时，一般按照以下步骤进行选拔：

1. 物色合适人选。围绕选什么样的人、从哪里选人开展调研摸底、分析研判，多方面、多角度掌握优秀人才情况。拓宽选人用人视野，注重从农村致富能手、合作经济组织负责人、专业大户、乡村医生、外出务工经商人员、复转军人、回乡大中专毕业生、离岗退休人员中发现和选拔优秀人才。本村没有合适人选的，可从区县直属部门和乡镇机关、企事业单位中，挑选政治过硬、年富力强、文化程度较高、熟悉农村工作、基层经验丰富的党员干部担任村党组织书记。

2. 搭建锻炼平台。发现人才是基础，创造条件、让优秀人才脱颖而出是关键。对发现的优秀人才，要搭台子、交任务、压担子，采取开展教育培训、提前安排到村干部岗位锻炼、组织竞职演讲等办法，提高他们的竞选能力和履职能力，增进党员群众对他们的了解和认识，逐步在群众中树立威信，为将来当选创造条件。

3. 组织开展选举。对村党组织领导班子成员调整，要充分尊重党员群众的意愿，按照"两推一选"方式进行，即党员推荐、群众推荐村党组织成员候选人，党员大会无记名投票选举产生新一届村党组织成员。

根据工作需要，乡镇党委也可直接任命村党组织带头人。

四、正确处理第一书记与村党组织带头人的关系

第一书记要指导、帮带好村党组织带头人，充分调动他们的工作积极性，发挥他们的主体作用，提高带领群众脱贫致富的素质能力和群众威信。要注意处理好两方面关系：一是带领与代替的关系。第一书记帮助村党组织带头人，是带领不是"代替"，要做到指导而不包办、到位而不越位，通过带领村党组织带头人学政策、干工作、搞服务，引导村党组织带头人增才干、学方法、强作风，不断提高村班子战斗力。二是台前与台后的关系。困难面前，第一书记要冲向前，把村党组织带头人放在后；荣誉面前，第一书记要把村党组织带头人推向前，自己甘当"影子"和"梯子"，帮助村党组织带头人增强信心，干好工作，树立威信。

案例一

充分尊重民意　选优配强带头人

泰安市岱岳区大佛寺社区第一书记　姚子照

大佛寺社区 2007 年由村改建，原居民 306 户、963 人，其中党员 58 名，社区有两委班子成员 4 人。

第一书记进驻后，通过走访座谈，了解到原支部书记陈某自身存在较多问题，党员群众反映强烈。针对这种情况，我们深入分析，认真对待，从四个方面做好工作：一是调查研究，了解发现问题。直接与支部书记和村干部进行接触了解有关情况，发现班子存在开会搞一言堂，决策随

意；班子成员工作不配合，有抵触情绪。支部书记作风漂浮，夸夸其谈，只说不做；心思不放在社区，责任心不强等问题。综合这些情况，我们及时向街道党委进行了汇报沟通。二是广泛座谈听取党员干部群众意见。经与街道党委沟通达成一致意见后，将座谈面扩大到全体党员、群众代表、小组长和不少于三分之一的普通群众。座谈内容主要是对两委班子是否满意，存在哪些问题，是否需要调整党支部书记，如果需要调整，谁是合适人选等。为确保公正，由街道办事处工作人员和第一书记分别与党员群众座谈。三是民主测评定去留。座谈后，召开社区全体党员会议，再次进行班子成员测评，并推荐后备人选。支部书记陈某的测评不称职票接近50%，绝大多数党员群众强烈要求撤换支部书记。一些党员群众还提供了反映支部书记问题的举报材料。四是报请街道党委调整。街道党委出面召开由社区两委成员、党小组长和第一书记参加的会议，免去陈某支部书记职务，任命商某担任社区党支部书记。

支部书记调整后，第一书记着力加强班子建设，通过召开组织生活会、两委会议和个别谈心，帮助班子成员增强政治意识、廉洁意识和服务意识，提高干事创业积极性；并与新任支部书记一起搞调研、定规划，抓重点、促落实，各项工作有序进行，呈现出良好发展局面。

【工作启示】一是群众都期盼有一个好带头人，这也是第一书记抓班子强队伍的责任，必须抓紧抓好。二是调班子是"伤筋动骨"的大事，必须十分慎重、积极稳妥、尊重民意，切不可随意而为。三是乡镇街道党委担负着村（社区）班子建设的第一责任，主意还是要由他们拿，第一书记的责任是当参谋，提建议，不能包办代替。

案例二

村支部书记转型记

费县南张庄乡小贤河村第一书记　李玉华

小贤河村现任村支部书记已连任3届，还曾担任过5年村主任，对计划生育、纠纷调解等农村常规工作得心应手，威信颇高，但带领群众致富却始终不得要领，迈不开步子。

到村后，第一书记意识到除抓好基础设施建设、产业发展外，更要把带头人培养好，实现其转型提升，进而更好地担负起带领扶贫工作重点村长远发展的使命。一是转思想。先后带领村干部到先进村庄参观学习，开眼界、找差距。通过外出考察等一系列措施，村干部思想转变了，干事创业的劲头上来了。二是提能力。邀请山东农业大学、临沂市等农业专家多次到田间地头进行现场指导，开展农村实用技术培训，提高村干部致富本领。三是找路子。愿望有了，基本的能力也具备了，第一书记把重点放在带领村干部寻找致富路子上。考虑到村民有种植山楂的传统，发展林果业比较切合实际，就邀请果树专家来村考察指导、测土配方，发现村里气候、土地适宜山楂着色和糖分积累，具备出产优质山楂的各项生态指标。同时，所在乡镇也提出要建"万亩山楂园"规划，准备做大做强山楂产业。根据这一情况，第一书记召开会议审议并通过了村里的产业发展规划，决定依托山场优势发展林果经济，壮大山楂产业。四是扑下身子带头干。明确发展方向后，第一书记带领村两委以身作则，鼓励村里注册成立费县映山红林果专业种植合作社，推进山楂专业化、规模化、标准化种植。为增加产量，争取183万元项目资金，建成400亩梯田、3座拦水坝，使1000亩山地具备了水浇条件。山楂成熟后，又加大宣传力度，协调山东电视台农科频道播出了小贤河村山楂特辑《好山好水好山楂》。该村生产的"映山红"品牌山楂，因果实大、色泽艳、品质优而引来了众多客商。山楂每斤卖到2元多，果农净赚3.9万元，收入比去年翻一番还多。

一年来，成立了合作社，组建了技术服务队，购买有机肥，发展绿色食品，成立"映山红"有机山楂示范基地，村支部书记的发展理念、经营观念都发生了巨变。元旦前，村支书主动找第一书记算起了账：山楂刚上市卖2块多，现在卖到4块，板栗刚上市卖2块多，现在卖到8块，要是建一个200万斤的冷库，至少能增加村民收入300万，集体增加收入6万。在村支书建议下，投资80万元建设冷库，建成后将会改善周边果蔬仓储条件，增加村民和集体收入。下一步村支书还想认证700亩有机山楂基地，准备与一食品公司签订长期山楂买卖协议，发展订单农业，增加村集体经营性收入。

【工作启示】群众富不富，关键在门路，门路多不多，关键看干部。第一书记要尽心竭力把村干部特别是村支部书记带起来，引导他们树立"脱贫靠自己、发展靠自己、致富靠自己"的意识，帮助他们发挥内生动力，提高致富本领，实现思想观念由"等靠要"向找项目、抓生产、促发展转变，这是实现脱贫致富的治本之策。

第三节

整顿基层党组织　增强脱贫攻坚战斗力

一、加大软弱涣散党组织整顿力度

扶贫工作重点村之所以贫困，有历史因素、自然条件等因素制约，但班子软弱涣散、战斗力不强是根本原因。因此，第一书记要把整顿软弱涣散村党组织，作为帮包工作的重中之重，着力推动转化升级，提升村班子的凝聚力、战斗力。2014年2月，《关于在第二批党的群众路线教育实践活动中整顿软弱涣散基层党组织的通知》提出了农村软弱涣散基层党组织的8种类型：一是党组织班子配备不齐、书记长期缺职、工作处于停滞状态；二是党组织书记不胜任现职、工作不在状态、严重影响班子整体战斗力；三是班子不团结、内耗严重、工作不能正常开展；四是组织制度形同虚设、不开展党组织活动；五是换届选举拉票贿选问题突出；六是宗族和黑恶势力干扰渗透严重；七是村务财务公开和民主管理混乱；八是社会治安问题和信访矛盾纠纷集中。

第一书记要对帮包的扶贫工作重点村党组织进行综合分析研判，全面掌握班子配备和工作运行、党组织书记胜任、党组织活动、社情民意、群众评价反映等情况，看村党组织是否软弱涣散，找出问题产生的根源，依靠乡镇党委分类实施综合治理，有针对性地开展整顿建设。对党组织班子配备不齐、书记空缺、工作处于停滞状态的，要在当地党委支持配合下积极发现物色能够带领群众脱贫致富奔小康的合适人选，按照规定程序配强带头人；对党组织书记不胜任现职、工作不在状态的，要在当地党委领导下，稳妥地做好调整工作，同时注意协调做好新老班子的工作交接，避免产生新的矛盾；对班子不团结、不能正常开展工作的，要发挥第一书记比较超脱的优势，加强与班子成员的思想沟通，找到问题根源，通过严格的党内组织生活，化解思想问题，促进团结和谐，引导村干部把精力放在脱贫致富、为民服务上来；对工作存在突出问题、群众意见较大的，要帮助转变思想认识、认清自身问题，切实加以解决；对村级财务不清的，协调当地党委及早组织审计，晒账目、亮家底，对确有问题的依法依纪处理。对村务管理混乱的，要加强民主议事、制度公开建设，规范村级工作运行；对宗族势力干扰村务、黑恶势力活动猖獗的，要协调公安、司法等部门，依法严厉查处。通过综合施治，切实把每个农村基层党组织都建成坚强战斗堡垒。

二、切实加强村级班子建设

俗话说："火车跑得快，全靠车头带。"村班子强不强，对推动精准脱贫、精准扶贫起着至关重要的作用。第一书记要着力把扶贫工作重点村班子带起来，不断提高服务群众、带领群众脱贫致富的能力和水平，为实现全面小康打牢基础。

1. 带思想，转观念。第一书记要从抓学习转变思想观念入手，多向村干部摆事实、举例子，注意用身边人、身边事加强引导，组织村干部到周边的好村去学习、去参观，让他们看到外边变化有多大、发展有多快、建设有多好，知道自己的差距有多大，通过开展"两学一做"教育，联系本村实际，激发干事创业的信心。

2. 带工作，长本事。扶贫工作重点村的绝大多数党组织书记都有带领群众脱贫致富的愿望，多数是心有余而力不足。第一书记要靠上帮带村党组织书记，政策不了解的，帮助熟悉政策、用好政策；需要向上争取的，主动协调、寻求支持；项目遇到困难的，出谋划策、解决难处；没有发展思路的，带着书记搞调研、跑市场、找出路，拓展村干部的思路视野。总之一个原则，支部书记能力上缺什么，咱们就带着补什么。

3. 带作风，树形象。过硬的作风是无形的战斗力。要教育村干部坚持公平、公正、公道，处事一碗水端平，这样群众才能信任你、支持你。要引导村干部解决好群众关心的问题，从一件件小事做起，从一家一户做起，通过更多的实事、好事赢得群众的信任和支持，提高村班子的号召力、凝聚力和战斗力。

4. 带制度，强规范。引导督促村班子严格落实好"四议两公开"、党务村务财务公开、"三会一课"等制度，修订细化村规民约，着力解决管理不规范、执行不严格、工作不透明等问题。对财务管理混乱的，配合上级党委清理整顿，建立健全财务管理制度。

三、加强农村党组织书记培训

开展教育培训，是提高党组织书记素质能力的重要手段和有效途径。第一书记要重视教育培训，针对扶贫工作重点村党组织书记实际，有针对性地开展教育培训，注意突出思想政治教育、形势政策教育、党纪国法教育、知识技能培训，提升做好群众工作的能力、依法办事的能力、带领群众发展致富的能力，为带领群众实现脱贫致富贡献力量。

1. 要加强政策理论学习。结合"两学一做"学习教育，严格抓好党章党规党纪和习近平总书记系列重要讲话精神等学习，作为提升党员党性修养的重要手段，引导他们增强政治意识、大局意识、核心意识、看齐意识，思想上政治上行动上与以习近平同志为总书记的党中央保持高度一致。要带领村党组织书记，认真学习习近平总书记关于脱贫攻坚的重要讲话精神，学习各级关于精准扶贫、精准脱贫的政策措施，学政策、找方法，提升政策理论水平。要将学习成效与评先树优相结合，激发党组织书记学习的自觉性和实效性。

2. 要活化教育方式。用活传统的教育方法手段，注意贴近党组织书记思想、工作和生活实际，通过集中教育、个人自学、党课教育等方式，开展现场观摩、主题实践等方法，增强教育培训的效果。用好新的载体和方式，利用手机、"互联网+"等信息技术，引导组织村党组织书记积极主动上网学习、在线培训、微信交流。要注意用好正反两方面典型，多举例子、摆事实，让村党组织书记从反面典型中汲取教训，引以为戒；从正面典型中深学细照笃行，见贤思齐。

3. 要注意因材施教。对观念落后、思想保守的，要多谈心交心，让他们看到乡亲们的期盼，认识自己肩负的责任，着力帮着提升境界。对致富无方、思路不清的，要带着多外出参观、学习新理念新事物，寻找致富路子，帮着开阔视野，提高带领群众脱贫致富的能力。对办事主观、作风简单甚至粗暴的，要帮着改进方法，从学习村内议事规则和民主公开制度入手，切实做到办事与群众商量，按规矩办事。

四、落实农村干部补贴制度

习近平总书记强调：要建立稳定的村级组织运转和基本公共服务经费保障制度，提高农村基层干部报酬待遇和社会保障水平。我省高度重视村干部报酬待遇保障，先后出台了《关于健全完善村党支部书记激励保障机制的意见》和《关于深入推进基层服务型党组织建设的实施意见》等文件，要求村党组织书记按照每人每年不低于上年度所在县（市、区）农民人均纯收入的2倍标准发放补贴；其他村两委班子主要成员，参照村党组织书记报酬，按一定比例发放。第一书记要结合当地党委政府的具体实施办法，确保补贴按时足额发放到位，切实起到调动积极性、凝聚战斗力、巩固执政基础的作用。

案例一

拢班子　树威望

惠民县麻店镇大班村第一书记　张校林

大班村位于惠民县东南部，人口527人，耕地1002亩，以种植小麦、玉米、棉花、西瓜等粮食作物为主，村民收入少，集体无收入。支委3人，书记兼主任和另外一人早出晚归在外打工，只有一人昼夜驻村。驻村第一书记通过真诚而又扎实的工作，逐步把这个村的班子由弱扶强，为村民致富培养领路人。

首先，要把在外打工的书记抓在手上，然后再把班子"拢"在一起，逐步使他们发挥作用，实现班子从"虚有"到"实有"的转变。主要从六个方面入手：一是靠真情"帮"。前几次到村支书家中，不是由于没有提前预约，就是由于人家要加班工作，都无功而返。为不影响班子成员的正常生产生活，就利用晚上时间，主动联系他们在家中见面，研究村里的事务。通过了解发现，村支书家孩子还小，天天靠年迈的父亲接送上学，他自己也一直想离家近一点，尽尽对老人的孝心和对孩子的责任。另外，听他讲10年前自己就曾搞过大棚，但由于不成规模，效益较差，慢慢放弃了。见此机会，第一书记当即表示："你若愿意继续搞大棚种植，我来帮你。"一句话，说到了他的心坎上，支部书记从外地回到了村里。二是靠制度"扶"。班子成员对农村党的组织原则、村务管理的程序方法等有很多不懂不会，存在不规范行为。通过让他们参与收回被村民私占、私用的近200亩土地的全过程，熟悉工作流程，掌握基本方法，强化制度建设。主要是让他们从如何召开支部委员会、党员大会、党员和村民代表会等会议入手，首先对组织工作的原则、方法、程序等有个初步印象，然后经常通过这种形式，让他们掌握开展工作的方法要领，逐步使村两委的工作走向正规。三是靠平台"强"。注重利用各种机会让每个班子成员都能走到前台，从说第一句话、办第一件事开始，培养锻炼他们的实战能力。这期间，有意识让村支书带领班子成员一起拆除村里20多间破旧房屋，安置10余户占道村民，投入近百万元修建办公场所、柏油马路、健身广场等，办了很多民生实事好事，最终赢得了群众的尊敬和信任，使他们很快就挺直了腰杆。四是靠规范"管"。工作中，本着如何才能使新的规章制度更加符合村情、民风的原则，对以往的村规民约、办事程序等进行了严格的梳理研究，取消不符合要求或不够严谨的内容，新增添10余项较为人性化、便于服务村民的规章制度。通过实施20余项"村规民约"、"民主公开事项"、"村民议事规则"等新的规章制度，既使班子成员管好了自己，也管好了村民；既让村民找回了尊严，也让村干部收获了尊重。五是靠合力"谋"。凡事关全村经济发展、基础设施建设等涉及村民利益的重点工作，村两委都及时召开会议，集体研究决定。决策前与党员和村民代表通气；决策中与党员和村民代表见面；决策后请党员和村民代表监督，充分调动党员和村民代表参与集体工作的积极性。这些做法很快把民心"聚"在了一起，工作开展得更加规范有序。六是靠严格"正"。工作中发现，有的村干部虽然出发点是好的，但不注意方式方法；有的在与群众接触中随便许诺，在村民中造成不良影响。对此，及时与他们沟通交流，问题严重的专门召开组织生活会，把板子打在具体人身上。坚持利用每月的"民主议政与教育日"教育引导大家学习如何讲究说话的艺术和方式，让大家明白，尽管自己只是一名农村干部，处在各级党委、政府工作的最末端，但最起码自己是个党员，是党员就要办党员该办的事，说党员该说的话。逐渐地，他们不但与人交往的能力提高了，工作也干得越来越好。

【工作启示】一是班子成员人数齐全并不代表真正强，关键是要把干部的心"拢"起来，把作用发挥出来。二是抓班子除了讲奉献、靠制度，还得充分考虑村干部的实际困难，帮助解除后顾之忧。三是要善于在实践中一步步地锻炼提高村干部的工作能力。

案例二

四"招"激活村班子

郓城县郭屯镇郭庄村第一书记　王　鹏

郭庄村有村民1927人，党员66人，村两委班子成员6人，党支部作用发挥不明显。第一书记驻村后，通过调研找到了问题所在：村支部书记和一名班子成员家庭困难，工作积极性不高；村委会主任常年在外打工，基本不参与村内工作；班子成员年龄普遍偏大，观念守旧，有"混日子"思想。找到了症结，第一书记用了四"招"，取得了较好的效果。

第一"招"：解实困。经了解，村支书的儿子常年卧病在床，生活不能自理，家庭负担很重。第一书记就常到家中探望，在党员干部联系困难家庭工作中，将他儿子列为重点帮扶对象，由单位主要领导结对帮扶。他儿子突然病重期间，第一书记第一时间赶到镇卫生院，紧急联系卫生院长对其抢救，并陪伴在他身边走完了人生最后一程。村支书深受感动，在儿子葬礼结束第二天，就强忍着老年丧子的悲痛，投身到村里正在进行的电网改造工程上来。还有一名班子成员，两年前因祸致残，基本丧失了劳动能力，妻子患精神疾病，女儿刚考上大学，生活十分困难，一家三口挤在两间破旧的土坯房里。第一书记向单位领导做了专题汇报，由单位出面联系住建部门，出资1.35万元为他家盖了新砖瓦房，并资助她女儿读书。解决了生活上的后顾之忧，他积极主动地投身到村委工作中来。

第二"招"：立规矩。第一书记与班子成员交流时发现，他们对村干部职责不清楚，对规章制度不很了解。于是，第一书记从制度建设入手，为村两委定好"规矩"：明确村两委成员各项职责，制定班子议事、学习、考勤等制度，并将职责和制度做成标牌上墙，提醒大家严格执行，接受群众监督；由第一书记及乡镇干部检查督导，将每项制度落实到具体工作中；麦收期间，与从外地打工归来的村委会主任进行了严肃的组织谈话，告知他应当承担的责任和义务，强调群众有选他的权利，也有罢免他的权利，如果脱离岗位，不能正确履职将要面临被罢免的问题。经过这件事，村主任有了很大变化，不再外出打工，其他成员见第一书记是动真格的，也都开始按制度办事。

第三"招"：长见识。先后组织村两委到菏泽市区参观尧舜牡丹生物科技有限公司、油用牡丹种植园，学习油用牡丹种植；到鄄城县学习考察文明乡村建设经验；到邻近的省派第一书记帮包村学习基础设施改造、养殖产业发展、乡村文化建设，让大家看到了差距，学到了经验，坚定了带领群众增收致富的决心。

第四"招"：增信心。第一书记经常与班子成员交流谈心，为他们加油鼓劲，让他们知道党和政府扶贫的决心和力度，真正肩负起自己的责任和与使命，紧紧抓住第一书记帮扶给村里发展带来的难得机遇，同时，为他们全面分析郭庄村的发展优势，并多次与镇里负责同志沟通交流，将村里的发展规划与镇里整体发展规划有效对接，积极争取镇里的大力支持。第一书记到任后，村里发生的实实在在的变化，更是深深触动了他们的内心。两委班子纷纷表示，有这么好的机遇，大家没有理由不干好工作，有党和政府的大力支持一定能干好工作！

通过这四"招"，班子干劲足了，在修建硬化道路、新建幼儿园、新修桥涵、电网改造的现场，两委成员都全程盯在现场，保障了工程质量和进度。连镇领导都说，这一年以来，郭庄村就像换了一套班子，工作的主动性、积极性都有了很大提高。村里百姓看到两委班子确实想干事、能干事，也能干成事，纷纷对两委班子竖起了大拇指。

【工作启示】抓基层党建工作，不像抓基础设施建设见效那么快、那么明显，但是"送钱送物，不如建个好支部"是"真经"。一个好的两委班子、特别是一个好的支部书记，是村庄又好又快发展的前提。第一书记的任期是有限的，村里的工作最终要依靠村两委班子，只有抓好基层党组织建设，留下一支"不走的工作队"，才能夯实帮包村长久发展的基础。抓村级组织建设不是哪一批第一书记的任务，需要一以贯之、常抓不懈。

案例三

我教支书学开会

东阿县刘集镇大林崔村第一书记　董洪坤

大林崔村两委班子比较健全，也经常开会讨论事项，但会议质量不高，流于形式。第一书记从引导村支书和村干部开好会入手，言传身教，提高村两委的民主议事能力和议事质量，增强了村班子的凝聚力和战斗力。

第一书记驻村后，第一次召开村两委会时，村支部书记一提出需要讨论的议题，两委人员就开始发表起意见，争论激烈。在争论过程中，又引出另外一个话题，又争论了半天，其中一个村委委员不论谁发表意见他都反对，让他说说该怎么办又说不出个所以然，结果会议从晚上8点开到近11点，不欢而散，无果而终。

这次会议后，第一书记作了调查了解，原来每个村委成员都代表一部分人的利益，有的是代表家族，有的是代表本生产组，都想为自己的利益群体说话，稍有触动就发生争执。第一书记意识到村支部书记是村里的带头人，是会议的组织者和主持人，如何开好会、议好事，支部书记是关键，决定把教村支书开好会作为提高班子队伍战斗力的突破口，帮助他增强公正意识、提高开会质量。

为此，第一书记多次找村支部书记聊天谈心，引导他抓住四个关键步骤，把会议开好。

第一步，提前确定会议主题。主题明确，任务具体，开起会来才能有的放矢，才不会漫无目的，不着边际。

第二步，搞好会前沟通。这是重点和关键。引导村支书提前将会议内容通知其他村干部，让他们认真思考，充分酝酿，并在会前征求各位村干部的意见，做到心中有数。如果分歧较大，会议可暂时不开，继续酝酿、交流；如果个别干部仍有不同的想法，村支部书记可以先谈一谈多数人的意见，让他们进一步考虑，有保留意见的可以在会上提出。会前酝酿充分了，支部书记心里也就有底了。

第三步，充分民主讨论。原先开会是支部书记先亮观点，谈想法，既容易压制别人的想法又容易成为攻击的靶子。现在让其他村干部先发言，既显示出对他们的尊重又能充分听取意见。提倡村干部谈意见要出于公心，如果仅仅站在有利自己的方面谈意见，村支书要敢于批评。把握好会议节奏，对谈话跑题的，适时打断，引导纠正，控制时间；对情绪激动的，注意劝导，控制气氛；对有不同意见的，可以举手表决。最后要做好会议总结，综合归纳意见，形成会议决议。同时，强调组织纪律，要求村干部不能会上不说，会下乱说，误导群众。

第四步，做好会议记录。明确专人记录，保证如实反映会议讨论情况，以备核查。

经过逐步引导，开会时间短了，效率高了，秩序好了，内容集中了，气氛活跃了，更加公平公正了，有力推动了各项工作开展。现在村民见了第一书记都说："自从你们来了，感觉咱村书记的水平也提高了，办法比原来多了，办事也更令人信服了！"

【工作启示】"授人以鱼不如授人以渔"，第一书记到村工作，交给村干部科学的工作方法，非常重要。开会是村班子议事决策的重要方式，要引导村干部特别是村支部书记学习掌握科学有效的工作方法，从中逐步提高他的领导素质和工作能力，这对于增强村班子的战斗力和凝聚力，至关重要。要充分发挥村两委会的议事功能，提高议事质量，发挥集体民主决策的作用，提高决策的科学化水平。

第四节
加强扶贫工作重点村党员队伍建设
夯实脱贫攻坚组织基础

一、加强农村党员队伍建设的重要意义

党员是党的肌体的细胞和党的活动的主体。党的工作最坚实的力量支撑在基层，基层的工作要靠每一个党员发挥先锋模范作用，才能得以顺利实施。习近平总书记指出："党员是党的肌体的细胞，党的先进性和纯洁性要靠千千万万党员的先进性和纯洁性来体现，党的执政使命要靠千千万万党员卓有成效的工作来完成，党要管党、从严治党必须落实到党员队伍的管理中去。""我们党是一个拥有8600多万党员、在13亿多人口的大国长期执政的党，党的形象和威望、党的创造力凝聚力战斗力不仅直接关系党的命运，而且直接关系国家的命运、人民的命运、民族的命运。"这些重要论述，深刻阐述了加强党员队伍建设的极端重要性。

在农村，党员队伍是党支部发挥核心作用的基础，是农业发展的服务者、农村工作的组织者、农民致富的带头者。第一书记要始终把加强扶贫工作重点村党员队伍建设作为基础性工作来抓，强化党员队伍的教育管理，增强党员队伍活力，使农村党员队伍成为引领农村发展、带领农民脱贫、促进农村和谐文明的主力军和先锋队，为打赢脱贫攻坚战提

供坚强组织基础和力量支撑。

二、从严做好发展党员工作

邓小平同志强调：办好中国的事情，关键在党，关键在人。对扶贫工作重点村来说，没有人才，扶贫政策再好也用不好，扶贫资金再多也发挥不出效益，帮扶力量再多也派不上用场。在农村，大学生村官有知识、有激情、有潜力，农民专业合作组织负责人有能力、有影响，外出务工经商人员有见识、视野宽，复员退伍军人不怕苦、肯奉献，等等。第一书记要利用驻村优势，注意从这些人中物色苗子，加大培养青年党员力度，条件成熟的及时吸收到党内。具体工作中，要按照中央《中国共产党发展党员工作细则》和省委《实施意见》要求做好发展党员工作，坚持标准、严格程序、严肃纪律，保证发展党员的质量。

1. 认真把握发展党员的总要求。按照控制总量、优化结构、提高质量、发挥作用的总要求，坚持党章规定的党员标准，始终把政治标准放在首位；坚持慎重发展、均衡发展，有领导、有计划地进行；坚持入党自愿原则和个别吸收原则，成熟一个，发展一个。禁止突击发展，反对"关门主义"。

2. 严格遵守发展党员的基本程序。

（1）要求入党的申请人向党支部提出入党申请。党支部收到入党申请书后，应当在一个月内派人同入党申请人谈话，了解基本情况。

（2）确定入党积极分子。采取党员推荐、群团组织推优等方式产生入党积极分子人选，由支部委员会研究确定入党积极分子，并报上级党委备案。

（3）党支部指定一至两名正式党员做入党积极分子的培养联系人。

（4）党支部对经过一年以上培养教育和考察、基本具备党员条件的入党积极分子，在听取党小组、培养联系人、党员和群众意见的基础上，经支部委员会讨论同意并报上级党委备案后，可列为发展对象。

（5）党支部指定两名正式党员做发展对象入党介绍人。

（6）党支部对发展对象进行政治审查。主要调查其社会关系、政治历史是否清白。

（7）对发展对象进行短期集中培训。培训时主要学习党章、《关于党内政治生活的若干准则》等文件。

（8）支部委员会对发展对象进行严格审查，经集体讨论认为合格后，报具有审批权限的基层党委预审。

（9）基层党委预审后，审查结果书面通知党支部，并向审查合格的发展对象发放《中国共产党入党志愿书》。

（10）支部委员会将基层党委预审合格的发展对象，提交支部大会讨论，作出决议，并报上级党委审批。

（11）上级党委指派党委委员或组织员同发展对象谈话，做进一步的了解，并帮助发展对象提高对党的认识。

（12）上级党委经集体讨论和表决，审批预备党员；审批意见通知上报的党支部，并报上级党委组织部门备案。党支部应当及时通知本人并在党员大会上宣布。

（13）被批准入党的预备党员面向党旗进行入党宣誓。

（14）预备党员预备期满后，向党支部提出书面转正申请，经支部大会讨论、表决通过，报上级党委审批通过，转为正式党员。

3. 严格落实发展党员相关制度。在发展党员过程中，要注意落实好以下制度：

（1）"两推一公示"制度。"两推"是指选拔确定入党积极分子，先由党员和群众代表对申请入党人员进行无记名投票推荐，然后再召开支部会议，根据推荐情况以及本人的政治表现、工作实绩等，研究确定是否列为入党积极分子。在正常情况下，党员、群众推荐票数达不到半数以上的，不能确定为入党积极分子。"一公示"是指在召开支部大会接收预备党员之前，要将发展对象的基本情况、政治思想表现、工作实绩、党员群众推荐情况、培养考察情况等，在公共场所进行公示，接受社会监督。公示时间一般为7天。

（2）发展党员票决制。支部召开党员大会讨论接收预备党员和预备党员转正时，一般要采取无记名投票的方式进行表决。表决时，应当场投票、计票、公布结果。讨论两人以上入党时，必须逐个进行讨论，逐个进行表决。

（3）"四全程"制度。严格执行发展党员全程公开、全程审核、全程纪实、全程问责"四全程"制度。全程公开，就是对每道程序、每个环节、每个步骤的工作过程及结果，都要向党员群众公开，接受监督；全程审核，基层党委对确定入党积极分子、发展对象、接收预备党员和预备党员转正各个环节都要派员全程参加，并对发展党员全过程的相关材料严格审核把关；全程纪实，就是对发展党员每个环节、每个步骤、每项内容，都要由相关责任人逐项记录并签字确认，做到事实清、情况明、有据可查；全程问责，就是按照"谁培养谁负责，谁考察谁负责，谁审批谁负责"的原则，强化责任追究，切实维护发展党员工作的严肃性。

三、从严教育管理党员

党员是党的活动的主体，党员队伍的状况直接决定基层组织的强弱。当前，农村地区特别是扶贫工作重点村，有的党员"各种各的田，各赚各的钱，管他党员不党员"；有的村党员会开不起来，不给误工费不参加；有的党员拉帮结派、带头上访；还有的竟然连群众都不知道村里谁是党员，党员作用看不出来。因此，第一书记要严格落实全面从严治党要求，认真组织好"两学一做"教育，加强和改进党员教育管理，强化党员身份认同，使扶贫工作重点村每名党员都在党组织这座熔炉中锤炼党性修养、激发先锋意识，积极在脱贫攻坚中贡献力量、发挥示范表率作用。

1. 要从严教育党员。加强党员教育培训，是落实全面从严治党要求、夯实党的执政基础的重大部署，也是巩固拓展党的群众路线教育实践活动和"三严三实"专题教育成果、持续深入改进作风的有力抓手。中央《2014—2018年全国党员教育培训工作规划》要求加强党员教育的基本原则是坚持围绕中心、服务大局，坚持服务党员、按需施教，坚持联系实际、学以致用，坚持基层为主、上下联动；坚持继承创新、注重实效。具体来讲：

（1）内容要实。要根据不同领域基层党组织担负任务和党员特点，有针对性地开展分类教育培训，对农村党员，重点围绕发展现代农业、带领群众致富、壮大集体经济、建设美丽乡村、维护农村稳定开展培训。实践中，第一书记既要宣传党的政治理论，也要贴近群众实际需要，培训好理想信念、政策法规、科学文化知识、农村实用技术、致富技能、传统文化等方面知识，注重与群众生产生活相结合，与当地村情民意相对照，确保内容的吸引力，让党员愿意来、来了能坐住、听了能有用。要经常组织党员进行集体学习，让每位党员谈认识、谈体会、谈村里建设，激发党员责任意识和致富信心。

（2）形式要活。农村党员文化素质参差不齐，平时要下地干活、外出打工，非常忙活，因此在学习的形式上一定要灵活多样。比如可以选择晚上、农闲季节开展培训；可以根据村里党员生活生产规律，每月选择大家都合适的一天，确定为党员学习日、活动日；可以在田间地头、村口树下，随时随地学习；可以组织党员外出参观、长见识，请专家和致富能手授课、传经验；也可以运用现代信息技术，利用远程教育、网络、手机报、微信等开展教育、传递信息。对年老体弱的党员，要上门服务，让他们及时了解党的方针政策和村里发展状况。对流动党员，要逐一取得联系，利用网络培训等方式跟踪培训，并利用冬春等返乡时期，开展集中培训。

（3）纪律要严。要引导党员增强自主学习的意识和能力，联系实际学、带着问题学，做到真学真懂真信真用。要建立学习制度，把党员学习情况与党员民主评议结合起来，加强集中培训的管理，对不按规定要求参加培训的党员进行批评教育，并及时补课；对无故拒不参加培训的，按党内有关规定作出组织处理，调动和激发党员参加集中培训的积极性主动性。

2. 从严管理党员。党要管党，管好党员是前提；从严治党，严格党员管理是基础。加强和改进党员管理，必须把严格管理与真情服务结合起来，把组织管理与自我管理结合起来，把继承传统与改革创新结合起来。

（1）严格党员日常管理。从严管理，首先要把功夫下在平时。第一书记入村后，要严格执行"三会一课"、组织生活会、党性定期分析评议等制度，着力增强党内组织生活的严肃性、战斗性、规范性。探索通过开展"党员活动日"等形式，组织学习教育、议政议事、组织生活、为民服务等，推动党组织活动经常化、规范化。每个村级党组织每月至少开展一次集中活动，每年开展一次民主评议党员、一次党员集中轮训。要严格党员组织关系管理，全面排查、理顺党员组织关系，确保村内每名党员都在党组织的有效管理之中。要高度重视流动党员管理，时刻关注和追踪本村内流出党员的工作生活和参加组织生活情况。

（2）注重服务关怀。有激励有关怀，才能添动力。中央要求，要在教育管理中体现服务、在服务中实施教育管理，使广大党员既有义务、有责任、有奉献，又有权利、有温暖、有荣誉。第一书记入村后，首先政治上要关怀党员，对作用发挥好、群众口碑好的，要多表扬奖励，使党员感到"做党员光荣"、"当先进自豪"，引导广大党员见贤思齐、争当优秀。其次，思想上要关心，多与党员聊一聊、谈谈心，及时掌握党员所思所想所盼，帮助解疑释惑。第三，生活上要关爱，建立党内结对帮扶、定期走访等制度，常到困难党员、老党员家中坐一坐、聊一聊，尽可能地帮助解决好实际困难。

（3）稳妥处置不合格党员。第一书记要在当地党委的领导下，协助做好不合格党员的处置工作。处置不合格党员，要坚持稳妥慎重原则，做到处置有据，严格按照党章和党内规定办事；做到处置有序，把握政策界限，严格组织程序，强化正面引导，防止不当炒作；做到处置有效，通过处置少数，惊醒一批、教育一批。组织处置方式分为限期改正、劝退、除名三种。第一书记对受到限期改正处置的党员，要通过谈心谈话、教育培训、结对帮扶等措施促其整改；对劝退、除名的党员，第一书记要协助村党支部靠上做好思想政治工作，加强沟通，消除隔阂，引导其转变认识观念、正确对待自身问题，抓好整改；对与党组织失去联系的党员，要想方设法与他们取得联系，了解其真实情况。

四、充分发挥党员先锋模范作用

抓好党员队伍建设，要把落脚点放在引导广大党员充分发挥作用上。要积极搭建党员作用发挥平台，实现每名农村党员"有岗、有责、有为"。

1. 落实无职党员"设岗定责"制度。重点设置党建工作岗、经济发展岗、科技示范岗、参政议政岗、民主监督岗、扶贫帮困岗、文明新风岗、村容管理岗、维护稳定岗等。通过科学设岗、党员认岗、组织定岗、公示明岗、自觉履岗、考核评岗等环节，激发党员发挥先锋模范作用的积极性和主动性。

2. 发挥党员作用。认真落实党员的知情权、参与权、选举权、监督权，村里各类事项，如制定规划、修路、架桥、流转土地、发展特色产业等，都要认真听取党员的意见。该让党员知道的一定让党员提前知道，该表决的一定要让党员充分表达意见，该监督的事情一定要让党员监督。党员的权利落实了、保障了，就能有效激发党员的荣誉感和责任感。

3. 创新活动载体。党员有活动，党组织才有活力。要创新设置党员发挥作用载体，比如为党员家庭悬挂"共产党员户"标牌、赠送党章；在发展集体产业、修桥修路、清理垃圾、美化环境时成立党员突击队，发动党员出义务工；开展"党员包户"、"一对一"帮扶等，组织党员与困难群众结对帮扶；开展党员评星定级、志愿服务、承诺践诺等活动。通过载体的建设，活动的开展，让党员的心"热"起来、身份"亮"出来、作用"强"起来、形象"树"起来。

案例一

培养后备力量要下真功夫

无棣县水湾镇郭辛店村第一书记　孙　巍

郭辛店村位于水湾镇西北部，共有223户，人口841人，村民中汉族、回族的比例接近1∶1，村里没有集体经济，人均收入低。全村党员19名，2011年换届选举时，没有选出支部书记，老班子的5名党员落选后，不参加组织生活，全村各项工作不能正常开展。第一书记到村后，与镇党委紧密配合，精心筹划，物色培养，发展积极分子入党，为健全班子铺平了道路。

上任之初，我们意识到，要彻底解决郭辛店村的班子建设问题，首要任务就是要发掘、培养一个"当家人"。通过调查了解，现任村主任肖景民进入我们的视野。肖景民是村里致富带头人，选举中获得90%以上村民的支持。上任后，带领村民清理边沟，整治村里的道路，村容村貌有了一定改善，威信越来越高。第一书记经与镇党委交流，镇党委对肖景民的工作也很认可。同时了解到，肖景民本人积极向党组织靠拢，早已递交了入党申请书。

按照"两推一公示"的要求，必须有半数以上党员支持，才可以推荐为入党积极分子。在这种党员之间有派系，又是民族混居的村，稍有不慎就会造成不稳定因素，甚至引发民族问题。第一书记同镇党委一起，拟定了详细的推选入党积极分子工作方案，从事先宣传到会议议程，以及会议过程中可能出现的各种问题，都做了充分的准备。

开会前，我们成立了工作组，深入到党员群众中做好宣传发动和思想教育工作。考虑到郭辛店村有几名老党员身体欠佳，为方便每个党员行使自己的民主权利，开会当天，我们先对卧床不起的老党员上门征求意见。同时，当天会议的主要议题确定为推荐入党积极分子，不讨论其他事情。开会的前一天晚上，第一书记又同镇上的分管领导和管区干部一起，再次研究了第二天可能出现的意外情况，并做了多种预案。

开会当天，还是有意外情况发生。有一名郭辛店村的"预备党员"，分别给镇党委书记和第一书记打了电话，要求解决"转正"问题，并准备到会场现场解决。因准备充分，第一书记事先知道发展他为预备党员时没有召开党员大会，只是由上届党支部班子几个人决定的，村里的党员并不知情，程序不合法，便拒绝了他的要求。党员大会顺利召开，推选出了包括肖景民在内的3名入党积极分子。

成为入党积极分子后，肖景民工作更加积极，在他和村民的共同努力下，全村的生活环境得到极大改善，村容村貌发生了明显变化。

【工作启示】一是第一书记抓党建，既要抓好现有班子建设，使其正常开展工作、发挥作用，更要着眼长远，把物色培养后备新生力量作为重要任务来抓，为村班子注入源源不断的生机活力。二是坚持按制度、原则办事。农村情况很复杂，特别在宗族派系有影响的村，工作一定要细致，把各种因素想充分，才能选出优秀人才。

案例二

把党的后备力量"选"出来

东平县商老庄乡八里湾村第一书记　邵明明

八里湾村有党员68名，其中50岁以上老党员占了绝大多数。第一书记入村后通过走访，了解到群众对选拔培养入党积极分子有意见。在县委组织部和乡党委的支持下，第一书记带领村党支部尝试竞争性选拔入党积极分子，严把"入口关"，为解决农村基层党员队伍建设存在的任人唯亲、近亲繁殖等问题探索路子。

通过公开报名、竞争性选拔，放大遴选范围，尽可能把思想进步的有志青年和致富带头人纳入入党积极分子视野重点培养，为党员队伍不断输入健康的新鲜血液创造条件。主要做法如下：一是搞好动员。通过公示栏、村广播等形式，向广大群众宣传竞争性选拔入党积极分子工作的意义，鼓励思想进步青年特别是创业青年和致富带头人积极报名。经过宣传发动，在规定时间内有28名村民提出报名申请。二是严格考评。把选拔规程分为四个步骤：第一步，由全体党员选出20名德高望重的老党员和群众代表，对28名申请人进行测评，得出民主测评分值；第二步，在事先组织培训学习的基础上，采取闭卷笔试的形式，考查申请人对党章基本知识的掌握情况，由驻村第一书记和乡党委组织委员阅卷，得出笔试成绩；第三步，由乡党委组织委员、第一书记、村党支部书记及2名老支书组成5人评委小组，对民主测评和笔试总分排名前11名的人员进行面试，重点考查申请人入党动机和如何带领村民致富等方面的打算，打出面试分值；第四步，对参加面试的11名申请人，按民主测评、笔试、面试三项成绩分别占3∶3∶4的比例，计算出最终成绩，将前5名作为入党积极分子候选人报乡党委组织室备案，作为重点培养对象。三是加强培养。以集中开展村级基础设施和致富项目建设为契机，给入党积极分子压担子、交任务，不断激励干劲；组织他们外出参观学习，长见识、拓眼界；争取培训机会让他们参加系统培训，帮助他们早日成长为一名合格的共产党员，引领群众脱贫致富的带头人。

竞争性选拔入党积极分子，改变了以往由村级党组织讨论决定的单一模式，由"内部讨论"变为"竞争选拔"，让选拔入党积极分子工作更加透明，进一步增强了农村基层党组织在广大群众中的公信力，真正把优秀人才选到党员队伍中来。

【工作启示】培养选拔农村优秀后备人才，把他们及时吸收到党内来，是党建工作的一项重要任务。面对农村复杂的宗族家族势力，第一书记既要敢于面对，更要勇于创新，只要坚持为事业选人才，坚持公平、公开、公正，无论什么工作，都能得到群众的拥护支持。

案例三

党员的无声行动就是最强大的战斗力

武城县郝王庄镇大吕王庄村第一书记　王有升

大吕王庄村位于武城县城东北方向20公里处，人口650人，党员25

人，党支部成员3人，耕地1300亩，以种植小麦、玉米等粮食作物为主。驻村一年来，第一书记时刻注意加强党支部班子建设，提高党支部的执行能力，发挥党员的先锋模范作用，把抓班子、带队伍贯彻始终，收到良好效果。在2012年特大自然灾害面前，大吕王庄村的共产党员率先垂范，践行了无私奉献的誓言。

2012年7月30日至31日，大吕王庄村遭遇30年未遇的特大暴雨洪水灾害，降雨量达200毫米。因村庄地势低洼，村内瞬间积水近50厘米。村党支部书记梅圣忠同志带领突击队，迅速打通阻碍洪水排出的大堤；村主任张建刚同志带领机械人员安排7台抽水机连夜将积水向村外排出；第一书记带领部分村干部，趟着淹没膝盖的洪水走街串巷、挨家挨户排查险情，组织群众转移，撤离危险房屋。排查中发现韩德东老人一人住在危房内，第一书记立即将老人背到自己住处暂时安置。通过工作，所有居住危旧住房的群众，均转移到亲属家、党员干部家及村办公室等暂时安置点。洪水过后，第一书记和部分村干部，进一步勘验村民所住房屋的安全性，同时对因房屋倒塌而被转移安置的村民进行慰问。积极带领群众开展灾后自救、房屋修缮。对倒塌房屋及损失严重已无居住条件的房屋、围墙等，经户主同意组织拆迁，防止次生灾害；对具备居住条件且损失较重的房屋组织修缮，确保居住安全。村主任张建刚同志带领人员进行农田排涝，确保农作物损失降到最低限度。截至8月2日，全村村民安然无恙、村民家牲畜无一死亡、村内积水全部排出。共转移安置群众12户、33人，修缮倒塌房屋46间，挽回受灾农作物面积1300亩。

当突发自然灾害来临时，共产党员身先士卒、无私奉献的牺牲精神，得到群众的广泛赞誉和高度信任，在党员队伍的感召下，大大激发了群众抗灾自救的积极性和主动性。自灾情预报到洪水消退的4个昼夜里，党员干部没有一人休息、没有吃上一顿完整饭，困乏了就在值班室（村会议室）打个盹，饿了泡包方便面，没有一人发牢骚，各个信心百倍。在打通排洪大堤通道时，梅圣忠同志第一个跳入齐腰的水中，打通通道上岸后，才发现自己的腿被划破约6厘米长的伤口，当同志们让他回去包扎伤口时，他说，这点伤算什么，群众的人身安全才是天大的事。在场的干部群众流下了眼泪。正是党员干部的模范带头作用，为短时间内打通生命通道提供了时间和时机。救灾时第一书记连续4昼夜穿着雨鞋穿梭在大街小巷，脚底板磨起了血泡，为了不影响工作，第一书记扎破血泡用点燃的香烟慢慢将血泡烤干减轻疼痛，群众劝第一书记休息，第一书记说："党员就该冲锋在前，这点皮肉苦不算什么！"在场的干部群众深受感动。共产党员、村会计韩国华同志，因年龄偏大、昼夜工作、劳累过度病倒了，他左手打点滴、右手填写受灾情况，强忍病痛将灾情准确全面地统计上报。党员干部在危险时刻的无私奉献精神和舍小家顾大家的高尚境界，深深地感染了群众。经过这次抗灾自救的考验，党支部的凝聚力、向心力和感召力得到进一步增强，干群关系更加密切，群众对党支部更加信赖、对党员更加信服。

【工作启示】一是第一书记抓党建不是空的，它的成效体现在党支部凝聚力、号召力的提高上，体现在每一名共产党员先锋模范作用的发挥上。只有党员率先垂范，党支部一呼百应，赢得群众的信任和支持，就没有完成不了的急难险重任务。二是抓党支部战斗力的提升，既要善于抓关键时刻，更要顺势而上，将这种战斗力巩固转化为平时，体现在今后经常的工作中。

第五节

加强村级治理机制建设　形成脱贫攻坚持久动力

一、严格党内组织生活

党的十八大以来，经过党的群众路线教育实践活动和"三严三实"专题教育，扶贫工作重点村"三会一课"制度等党内组织生活有了改进，质量有了提升，但党内组织生活不严肃、不认真、不经常的问题还不同程度的存在，影响了党员先锋模范作用的发挥。党章规定：每个党员，不论职务高低，都必须编入党的一个支部、小组或其他特定组织，参加党的组织生活，接受党内外群众的监督。第一书记要严格党内组织生活，坚持重在平时、严在细节，把"三会一课"和民主评议党员等制度落实好，让组织生活在扶贫工作重点村正常起来、认真起来、活跃起来。通过严格党内组织生活，提升党员思想认识，激发党员投身脱贫攻坚的激情和热情，为打赢脱贫攻坚战提供动力支持。

1."三会一课"制度。"三会一课"是指定期召开支部党员大会、支部委员会、党小组会，按时上好党课。

（1）党员大会。一般为每季度召开一次，主要任务是听取和审查支部委员会的工作报告；讨论决定本支部的重大问题，传达贯彻上级党组织的决议、指示；讨论接受新党员和预备党员转正；评选优秀党员；讨论对犯错误党员的处分和处置不合格党员；选举支部委员会，选举出席上级党代会的代表等。

（2）支部委员会。一般每月召开一次，主要任务是研究贯彻上级党组织的决议和指示；讨论制定完成工作任务的方针方法；研究党的建设和党员教育管理方面的问题；研究培训、发展新党员方面的问题等。

（3）党小组会。一般每月召开一至两次，主要任务是组织党员开展学习；研究如何贯彻执行支部决议和各项工作任务；听取党员思想和工作情况汇报；开展批评与自我批评；研究发展党员、评选优秀党员、讨论对党员的处分等。

（4）党课。一般每季度上一次，党课教育可以是党的路线、方针、政策方面的教育，也可以是党的基本知识方面的教育，但一定要与党的中心工作和党员的思想实际紧密结合，提倡党组织主要负责人或上级党组织负责人带头讲党课。按照中央、省委关于"两学一做"学习教育的有关安排，第一书记要带头讲党课。

2.民主评议党员。这是农村党组织落实从严治党要求,加强党员教育、管理和监督的一项经常性工作。第一书记要在当地党委领导下，以支部为单位，每年进行一次，要注意把民主评议党员与扶贫工作重点村脱贫致富相结合，通过民主评议党员，引导扶贫工作重点村党员干部积极投身到脱贫攻坚行动中。

（1）民主评议党员的主要内容。主要内容是党员发挥先锋模范作用、遵守党的纪律情况。农村党员重点围绕是否按期交纳党费、参加组织生活、完成党组织交给的任务以及在工作、学习和社会生活中发挥作用等情况开展评议。

（2）民主评议党员的基本程序和要求。民主评议党员前，召开党员大会，首先由党支部书记通报支部班子对照检查情况,听取党员批评意见。之后，按照个人自评、党员互评、民主测评的程序开展民主评议党员工作。

每名党员都要对照党员标准、对照有关要求，实事求是地作出自我评价。党员之间要互相进行评议，摆问题、提意见，讲真话、说实话，但不要搞人身攻击。民主测评采取发放测评表的方式，按照"好"、"一般"、"差"三种情况，对党员进行投票测评，测评情况一般由组织掌握。党支部要根据民主评议情况，结合平时掌握的党员现实表现，进行综合分析，对每名党员提出评定意见，并向本人反馈。

（3）民主评议党员的结果运用。对表现优秀的党员，要予以表扬或表彰，推动形成学习先进、崇尚先进、争当先进的良好氛围。对那些长期不发挥作用甚至起负面作用的党员，要逐一研究并落实教育帮助的具体措施，促其改正；经教育仍无转变的，要按照党章和党内有关规定稳妥作出组织处理。

二、加强党风廉政建设

农村党风廉政建设关系党的执政基础。习近平总书记多次强调，要坚持"老虎"、"苍蝇"一起打，既坚决查处领导干部违纪违法案件，又切实解决发生在群众身边的不正之风和腐败问题。村干部官不大，但天天和老百姓打交道，处在密切党群干群关系最前线，一旦犯错，其危害不比"老虎"差，有的甚至"猛于虎"。

第一书记要强化对村干部教育预防和监督管理，特别是加强对各类扶贫资金使用的监管，为脱贫攻坚任务落实提供健康的外部环境。一是要开展经常性教育。惩治只是手段，预防才是关键。要经常开展法纪教育，引导村干部认真学习党规党纪、中央《关于农村基层干部廉洁履行职责若干规定（试行）》等制度规定，通过典型案例、警示教育等方式，勤打"预防针"，常敲"警世钟"，最大限度预防和遏制村干部腐败，筑牢思想防线。二是要强化制度的约束力。要教育引导村干部严格落实各项关于民主决策、民主公开的制度规定，推进农村基层权力运行公开透明。三是要发挥审计监督作用。要配合当地党委政府，开展好村级审计，通过把村务财务、经济活动、为民服务等情况审计清楚，切实找准、抓住、解决好影响村级运行的突出问题，坚决查处侵害群众利益的行为。四要坚决查处违纪违法行为。对发现的村干部违纪违法问题，要及时向当地党委汇报，由当地党委视情节轻重，依纪依法处理。

三、认真落实民主公开制度

中央、省委要求，要健全党组织领导的充满活力的村民自治机制，通过议事协商，组织群众参与扶贫开发，让群众真正成为脱贫攻坚的主力军。第一书记要围绕党组织和党员开展活动、村民议事、村务财务公开、村级经济管理、村干部承诺践诺等，帮助扶贫工作重点村建立起一套系统完善、务实管用的民主公开制度，通过制度的执行和约束，凝聚起脱贫攻坚的强大合力。

1. 落实"四议两公开"工作法。主要是，对涉及村里发展和村民切身利益的重大事项，按照村党支部提议、村两委联席会议商议、村党员大会审议、村民会议或村民代表会议决议的程序，进行民主决策，实行村级重大事务决议公开、实施结果公开。这个办法，对于扶贫工作重点村最实用，第一书记要带头在自己的帮包村抓好落实。

2. 落实"三务"公开制度。即，严格落实村务、财务、党务公开，确保公开及时、内容真实准确，让群众明明白白、清清楚楚。

（1）村务公开。2004年中央《关于健全完善村务公开和民主管理制度的意见》规定，一般的村务事项至少每季度公开一次，涉及农民利益的重大问题以及群众关心的事项要及时公开。

《山东省实施〈中华人民共和国村民委员会组织法〉办法》规定，村民委员会应当设立村务公开栏，还可以通过广播、电视、网络、明白纸、听证会等形式及时公布下列事项，接受村民监督。《办法》规定的公开内容是：由村民会议或者授权村民代表会议讨论决定的事项及其实施情况；本村经济、建设发展规划的实施和财务收支情况，集体财产的保值、增值以及处置情况；计划生育政策的落实情况；政府拨付和接受社会捐赠的救灾救助、补贴补助等资金、物资的管理使用情况；享受最低生活保障家庭的救助情况；村公益事业和筹资筹劳方案的实施情况；涉及本村村民利益、村民普遍关心的其他事项。

（2）财务公开。2011年，农业部、监察部印发了《农村集体经济组织财务公开规定》，对村级财务公开事项作出明确要求，规定：村级财务公开的主要内容是财务计划、各项收入、各项支出、各项资产、各类资源、债权债务、收益分配和其他需要公开的事项。《山东省实施〈中华人民共和国村民委员会组织法〉办法》规定：财务收支情况应当每月公布一次。

（3）党务公开。2010年，中央印发《关于党的基层组织实行党务公开的意见》，规定党务公开要重点做好党组织决议、决定及执行情况，党的思想建设情况，党的组织管理情况，领导班子建设情况，干部选任和管理情况，联系和服务党员、群众情况，党风廉政建设情况等的公开。

3. 建立村务监督委员会发挥作用机制。第一书记要帮助村党组织，建立健全村党组织领导下的村务监督委员会，发挥好村务监督委员会的监督作用。根据中央要求，村务监督委员会的主要职责是对村民会议和村民代表会议决议的执行情况、村委会等村级组织依法履行职责等进行监督，主动收集和认真受理村民对村务管理的意见。特别要注意加强对村务决策是否按程序进行、村级财务收支公开制度执行情况、村级资源资产资金的管理使用情况、工程项目建设中招投标、预算决算以及质量标准执行情况、强农惠农政策措施落实情况等方面的监督。村务监督委员会成员可由村党组织成员担任。

四、大力发展村级集体经济

扶贫工作重点村往往也是集体经济薄弱村。发展壮大村集体经济，对于提高村级党组织的服务能力和水平，发展政治引领作用，具有重要作用。村集体经济发展了，村党支部手中有了收入，才能更好地为群众服务，村党支部说话才有人听、办事才有人跟，提升村级党组织服务功能才能落地生根。第一书记要带领村干部千方百计把集体经济搞上去，带领群众脱贫致富奔小康，发挥集体的拉动作用。

1.发展村级集体经济的基本原则。要落实新发展理念要求，坚持循序渐进、不贪大求快，注意在合理开发利用自然资源中保护生态环境和基本农田；要解放思想、更新观念，充分运用市场机制，大胆地探索实践；要尊重群众意愿，涉及党员群众切身利益的重大事项，都要召开党员大会、村民大会或村民代表大会讨论决定，坚持依法依规办事。

2. 发展村级集体经济的基本路子。要抓住当前农村经营体系、土地制度和集体产权制度等方面改革的有利契机，认真贯彻落实新发展理念，从实际出发，找到适合自己的路子。我省总结的发展村集体经济思路有：（1）以地生财，通过土地流转和土地开发增收；（2）资源开发增收，通过挖掘资源潜力、拓展资源链条、依托品牌资源富村；（3）盘活资产增收，通过对村集体闲置资产、村办企业以及集体货币资产进行有效利用、合理经营创造集体效益；（4）服务增收，通过发展农民专业合作社，或联合企事业单位成立服务性组织等方式增加集体收入；（5）兴办二、三产业增收，对有一定村集体经济基础的村，鼓励做大做强主导产业，促进集体资产保值增值。

案例一

议事的党员会才"热"得长久

宁津县长官镇郭相村第一书记　王继宏

郭相村共有305户、1145人，党员47名、平均52岁。人均耕地不足1.5亩，以种植小麦、玉米等为主，2011年人均纯收入2018元。有村两委班子，但大多数没把心思放在带领大家脱贫致富上；办公室张贴的制度不少，党员会很少召开。第一书记以组织召开党员会为突破口，从最基础的"三会一课"做起，党建工作得以落实。

第一书记到村后，分析了解到这个村之所以落后，除耕地少、资源缺、种植结构单一、缺少致富项目等因素外，更主要的是党建工作薄弱，村两委带领大家脱贫致富的意愿和能力差。第一书记有针对性地进一步走访调研，并与镇党委一起认真分析，发现该村除了老党员多、外出打工的党员多，党员活动难组织这个原因之外，以往村里议事制度不健全，党员会流于形式，久而久之，党员会基本开不起来了。问题找到了，第一书记的工作思路也清晰了。党建基础工作弱，就从最基础的"三会一课"开始，先把党员会开起来，把正常的党员活动搞起来。

第一书记入村后，第一次正规的党员会定在2012年6月8日，原因是当时正着手制定村里的发展规划，当天的远程教育播放宁阳县郑龙村田文武书记的事迹，想借党员会学习文武书记带领大家干事创业、脱贫致富的经验，启发大家积极探讨本村的发展路子。为开好会议，第一书记与村支部做了认真准备，由支部成员分头通知、动员党员参加，并将会议主题提前告知，请大家认真进行思考。

会议如期召开，47名党员实到15人。尽管人数不是很多，但按村主任刘宝明的话讲，"第一次能来这么多已经不错了，除外出打工、生病及年老体弱的外，能来的都来了"。会议由村支书王秀山主持，共三项内容：先由第一书记介绍上级有关帮扶政策及第一书记工作组正在开展的工作，接下来一起收看远程教育播出的田文武支书的事迹，再下来是此次会议的重点，就会前发给大家的思考题"你认为咱村增收致富应从何处做起"进行讨论。会前思考了，又收看了田文武书记的事迹，面对这个共同关心、有话可说的话题，大家发言格外积极、热烈。有说要发展苗木增收的，有说借助村木工多的优势发展木材加工项目的，也有说不如打工来得快、来得简单。虽是七嘴八舌、东一言、西一语，没有形成一致的结论，但却把大家的心里话都掏出来了，把大家的心联到了一起，给村里脱贫致富提供了许多有启发性的好路子。讨论到最后，许多党员提出，要找致富路子不能只坐在家里想，建议支书领着大家出去多转转、多学学，看人家是怎么做的，尤其是要到郑龙村，因为那里的发展条件和环境与本村差不多，可以学到一些真正有用的东西。

会开得热烈，达到了预期效果，这也增强了第一书记抓好村党建工作的信心。此后，第一书记每次召开党员会，除学习宣传上级富民政策外，提前选定一项大家最为关心的议题进行讨论。参加的人数越来越多，讨论越来越激烈，效果越来越好。为使该项工作制度化，在总结经验基础上，第一书记协助长官镇党委制定出台了"村党员大会实施方案"，由帮包村率先垂范。通过落实会议制度，有效凝聚了人心，提高了村两委的战斗力，并顺利解决了许多群众关心的事项。

【工作启示】一是党员会真议事，对党员才有吸引力，党员会才能真发挥作用，才能把党员的心"拉"回来。二是对一些好的经验、有效果的做法，要善于形成制度和规范，使之长期发挥作用。

案例二

村集体的用财之道

郓城县黄集乡郭庄村第一书记　王炳春

郭庄村是黄河滩区一个扶贫工作重点村，村级组织薄弱，村集体"空壳"，历史欠账4万多元。第一书记动员全村群众将荒废13年、面积200多亩的废旧窑场收归集体，面向社会出租承包，创收70万元。利用这笔资金，以合理补偿的方式将其他荒废林地、"村头荒"盘活，既发展起一批种养大户，又为村集体持续创收种下"摇钱树"。

第一书记了解到，多年以来，这个村曾多次尝试将废旧窑场收归集体，以20万至30万元的价位出租承包，结果没有成功，反而招致群众多次上访。村里只得搞平均分配，户户有份，但谁也不能开发，水面苻草、蒲苇丛生。水坑周边土地上栽种的杨树，生长10多年不到一把粗，效益极低。一边是资源得不到有效利用，一边是村集体"空壳"。第一书记经过深入分析，找出症结所在：村民对村班子不信任是影响窑场收回的思想根源；财务不公开是影响信任的关键所在；交通不便、开发思路陈旧是影响承包价格的制约因素。针对以上问题，第一书记主要采取了三项措施：

第一，真情助学，赢得民心。把赢得群众信任作为突破口。第一书记救助困难学生郭秀香重返校园一事，在全村引起轰动，村民感慨地说：这个第一书记是真心来帮助我们的啊。在此基础上，召开村两委、全体党员和村民代表大会，讲解省委选派第一书记抓党建、促脱贫的精神和要求，发出盘活资源、修路筑桥、实现旱涝保收等17项倡议，真情表达同全体村民一起抓住机遇、早日实现脱贫致富的信心和决心，赢得村民普遍认同。

第二，抓住关键，精心实施。一是成立郭庄村资源综合开发委员会。让有威信的村民代表参加，集思广益，具体负责废旧窑场收回的各项工作。二是成立理财小组。实行村财乡管，设立专门账号，承诺财务公开、阳光操作，保证收回的资金干干净净地用在公益事业上。三是通过广播宣传、张贴标语、逐户走访，召开小型座谈会，认真讲解收回废旧窑场、盘活闲置资源的好处。四是制定《郭庄村村民放弃废旧窑场交由村集体经营承诺书》，由村资源综合开发委员会负责逐户签字、按手印。仅1天的时间全部完成，村民全部同意交由集体统一经营。五是在县电视台进行为期一周的集中广告宣传，扩大社会影响。六是委托郓城县招标公司面向社会公开招标，让群众参与整个招标过程，阳光操作。最终以70万元的高价成功发包。

第三，把钱花好，持续增收。通过"四议两公开"，确定70万元承包费的20条使用意见，除去用于农田基本建设、更新变电站、建设文化大院以外，针对许多村民发展种植、养殖项目缺少场地的情况，投资30万元，将其他5处"村头荒"、零散林地、坑塘，进行有偿回收，返包给种植、养殖的村民，既为村民发展致富项目提供条件，又让村集体年收入10万元以上。

【工作启示】一是要提高村党支部的号召力和战斗力，必须把发展作为第一要务，扭住发展经济这个关键不放松，特别是充分利用村里闲置资源，深入开展集体产权制度改革，增加村集体收入，在这方面有着很强的普遍性，是一条脱贫致富可行的路子。二是要巩固村集体增收，就要调动家庭经营积极性，走出一条科学经营集体资产的路子，积极探索长效机制，让村集体有持续稳定收入。三是村里有钱了，还要把钱管好花好，坚持"四议两公开"，健全财务管理制度，切实把集体资金管理使用好，用到为村民致富谋利上。

案例三

让权力在阳光下运行

巨野县章缝镇东江庄村第一书记 何继荣

东江庄村位于巨野县南部，耕地600亩，人口659人，党员13人，支部班子2人，以种植小麦、玉米、大蒜、棉花等农作物为主，村民收入主要靠打工，村集体无收入。第一书记进驻后，坚持村务公开，重大问题民主决策，妥善解决热点敏感问题，有效化解了干群对立情绪，重新树立了班子威信。

驻村前，第一书记从镇干部口中得知东江村干群关系紧张、村干部威信低，村民上访和写举报信等情况时有发生，村支书失去信心，一度到新疆帮助儿子打理生意。第一书记通过调研了解到，村支书有干好工作的愿望，群众对干部的意见源于村两委对热点问题公开不够，对遗留问题处理不公、解决不力。于是，第一书记决心从村民反映最强烈的具体事情入手，坚持公开、公正，帮助村班子重新赢得信任。

群众意见最大的是低保问题。主要原因是，符合条件的家庭没有享受到，个别不符合条件的却领着低保，并且延续多年。村干部不愿碰这个棘手问题，村民的怨气越来越大，村班子威信日渐下滑。我们感觉到，不解决这个问题，村干部的威信永远树立不起来。于是我们开始寻求解决良策。起初，村干部建议我们通过个人关系，多争取几个低保指标，堵住几户挑头人的嘴。经过思考后，我们认为，那只能是"缓兵之策"，不能从根本上解决问题，最佳途径还是要严格遵守政策规定，做到公开、公平、公正，才能彻底解决这一问题。我们首先建议镇政府暂停发放村里的低保金，重新进行低保家庭认定。我们将低保户的条件、申请的程序、推选的办法印成明白纸，进行张贴、发放，在村广播里反复宣传，让自认为符合低保条件的家庭写出申请，并将申请名单张贴公布。个别原来不符合低保条件的家庭，迫于舆论压力，放弃了申请。然后，我们又组织党员和村民代表逐户核实申请家庭情况，对碍于面子没有申请但公认贫困的2户家庭，建议其向村委会写出申请。最后，召开村民代表大会确定了13户低保家庭，取消了包括前任村支书在内的3户享受低保的家庭，新选出4户家庭，并张榜公示听取群众反映。公示期间，被取消的1户家庭通过上级领导打招呼要求给予照顾，我们与村干部一起，坚决顶住了压力，没有办理。评选出的低保家庭得到村民的一致认同，落选的家庭也没了话说，对村干部也越发尊敬。

村里反映强烈的另一个问题是，村里进行的项目工程建设决策不民主、财务不公开。为了解决好这一问题，我们把修路、打井、通自来水、安装有线数字电视、建大棚等项目建设，当作提高班子威信的契机。在具体工程中，坚持决策有会议、施工有监督、决算要公布。制定方案前，通过走访、座谈、召开村民代表大会等形式，充分听取村民意见。施工过程中，选出代表全程参与，如在村内道路硬化时，镇里建议用商品混凝土，村民代表认为自己搅拌混凝土既省钱又能保证质量，第一书记采纳了村民代表的意见；在打井施工中，村支部把责任压给党员和村民代表，每一眼机井的施工质量都由1名党员和1名村民代表承包，全程跟踪施工过程。完工后，所有经费开支都向村民公布，接受大家监督。对于每项工程，干部只负责组织和把关，不经手材料和经费，施工队伍的选用、材料的采购、质量的监理等具体事务，全部由党员和村民代表负责。村民的广泛参与，消除了猜疑，增强了团结。

坚持公平、公正、公开，热点、难点问题的解决，使村民的心气顺了，干群关系融洽了，村干部的威信也就提高了。

【工作启示】村干部在村里工作生活，一件事能提高威信，一件事也能毁掉声誉。"公生明、廉生威"，只要坚持一碗水端平，才会把威信树得高高的。这个村的经验告诉我们，一是要从群众反映最强烈的事情入手，引导督促村干部公开公正处理村级事务，打破僵局，再树威信就有了好的群众基础。二是只有将权力运作置于阳光下，大事小情让群众说了算，才会赢得群众信任，干部威信才会提高。三是只有群众参与村庄发展的积极性调动起来了，才能真正实现干群一心，村庄的发展才有希望。

第六节
做好群众工作　用心用情用力抓脱贫

一、自觉践行群众路线

群众观点是马克思主义政党的根本观点，群众路线是党的生命线和根本工作路线。第一书记到最贫困的农村长期驻村帮扶，与群众同吃同住同劳动，一块干、一块苦、一块过，发动、组织、引领群众，带领他们脱贫致富奔小康，这本身就是一种更生动、更具体、更深入的践行群众路线。

第一书记在扶贫工作中，一是要增进群众感情。第一书记能不能打开工作局面，要看个人的能力水平，但更要看对群众的态度和感情，对群众的感情有多深，工作的动力就有多大。第一书记大多来自城市，要逐步转变观念，增强对群众的深厚情感，真正做到思想融入、感情融入。

二是要主动融入群众。第一书记要坚持真蹲实驻，把帮包村当成自己的家，把村里的群众当成自己的亲人，在同群众一起摸爬滚打、朝夕相处中走进群众、了解群众、融入群众。要严格按照"五必访、五必问"的要求，逐家逐户、一户不漏地走一遍，特别要注意经常走访"五保户"、孤寡老人、留守儿童、残疾人等特殊群体，在生产生活、衣食住行等方面真情关怀、真心帮助，真正摸清吃透村情、民情、社情。这不仅是一个熟悉情况的过程，更是一个培养感情的过程，是一个让群众接受第一书记的过程。三是要引导动员群众。习近平总书记指出，贫困群众是扶贫攻坚的对象，更是脱贫致富的主体。第一书记要牢固树立群众自己解放自己的观点，通过产业项目、资金补贴等方式，引导、动员、支持有劳动能力的贫困群众通过勤劳致富奔小康，让贫困群众自己创造幸福生活。四是要讲究方法。坚持原则性与灵活性相结合，通过发扬民主、办实事好事、思想政治工作、示范引导、组织活动等方法多途径做好群众工作。

二、努力为群众做好事办实事解难事

习近平总书记指出，对贫困群众要有仁爱之心、关爱之心，时刻把他们的安危冷暖放在心上，千方百计帮助他们排忧解难。第一书记要从贫困群众最关心、最期盼的热点难点问题抓起，发挥单位和自身优势，争取各方支持，把党的惠民政策变成群众看得见、摸得着的实事好事，在解决群众问题、办好民生实事中，凝聚起民心民力，把群众工作做深、做细、做实。

在具体工作实践中，注意把握好四点：一是要善于听取群众意见。第一书记要时刻注意听取群众意见，站在群众角度来思考问题，掌握群众所需所想所盼，根据群众意愿想方设法帮助解决困难。特别是对第一书记带来的项目资金的组织实施，要尊重群众意愿，争取群众支持，把好事办好，坚决避免由第一书记擅自决定。二是要教育引导好群众。扶贫工作重点村落后，一个重要原因是一些群众的思想认识不到位。第一书记在为民办事过程中，有时难免会出现群众不理解、不支持，甚至反对的情况。在这种情况下，即使出发点是好的，但只要村里多数群众一时还想不通，也要暂时放一放，积极做好解释工作，要同他们拉真心话、交知心朋友，用群众理解的方式积极沟通，让群众听得下去、听得进去，力争把群众的意愿和诉求解决在决策过程中，使决策更加符合基层实际、更好地体现群众需求。三是要协调政策落实。对精准脱贫、精准扶贫工作，各级党委政府高度重视，出台了许多含金量高、实用性强的政策措施，第一书记要发挥文化程度高、政策水平高、信息渠道广等优势，尽可能地协调相关部门，最大限度地争取各方支持，抓好项目资金的落实和执行，把党和政府优惠政策落到村、落到户、落到人。四是要动员群众积极参与。群众的事要靠群众办，要注意发挥好班子的领导核心作用、党员队伍的骨干作用和群众的主体作用，严格执行民主决策、公开各项制度，把党员群众的积极性、主动性调动起来，上下拧成一股绳共同推动问题解决。

三、大力弘扬"三严三实"优良作风

习近平总书记指出："领导干部要严以修身、严以用权、严以律己，谋事要实、创业要实、做人要实。这些要求是共产党人最基本的政治品格和做人准则，也是党员、干部的修身之本、为政之道、成事之要。"第一书记在贫困群众眼里，是省里来的"大干部"，在村里就代表着党的形象，一举一动被群众所关注。尤其是在全面从严治党的背景下，第一书记更要对照"三严三实"要求，履职尽责，更好地服务群众。

1. 要务实肯干。第一书记要保持良好的精神状态，敢于担当、奋发有为，以昂扬的姿态投入工作。发扬务实的工作作风，牢固树立正确的

政绩观，甘愿静下心来、扑下身子、脚踏实地地做工作，甘愿做艰苦细致、默默无闻的工作，不要急于求成、急于表现，更不能搞所谓的"政绩工程、形象工程"。要有苦干的思想准备，贫困不是一天两天形成的，脱贫更不会一朝一夕、轻轻松松就能做到，第一书记必须舍得付出更大的努力、花费更多的心血，才可能完成党建扶贫使命。

2.要摆正位置。第一书记到村里就是一名普通村干部，必须尊重和自觉服务地方的领导和工作指导。在工作中若与基层同志产生分歧，要善于换位思考，主动与基层沟通。要保持谦虚谨慎的作风，多向当地干部、群众请教，有事多商量，只要善于商量着办事，就能找到解决问题的办法，凝聚起方方面面的力量。

3.要严格自律。第一书记要发挥表率作用，带头学党章讲党规守党纪，自觉践行"三严三实"。要坚决遵守、带头执行中央、省委对改进作风提出的要求，一切简朴节约，工作上要高标准，生活上要低要求，不搞特殊化，不给基层增负担，不给群众添麻烦。要严格遵守政治纪律、廉洁纪律、组织纪律、群众纪律、工作纪律以及生活纪律，不该吃的饭坚决不吃，不该花的钱坚决不要花，不该拿的东西坚决不要拿，不该去的地方坚决不要去，维护第一书记良好形象。

案例一

土地流转有门了

沂南县双堠镇东梭庄村第一书记　赵建忠

东梭庄村蔬菜产业长期停留在散户种植、粗放管理、零散销售的低层次上，第一书记驻村后，确定了"开展土地流转、引进外部投资、建设示范园区、发展现代农业"的帮扶思路。通过采取有针对性的多项措施，做好群众工作，破解土地流转难题，蔬菜大棚投资项目初见成效。

前期，第一书记针对土地流转的价格、年限等关键问题，形成书面材料，挨家挨户进行宣传发动，涉地的82户村民有81户在《土地流转协议》上签字按了手印。看到绝大多数村民都同意，6月10日，村委会便与投资商签订了土地承包合同。不料，在发放土地流转金过程中，有45户村民突然变卦，提出多种不合理要求，并放出话来："如果得不到满足，土地流转没门儿！"投资商的流转金已经汇入村委账户，如不能按期履行合同属于违约；部分农户已领取了流转金，想从他们手里追回钱款也不现实。工作陷入了进退两难的境地。

面对突发状况，第一书记工作队决定暂时缓一缓推进，深入走访调查，摸透原因。实际上，变卦的村民对土地流转是认可的，突然改变主意主要是在别有用心的村民挑拨下，想借土地流转作为筹码获取签订协议外的"收益"。一是部分村民对村两委班子有意见。个别村干部办事拖沓、敷衍，甚至看人下菜，在处理计划生育、低保、宅基地划分等问题上不公平、不公正，造成村民严重不满。有人说，"这件事是好事，不过某某得下台，只要某某还在台上我就是不同意"。二是村内部分历史遗留问题没有得到及时解决。有的村民说，"分地的时候有的干部亲戚比我家多两分，我家吃亏了"；还有的说，"村里还欠我一千多块钱，同意给我划宅基地也一直没有兑现"，等等。三是村干部之间互相拆台。在竞选和多年的工作中，个别村干部之间积累了很深的矛盾，你做工作我袖手旁观，你吹热风我放冷风，甚至暗地里做反面工作。四是"趁机大赚一笔"的心态作怪。有的村民认为省里的第一书记来挂职，村里肯定"不差钱"，趁这个机会能多要就多要，能多捞就多捞。有的农户甚至提出一亩地每年要8000元的流转金，有的以此为借口索要低保名额，还有的则要求让孩子入党等。

针对各种各样的想法和五花八门的要求，第一书记和村干部逐户分析，把45户村民划分成三类，采取"先易后难，争取中间"的办法，利用村民早晨下地前、晚上回家后这段时间，分头做思想工作。有时一个人做不通，其他村第一书记就帮着轮番做。经过一个多月的努力，其中的36户同意流转，收下了流转金。剩下的9户成了难啃的"硬骨头"，有的登门30多次也不见效果，有的干脆不让进门并且言语极不文明。此时，有的村干部打起了退堂鼓，有的干脆撂了挑子，而第一书记也因为压力过大满嘴起泡，体重一下子减了七八斤。但开弓没有回头箭，工作还得往前推。在当地党委政府的支持下，专门成立了由5位第一书记和镇相关部门工作人员组成的土地流转协调小组，入驻东梭庄村，开始新一轮的动员协调。一是以情动人。有的村民家老人和孩子生病，第一书记就专门带着慰问品去看望；有的缺劳动力，就下地帮他们一起干农活；还专门帮其中一家做装修生意的农户联系了一笔业务。通过一件件小事感动他们。二是借助外力。听说有个村民的孩子在某省直部门工作，第一书记马上联系，请他帮忙做家人的工作；听说有个村民最听他叔叔的话，就通过各种途径请他叔叔帮忙做工作，都收到了很好的效果。三是对于两户在自家农田里建违章建筑，并坚持索要巨额赔偿的村民，第一书记协调城建部门对其下达违章建筑拆除通知书，最后经协商圆满解决。四是对于农村低保、宅基地划分、个人与村集体债务等历史遗留问题，协调镇有关部门和村委积极解决处理，基本满足了农户的要求。

经过近四个月的努力，106亩土地成功流转。目前，引进寿光企业投资600多万元建成的30个现代化蔬菜大棚已全部投入生产。租地农民每年每亩地可拿到1000斤小麦和200元现金的土地流转报酬，村集体每年能得到4万元的收入。可长期解决40名剩余劳动力就业，同时还能带动周边村蔬菜产业的发展。

【工作启示】一是做群众工作出现反复是正常的，关键在于我们第一书记，认准的事决不能回头，否则，什么事也办不成。只要咬紧牙关，坚持不懈迎难而上，就一定能把困难克服掉。二是做好群众工作要有耐心。针对群众出现的思想认识问题，思维方式问题，只要把群众当亲人，带着感情去做事，就一定能够赢得群众的理解和支持。三是"一把钥匙开一把锁"，对工作中出现的问题，要注重分类指导，掌握灵活多样的方式方法，找到破解难题的有效途径。

案例二

真心换信任　干戈化玉帛

费县薛庄镇龙乾村第一书记　高　坚

龙乾村位于费县北部，由3个自然村合并组成，人口2700人，耕地3077亩，村民的主要经济来源是大棚瓜菜种植。驻村第一书记在调研时发现一起"假种子"事件，立即成立工作组，深入调查，沟通交流，积极做瓜农和销售商的思想工作，最终各方达成和解，成功避免一起群体性上访事件。

4月下旬，第一书记在与村支部书记交谈中得知，有57户村民种植的甜瓜，在生长中期瓜秧大面积死亡。眼看半年的辛苦要打水漂，瓜农非常着急，要到镇上甚至市里上访。为维护村民的利益，避免群体性上访事件发生，第一书记立刻入户走访、安抚村民。经听取村民讲述和实地勘察，了解到这些瓜农的甜瓜种子都是从县里某瓜菜专业合作社购买的，因瓜秧根系不发达，毛细根须坏死，导致甜瓜营养、水分跟不上，出现枯萎、枯死现象。

了解这个情况后，第一书记在第一时间向镇党委政府做了汇报，建议立即开展专项调查。镇党委政府高度重视，即刻成立了以第一书记任组长，维稳办、工作区等相关负责人组成的工作组，明确了工作任务：一是不能让群体性上访事件发生；二是调查取证工作要快速准确；三是赔偿金额要让群众满意。

工作组立即进村，及时向瓜农说明镇党委政府处理问题的决心和行动，劝其不要做出过激行为，并广泛征求瓜农的赔偿意见，引导他们走协商和解的路子，将局势稳定在可控范围内。积极联系市、县农业局，组成专家小组，到现场收集瓜秧坏死的有关信息，经过技术分析，明确这次事件为种子问题引起，出具了种子不合格的书面证明。第一书记马上联系瓜菜专业合作社负责人周某，进行交流沟通，阐明利害关系，提出瓜农对赔偿金额的要求和处理意见。根据双方意愿，组织受害瓜农和周某到镇便民服务大厅现场调解协商。同时，第一书记和村支书登门拜访村里德高望重的老人，既充分听取意见，又说明周某经营合作社的现实困难，做好疏导工作。经过耐心细致的工作，最终双方达成一致，合作社以800元/包的标准赔偿受害瓜农。5月中旬，57户瓜农的21.7万元赔偿金已全部发放到位。

"假种子事件"平息后，第一书记积极联系省农科院，由他们派出技术骨干定期到村开展培训活动，教授农民选取种子、化肥、农药的基本知识，到田间地头向农户讲解技术要领和注意事项，不仅从源头上杜绝了类似事件的发生，还确保了瓜菜的稳产高产。

【工作启示】一是群众利益无小事，群众的事再小也是大事，对涉及群众切身利益的大事小情，第一书记都要高度关注，倾心倾力帮助群众。二是处理农村矛盾纠纷不仅要依法依规，更要重视情感的利益沟通，通过平等协商的方式解决，努力让大家都满意。三是对工作中出现的问题要见微知著、举一反三，注意从源头上堵塞漏洞，建立长效机制防止问题再次发生。

案例三

入户调研"十步法"

武城县李家户镇王家户村第一书记　司继胜

王家户村位于武城县西南部，520名村民，1050亩耕地，主要农作物是小麦、玉米和棉花，种植结构单一，村民收入低，干群矛盾突出，集体没有经济收入。第一书记在开展入户调研时，为得到村民信赖，获取真实情况，我思考总结出"入户调研十步法"，取得较好效果。

入户走访是真实了解村情民情的最直接、最有效的方式。把握每一个环节，注重每一个细节，非常重要。

首先，敲门。到住户家中时，不能贸然闯入，要先拍拍大门。拍打时，不要用力过大、过猛，以让村民听到为宜，这样做一是礼貌地提醒村民，有人到他家来了；同时，有一个缓冲时间，好让村民有个思想准备，也避免被狗追咬。

第二步，喊话。敲门后要大声喊话"家里有人吗"？喊话时最好用百姓听得懂的语言，如没有响应，可继续喊话。

第三步，问候。村民开门见面后，首先要问候："你好，不好意思打扰你了"，紧接着要说明来意。

第四步，说明。马上说明自己的身份，双手递上印有自己姓名、联系电话和工作职责的"工作联系卡"，把自己来的缘由向村民作简要介绍。

第五步，关心。说明来意后，要从了解住户的成员组成、健康状况、工作情况、存在的困难等入手，以示关心和关怀。

第六步，交流。感情拉近，有了沟通的基础后，再进行工作上的交流，宣传党的政策，征求村民的意见和建议，相互交流，争取支持。

第七步，留话。工作交流完毕后，要说几句暖心窝的话，"家庭有什么困难、需要我帮助的、请及时跟我联系"，"村里的事情还需要你多支持"，"我在村里工作，还请你多帮助"等，记录村民的联系方式，并再次重复一下自己的联系电话。

第八步，握手。离开时，起身双手与村民握手，表示感谢，并说："谢谢你，耽误你的时间了。"

第九步，回头。走出家门后，要不时地回回头，摆摆手，不能一走了之。当村民送出家门时，要告诉"你回去吧，我有时间再来"等告辞的话。

最后，再见。一定要和村民说一声"再见"，直到走出胡同，远离视线。

入户调研的这十个步骤是相互关联、相互衔接的统一整体，缺少某一环节，或某一环节的分寸把握不好，都会对我们的形象和调研效果造成影响。俗话说"礼多人不怪"，入户时，要特别注意细节、注意小节。比如，入户穿着打扮切忌花哨，要朴素得体；百姓让座时，不要嫌脏不坐，也不要立马就坐下，要学会谦让；要带着感情去交流、谈心，切忌说大话、空话，等等。通过我们的一言一行，一举一动，消除百姓的陌生感、戒备心，感受到我们对他的尊重。与我们的亲和力增强了，村民就乐意跟你谈，并主动跟你讲实情。

第三章

坚持精准扶贫精准脱贫基本方略

　　精准扶贫是针对不同贫困区域环境、不同贫困户状况，运用科学有效手段对扶贫对象实施精准识别、精准帮扶、精准管理的治贫方式。认真贯彻习近平总书记关于"六个精准"扶贫的要求，必须坚持精准扶贫精准脱贫基本方略，创新脱贫攻坚政策举措，扶真贫、真扶贫，更多面向特定人口、具体人口，防止平均数掩盖大多数；必须把各项帮扶措施与建档立卡数据对接起来，摸清贫困人口底数，搞清致贫原因，贫困程度和脱贫需求，因人因户选准脱贫路径，具体户、具体人落实扶贫资金、项目、物资等，全面落实精准化、个性化帮扶，促进精准扶贫、精准脱贫。

第一节

扶持对象精准——精准识别

扶贫必须精准识别工作对象，真正弄清楚扶持谁，既要把现有的贫困家庭识别出来，把脱贫的家庭退出去，又要把返贫的家庭及时纳入。这是精准扶贫和脱贫的基础性工作。只有精准识别扶贫对象，才可能确保扶贫资金、扶贫资源和扶贫力量精准到户到人。

一、什么是精准识别

扶贫对象精准识别，就是按照统一标准，通过申请评议、公示公告、抽检核查、信息录入、建档立卡等规范的步骤和方法，将扶贫工作重点村、贫困户有效识别出来，了解贫困情况，分析致贫原因，摸清帮扶需求，为扶贫开发瞄准对象提供科学依据。

二、为什么要精准识别

做好扶贫工作重点村、贫困人口的精准识别，是实施精准扶贫的首要环节。长期以来，农村贫困人口是国家统计局根据住户调查数据推算出来的结果，这个数据对于掌握研究贫困人口的规模、分析判断贫困的发展趋势有指导作用。但是在实际工作中存在着"谁是贫困人口"、"贫困原因是什么"、"如何针对不同贫困情况进行帮扶"、"帮扶的效果如何"

等不确定问题。习近平总书记要求,脱贫攻坚必须在精准施策上出实招、在精准推进上下实功、在精准落地上见实效。精准扶贫就是要通过科学有效的程序,把扶贫工作重点村、贫困人口精准识别出来,并逐村逐户建档立卡,对扶贫对象实行精细化管理,对扶贫资源实行精确化配置,对扶贫对象实行精准化扶持,确保扶贫资源真正用在扶贫对象身上。总起来就是要解决好"扶持谁"、"谁来扶"、"怎么扶"、"如何退"的问题。

三、怎样搞好精准识别

国务院扶贫开发领导小组办公室下发的《扶贫开发建档立卡工作方案》中,明确提出通过建档立卡,对贫困户和扶贫工作重点村进行精准识别,了解贫困状况,分析致贫原因,摸清帮扶需求,明确帮扶主体,落实帮扶措施,开展考核问效,实施动态管理。

山东省扶贫开发领导小组办公室下发的《山东省农村扶贫开发精准识别工作方案》中,提出精准扶贫是新时期扶贫开发工作的核心,精准识别是实施精准扶贫的前提,是扶贫开发建档立卡工作流程中的关键内容和基础环节。方案结合山东实际,提出了组织培训、农户申请、入户调查、民主评议、公告公示、建档立卡的"六步工作法"。

精准识别必须摸清底数,把精准识别工作做扎实,把贫困人口、贫困程度、致贫原因搞清楚。对农村贫困户、贫困人口进行全面核查,对脱贫任务较重的县、扶贫工作重点村进行再识别、再认定。2014年以来,山东省动用了大量的人力、财力,付出了很大努力,在短短一年多时间里对全省所有贫困人口进行精准识别、建档立卡。2015年以来,又多次开展信息核查的"回头看"工作。可以说,建档立卡数据基本反映了全省当前贫困状况,摸清了贫困底数。根据致贫原因和脱贫需求,对农村贫困人口实行分类扶持，选准脱贫路径，明确扶贫方式、扶贫项目、扶贫资金、帮扶单位、帮扶人员等，签订帮扶脱贫承诺书。

精准识别建档立卡是一个动态的过程，贫困人口有进有出，需要动态的调整。需要把建档立卡台账做实做细，定期核查信息，对遗漏的、返贫的、新致贫的要及时纳入，对脱贫的要退出，虚假的要清理，做到信息准确、不错不漏、能进能出。建立扶贫政策落实情况和扶贫成效第三方评估制度，加强对扶贫工作绩效的社会监督。对搞"关系扶贫"、"人情扶贫"和弄虚作假"数字脱贫"的，严肃追究责任。

四、怎样做到精准退出

建档立卡贫困人口退出，以户为单位，主要衡量标准是该户年人均纯收入稳定超过省扶贫标准，且吃穿不愁，义务教育、基本医疗、住房安全有保障。贫困户退出程序是，村两委组织召开村民代表会议进行民主评议后提出，经村两委和驻村工作队核实、拟退出贫困户认可，在村内进行公示（公示期7天)，无异议后，报乡（镇）党委、政府。乡（镇）党委、政府抽查审核，在村内公告退出（公告期5天)，并在建档立卡贫困人口中销号。

扶贫工作重点村退出，以贫困发生率为主要衡量标准，统筹考虑村内基础设施、基本公共服务、产业发展、集体经济收入等综合因素。原则上扶贫工作重点村省定扶贫标准贫困发生率降至2%以下。退出程序是，乡（镇）党委、政府根据退出标准提出拟退出村名单，在村内进行公示（公示期7天)；公示无异议的，县扶贫开发领导小组组织有关部门或第三方评估机构进行评估确认，在县内公告退出（公告期5天)。

贫困退出工作涉及面广、政策性强，要在实施过程中逐步完善。要做好跟踪研判，及时发现和解决退出机制实施过程中的苗头性、倾向性问题。要认真开展效果评估，确保贫困退出机制的正向激励作用。

五、精准识别精准退出的相关政策

中共中央办公厅、国务院办公厅《关于创新机制扎实推进农村扶贫开发工作的意见》要求，国家制定统一的扶贫对象识别办法。各省（自治区、直辖市）在已有工作基础上，坚持扶贫开发和农村最低生活保障制度有效衔接，按照县为单位、规模控制、分级负责、精准识别、动态管理的原则，对每个贫困村、贫困户建档立卡，建设全国扶贫信息网络系统。

山东省出台的《关于贯彻落实中央扶贫开发工作部署坚决打赢脱贫攻坚战的意见》规定，抓好精准识别、建档立卡这个关键环节，对农村贫困户、贫困人口定期进行全面核查，对脱贫任务比较重的县、扶贫工作重点村进行再识别再认定。

中共中央办公厅、国务院办公厅《关于建立贫困退出机制的意见》规定："以脱贫实效为依据，以群众认可为标准，建立严格、规范、透明的贫困退出机制，促进贫困人口、贫困村、贫困县在2020年以前有序退出，确保如期实现脱贫攻坚目标。"并制定了相关的标准和程序。

中共山东省委办公厅、山东省人民政府办公厅《关于印发〈山东省贫困退出实施方案〉的通知》规定："建档立卡贫困人口退出以户为单位，主要衡量标准是该户年人均纯收入稳定超过省扶贫标准，且吃穿不愁，义务教育、基本医疗、住房安全有保障。""扶贫工作重点村退出以贫困发生率为主要衡量标准，统筹考虑村内基础设施、基本公共服务、产业发展、集体经济收入等综合因素。原则上扶贫工作重点村省定扶贫标准贫困发生率降至2%以下。"

案例一

精准再识别"九六六三"工作法

潍坊市扶贫开发领导小组办公室

潍坊市临朐县根据国家和省定识别标准,坚持"县不漏乡、乡不漏村、村不漏户"的原则,按照"九六六三"工作法,对全县所有行政村的贫困户全部进行了识别。"九六六三"工作法,具体是指"九必退"、"六不动"、"六必纳"、"三必须"。

"九必退",即:(1)"关系户"、"人情户"必退;(2)拥有轿车、大型农业机械的贫困户必退;(3)在城镇及以上城市拥有房产的贫困户必退;(4)个体工商户和开办公司的贫困户必退;(5)家庭成员或户在外子女中有公职人员、企业白领等收入较高职业的贫困户必退;(6)在整村推进产业扶贫项目、其他建设项目以及行业扶贫项目中受益的、收入超过省定贫困线的贫困户必退;(7)因教致贫贫困户,子女已完成学校教育的必退;(8)疾病治愈因病致贫贫困户必退;(9)五保户必退。

"六不动",即:(1)收入未达到省定贫困线的贫困户不动;(2)建档立卡贫困户中的低保户不动;(3)疾病未治愈因病致贫贫困户不动;(4)因教致贫,子女尚在就学的贫困户不动;(5)尚未在各类扶贫项目中受益,收入未达到省定贫困线的贫困户不动;(6)帮扶措施尚未到见效期且仍未超过省定贫困线的贫困户不动。

"六必纳",即:(1)没有纳入建档立卡系统的低保户必纳;(2)收入没有达到省定贫困线,在以前建档立卡和复查中漏下的贫困户必纳;(3)因灾返贫贫困户必纳;(4)因病返贫贫困户必纳;(5)因教返贫困户必纳;(6)因其他原因致贫的贫困户必纳。

"三必须"，即：（1）入户调查表必须由户主或家庭成员本人签字；（2）村民代表会议记录必须由镇村干部和与会人员签字或按手印确认；（3）精准再识别结果必须由党政主要负责人、分管负责人和具体工作人员签字确认。

案例二

绘制扶贫地图　助力精准扶贫

菏泽市扶贫开发领导小组办公室

为准确掌握"贫困人在哪里、扶贫工作重点村在哪里，哪里穷人多、哪里穷人少，归谁管、由谁扶，扶没扶、怎么扶"等情况，实施精准扶贫精准脱贫，我市特制作三张扶贫地图。

第一张图，全市扶贫地图。通过该图可清楚地看到贫困人口的分布情况。该图对精准识别出的所有扶贫工作重点村按照未扶持、正扶持、已扶持分色标记，绿色代表尚未扶持、黄色代表正在扶持、红色代表已经扶持。对所有乡镇的贫困人口构成状况进行翔实标注，清晰地展现出我市贫困人口点状分布和局部密集的特点，为下步精准扶贫、政策倾斜、项目布局、资金投向等提供依据，为科学制定扶贫工作规划奠定了基础。

第二张图，重点扶贫工作重点村分布图。通过该图可清楚地看到我市扶贫工作进展状况。该图正面显示了855个省级扶贫工作重点村所在乡镇的基本情况、省派第一书记驻村情况、扶贫资金投入及扶贫互助社设立情况、扶贫工作进展情况、扶贫成效及2015年扶贫计划。背面列明了855个重点扶贫工作重点村的基本情况、帮扶单位、帮扶措施及完成情况、"雨露计划"实施情况、"五通十有三达到"完成情况等。

第三张图，产业扶贫地图。通过该图可清楚地看到各地不同的扶贫模式。该图区分产业，采用不同颜色和图标，对855个扶贫工作重点村所在乡镇扶贫项目情况进行标记，注明了项目的投资、规模、扶持情况，为加强扶贫项目监管、进一步筛选适合区域发展的扶贫项目提供了参考依据。绿色代表种植，蓝色代表养殖，紫色代表木材加工，红色代表没有扶持项目。

我市对省市重点扶持脱贫任务较重的乡镇、扶贫工作重点村的贫困人口、项目实施、帮扶措施等情况进行了梳理汇总，对扶贫工作重点村的情况进行了标注，编制了《菏泽市扶贫地图》，为实施精准扶贫和精准施策提供了参考依据。

第二节

项目安排精准——精准帮扶

精准帮扶，扶贫对象识别出来以后，针对其贫困情况确定帮扶责任人、制定帮扶规划、落实帮扶措施，集中力量予以扶持，切实做到真扶贫，扶真贫，确保如期实现"两不愁三保障"的目标。精准帮扶要以省定扶贫工作重点村自然条件、资源禀赋、种养习惯为基础，以市场为导向，以产业为依据，根据贫困户致贫原因和脱贫需求，因户因人施策，选准产业项目，明确帮扶方式，努力让贫困人口有更多的获得感。发展产业带动建档立卡贫困户增收脱贫，是一种有效的帮扶措施，能够增强贫困群众内生动力，能够促进贫困户长期稳定脱贫。

一、精准帮扶的必要性

1. 精准帮扶有助于贫困户实现长期稳定脱贫

截至2015年底，全省仍有242万左右农村贫困人口，总量较大、分布零散，脱贫任务十分艰巨。要落实好精准帮扶，必须分类施策，精准到户到人，特别重要的是项目安排要精准，这是因为安排、组织、实施好产业发展项目对实现脱贫攻坚至关重要，产业是发展的根基，是脱贫的重要依托，也是实现稳定脱贫的长期保证。实施好产业发展项目，是促进贫困户增收的重要手段和提高贫困户自我发展能力的有力举措。

2. 精准帮扶是从"大水漫灌"到"精准滴灌"的重要转变

"大水漫灌"式的扶贫由于扶贫目标不明、指向不准、帮扶方法不对路等原因，许多政策普惠性强、特惠性弱，很多地区、很多扶贫工作重点村帮扶效果并不明显。扶贫项目安排精准，就是要求坚持精准扶贫理念，以精准识别为基础，以提高脱贫攻坚成效为目标，探索多渠道、多元化的精准帮扶路径，坚持因人因地施策，因贫困原因施策，因贫困类型施策，实施"五个一批"工程，增加资金投入和项目支持，出台更多惠及贫困地区、贫困人口的政策措施。让每一个贫困家庭都感受到扶持的温暖，确保每一个贫困地区贫困人口与全省人民同步迈入全面小康社会。

二、精准帮扶的主要原则

1. 瞄准对象。这是做到项目安排精准的核心。要牢固树立以人为本的发展理念，以贫困户和贫困人口为出发点和落脚点。安排实施项目，最终目的是要让发展的效益真正落到贫困户身上，让他们有持续稳定的

收入来源。要坚持以贫困户、贫困人口为本，精准帮扶，明确帮扶边界，避免大水漫灌，创设针对性、个性化的帮扶政策，完善直接参与、入股分红、务工就业等多种帮扶措施，确保贫困户稳定收益。

2. 选准产业。选准选好产业是贫困人口脱贫的根本前提。产业发展一定要因村因户制宜，分类施策，从当地实际出发，综合考虑资源禀赋、产业基础、传统习惯等因素，大力推进"一村一品"，宜农则农、宜菜则菜、宜果则果、宜草则草、宜牧则牧、宜林则林，工、商、建、运、服、农、林、牧、副、渔，适宜什么就发展什么（ 见本书第五章），争取将扶贫工作重点村、贫困人口的各项资源优势最大程度地转变为产业优势。要选准产业，一定要牢固树立市场引领的理念，瞄准市场需求，在做优、做精、做特上下功夫，确保产品适销对路。

3. 找准载体。实施产业发展项目，一家一户可以开展的，要因势利导扶持建档立卡贫困户发展适宜特色产业，实现就地脱贫；有些产业项目单靠一家一户、甚至是单个村也办不了、办不好的，要发挥好企业、农民合作社、家庭农场等新型经营主体的引领作用，着力引导新型经营主体与贫困户建立稳定的带动关系，向贫困户提供全产业链服务，提高产业增值能力和吸纳贫困劳动力就业能力。研究建立贫困户参与机制、受益机制，真正帮助贫困人口脱贫。

4. 落准措施。在落实好产业扶贫、教育扶贫等措施的同时，有条件的地方可以开展资产收益扶贫（ 见本书第六章），就是鼓励和引导贫困户将土地承包经营权等资源、各项扶贫资金入股相关产业发展项目，让贫困户按股分享收益。把财政专项扶贫资金和其他涉农资金投入到规模种养、农产品加工、服务业等项目形成的资产中，具备条件的可折股量化给扶贫工作重点村和贫困户，尤其是丧失劳动能力的贫困户；或直接把扶贫资源折股量化给贫困户，再投入到各类产业发展项目中，贫困户在享有保底收益、负盈不负亏的基础上参与分红，获得稳定的收益。资产可由村集体、合作社或其他经营主体统一经营，明确资产运营方对财政资金形成资产的价值增值责任，建立健全资产监管和收益分配机制，确保资产收益及时回馈持股贫困户。

三、精准帮扶的主要措施

1. **精准制定和实施帮扶规划**。深入分析扶贫工作重点村和贫困户的致贫原因，逐村逐户科学制定帮扶规划，使建档立卡工作与各项扶贫政策相衔接，扶贫措施与致贫原因相对应，为实施精准帮扶打好基础。抓好帮扶规划落实，注意发挥贫困群众的主体作用。整合资源，集中力量扶持扶贫工作重点村和扶贫对象。

2. **努力实施好产业精准扶贫**。充分发挥资源优势，因地制宜、因户制宜实施产业精准扶贫，宜种则种、宜养则养、宜开展旅游扶贫则开展旅游扶贫。具体说，对有产业发展资源的扶贫工作重点村，积极引导、扶持贫困群众发展特色优势产业，不断推进产业化经营，把单家独户的小经营变为规模化、集约化、标准化的大生产，通过发展特色优势产业实现脱贫致富。推进光伏扶贫、旅游扶贫和电商扶贫等三大扶贫行动，依托优势资源，加大政策、资金扶持力度，促进贫困户实现脱贫致富。探索完善金融扶贫、资产收益扶贫、龙头企业和股份合作组织扶贫、家庭农场和能人带动扶贫等模式，促进扶贫产业规模化、集约化发展，提高脱贫成效。

3. **大力实施教育精准扶贫**。把贫困家庭的孩子培养出来，是阻断贫困代际传递的治本之策。紧紧抓住贫困家庭下一代接受教育这一"拔穷根"的关键，完善建档立卡贫困家庭学生资助体系，对建档立卡贫困家庭学生从学前教育到高等教育实行资助全覆盖。免除建档立卡贫困家庭适龄儿童学前教育保教费并优先发放学前教育政府助学金；免除建档立卡贫困家庭普通高中学生学杂费，并优先发放普通高中国家助学金；在全部免除中等职业学校全日制在校生学费的基础上，对建档立卡的贫困家庭在校生优先发放国家助学金。

4. 加快基础设施和公共设施建设。山东省贫困人口大多集中在黄河滩区、山区、库湖区、盐碱涝洼区、少数民族聚集区等特殊困难区域，虽经多年扶持，但基础设施建设相对滞后的问题依然比较突出。要积极发挥行业扶贫作用，整合扶贫资源，着力解决贫困地区农田水利、安全饮水、电力保障、道路通畅、危房改造、广电通信、移民搬迁等突出问题，加快改善贫困地区生产生活条件，一揽子解决制约发展的瓶颈问题。

5. 逐步完善公共服务体系。公共服务是搞好精准扶贫的重要保障。提高农村公共卫生服务能力，增加新型农村合作医疗和农村医疗救助的统筹投入，完善贫困地区基础医疗卫生服务体系，采取有效措施逐步解决因病致贫、因病返贫的问题。提高社会保障水平，健全新型农村养老保险全覆盖制度，建立五保户供养、最低生活保障等救助体系。健全农村公共文化体育服务体系，稳步推进扶贫工作重点村信息化建设。

四、精准帮扶的相关政策

中共中央、国务院《关于打赢脱贫攻坚战的决定》要求，发展特色产业脱贫，制定贫困地区特色产业发展规划。出台专项政策，统筹使用涉农资金，重点支持扶贫工作重点村、贫困户因地制宜发展种养业和传统手工业等。实施扶贫工作重点村"一村一品"产业推进行动，扶持建设一批贫困人口参与度高的特色农业基地。加强贫困地区农民合作社和龙头企业培育，发挥其对贫困人口的组织和带动作用，强化其与贫困户的利益联结机制。支持贫困地区发展农产品加工业，加快一二三产业融合发展，让贫困户更多分享农业全产业链和价值链增值收益。

中共山东省委、山东省人民政府《关于贯彻落实中央扶贫开发工作部署坚决打赢脱贫攻坚战的意见》规定，对省定扶贫工作重点村，每村安排30万元产业扶贫资金，所需资金由省、市、县三级统筹，省级资金向扶贫任务重的地区倾斜。依托当地资源优势和种养习惯，通过结对帮扶、资金支持、技术服务、订单收购等方式，扶持农村贫困户发展投资少、见效快、风险小的特色种养业。实施农村电商扶贫工程，免费培训电商人员，对农村贫困家庭开设网店给予网络资费补助、小额信贷等支持。采取以奖代补、先建后补、财政贴息、财政资金入股等方式，扶持"农家乐"、特色采摘、农耕体验、休闲养生、旅游产品制作等乡村旅游业。注重挖掘保护和开发利用红色、民族、民间文化资源，优先支持革命老区发展红色旅游。实施光伏扶贫工程（ 见本书第四章），帮助有条件的农村贫困户新建分布式光伏项目，鼓励有条件的县（市、区）参与大型集中式光伏项目建设，资产收益用于扶贫。光伏发电建设规模向光伏扶贫项目重点倾斜。

案例

龙头企业带动地方种养　肉牛产业助力精准脱贫
滨州市扶贫开发领导小组办公室

我市以精准安排扶贫开发项目为重点，通过资源开发、土地流转、协议合作等形式，采取与贫困户结对帮扶，实行订单养殖、赊养回收、托管分红、吸纳就业等举措，参与扶贫开发，探索出一条龙头企业依托产业资源优势带动贫困户脱贫致富的精准扶贫路径。

广富公司是集专用青贮玉米种植，高档肉牛繁育、养殖、屠宰、熟食加工、销售，冷链物流配送，餐饮服务及皮革加工于一体的省级农业产业化重点龙头企业。

主要采取如下方法带领贫困户实现脱贫增收。

一、贫困户赊牛养殖实现脱贫。公司将犊牛、肉牛赊销给贫困户，签订回收协议，由贫困户养殖成牛后，企业进行回收，每年每头牛增收3000元；公司将母牛赊养给贫困户，贫困户养母牛繁育犊牛后由企业回收，年繁育一头犊牛收入4000—4500元。

二、贫困户养牛卖给企业实现脱贫。贫困户与公司签订养殖回收协议，将自己养殖的犊牛或育肥牛销售给公司，每头牛纯收入3000—4500元。

三、贫困户买牛托管，利润分成实现脱贫。无劳动能力的贫困户买牛，托管给养殖企业或合作社，由企业养牛，利润分成。

四、扶贫工作重点村成立肉牛养殖合作社，贫困户集中养殖、种植增收脱贫。由合作社与公司签订养殖回收协议，合作社建设养牛场，吸纳贫困户进场养牛，由合作社统一种植青贮玉米、统一购牛、统一防疫、统一销售给公司，实现贫困户增收脱贫。利用牛舍顶部空间安装光伏发电设备，贷款财政贴息，发电收益由贫困户、合作社、村集体分红。

五、贫困户到养殖场或屠宰场打工，领取工资，月均工资1500元。

六、贫困户将土地流转给公司发展"粮改饲"养牛，农户通过土地出让金增收。

七、贫困户与公司签订种植回收协议，由贫困户种植青贮玉米增收。种植专用玉米较普通玉米亩均增收450元。

第三节

....

资金使用精准——精准管理

扶贫资金精准使用，是指统筹安排各级各类扶贫资金，针对精准识别的建档立卡贫困户"对症下药"、精准投入，使扶贫资金使用由"大水漫灌"转变为"精准滴灌"，主要包括扶贫资金精准投向、精准拨付、精准管理。

一、扶贫资金要精准投入

扶贫资金是完成脱贫攻坚目标任务的关键因素。近年来，随着中央和全省扶贫工作力度不断加大，扶贫资金总量逐年递增，加快了贫困地区发展、贫困人口脱贫。但也必须看到，一些地方在扶贫资金投入、使用、管理方面仍然存在一些问题。比如，扶贫投入不足、指向不准、资金拨付不及时，个别地方甚至存在骗取、挤占、挪用扶贫资金等违法违规问题。

衡量扶贫开发工作绩效，需要对扶贫资金运行的每个环节，包括扶贫资金的分配、使用对象的确定、使用方向的选择、监督机制的完善等，进行科学的比较和分析，完善相关机制，切实提升资金管理水平和资金使用效益。

1. 扶贫资金要"精准投向"。主要是在扶贫政策设计上与精准扶贫要求相吻合，因地制宜、分类施策，保证资金真正用到扶贫上。具体要立足贫困地区实际，以扶贫攻坚规划和重大扶贫项目为平台，整合扶贫资金等各类扶贫资源，统筹安排，形成合力，集中力量解决突出贫困问题。同时，要强化市场经济理念，积极探索政府购买社会服务、金融机构参与扶贫开发等新的模式、新的方法，鼓励引导社会力量投入扶贫开发，促进扶贫资源优化配置、扶贫项目推进高质高效，实现扶贫开发效益最大化。

2. **扶贫资金要"精准拨付"**。扶贫资金必须精确瞄准，准确辨别扶贫对象、合理运用各种措施，确保扶贫资金精准拨付、及时拨付。在分配环节，根据贫困人口、人均财力等因素，确定相关资金中安排用于扶贫的规模，实现精准分配。在具体拨付环节，建立完善与扶贫工作重点村、贫困户的对接机制，实现扶贫资金精准及时到户、到人。产业发展资金可以探索转化为贫困户的股金；对中学、高职学生的生活补贴、特困家庭子女上大学的资助费用，可通过一卡通等方式直补到受助学生家庭等。

3. **扶贫资金要"精准管理"**。扶贫资金必须确保专款专用。各级政府及财政、扶贫等相关部门要提高扶贫工作的整体水平，让扶贫资金在阳光下运行，确保资金使用管理的精准性、安全性及高效性，让有限的资金发挥最大的效益。

二、扶贫资金要精准分配

统筹专项扶贫资金和行业扶贫资金，根据各扶贫工作重点村、贫困户和贫困人口的致贫原因，因地制宜、分类施策，切实做到扶真贫、真扶贫、真脱贫。

1. **专项扶贫资金**。主要采取切块方式分配下达，原则上按照贫困人口数量、人均财力等因素精准分配到县，通过一般转移支付方式拨付下达到县，由县级具体运作实施。

2. **行业扶贫资金**。原则上由省财政配合行业主管部门采取切块方式分配下达，除明确到村、到户、到人的行业资金外，都可由县级整合起来，以扶贫规划为引领，以重点扶贫项目为平台，统筹用于落实脱贫攻坚目标任务。省级在分配行业扶贫资金时，对能够到村、到户的资金，明确用于扶贫工作重点村、贫困户的资金规模；对不能具体到村但可以分配到县的资金，明确用于扶贫任务较重县的资金规模；对于覆盖全省的政策，优先保障扶贫任务较重县扶贫工作重点村、贫困户的资金需求。

3. **扶贫发展基金**。主要采取股权投资、贷款担保、周转使用、风险补偿、贷款贴息等方式分配使用。特色产业发展扶贫基金，按照因素法切块下达，由县级统筹使用，支持贫困地区、扶贫工作重点村、贫困户发展特色产业。小额贷款扶贫担保基金，由省农业融资担保有限公司设立分支机构，或通过股权投资方式与市、县合作，支持扶贫任务较重的县建立农业信贷担保机构。公益事业扶贫基金，主要投向中西部地区，重点面向扶贫任务重、公益设施薄弱的困难县，按照贫困人口及财力状况等因素分配到县。

4. **易地扶贫搬迁地方政府债券和信贷资金**。地方政府债以项目资本金形式注入市场化运作的省级投融资主体，省级投融资主体负责承接政策性信贷资金，并将资金落实到承担易地扶贫搬迁任务的县级项目实施主体。

三、扶贫资金要精准监管

为了确保扶贫资金真正落到实处、发挥效益，按照财政资金科学化、规范化管理要求，省财政对扶贫资金全面构建多方位、全过程、常态化、立体式的资金监管体系。

1. **建立精准对接机制**。为确保各项脱贫攻坚政策落到实处，真正使贫困人口受益，建立了与扶贫工作重点村、贫困户的对接机制。

（1）完善项目对接机制。对下达到扶贫工作重点村、贫困户的专项扶贫资金，由市县扶贫、财政部门负责，充分发挥乡镇党委政府、村两委以及驻村帮扶第一书记、驻村工作队的作用，与贫困户共同商量确定项目内容和扶持方式，研究制定项目实施方案，明确与每个贫困户的具体对接方式，确保资金真正用到扶贫工作重点村、贫困户身上。

（2）完善利益联结机制。鼓励龙头企业主动承担扶贫责任，对政府涉农资金支持的龙头企业项目，地方政府在选择立项时要鼓励龙头企业与贫困农户建立利益联结机制。项目立项后，龙头企业要采取贫困户持股分红、对贫困户给予收益补助、为贫困人口提供就业岗位等方式，把贫困户纳入产业化经营链条，共享农业生产经营收益。

（3）完善稳定收益机制。对财政扶贫资金和其他涉农资金投入到农业、光伏、乡村旅游等项目形成的资产，可折股量化到贫困人口，敦促村集体开展土地承包经营权确权颁证和集体产权制度改革。使贫困人口家庭获得集体资产受益权。财政支持扶贫工作重点村集体经济发展取得的集体经济收入，要明确一定的比例和数额对贫困人口进行补助，帮助贫困人口培育稳定的增收来源。

2. **强化资金管理责任**。根据财政专项扶贫资金和行业扶贫资金的性质、使用方向及管理要求，明确各级财政部门的管理职责和权限。省市财政重点推动制度机制的设计优化、资金分配的整合倾斜、扶贫政策的指导监督；县乡财政从资金分配、资金拨付、政策实效上跟踪管理，确保扶贫政策目标到位、扶贫资金落实到位。同时，继续下大力气加快扶贫资金预算执行进度。新《预算法》要求，"对下达的一般性转移支付和专项转移支付，应当在同级人大批准预算后30日和60日内下达"。各级要严格按照预算法要求，确保在规定时限内将扶贫资金拨付到位，并会同有关部门加快扶贫项目实施和资金支出进度，确保及早发挥资金使用效益。

3. **完善资金管理制度**。健全扶贫资金和项目管理制度，明确责任分工，细化业务流程，将扶贫资金管理全面纳入制度的"笼子"。省扶贫办、省财政厅印发了《关于加强2016年度财政专项扶贫资金使用监管的意见》，明确了年度资金使用的具体程序、步骤及相关要求，提出建立工作机制，强化监督考核，加大扶贫资金违规使用责任追究力度等措施。加强扶贫基金运行管理，研究制定特色产业发展、小额贷款担保、公益事业发展三只扶贫基金管理办法，规范基金运作，保障基金安全有效运行。完善公示公告制度，加大扶贫资金信息公开，确保资金的申报、审批、拨付、使用、管理情况公开透明，主动接受社会和群众监督。

4. **加强资金监管问效**。加强扶贫资金跟踪管理，扩大涉农补贴"一本通"发放范围，全面推广"基层数字财政管理系统"，建立扶贫资金使用定期统计通报制度，及时掌握扶贫资金运行情况。通过政府购买服务方式引入第三方监督和绩效评价，强化绩效评价结果运用，建立"花钱必问效，无效必问责"的绩效管理机制。加大监督检查力度，建立扶贫资金违规使用责任追究制度。严格执行《财政违法行为处罚处分条例》，严肃查处虚报冒领、截留私分、贪污挪用、挥霍浪费等违规违纪违法问题。

小贴士

一亿财政扶贫资金撬动十亿扶贫贷款

山东省2015年在34个扶贫开发重点县开展了金融扶贫小额信贷业务。每个县安排200万元的省财政专项扶贫资金和100万元的县财政资金，作为风险补偿，由合作银行按风险补偿金的10倍以上进行授信，为当地农民发展特色产业、发家致富提供资金支持。山东扶贫小额信贷为农民提供贴息贷款，实施精准扶贫，由财政对贫困户贷款进行全额贴息，对带动贫困户脱贫的新型农村经营主体给予3%的年贴息政策。山东省投入扶贫资金一亿元撬动了10倍社会资本投入。贫困地区特色产业发展了，贫困群众增收了。

案例

整合资金上项目　精准分配促脱贫

文登区大水泊镇岭上王家村第一书记　王大伟

大水泊镇岭上王家村集体经济主要依靠土地租赁收入，是全市180个省定扶贫工作重点村之一。我村贫困户83户，占全村户数49%；贫困人口121人，占全村人数32%。我经过深入走访群众、全面掌握村情，帮助村民选择了一条养猪致富的道路。

一是立足优势选方向。我到村任职后，深入村干部和群众中查找致贫原因，广泛听取群众的意见和建议。在走访过程中，了解到我村村民一直有养殖生猪的传统且养殖水平较高，但规模普遍较小。如何扩大规模，把生猪养殖做大做强，成为我思考的脱贫方向。

二是挂大靠强寻助力。为扩大养殖规模，采取"走出去，请进来"

的方式，我托亲访友请专家到村里进行考察，从专家口中得到"环山饲料有限公司正在推广合同猪养殖模式"这一消息后，我立即带领村委、村民代表到环山饲料有限公司进行协商、沟通，邀请公司到村进行实地考察。该公司考察认为，岭上王家村各项条件比较符合养殖基地标准。我反复和村委及党员代表商议，最终确定将发展合同生猪养殖项目作为脱贫主攻方向。

三是多方筹资促项目。为促使项目早日落地、早见成效，我将村里的合同猪养殖项目列入2015年财政专项扶贫开发项目，争取省、市、区三级扶贫专项资金30万元，同时积极争取单位帮扶款10万元，用于猪舍修建和日常经营资金。猪舍建好后，威海市环山饲料有限公司免费提供仔猪、饲料和技术指导，育肥后由环山饲料公司负责回收，并按照每头猪200元的标准支付劳动报酬。该项目实现了当年投资、当年运营、当年见效，2015年纯收益达到12.35万元。

四是精准分配求公平。项目有了收益后，如何分配好、利用好，不仅关系着脱贫攻坚总体成效，而且关系着贫困群众的切身利益。我与村两委多次商议，并经村民代表会议同意，制定如下分配方案：一是提取4万元，用于发放猪场4名工人工资（均为有劳动能力的贫困人口）；二是提取2万元，为村里聘用的20名环境卫生维护员发放补贴（均为劳动能力较弱的贫困人口），每人每年1000元；三是提取3.88万元分给本村97名无劳动能力的贫困人口，每人每年400元；四是剩余利润用于村集体经济滚动发展。目前我村正积极筹资建设二期工程，扩大猪场养殖规模。

【工作启示】岭上王家村的扶贫项目选得准，得益于第一书记深入实践，调查研究，对扶贫工作重点村情况吃得透，摸得准，并且善于运用专家的力量，抓住了龙头企业发展基地的机遇。在扶贫款使用和分配上，探索了资产收益扶贫的新思路，实现了精准投入，精准分配。

第四节
措施到户精准——精准施策

精准施策，就是通过进村入户，分析掌握致贫原因，在充分尊重贫困户脱贫需求的基础上，坚持因人因地施策，因贫困原因施策，因贫困类型施策，逐户落实帮扶责任人，落实帮扶项目和帮扶资金。

一、精准施策的重要意义

（一）精准施策是完善扶贫制度的需要

长期以来扶贫制度设计存在一定缺陷，不少扶贫项目粗放"漫灌"，针对性不强，更多的是在"扶农"而不是"扶贫"。帮扶方式和贫困户的需求没有实现有效对接，产业项目安排没完全从整乡整村区域推进转到个性化的精准实施。以扶贫搬迁工程为例，居住在边远山区、地质灾害隐患区等地的贫困户，一方水土难养一方人，是扶贫开发最难啃的"硬骨头"。移民搬迁是较好的出路，但是，因为补助资金少，享受扶贫资金补助搬出来的多是经济条件相对较好的农户，贫困户根本搬不起。新村扶贫、产业扶贫、劳务扶贫等项目，受益的主要还是高收入农户，贫困农户从中受益较少。要切实解决好贫困问题，不能搞"大水漫灌"，不能搞"手榴弹炸跳蚤"，根本的方法就是精准施策。

（二）精准施策是扶贫现状的需要

山东省贫困人口主要分布在黄河滩区、山区、库湖区、盐碱涝洼区、少数民族聚集区，共涉及17市、125个县（市、区）和23个管委，呈典型的"插花式"分布。分布区域之间差别也较大，贫困人口较少的县（市、区）只有几十人，多的则有十多万人，1到2人的贫困户占到总户数的76%。年龄素质和年龄结构也比较复杂，60岁以上人口占50.3%；16岁以下人口占8%。贫困家庭致贫原因复杂多样，如因病致贫、因缺资金致贫、因缺少劳动力致贫、因缺技术致贫、因残致贫、因学致贫、因灾致贫等。贫困家庭贫困人口发展能力、发展条件严重不足，因病返贫、因灾返贫、因市场风险返贫、因发展能力不足返贫常见，特别是因病因残致贫比重占到一半，贫困家庭、贫困人口脱贫致富信心缺乏，内生发展动力严重缺失。这一贫困现实状况，决定了必须因地制宜精准施策。

（三）精准施策是新时期脱贫攻坚战的需要

山东省提出到2018年完成脱贫攻坚任务，每年要面临100万人口的脱贫压力，时间紧、任务重，越往后脱贫攻坚压力越大，必须采取超常规手段，坚持精准扶贫方略，解决钱和政策在不同贫困户身上"怎么用"等问题，深入研究本地的资源优势、人文优势、生态优势，深入研究每一贫困户的实际需求，结合实际提出补短板的不同方案与方法，实施"宜农则农、宜牧则牧、宜工则工、宜旅游则旅游、宜搬迁则搬迁"等脱贫方案。

二、精准施策的主要原则

做到精准施策，带领贫困地区贫困人口主动、自信、坚定地走上脱贫致富的道路，要坚持以下原则：

1. **坚持精准扶贫方针。**坚持"实事求是，因地制宜，分类指导，精准扶贫"的工作方针，重在从"人"、"钱"两个方面细化方式，确保帮扶措施和效果落实到户、到人，户户清楚、人人清楚。

2. **坚持帮扶人员精准到位。**落实帮扶人就是落实责任，贫困人口信息的核实，实际生活情况的了解，因地制宜的帮扶措施都离不开帮扶人员。

3. **坚持帮扶干部积极作为。**干部帮扶应采取群众"点菜"、政府"下厨"方式，帮扶干部须多下基层，多跑田坎，多和群众交心谈心，了解群众所需，并且需要群众积极参与其中。从国家及省扶贫政策和村情、户情出发，帮助贫困户理清发展思路，制定符合发展实际的扶贫规划，明确工作重点和具体措施，并落实严格的责任制，做到不脱贫不脱钩。

4. **坚持帮扶底数要清。**对帮扶的扶贫工作重点村、贫困户，及其村容村貌、家庭状况和人员情况等都要全面掌握，建立完整详细的电子台账，做到村村明确、户户清楚。

5. **坚持帮扶项目精准。**扶贫项目安排不能图一时便利，搞"一刀切、一锅煮"，要站在长远发展的角度，选准项目，切实帮助困难群众脱贫致富。

三、精准施策的相关政策

中共中央办公厅、国务院办公厅《关于创新机制扎实推进农村扶贫开发工作的意见》要求，建立精准扶贫工作机制，深入分析致贫原因，逐村逐户制定帮扶措施，集中力量予以扶持。

中共山东省委、山东省人民政府《关于贯彻落实中央扶贫开发工作部署坚决打赢脱贫攻坚战的意见》规定，对农村贫困人口实行分类扶持，选准脱贫路径，明确扶贫方式、扶贫项目、扶贫资金、帮扶单位、帮扶人员等。对建档立卡的300万左右农村贫困人口，集中开展扶贫工作，通过发展生产实现150万人脱贫，通过转移就业实现60万人脱贫，通过易地搬迁实现6万人脱贫，通过生态补偿实现4万人脱贫，剩余农村贫困人口通过社会保障兜底脱贫。

小贴士

滨州精准施策打造八大脱贫平台

2016年3月以来，滨州高新技术产业开发区结合正在实施的"智慧城市"项目，将前期大调研大走访摸排数据分类录入，建立扶贫对象帮扶工作信息平台，借助高创中心一楼LED显示屏精心绘制脱贫地图。同时，突出扶贫工作特点、亮点、高点，找出弱项、短项、缺项，分类帮扶、精准施策，重点建设八大脱贫平台。这八大平台即：以基层组织建设为主，实现党建脱贫；以专项培训为主，实施教育脱贫；以农业项目为主，实施产业脱贫；以政府工程为主，实施行业脱贫；以工业项目为主，实施就业脱贫；以合作社为主，实施互助脱贫；以社会救助为主，实施兜底脱贫；以党政机关事业单位为主，实施帮扶脱贫。

案例一

探索"五个一"精准扶贫立体模式

荣成市夏庄镇

荣成市夏庄镇共有4638户、1.12万人，其中贫困户592户、1091人，省定扶贫工作重点村8个，贫困户416户、817人。我镇坚持精准到点到根，因村制宜，因人施策，多措并举，探索建立了"五个一"立体化精准扶贫模式，扶贫工作取得扎实成效。目前，全镇已脱贫225户、410人，剩余191户、407人将在年内全部脱贫。

一、"一人一股"资产扶贫。引导扶贫工作重点村将扶贫专项资金作为股本，投资经营主体发展特色种养殖项目，让扶贫工作重点村和贫困户变股东，增加资产性收益。我镇二胪村有贫困户55户、96人，该村将25万元专项资金及部分闲置地作价15万元，以2%的股份入股民兴生态养猪合作社，合作社每年付给村里3.36万元，每人每年分红350元，剩余作为集体资产。为确保扶贫资金的安全性，我镇探索建立了"三方同步"、"两头管控"资金管控机制，即扶贫资金划拨到镇上的同时，镇政府、村委会、帮扶单位三方同步划拨，严防资金滞留、挪用；合作社以固定资产作本金抵押，在每年的10月份之前将收益划拨到村里，三年的扶贫协议期满后，本金无偿返还村里。资金的管理及收益分配单设科目，镇经管审计、纪检等全程监管，确保专款专用、保值增值。

二、"一人一岗"就业扶贫。我镇贫困户中具有一定劳动能力的有207人，占19%。对这部分人员，主要通过提供就业机会，带动他们转移就业，实现"一人打工、全家脱贫"。一是企业为主。协调扶贫工作重点村周边公司等用人单位，积极为贫困户提供就业岗位。二是公益补充。

全镇在选配道班、环卫保洁员等岗位时，优先雇用责任心强、有一定劳动能力的贫困户。三是能人带动。江林庄、北山杨家、大河东3个村的支部书记，都有自己的工程队、涂料厂等产业，每年吸收本村6名贫困对象务工，每人每天收入60元以上。目前已经帮助就业189人，人均增收5000元以上。

三、"一人一策"保障扶贫。我镇因病因残致贫、丧失劳动能力的贫困户有479户，占贫困户总数的81%。这部分人员，除了由市里纳入低保进行政策兜底外，镇里还注意为他们的生活条件兜底，为68户贫困户进行了危房改造。同时，抓住农村三项改革的契机，积极推进土地流转，每户每年每亩可获得租金收入500—700元。

四、"一村一品"产业扶贫。我镇立足农业资源优势，实施"一村一品"项目，引导贫困户发展投资少、见效快、风险小的特色产业，依靠自己的勤劳双手增收致富。战家村积极改造盘活荒废的田地、水库，大力发展特色种养殖。目前正在运作建设50亩苗圃种植基地、7000平方米的水库养殖区，为村集体持续发展提供保障。

五、"一年一步"持续扶贫。一时脱贫不是目的，长期富裕才是追求。我镇建立了由乡镇干部、第一书记、村两委成员组成的扶贫工作队，在对扶贫工作重点村户持续输血的同时，通过跟踪管理增强脱贫户自我造血能力，实现脱贫户长期持续向好发展。同时，镇政府投资20多万元对村级办公场所进行规范化建设，每年开展为期一周的夏训、冬训活动，抓组织建设、抓村级班子建设，使扶贫工作重点村在经济上脱贫同时，实现思想上脱贫和生活方式上脱贫，推动扶贫工作重点村每年一小步、年年有变化，群众生活逐步改善，彻底脱贫脱困。

案例二

"王家父子"住进保障房

省物价局第一书记工作组

后王村的王学友、王怀四父子均是残疾人,没有劳动能力和收入来源,一直住在亲戚遗弃的土坯危房中,十分危险。我们驻村了解情况后,经过讨论谋划,赶在雨季来临之前,建起了"保障房",并安排王学友、王怀四父子入住。

主要经验做法:我们到村后,通过走访发现,后王村的王学友、王怀四父子生活特别困难,居住的房子是亲戚遗弃多年的危房,房屋墙体多处开裂,房顶有个破洞,房梁几乎脱落,用木棍支撑,随时可能倒塌。经了解,王学友、王怀四父子均为残疾人,基本没有劳动能力,父子俩相依为命,靠吃低保生活。王家父子的情况,触动了我们的心,特别是即将到来的雨季,让我们很是担忧,有几次周末下雨,专门给村支书打电话,安排他将王家父子接出危房避雨避险。

我们及时将情况向局党组作了汇报,并提出为王家父子重建或翻建房屋的建议,局领导立即安排有关处室负责人到现场进行了勘察,并敲定了翻建方案。"怎么建"的问题确定了,建好后"产权归谁"的问题又摆在了我们面前。经慎重考虑,经与村委会沟通后确定,将翻建的房屋作为后王村的保障房,优先安排王家父子居住,将来如果王家父子不住了,还可以让其他困难群众来住。这样一来,既能解决王家父子的眼前问题,又能给村里留下一笔资产。

经反复斟酌,我们拟订了一份三方《协议书》,作出规定:由第一书记所在单位负责筹资,后王村委会负责办理土地手续;翻建后的新房归村集体所有,由村委会负责管理,王学友父子优先居住,并在两人有生之年不再对该房进行重新分配；第一书记派出单位负责监督保障房的使用；王学友父子要合理使用房屋及附属设施，改变房屋结构及设备，须征得村委会书面同意等。在翻建动工前，由我们工作组、后王村委会和王家父子签订了三方协议，各持一份。

保障房建成后，我们工作组立即安排王家父子入住，并置办了基本的床、桌椅等家具，购买了电视机等电器，以及必要的炊具、厨具等，并安装了取暖设备。

住了新房以后，王家两父子精气神确实不一样了，连穿戴都比以前干净利索了，生活有了希望，现在村里人见了王怀四都开玩笑说："小四，找门活计好好干，住了新房还要争取娶个媳妇！"

【工作启示】一是群众利益无小事，一枝一叶总关情，第一书记关心弱势群体，要精准到户到人，时刻将群众冷暖挂在心上，你对群众有感情，群众就会支持你的工作，开展其他工作才会有深厚的群众基础，就会有群众积极的参与；二是做事要打长谱、看长远，周密细致，依法合规，有了制度和法律的保障，才能把好事办好，才能使好事长久。

第五节

因村派人（第一书记）精准——精准选派干部

精准选派干部就是各级党委根据扶贫工作重点村实际情况，选派一批思想好、作风正、能力强的优秀干部到扶贫工作重点村担任第一书记或组建驻村工作队，抓党建、抓扶贫、抓发展，解决一些村"软、散、乱、穷"等问题，推动基层党组织转化升级、群众脱贫致富。

一、精准选派干部的必要性

干部下乡、驻村帮扶是我们党的老传统、好传统。习近平总书记指出，选派扶贫工作队是加强基层扶贫工作的有效组织措施，要做到每个扶贫工作重点村都有驻村工作队、每个贫困户都有帮扶责任人。截至2015年上半年，全国共派出12.79万个驻村工作队，驻村干部达48万人，承担着政策宣传、帮助党建、了解民声、精准扶贫等工作。自2012年以来，山东省各级共选派3.8万名第一书记，到扶贫工作重点村抓党建促脱贫。下一步要继续做好因村派人工作。

1. 精准选派干部，落实精准扶贫方略。从近年来工作实践看，各级选派的第一书记素质能力大都是好的，贴合扶贫工作重点村实际，得到基层普遍认可。但也存在一些问题，比如有的单位不舍得拿工作骨干，不考虑人选素质能力能否适应工作实际，随便安排几个人凑数应付；有的单位不认真分析帮扶村情况，不了解群众需要什么样的干部，导致选派的干部不能发挥优势特长，影响了帮包成效。这些问题如果不解决就会影响精准扶贫、精准脱贫的顺利实施。因此，必须高度重视选派第一书记的精准度，严格把好选派关，确保选派的第一书记真正符合工作需要、受到群众欢迎。

2. 精准选派干部帮助群众脱贫致富。山东省贫困人口的基数大，分布在自然条件恶劣，基础设施缺乏，基层组织薄弱地区。仅靠一般的政策扶持，靠扶贫工作重点村自身的努力，很难脱贫致富。这些贫困地区的群众都盼着能走上水泥路、喝上自来水、看得起病、上得起学、有份好收入、过上有尊严的好日子。越贫困的地方，这种愿望越强烈。因此，精准选派干部，加大产业、政策等投入力度，有利于帮助贫困人口加快脱贫致富，确保全省人民同步迈入小康社会。

3. 精准选派干部加强农村党支部建设，为扶贫工作重点村长远发展培养"主心骨"和"带头人"。扶贫工作重点村之所以贫困，除了自然的、历史的、客观的因素，更重要的是班子、队伍和人的问题，是观念、素质和能力的问题。老百姓常说："给钱给物，不如给个好支部"、"有个好班子，不怕烂摊子"。抓好党建、培养带头人促扶贫是激发贫困地区脱贫致富的内生动力、根本举措。

4. 精准选派干部，密切党群干群，振奋贫困群众脱贫致富的信心。第一书记到最贫困的农村长期驻村帮扶，与群众同吃同住同劳动，一块干、一块苦、一块过，发动、组织、引领群众。通过这样一种方式，凝聚党心、民心，巩固执政基础，团结带领他们脱贫致富奔小康。

二、精准选派干部的方法

精准选派干部，需要在工作中把握以下几点：

一是明确标准条件。人选素质决定着第一书记工作的质量和成效，中央和省委在这方面都有明确要求，概括起来主要是政治素质和政策水平高，组织协调能力强，熟悉党建和扶贫工作，热心为农村和群众服务；主要从本单位工作经验丰富，或者有发展潜力、有两年基层工作经历的同志中挑选。

二是严格选人程序。首先，要广泛动员发动，讲清选派第一书记工作的重大意义，讲清人选标准条件和程序步骤，把思想工作做深做实做细，动员符合条件的同志积极报名。其次，要坚持个人自愿报名。要充分尊重个人意愿，让广大党员干部心情舒畅、没有后顾之忧地参与到第一书记工作中来。最后，党组（党委）集体研究提出人选，报同级党委组织部审核。

三是增强选人针对性。选人前，帮包单位要对帮包村开展深入调研，了解班子建设、产业发展和实际困难等基本情况，并根据村里的自然禀赋、发展需要和党员群众意见等，把干部优势特长与村庄实际需求相结合，研究确定选什么样的干部、采取什么样的措施。对村班子弱、党组织作用发挥不好的，选熟悉党建工作、综合素质高的干部；对有产业发展潜力的，选有经济头脑、懂经营的干部；对社会治安混乱的，选政法工作经验丰富的干部；对宗族派性矛盾突出的，选群众工作经验丰富、善于处理复杂难题的干部等等。

四是岗前集中培训。把培训作为帮助第一书记提高素质、增强本领的履职之要，第一书记入村前，要着眼思想引领、着力解决问题、注重实战实效，进行不少于5天的集中培训，以帮助第一书记增强党性、点燃激情、明确任务、理解政策、掌握方法，提高帮扶能力和水平。

五是强化管理考核。严格实行驻村工作，第一书记与原单位工作完全脱钩，每月在村时间不少于20个工作日。强化日常调度督查，采取抽查暗访等方式，每季度至少对第一书记工作情况进行一次督查，督查情况在一定范围内通报。严格考核评估，根据省选派第一书记工作领导小组印发《省派第二轮第一书记工作考核暂行办法》、《省派挂职县（区）党委副书记考核考察暂行办法》的要求，进一步明确考核的内容、方法、步骤。每年抽调人员组成考核组，对第一书记工作进行实地考核，严格坚持考核评价的方法步骤，确保公平公正公开，通过考核，促进第一书记工作健康发展。

三、精准选派干部的相关政策

中组部、中央农村工作领导小组办公室、国务院扶贫办三部门《关于做好选派机关优秀干部到村任第一书记工作的通知》要求，在全国部署安排选派第一书记工作，实现第一书记对建档立卡扶贫工作重点村和党组织软弱涣散村的全覆盖。

《关于以选派第一书记为抓手扎实开展基层组织建设年的实施意见》要求，全省市县乡选派部分党员干部担任基层党组织第一书记，集中力量破解难题、强化班子，帮助改变落后面貌，推动后进转化升级。

省委办公厅、省政府办公厅印发《关于继续从省直单位选派第一书记抓党建促脱贫的意见》规定，省派第一书记经过两年的时间，实现"五个明显"的目标，即村党支部战斗力明显增强、脱贫致富步伐明显加快、村民生产生活条件明显改善、文明程度明显提升、基础保障能力明显提高；明确第一书记的主要任务是吃透村情民意、制定扶贫规划、承接政策落地、蹚出增收路子、建强村级班子、健全治理制度等。同时，在总结第一轮工作的基础上，进一步完善第一书记工作机制，将帮包期由3年调整到2年，中间不再换人，一包到底；从省直单位新选派34名正处级领导干部，到有省派第一书记的34个县（区）挂职党委副书记，负责对本县（区）省派第一书记的管理服务，协调扶贫政策落地，统筹推进党建扶贫工作；从省委组织部、省发改委、省财政厅等10个单位，各选派1名处级干部，组建第一书记工作队，到东平县实施库区成方连片党建扶贫。

四、大力宣传第一书记先进典型

2012年3月，山东省开展第一书记工作以来，广大第一书记牢记使命，不负重托，扎根基层，躬身实干，党建扶贫工作取得了显著成绩，赢得了社会各界的普遍认可和广泛赞誉。第一书记工作成为全省加强基层基础、推进扶贫开发、培养锻炼干部的有力抓手和响亮品牌。2014年11月，中共中央政治局委员、中组部部长赵乐际同志来山东视察时，要求把选派第一书记工作作为加强基层组织建设的机制性安排；中央电视台、人民日报也纷纷作了专题报道。全省上下涌现出许多第一书记的先进典型。他们发扬特别能吃苦、特别能战斗、特别能奉献的精神，舍小家顾大家，身入心入情入、真干实干苦干，用实际行动和工作成效生动诠释共产党员全心全意为人民服务的根本宗旨，赢得了基层干部、群众的信赖，密切了党和人民群众的血肉联系。各级要通过多种方式，积极表扬、大力宣传优秀第一书记，激励先进、树立榜样，推动第一书记工作再上新水平。

2015 年 7 月，省选派第一书记工作领导小组研究决定，授予张云峰等 20 名同志"第一书记标兵"，分别是：

张云峰　省经济和信息化委员会驻山亭区下粉村第一书记

张修存　山东航空集团驻山亭区东水峪社区第一书记

赵　坤　曲阜师范大学驻泗水县罗家庄村第一书记

王洪坤　省食品药品监督管理局驻东平县北陈庄村第一书记

申维龙　省委宣传部驻费县武家汇村第一书记

李秋生　省发展和改革委员会驻蒙阴县古泉村第一书记

张金柱　中国人民银行济南分行驻平邑县温泉村第一书记

高　鹏　中石化齐鲁石油化工公司驻郯城县东五湖村第一书记

段培奎　省农业厅驻沂南县西梭庄村第一书记

刘玉栋　省财政厅驻沂水县马家林村第一书记

朱中利　省住房和城乡建设厅驻平原县芦庄村第一书记

司继胜　山东理工大学驻武城县王家户村第一书记

牟晋京　山东青年政治学院驻武城县孟王庄村第一书记

崔成立　省卫生计生委驻阳谷县大寺一村第一书记

张全健　省国土资源厅驻惠民县西庞村第一书记

潘东齐　省交通运输厅驻无棣县东李村第一书记

曹旭先　烟台万华合成革集团驻阳信县西肖村第一书记

吴保良　省农村信用社联合社驻成武县任郭庄村第一书记
赵风勇　省工商行政管理局驻单县邓窑村第一书记
李　忠　省公安厅驻东明县白店村第一书记

小贴士

完成脱贫攻坚任务的四个责任

实现7000万贫困人口到2020年如期脱贫，是党和政府向全国人民作出的郑重承诺，为贯彻总书记讲话精神，要落实四个方面的责任。一是党政一把手的政治责任。各地区部门特别是贫困问题较突出地区的党政主要负责同志，必须当好扶贫开发工作第一责任人。二是贫困县的主体责任。贫困县是扶贫攻坚的前线指挥部。目前，国家对改进贫困县经济社会发展实绩考核有明确意见，贫困县约束机制也已建立。三是中央部门的行业责任。四是社会各方面的共同责任。各级党政机关等单位承担定点扶贫任务。

案例一

立足真心真情　重在找对路子
博山区池上镇上小峰村第一书记　刘昌法

作为省级重点扶贫工作重点村，我村有205户村民，贫困户就有114户，人均耕地不到半亩，村集体无一分钱收入。作为驻村干部，如何完成好扶贫任务？输血不如造血。我和村两委反复讨论，决定先建山泉水加工厂。

2013年3月，清冽的泉水打了出来，不仅安排10名村民在水厂里实现了就业，村集体也"破天荒"地有了每年5万元的固定收入。

要带动更多的村民致富，还需要更大的产业支撑。经过一番详细考察论证，我和村两委决定充分利用村里山清水秀的资源和背靠鲁山的优势，发展旅游项目。我们利用中央财政100万元扶贫专项资金并吸收村民及其他社会资本入股成立旅游公司，243名贫困户成员每人拥有4100余元的股份，开办农家乐。期间，我跑了市里几十个部门，了解政策、探讨思路、借鉴经验，市里村里之间不知跑了多少趟，每一次需要倒4次车，耗时大半天。功夫不负有心人。大红灯笼挂了起来，农家乐火了起来。2015年"十一"期间，游客爆满。2016年每位扶贫工作重点村民股东分红将达到1000多元。

淄博市博山区是焦裕禄的故乡。我认为新时期第一书记，要带领群众脱贫致富奔小康，就要学习焦裕禄，以焦裕禄为榜样，树立严实的作风，身上没有土、脚上没有泥，不是合格的第一书记。

去年7月份暴雨倾盆，山洪突来，街上的水漫过了膝盖，我冒雨查看水情。当发现村中的一处桥涵已被灌水冲下的柴草堵满，不及时清理将危及周边村居时，第一个冲了下去。

村里老人无煤取暖，我联系单位为村里贫困户买来10吨煤；老人病痛难耐，我到城里买来急用药；村民家里被褥着火，我把自己的送了过去；村里孩子出了车祸，我赶到济南医院帮着照顾，自己带头捐款；为生活不便的老人购置轮椅、配置老花镜；为学生解决校车问题；通过积极争取资金改造村里道路和电网，打深水井、安装太阳能路灯、建农家书屋等，我做的这一切，尽管微不足道，老百姓却都看到眼里，记在心里。

2014年4月，按照规定我应该回单位再派新人过来，但村民们舍不得，委托村里的退休老师写了一封挽留信，党员和村民代表在信上按下了43个鲜红的手印。2015年4月村民又写了挽留信，但驻村的最长年限已到。我还是离开了这个村，但是我和村民百姓结下的亲情，一辈子也忘不了。

【工作启示】43个鲜红的手印说明了广大农民群众对第一书记刘昌法的评价，刘昌法同志的事迹已经被新华社、人民日报、光明日报等宣传报道，省委姜异康书记做出重要批示，号召大家学习刘昌法等优秀第一书记的先进事迹。要做到精准选派第一书记，就要学习刘昌法同志的精神，做到对贫困农民真心真情，一心扑在扶贫上，只有心到情到才能找准扶贫路子，实现精准扶贫、精准脱贫。

案例二

用智慧创业绩　用汗水树形象

蓬莱市大柳行镇黑石村第一书记　董仁浩

2015年7月，按照市委统一部署，我被选派为第一书记驻黑石村，开展驻村扶贫工作。上任以来，我始终坚持以深化自身建设为目标，以服务农村基层一线为根本，眼睛"向下看"、身子"向下沉"、劲头"向下使"，严守纪律、扎实做事、真诚为民，不到一年时间，所包村庄发生了显著变化。主要做法是：

一、对村庄怀感情，对群众用真情

黑石村现有居民215户、600多人，以前，班子凝聚力不强，村内环境脏、乱、差，属于省级扶贫工作重点村。我驻村工作之初，遭到村民的"冷眼"，认为不会给村带来多大的变化。当时，我心中默默忍受，但手上揣着一股劲儿，觉得为"官"一任，就不能辜负组织的信任、百姓的期待，要全身心为村庄发展尽一份力。

通过走访群众，我总结出一点：只有对村庄有了感情、掌握村情，对百姓动了真情，才能听到掏心窝的话，找准措施目标，把实事办到群众心坎上。2015年下半年，我从治污治脏入手，争取资金37万元把黑石村600多米的垃圾河，进行清淤浆砌，脏水变清河，老百姓拍手叫好。2016年4月，在同村两委商量、听取群众意见的基础上，对河道进行了提升改造，打造成了村庄的一条景观河。在施工期间，我天天靠在工地现场，哪一个环节遇到问题，现场商讨解决，村民看在眼里，感动在心里。

小河美了，村庄也要变靓。我主动跑部门，要项目，争取到了大量支持。一是2015年争取到黑石村100户改厕指标；二是筹资近7万元，在河道两侧新安装20盏太阳能路灯，"黑灯瞎火"几十年的小山村从此亮了起来，老百姓拍手叫好。三是2015年投入2万元通过土地置换扩增300平方米村委大院，2016年将再投入8万元完成改扩建工程。三是争取到2016年15万元的农村道路硬化扶持资金和10万元的村庄水利改造扶持项目。

二、摸清群众需要什么，变"输血"为"造血"

我认为"只有知道群众需要什么、关心什么，才能用真情把群众号召起来、凝聚起来，真正找到群众增收、集体发展的路子"。经过前期调研摸底，我们村三分之一的青壮年和妇女外出打工，三分之一的农户在村从事种养殖，剩下近三分是学生、老人和孩子。农民的主要收入来源于果树种植。这些年，虽然农产品市场价格形势较好，但农民仍然面临"卖果难"问题，果品成色的好坏和卖果时机的早晚，直接导致果农收益相差很大。

扶贫工作重点村要变美，离不开"输血与造血"，培植发展适合当地的产业是长远之策。黑石村苹果、大樱桃种植大户有50多户，我们村因背靠磁山，地下水质良好、果品口感不错，具备成立农民专业合作社的基础和条件，也有助于带动果农增加收入。2016年3月，我召集本村种植大户商讨黑石村筹建农民果业合作社事宜，同时，邀请烟台经管站和农技中心有关负责人到村讲解合作社流程并对果农关心的问题进行答疑，目前合作社成立前期准备工作基本结束。同时，我对村域经济产业发展进行了初步规划，充分利用紧邻烟台开发区磁山旅游度假区的区位优势，发挥好村里致富能手、在外能人的力量，试点推行生态种养，积极发展"采摘游"、"农家乐"等特色旅游。

在走访中，我了解到多年前村里"土法炼金"留下大量"毛泥堆"，俨然一个大垃圾场，不仅影响环境，还占用村里10余亩土地。经估算，清理清运费用300万—400万元。为解决这一历史遗留难题，我积极围绕黄金产业做文章、想点子。经过寻找，该镇蓬莱门楼矿业，在对"毛泥堆"成分取样检测分析后，认为可以通过热炼厂进行复选加工，能够为企业创造400万元价值。从5月初开始，企业出动大型运输车辆将堆积20多年的"毛泥堆"和村周边垃圾堆全部清理。不仅节省了300多万元的费用，从根子上解决了村庄历史遗留难题，同时还整理出15亩可利用土地，为帮助村庄增加集体收入提供了发展空间，可谓"一举多得、联手共赢"。

三、真扶贫解民难，想方设法为民生

民生连结着民心，群众的信任支持是做好工作的前提和基础。驻村以来，我建立了单位科级以上领导干部与贫困户"一对一"结对帮扶机制，去年单位领导带头并发动党员干部带头捐款捐物共7000多元，最大限度减少因病致贫、因病返贫。驻村近一年来，我进家走访党员群众100多户，通过拉家常、问收入，切实体会到农村贫困家庭的生活艰难，也深

感扶贫工作的任重道远。为此，我主动联系爱心企业到村做慈善、献爱心。2016年1月，春节来临之际，我会同烟台大泊水产公司副总，走访慰问了10户贫困户，送去了价值6000余元的过冬年货。并且我把自己家里穿过几次的十几件羊毛衫、棉外套清洗干净，委托村书记送给两户贫困户。

群众心里有杆秤，派驻第一书记把困难群众的事当成自己的事，持之以恒地为村想干事、干成事，就一定赢得群众的信任，给组织上交一份合格的答卷。

第六节
脱贫成效精准——精准考核奖惩

扶贫关键在扶志，扶志首先要激励干部敢担当。干部的精神状态和决心干劲，是扶贫工作的最大内生动力，干部扶真贫、真扶贫，才能如期实现全面建成小康社会的目标。干部考核机制，很大程度上决定着干部在工作中的着力点和努力方向。要引导地方和各行业部门党政干部真正把群众冷暖放在心上，把减少贫困人口当作大事要务来抓，确保精准扶贫落到点上、扎到根上。

一、精准考核的含义

精准考核是指以树立坚决打赢脱贫攻坚战为导向，以实现中央、全省脱贫攻坚总体目标和阶段性目标为目的，围绕落实精准扶贫、精准脱贫基本方略，以建档立卡贫困人口脱贫为核心，以主管部门考核、数据统计、委托第三方评估等为主要方式，利用多种平台、采取多种途径，分年度、分阶段对各级党委政府和行业部门实施的扶贫开发工作成效进行系统客观考核评价的考核机制。

二、精准考核奖惩的必要性

1. 基于实施精准扶贫、精准脱贫战略的重大现实意义。全面建成小康社会、实现第一个百年奋斗目标，农村人口全部脱贫是一个标志性指标，是我们党对全国人民的庄严承诺，是社会主义优越性的重要体现。山东省要以走在前列为目标定位，以增加贫困人口收入为核心任务，坚持精准扶贫、精准脱贫基本方略，进行广泛深入动员，采取超常规举措，拿出过硬办法，层层压实责任，切实解决好"扶持谁、谁来扶、怎么扶、如何退"的问题，确保提前完成脱贫攻坚任务。通过实施扶贫精准考核，将思想和行动统一到中央和省委对新时期扶贫开发形势任务的科学判断上来，增强思想自觉和行动自觉，逐级传导工作压力、增强工作动力，形成脱贫攻坚强大合力。

2. 基于打赢脱贫攻坚战的紧迫要求和繁重任务。中央要求利用5年左右的时间，到2020年全面完成脱贫攻坚任务。山东省确定2016-2017年两年基本完成脱贫任务，到2018年全部兜底完成。三年时间完成全省脱贫任务，时间紧、任务重、压力大。通过实施扶贫精准考核，能够推动各级各部门和广大党员干部积极主动作为，按照"六个精准"要求，落实"五个一批"，整合各类资源、综合运用多种手段，树立踏实肯干、真抓实干、埋头苦干，用心用力用情开展扶贫工作的工作作风。

3. 基于克服脱贫攻坚过程中存在突出矛盾问题的实际需要。当前脱贫攻坚工作中还存在扶贫机制不健全、扶贫开发责任还没有落到实处、扶贫合力还没有形成、扶贫资金投入还不能满足需要、贫困人口主观能动性还有待提高、因地制宜分类指导还有待加强等问题。实施扶贫精准考核，能够引导各级党委政府和行业部门把握中央要求，结合当地实际，聚焦工作中的薄弱环节，突出工作重点和着力点，及时发现问题、解决问题，真正把扶贫开发工作摆到应有的位置，深化拓展脱贫攻坚思路，建立适应脱贫攻坚的体制机制，高标准高质量完成脱贫攻坚任务。

三、精准考核奖惩的主要措施

1. 建立精准考核机制。按照中央、省委创新扶贫开发工作体制机制的要求，树立"紧紧围绕省委、省政府扶贫开发工作重点，哪里需要精准扶贫精准考核就指到哪里，扶贫工作开展到哪里精准考核就跟到哪里"的考核工作理念，建立各级扶贫开发考核工作机构，形成由省扶贫开发领导小组统一领导，领导小组办公室统筹协调，各成员单位积极参与配合，各市、县（市、区）、乡镇（街道）贯彻落实的扶贫精准考核大格局，切实发挥好考核在扶贫开发工作中的"指挥棒"、"风向标"、"助推器"作用。

2. 制定精准考核办法。按照中共山东省委、山东省人民政府《关于贯彻落实中央扶贫开发工作部署坚决打赢脱贫攻坚战的意见》中"制定市县和省直部门扶贫工作绩效考核办法，合理设置考核内容和指标体系"的要求，根据务实管用、简便易行、公平公正的原则，制定《山东省市级党委和政府扶贫开发工作成效考核办法》、《山东省扶贫开发领导小组成员单位工作成效考核办法》及《考核实施细则》和《山东省脱贫攻坚问责办法》、《山东省脱贫攻坚督查巡查工作办法》等，作为精准考核奖惩的操作依据。

3. 明确精准考核内容。紧紧围绕建档立卡贫困人口脱贫这一核心考核内容设置指标。对市级党委和政府主要考核减贫成效、精准识别、精准帮扶、扶贫资金四项内容,评价其落实脱贫主体责任情况。对成员单位,按照省委办公厅、省政府办公厅关于对中共山东省委、山东省人民政府《关于贯彻落实中央扶贫开发工作部署坚决打赢脱贫攻坚战的意见》重大决策部署的分工方案,对照各成员单位制定的《脱贫攻坚专项实施方案》,考核帮扶措施、帮扶目标、帮扶绩效三项内容,评价其是否做到了"扶贫项目优先安排、扶贫资金优先保障、扶贫工作优先对接、扶贫措施优先落实"要求。

4. 采取精准考核方式。采取平时考核与集中考核相结合的方式组织实施。平时考核主要是对各市、各成员单位扶贫开发重点工作进行经常性督促检查。集中考核主要结合扶贫开发综合平台数据,采取专项调查、抽样调查、实地核查、第三方评估等方式,对扶贫开发工作完成情况和相关考核指标进行考核评估。扶贫开发工作机构汇总平时考核、集中考核情况及社会评价情况,进行综合分析评价,形成考核评价意见。

5. 精准运用考核结果。扶贫开发工作成效考核结果作为对班子主要负责人和领导班子综合考核评价的重要依据;对完成年度计划减贫成效显著的给予奖励;对出现未完成年度减贫计划任务的、违反扶贫资金管理使用规定的、未完成年度专项实施方案年度目标的、未按照要求整合落实涉农资金的、弄虚作假的、群众满意度较低的、违纪违规问题的,对主要负责人进行约谈,提出限期整改要求;情节严重、造成不良影响的,实行责任追究。

四、精准考核奖惩的相关政策

1. 中共中央、国务院《关于打赢脱贫攻坚战的决定》要求:"创新扶贫考评体系，由侧重考核地区生产总值向主要考核脱贫成效转变。""严格扶贫考核监督问责。抓紧出台中央对省（自治区、直辖市）党委和政府扶贫开发工作成效考核办法。建立年度扶贫工作逐级督查制度。大幅提高减贫指标在社会发展实绩考核指标中的权重，建立扶贫工作责任清单。"

2.《省级党委和政府扶贫开发工作成效考核办法》规定："考核工作从2016年到2020年，每年开展一次，由国务院扶贫开发领导小组组织进行。"主要考核减贫成效、精准识别、精准帮扶、扶贫资金四个方面。

3. 中共山东省委、山东省人民政府《关于贯彻落实中央扶贫开发工作部署坚决打赢脱贫攻坚战的意见》要求："制定市县和省直部门扶贫工作绩效考核办法，合理设置考核内容和指标体系。建立扶贫工作调度和督查制度，对落实脱贫任务不力的，要进行责任追究。"

4. 省委办公厅、省政府办公厅关于印发《山东省市级党委和政府扶贫开发工作成效考核办法》规定，考核方式采取平时考核、集中考核、综合评价和沟通反馈四个环节。考核结果由省扶贫开发领导小组予以通报；对完成年度计划减贫成效显著的市，给予一定奖励。对出现未完成年度减贫计划任务的；违反扶贫资金管理使用规定的；违反贫困对象退出规定，弄虚作假、搞"数字脱贫"的；贫困人口识别和退出准确率、帮扶工作满意度较低的；纪检、监察、审计和社会监督发现违纪违规问题的五个方面问题的，由省扶贫开发领导小组对市级党委、政府主要负责人进行约谈，提出限期整改要求；情节严重、造成不良影响的，实行责任追究。考核结果作为对市级党委、政府主要负责人和领导班子综合考核评价的重要依据。

小贴士

市级党委和政府扶贫开发工作成效考核指标

考核内容		考核指标	数据来源	完成情况
减贫成效	建档立卡贫困人口减少	计划完成情况	扶贫开发信息系统	
	扶贫工作重点村退出	计划完成情况（含村集体收入）	各市提供相关数据	
	建档立卡贫困人口收入增长	建档立卡贫困人口人均可支配收入增长率（%）		
精准识别	贫困人口识别	准确率（%）	第三方评估	
	贫困人口退出			
精准帮扶	因村因户帮扶工作	群众满意度（%）	第三方评估或大数据信息平台、电话抽查	
扶贫资金	使用管理成效	绩效考评结果	省财政厅、省扶贫办	

案例

启动强力督查问责机制　确保真扶贫真脱贫

德州市扶贫开发领导小组办公室

近日，我市制定出台了《脱贫攻坚督查问责办法（试行）》，通过锻造政治过硬、组织过硬、作风过硬的"关键力量"，为打赢脱贫攻坚战提供坚强保证。

一是突出从严从实，以事问责、以责追人。督查由扶贫办会同党委政府督查部门和组织部、审计局等领导小组成员单位组织实施，重点是脱贫攻坚措施落实及任务完成情况。问责的主体既有部门单位，又有具体责任人；既问责党政主要负责人的第一责任，又问责分管负责人的主要责任，还问责具体办事人员的直接责任。对单位的问责包括：书面检查、限期整改、公开道歉、通报批评等；对责任人的问责包括：约谈、书面检查、诫勉、公开道歉、停职检查、引咎辞职、责令辞职、免职等。

二是突出"五督五问"，细化情形、精确追责。把脱贫攻坚过程细化为五个关键环节，列举24种需要问责的情形，对每种情形都明确界定了问责方式。一督人员机构，问组织领导是否得力、脱贫政策是否落地。对未按规定时限、编制和标准配足配强工作力量；重大问题研究解决不及时，消极等待；统筹协调不够、督促检查不力，影响工作进度等情形进行问责。情节严重的，对领导班子进行组织调整，给予相关责任人引咎辞职以上处理。二督数据台账，问贫困识别是否精准、项目资金安排是否科学。对扶贫工作重点村、贫困户识别不精准，脱贫方案不实用，帮扶措施不实际；项目安排和资金使用盲目决策造成损失；项目、资金未按规定标准和程序进行申报、审批、验收；未及时安排脱贫资金，执行公示公告制度不严格，或者擅自调整资金使用范围、标准等情形进行问责。情节较重的，给予单位通报批评，责任人停职检查以上处理，故意弄虚作假的免职处理。三督第一书记，问驻村帮扶是否有效、单位支持是否得力。对选派第一书记和驻村干部不精准、不过硬，打不开工作局面；派驻单位主要负责人、分管负责人不按要求研究脱贫工作、不现场办公；对第一书记和驻村干部扶贫工作不支持，甚至放任不管；第一书记每月驻村少于20天或违反"八条禁令""十不准"等情形的进行问责。情节较重的，第一书记、驻村干部召回调换，对主要责任人、分管责任人给予纪律处分。四督规矩意识，问大局观念是否强烈，执法执纪是否严格。对强调部门特殊，不顾大局、有令不行；在扶贫对象、项目安排、资金使用上搞暗箱操作或以权谋私，人情扶贫、关系扶贫；在减贫成效上弄虚作假，在项目推进、资金投入上虚报浮夸；截留、挤占、挪用、拖欠、套取、骗取扶贫资金和物资等情形进行问责。情节较重的给予单位通报批评，责任人停职检查以上处理，涉嫌违纪违法的，移送纪检、检察机关调查处理。五督脱贫实效，问任务是否完成、群众是否满意。对工作进展缓慢，未按计划完成脱贫任务；工作有明显差距，在年度考核中排名居末位；干部群众对脱贫成效不满意，信访问题突出等情形进行问责。给予单位通报批评，责任人诫勉或引咎辞职以上处理。

三是突出四个随机，精督严查、失责必问。坚持督查时间随机确定，督查人员随机组成，督查对象随机选择，明察暗访随机采用，切实增强督查结果的真实性、可靠性。

2016年以来，先后抽调118人组成22个督查组，深入到53个乡镇、269个行政村、2014个农户开展督查。对督查发现的问题，及时报告领导小组，直接反馈给县委书记、县市区长。截至目前，已有3名乡科级干部被问责处理。

第四章
加强扶贫基础设施建设

　　基础设施落后是贫困地区的普遍特点，更是制约贫困地区发展的瓶颈问题。加强基础设施建设，是改善贫困地区面貌的有效手段，也是第一书记扶贫的有力抓手。为补齐这块"短板"，改善扶贫工作重点村和贫困人口的生产生活条件，省委、省政府确定在扶贫工作重点村实施行业扶贫"五通十有"项目建设，即通路、通电、通自来水、通广播电视、通信息，有旱涝保收田、有致富项目、有办公房、有卫生室服务、有卫生保洁制度、有学前教育、有文化室和农家书屋、有健身场所、有良好生态环境、有就业保障措施。省直有关部门和单位开展了千村公路扶贫、千村扶贫健身以及贫困地区农村饮水安全、文化小广场、农村电网升级等专项行动，极大改善了贫困地区路、水、电、房、医疗、文化、通信等生产生活面貌，贫困群众生活质量得到明显提高。

第一节

加大交通建设扶贫力度

交通运输是扶贫开发的重要领域，也是实现脱贫的基础性和先导性条件。"十二五"以来，山东省把"落实道路畅通"列为"十二项扶贫重点工作"的首位，加大交通扶贫力度，着力改善贫困地区交通出行条件，为贫困地区发展和脱贫攻坚提供了坚实的基础支撑。到2015年底，全省农村公路总里程达到23.6万公里，137个县（市、区）全部实现"乡乡通油路"，全省建制村通畅率达99.98%，行政村通客车率达99.8%。特别是贫困地区农村公路建设网路体系的逐步完善，促进了客货运输的发展，加速了人流物流在城乡间的流动，有力推动了贫困地区乡村基础设施建设。

一、扶贫村道路改造

2016年4月，山东省扶贫开发领导小组印发了《全省脱贫攻坚专项实施方案》，其中对交通扶贫指出："2016年底前，全面完成省派第一书记扶贫村交通精准扶贫任务；2017年底前，基本完成省扶贫工作重点村交通精准扶贫任务；2018年全面完成省扶贫工作重点村通公路、通客运班车、村内道路硬化，提升农村公路等级标准的目标。2019-2020年，结合农村公路管理养护年活动，加强扶贫工作重点村道路养护力度，延长其使用寿命，保证每一条道路达到规定使用年限。"

（一）建设内容

一是扶贫村主要街道与邻近公路实现连接通达，全面实现行政村通柏油（水泥）路；二是扶贫村内至少有1条硬化穿村公路（或街道）；三是扶贫村全部通达客运班车；四是结合公路生命安全防护工程实施，完善扶贫村道路安全设施。

（二）补助政策

609个省派"第一书记"扶贫村道路改造资金，按照35万元/公里标准，由省给予补助；其余市县扶贫村道路改造资金，由市、县政府为主负责筹措，省给予适当补助。其他资金，由市、县、乡各级政府筹措解决。

（三）建设标准

路面结构不应低于四级公路技术标准，路面宽度不小于4m，水泥砼路面面层厚度不低于18cm，沥青砼路面面层厚度不低于5cm，基层厚度不低于16cm稳定碎石或2×15cm稳定土；路基就地取材、因地制宜，路肩进行适当绿化，路侧进行必要修整，村内路段要真正实现"路宅分家"。同时考虑通水、通信等各类地下管线预埋，设置无障碍设施，搞好各类工程施工的衔接。

（四）申报程序

《2015-2016年第一书记行业扶贫政策操作手册》，明确了省派第一书记帮扶村道路改造申报流程。首先，县级交通运输部门与派驻帮扶村第一书记沟通，对拟改造道路开展摸底工作，帮扶村上报方案。其次，市县两级交通运输部门进行方案审核，编制年度改造计划逐级上报。省交通运输厅下达年度改造计划。省财政厅根据计划逐级下拨资金至各县。

最后，各县组织道路改造施工，并根据施工进度向同级财政部门提出资金拨付申请，经审核后拨付补助资金。

二、村级公路网化县活动

"要想富，先修路。"村级公路是助推贫困地区经济社会发展的基础设施。根据省委、省政府总体部署和全省"乡村文明行动"要求，2011年以来，全省启动开展了两批次"村级公路网化县活动"，涉及79个县，4.9万个行政村，共改造里程3.72万公里，完成投资185亿元。2016年，继续启动第三批网化工程，将剩余具备条件的县区全部纳入补助范围，全省贫困地区将实现村级公路全覆盖。

（一）建设内容

一是解决村级"断头路"问题，实现主要街道与邻近公路的连接通达。二是改善和实现村与村（包括50户以上的自然村）之间的必要通达。三是每个行政村建设1—2条主要街道，改善农村生产、生活环境。

（二）补助政策

采取"省补助一块、市县乡筹集一块、村一事一议"的方式筹措解决。省财政以县为单位，按照每个行政村12万元的标准补助；各市财政补助每年每县不低于500万元；剩余资金，均由县筹措。

（三）建设标准

示范县活动建设的重点是村级公路，公路技术等级为四级公路标准；对具有干线功能或通客车功能的村级公路，有条件的可适当加宽，路面不应超过6米；农村街道路段配备完善的路侧排水及安全防护设施，真正实现"路宅分家"。

（四）申报程序

首先，各市将网化县（市）推荐名单及方案报省，省财政直管县直接报省，省交通运输厅和省财政厅进行审核。其次，审核通过的网化县按照计划组织道路改造施工，并根据施工进度向同级财政部门提出资金拨付申请，经审核后拨付补助资金。竣工后，省交通运输厅和省财政厅进行验收。

三、农村公路安全生命防护工程

贫困地区道路通畅的同时，贫困群众也面临着道路交通安全的新问题。省政府将公路安全生命防护工程列为重大民生工程。自2015年起，利用三年时间，开展农村公路安全生命防护工程，完成公路安全隐患整治任务。

（一）建设内容

在穿越村镇、平面交叉口、临水临崖、急弯陡坡等隐患路段，规范设置护栏、减速带、黄闪灯、村庄（乡镇）指示标志等设施。

（二）补助政策

一是中央资金采用计划管理模式，不超过4万元/公里，进行定额补助，同时不超过项目概算的45％。二是省根据管养农村公路里程及生命安全防护工程实施进度，对各市及省财政直管县进行资金切块补助。

（三）建设标准

按照交通运输部《公路安全生命防护工程技术指南》和省公安厅有关规定设置安全设施。

（四）申报程序

1.中央资金补助项目。县级交通运输部门编制建议计划，进行上报，经市、省级交通运输部门审核后，报至交通运输部公路局，经审定后下达当年项目计划。省财政厅根据计划，逐级下拨资金至各县。各县组织道路改造施工，并根据施工进度向同级财政部门提出资金拨付申请，经审核后拨付补助资金。

2. 省补助资金。根据管养里程、实施进度等因素，由省财政厅逐级下拨资金至各县。各县组织道路改造施工，并根据施工进度向同级财政部门提出资金拨付申请，经审核后拨付补助资金。

> 责任单位：山东省交通运输厅
> 联 系 人：王　曦　综合规划处主任科员
> 电　　话：0531-85693192

小贴士

山东加大贫困地区交通基础设施投入

山东省积极支持贫困地区交通基础设施建设。省财政按照1公里补助35万元的标准，支持省扶贫工作重点村实施道路改造，确保到2018年实现所有省扶贫工作重点村全部通沥青路，畅通与外界的互联互通。自2011年起，山东省开展"村级公路网化示范县"建设，突出解决村与邻近公路的断头路问题，实现村与村之间必要通达，确保每个行政村建设1-2条主要街道。第一批35个网化示范县已全部建设完成，总投资近90亿元，改造建设农村公路约2.2万公里。2013年启动第二批39个村级公路网化示范县建设，2015年建设完成并验收，改造农村公路约1.5万公里。2016年启动第三批示范县建设。

案例

填平"断山崖"　修通"连心路"

枣庄市山亭区冯卯镇北山村第一书记　王豫生

　　北山村依山而建，是一个名副其实的山区库区贫困移民村。全村274户，1094人，村集体没有经营性收入。村中有一处深12米、宽200米的断山崖，将整个村子分割为两部分，成为制约北山村发展的"拦路虎"，影响了村民的生产和生活。填平"断山崖"，修通"连心路"，是村民们多年来的心愿。

　　为办好这件老百姓关心的修路问题，我主要采取了"两步走"。第一步：多方争取项目建设资金。填平"断山崖"要动用土石方1万多立方米，填平以后需要在上面修一条水泥路，两项工程共需资金80多万元。可是，北山村集体没有任何经营性收入，村里公益事业建设一直靠村干部自己掏钱贴补，是一个名副其实的"空壳村"。为了解决资金问题，我多次到有关部门沟通协调，争取到了"千村公路扶贫"项目建设资金50万元。同时采用开发闲置土地增加集体收入的办法，解决修路资金难题。村里有一块靠近公路的集体土地，几年前由上届村班子以每年每亩500元的价格承包给了农户，承包期限已到。我多次与村干部到承包户家中，耐心做思想工作，最终将承包地顺利收归村集体。之后，又充分发挥北山村交通区位优势，将收回的集体土地置换为建设用地，开发了12套沿街商住房对外出售，使村集体增收60万元，解决了道路建设资金难题。第二步：建沿街门市与修路统筹规划实施。将建门市房挖出来的土石方直接用于填平"断山崖"，不需要再购买土石方。预算10万元的填土花费，实际只花费了2万元。经过努力，困扰村民几十年的"断山崖"填平了，修通后的"连心路"更加畅通了，老百姓交口称赞。

【**工作启示**】解决好老百姓出行难的问题，是第一书记工作的重点，"要想富，先修路"，这是打赢扶贫攻坚战，赢得群众信赖的关键所在。科学设计项目方案，用统筹的思路来解决资金、材料、用工等困难，确保工程质量，还要搞好农村公路的维护养护。总之，通过填平"断山崖"修通"连心路"，激发起广大干部群众的脱贫内动力。

第二节

加强贫困地区饮水安全和水利设施建设

改善和保障贫困地区的人畜饮水安全和农田水利设施建设是产业扶贫的关键。当前，虽然全省农村自来水普及率已达到95%，但受工程资金、建设年限、运行管理及地理条件等制约因素影响，部分偏远地区特别是扶贫工作重点村还存在饮水问题。同时，尚有部分贫困地区农田水利设施建设不完备，还不能保障贫困人口拥有旱涝保收农田。加强饮水安全和农田水利设施建设，成为脱贫攻坚任务的重要内容之一。

一、贫困地区饮水安全问题

（一）工作目标

全省7005个省定扶贫工作重点村，尚未通自来水的有1410个村，在2015年解决1053个扶贫工作重点村（含53个移民村）基础上，2016年解决其余357个扶贫工作重点村。按照平均每村30万元的补助标准，安排省级补助资金10710万元，切块下达，由各县统一调配使用，2016年底前确保解决全省扶贫工作重点村的饮水安全问题。

（二）工作措施

一是编制实施方案。科学确定水源，大力推行规模集中供水，确保水质水量。二是加强工程质量监督。以县或市为单位，统一组织施工、统一工程监理和质量监督、统一验收，注重发挥群众监督作用，确保工程质量。三是推行公司化管理和供水协会管理方式，确保扶贫工作重点村饮水安全工程用得起、管得好、用得久、长受益。四是落实农村贫困户饮水安全扶持政策。对农村贫困户减免村内管网配套费。

（三）申报程序

各县将扶贫工作重点村饮水安全工程方案上报省里，省水利厅和省财政厅按照补助标准，将资金切块下达到县。县里按照批复的实施方案进行招标，根据施工进度实行报账制。各市负责验收。

二、贫困地区农田水利设施建设

（一）工作目标

针对扶贫工作重点村存在的灌溉设施落后、水旱及山洪灾害易发、水土流失生态脆弱等突出问题，2016年和2017年在灌区建设、小型农田水利建设和抗旱水源工程（引调提工程）、中小河流治理、山洪灾害防治和涝洼地治理、水土保持治理等项目安排上，对有条件的扶贫工作重点村进行重点倾斜、优先安排，着力改善扶贫工作重点村生产生活条件。对原有的"涉贫"水利设施，在维修养护经费上进行重点倾斜，确保持久发挥效益。

（二）重点工作

小型农田水利重点县建设是加强农田水利设施建设的重要抓手。在实施推进过程中，重点向贫困地区倾斜，支持有条件的扶贫工作重点村建设农田水利设施，以工程建设为基础，全面推进水利脱贫。

（三）申报程序

1. 符合立项条件的县，自愿申报，并按要求编制相关申报材料。

2. 省里组织有关专家对各县申报材料进行评审，确定项目县。

3. 省财政厅根据投资计划下达年度项目建设资金，各县组织项目施工。

责任单位：山东省水利厅
联 系 人：肖　翔　农水处副主任科员
电　　话：0531-86974451

小贴士

大力发展节水农业和水肥一体化

"十三五"期间，山东省将按照习近平总书记视察山东重要讲话的要求，以缓解地少水缺的资源环境约束为导向，深入推进农业发展方式转变。山东是水资源短缺省份，人均占有水资源322立方米，不到全国平均水平的六分之一，部分地区已经出现因超采地下水带来的海水入侵、地面沉降等生态环境问题。要坚持节水优先的方针，努力转变农业用水方式，实现农田灌溉水利用系数由0.6304提高到0.646。通过发展节水农业和水肥一体化，实现双节（节水、节肥）、双省（省工、省力）、双提高（提高产量、提高质量），实现"十三五"期间化肥、农药使用量的零增长。特别在果树、蔬菜、茶叶、花卉苗木、烟叶、中草药等经济作物种植区大力推行微滴灌等高效节水灌溉行动，开展农业水价综合改革，发展农村用水服务组织，解决好扶贫工作重点村农民用水安全问题，把山区扶贫与发展节水农业结合起来，实现农业绿色发展。

案例

为贫困村民送来"当家水"

莱芜市莱城区雪野镇邢家峪村第一书记　郭向宁

莱芜市邢家峪村位于山东省莱芜市北部山区，隶属雪野湖旅游度假区。全村现有833户，人口2247人，耕地仅有460亩，是典型的库区移民村。村里有山场面积9800亩，水利设施薄弱，基本靠天吃饭，大旱年份村民饮水都得不到保障。2011年4月，村内山场发生森林大火，过火面积千余亩，急需水资源进行生态修复。

为解决灌溉、饮水、生态用水不足问题，我和村两委研究决定：在现有的两座塘坝上游，建设一座塘坝。我紧紧依靠村两委和派出单位，一是发挥政策优势落实建设资金，依托小型农田水利专项等渠道，落实建设经费100余万元；二是发挥技术优势确定建设方案，邀请省水科院专家到现场多次查勘测绘，确定建设位置、方案和规模；三是发挥专业优势严格建设管理，对塘坝建设过程严格监督，严格执行"四制管理"，对建筑材料和施工方案严格把关，充分发挥施工监理的作用，降低了工程成本。塘坝库容8万方，历时8个月建成，形成了流域内梯级开发、三库联通，提高了雨洪水拦蓄利用率，与原有2.8km的低压管道连接，实现了自流灌溉，提升了下游150亩耕地的灌溉保证率。塘坝海拔高、污染少、水质好，成为天然的饮用水源，解决了大旱年份饮用水不足问题。并兼顾乡村旅游、生态修复、森林防火等功能，为贫困户脱贫和村集体致富提供了有力的水支撑。

【工作启示】要解决好扶贫工作重点村缺水问题必须从实际出发，充分用好现有政策，积极寻求专家指导帮助，搞好方案论证，组织好施工，保证工程质量。要充分发挥第一书记派出部门行业和专业优势，勇于探索致富的途径和办法。

第三节

加快扶贫电网改造升级

农村电网是农村特别是贫困地区生产生活必要的基础设施。在新一轮农网改造升级工程中，山东省成为全国唯一一个实施农网改造升级工程的东部省份。2010-2015年,全省共实施10个批次的农网改造升级工程，对全省精准识别的7005个扶贫工作重点村中的5587个村，完成了电网改造升级，占扶贫工作重点村的80%，共惠及169.36万农户。

一、工作目标

总体目标:加快农网改造升级,解决扶贫工作重点村供电"卡脖子"、"低电压"问题,执行贫困户用电优惠政策,在扶贫工作重点村从事二、三产业享受农电价格政策。至2017年,实现全省动力电"村村通",完成剩余的1418个扶贫工作重点村电网改造升级工程。所有扶贫工作重点村、贫困户生活用电、农业生产电力保障达到100%,满足扶贫工作重点村、贫困户发展养殖、种植、副业加工、乡村旅游以及抗旱防汛、农业生产等用电增长需求。

年度目标:2016年,投入资金5500万元,实现包括扶贫工作重点村在内的全省动力电"村村通";投入资金3亿元,对952个扶贫工作重点村公用配电设施实施改造升级,共惠及农户29.41万户。2017年投入资金1.24亿元,对466个扶贫工作重点村公用配电设施实施改造升级,共惠及农户13.8万户。

二、重点工作

(一)加快推进农村电网改造升级

2016年,结合中央加强农网改造升级工作的部署要求,加快包括扶贫工作重点村在内的农村电网改造升级,至年底,全面消除农村用电的重过载、"卡脖子"等问题,为农户生产生活和脱贫致富提供强有力的电力支撑。

(二)着力提升农村供电服务水平

强化客户导向,持续提升办电效率、供电质量和客户满意度,认真执行农村贫困户用电优惠政策,继续减免城乡"低保户"、农村"五保户"

电费，减轻贫困户负担，为扶贫工作重点村脱贫致富提供更加优质的电力服务。目前，全省"低保户"和"五保户"每月可享受到免费用电15度的优惠政策。

（三）深入实施"彩虹工程"十项行动

一是实施"特高压互联互通"行动。加快建成网架坚强、智能互联、开放互动、经济高效的一流电网，服务山东经济社会发展。二是实施"农网改造升级"行动。"十三五"末实现配网线路联络率100%，配网自动化覆盖率100%，农村户均配变容量达到2千伏安以上。三是实施"彩虹蓝天·绿色电力"行动。加强电网智能技术应用研究，为光伏发电、风电、核电和生物质能等清洁能源提供并网支持，服务节能减排大局。四是实施"安全用电"行动。开展安全用电"进企业、进校园、进社区、进家庭"宣传活动，提高全社会安全用电意识。加强农村地区户用剩余电流动作保护器安装，提高农村地区安全用电水平。五是实施"农电管理提升"行动。加强对县公司资金支持和管理帮扶，为农村地区客户提供与城区同质的供电服务，推进城乡服务一体提升。六是实施"阳光扶贫"行动。加快扶贫工作重点村电网改造升级，改善扶贫工作重点村生产生活条件。七是实施"不停电、少停电"行动。坚持"不停电就是最好服务"的理念，实行"先算后停"、"一停多用"，构建以客户满意为目标的抢修服务体系，提供高可靠性电能。八是实施"户表改造"行动。加快老旧城区"一户一表"改造步伐，提高服务城乡居民用电能力，力争"十三五"末全部实现供电到户、服务到户。九是实施"业扩提速"行动。简化客户办电手续，实施业扩工程全过程管控监督，提供快捷、透明的报装接电服务。十是实施"互联网+供电服务"行动。积极建设"渠道多样化、覆盖普遍化、响应实时化、服务智能化"的现代化互动服务体系，提高便民利民服务水平。

三、实施程序

在扶贫工作中，省市县三级供电公司协调联动，全力满足扶贫工作重点村、贫困户用电需求。省定扶贫工作重点村的电网改造升级工程，全部由供电公司负责，第一书记可直接联系当地县供电公司或乡镇供电所，咨询帮包村电网改造升级或其他用电问题，各地供电公司结合实际情况，全力提供电力优质服务。

责任单位：国网山东省电力公司
联 系 人：王　熠　农电管理处副处长
电　　话：0531-80126247

小贴士

山东强化电力扶贫2017年完成扶贫工作重点村电网改造

至2016年，山东已实现户户通电20年。扶贫工作重点村电网升级改造，重点解决了低电压和供电容量不足问题，为扶贫工作重点村发展养殖、种植、副业加工及抗旱防汛等提供了充足、可靠的电力保障。农村居民生活用电的便利化，也带动了更多农民脱贫致富。全省农村供电可靠率达99.963%，占全省社会用电量的41.95%。已建成部级农村电气化县90个，电气化镇1049个，电气化村44600个，在全国处于领先水平。“十三五”期间，山东电力部门将加大电力扶贫力度，到2017年底全面完成剩余的1418个扶贫工作重点村电网改造升级工程，并做好光伏扶贫并网服务、推动平原村机井用电全覆盖等工作。

案例

农改助力 解开王店村用电"心结"

王店村是菏泽市成武县南鲁集镇的一个行政村，包括东王店和西王店两个自然村，现有527户、2300余人。近年来，外出打工的村民越来越多，他们挣钱后为家庭添置了空调、冰箱、电暖风机等大功率家用电器。可是，夏乘凉、冬取暖的供电不足问题，却成为困扰村民的一个"心结"。

为抓紧解决王店村居民面临的用电问题，国网成武县供电公司积极争取农网改造升级工程资金项目，对王店村公用配电设施实施改造。制定了"三步走"方案。第一步：高压进村，配电变压器移至负荷中心。改造后，户均配电容量有了明显提升，供电能力不足和低电压问题得到了彻底解决。第二步：线路全面绝缘化，提升安全用电水平。新建10千伏进村线路700米，全部采用交联聚乙烯绝缘导线，线径从$25mm^2$增加到$95mm^2$，为高低压线路设备加装了防风偏复合绝缘子和防雷装置，保证了设备安全稳定运行，让村民用上了"放心电"、"安全电"。第三步：表计智能化。把村里的老式机械用户计量表更换为费控智能电表，提高了计量精确度，村民拿起手机就能上网查余额、缴电费，尽享供电优质服务给生活带来的便捷。改造工程竣工后，为扶贫工作重点村长期发展提供了安全可靠的电力保障。

【工作启示】扶贫工作任重道远。想群众之所想，急群众之所急，解决他们生产生活最急需的难题，才能真正赢得群众的信任。

第四节

大力发展光伏扶贫

光伏扶贫工程，即将光伏发电与种植、养殖业等相结合，充分利用扶贫工作重点村、贫困户屋顶和庭院空闲地、贫困地区荒山、荒坡等土地资源以及大棚等农业设施，实现光伏与农业发展的互利共赢。中共中央、国务院《关于打赢脱贫攻坚战的决定》中明确提出："加快推进光伏扶贫工程，支持光伏发电设施接入电网运行，发展光伏农业。"中共山东省委、山东省人民政府《关于贯彻落实中央扶贫开发工作部署坚决打赢脱贫攻坚战的意见》中，也明确提出："实施光伏扶贫工程，帮助有条件的农村贫困户新建分布式光伏项目，鼓励有条件的县（市、区）参与大型集中式光伏项目建设，资产收益用于扶贫。光伏发电建设规模向光伏扶贫项目重点倾斜。"在合理开发贫困地区能源资源、带动当地经济社会可持续发展的扶贫进程中，光伏扶贫工程已成为我省特色产业扶贫的一项重要举措。

山东省太阳能资源理论总储量在全国排17位，属于太阳能资源较丰富区域。尤其是贫困人口较多的鲁西北、鲁中、鲁南地区，太阳能资源较好，具备发展光伏发电的资源条件。全省电网建设较为完善，电网接入和市场消纳条件较好，农村电网改造升级为光伏发电发展创造了较好的电网条件。利用贫困户屋顶、庭院空闲地，贫困地区闲置荒山、荒坡等土地资源，以及农业大棚等农业设施，建设光伏扶贫发电项目，既具可行性，又具操作性。光伏扶贫工程按每瓦造价8元计算，建设一座3千瓦的屋顶光伏发电项目总投资为2.4万元，项目建成后每年可收益约3200元，是增加贫困户收入的一种新型产业扶贫方式。

一、扶贫目标

按照"省级统筹、县负总责，统一规划、分步实施，政策扶持、合力推进"的总体思路，建立政府补助、社会帮扶、金融支持、用户出资等多途径相结合的资金筹措机制，大力推进光伏扶贫工程实施，有效增加扶贫工作重点村集体经济收入和贫困户家庭收入，加快扶贫对象脱贫致富步伐，充分发挥光伏扶贫的产业带动作用和社会综合效益。主要在34个省扶贫开发工作重点县实施，2016-2018年，集中组织开展光伏扶贫工程，力争惠及1000个扶贫工作重点村、10万个贫困户。

二、扶贫对象

一是无集体经济收入或集体经济薄弱、资源缺乏的扶贫工作重点村；二是无劳动能力（无劳动能力指60岁以上老人和16岁以下未成年以及因病因伤致残丧失劳动能力的群体）、无资源、无稳定收入来源的建档立卡贫困户。

三、扶贫模式

一是鼓励采取整村推进的方式，利用扶贫工作重点村、贫困户屋顶和庭院空闲地建设分布式光伏发电项目，收益直接归扶贫工作重点村或贫困户所有。二是鼓励有条件的县（市、区）利用荒山、荒坡等未利用土地、农业大棚或设施农业等，建设集中式光伏电站，土地租金、投资入股等收益统筹用于扶贫工作重点村或贫困户脱贫致富。

四、扶贫措施

一是建立健全政府补助、社会帮扶、金融支持、帮扶单位和用户出资等多种途径相结合的资金筹措机制。省级切块到县的扶贫发展资金及特色产业扶贫基金，各县要统筹用于光伏扶贫工程组织实施。二是加大重点扶贫地区资金和项目投入，做到电网改造升级与光伏扶贫工程同步建设、同步实施,确保光伏扶贫工程并网需要。三是简化项目审批。各市、县发改部门按照行政审批制度改革和简政放权的有关要求，建立绿色通道，简化光伏扶贫工程项目管理程序。对于依托自有建（构）筑物或附近设施建设的分布式光伏扶贫项目，由县级电网公司统一协调并网条件后，按简便登记形式代理办理备案管理手续;对于集中光伏扶贫电站项目，按属地原则实行属地备案管理。光伏扶贫电站项目，每年分红收益统筹用于扶贫工作重点村、贫困户脱贫。

五、政策依据

1. 2014年10月，国家能源局、国务院扶贫开发领导小组办公室联合下发《关于实施光伏扶贫工程工作方案》，提出："光伏扶贫优先列入光伏发电年度开发计划，单独下达。"

2. 2015年12月，国家能源局下发《关于加快贫困地区能源开发建设推进脱贫攻坚的实施意见》，提出："调整完善能源资源开发收益分配政策。探索资产收益扶持，在不改变用途的情况下，财政专项扶贫资金和其他涉农资金投入光伏、水电项目形成的资产，具备条件的可折股量化给扶贫工作重点村和贫困户，尤其是丧失劳动能力的贫困户。"

3. 2016年2月，省财政厅出台《关于发挥政府投入主导作用支持打赢脱贫攻坚战的实施意见》，提出："2016-2018年，省财政多渠道筹措资金设立三项基金，支持贫困地区和贫困户……实施光伏扶贫等工程，通过产业发展增加收入。"2016年，省财政预算已安排特色产业扶贫基金5亿元，集中用于农村电商扶贫、乡村旅游扶贫、光伏扶贫三大扶贫行动。

六、实施程序

1. 明确对象。由县级扶贫部门牵头，按照扶贫工作重点村、贫困户自愿申报、村民大会评议公示、乡镇审核、县级审批的程序，优选纳入光伏扶贫范围的扶贫工作重点村、贫困户。

2. 编制方案。各市和有关县（市、区）依据本地建档立卡贫困户的基本情况、电力消纳状况、建设场址、贫困户屋顶等资源利用条件，编制本地光伏扶贫专项规划和具体实施方案，并上报省发展改革委、省扶贫开发领导小组办公室备案。专项规划及工作方案，应明确光伏扶贫工程的建设规模与布局、建设模式、融资方案、收益分配、项目运维等，落实用地、规划、电网接入等建设条件，并具体到年度建设计划上。

3. 组织实施。各县（市、区）通过招标等方式，确定本县光伏扶贫工程建设主体，分期分批实施光伏扶贫项目。

4. 监管服务。各市扶贫部门统筹建立光伏扶贫工程监管机制，对光伏扶贫工程招标建设、竣工验收、运营维护等进行监管。

责任单位及联系人：
山东省发展和改革委员会　孙　宁　能源处主任科员　0531-86191953
山东省扶贫开发领导小组办公室　曲万勇　行业社会组主任科员　0531-51776449

小贴士

山东积极开展光伏扶贫

2015年以来，山东济宁、临沂、淄博、聊城、日照、滨州、东营7市15县（区）通过精准对接当地光伏扶贫项目，积极支持贫困户参与光伏电站建设，助力其脱贫减贫，走出了一条阳光扶贫路。15县（区）因地施策，根据各地光资源条件、场址情况、农业特色产业、村户差异等实际，因地制宜确定户用电站、村级电站两种建设模式，贫困户或扶贫工作重点村建好电站并网发电卖给国家即可获得收益，实现由粗放输血式扶贫到精准造血式扶贫的转变。为切实提高光伏扶贫的精准性，15县（区）将建档立卡的"三无"贫困户及无集体经济收入或集体经济薄弱、资源缺乏的扶贫工作重点村作为扶持重点。各地政府加大财政扶持力度，财政累计出资1.58亿元，用于光伏扶贫项目资金补贴、贷款贴息和贷款风险补贴，引导信贷和民间资本流向光伏扶贫项目。截至2016年2月末，15县（区）共134个扶贫工作重点村、5156户贫困户参与光伏扶贫项目，实现并网发电收入2289.64万元，贫困户年均增收3400余元。

案例

光伏扶贫开启老区脱贫新路
临沂市沂南县发展和改革局

沂南县位于沂蒙山区中部，是革命老区县。近年来，沂南县紧紧抓住国家和省光伏产业扶贫政策机遇，把发展光伏产业和实施精准扶贫结合起来，充分发挥太阳能资源好、闲置荒山荒坡多的优势，大力推进光伏扶贫，开启了脱贫致富新路。

探索试点，找准发展路径。为了让光伏发电与贫困户"结缘"，沂南县依托县力诺光伏发电与中草药种植一体化项目，在岸堤镇兴旺庄村进行光伏扶贫试点。综合考虑投资收益、筹资能力、安装条件等因素后，根据不同贫困群体，探索开展"单户、合作社、村集体"三种模式。（1）对房屋院落条件具备的贫困户，实行单户分布式光伏扶贫。兴旺庄村6个3kW单户分布式光伏电站已建成，双堠、孙祖、马牧池3个乡镇3个村正在试点。（2）对没有安装条件的贫困户，实行合作社分布式光伏扶贫，组织贫困户53户、81人，组成"兴旺光伏发电合作社"，推行村集体分布式光伏扶贫。（3）为破解扶贫工作重点村集体债务积累难题，推行村集体分布式光伏扶贫。利用村委办公室屋顶及院落空地建设了50kW光伏电站一座，村集体负责运营管理，收益归集体。试点的成功，坚定了沂南县实施光伏扶贫的信心和决心。

摸清底数，统筹规划实施。沂南县发展和改革局联合县扶贫办在全县范围内进行走访调研，初步统计有未利用地3052.55亩，公共屋顶62460平方米，空地1598亩，适合发展光伏的厂房屋顶200多万平方米。县发改局联合县扶贫办制定了《沂南县光伏扶贫实施方案》，沂南县供电公司制定了《沂南县脱贫攻坚专项实施方案》，确定2016年，利用1年的时间，覆盖125个扶贫工作重点村5.1万贫困人口，规划建设光伏电站装机总容量157.08兆瓦。其中，2016年上半年覆盖50个扶贫工作重点村，2016下半年覆盖75个扶贫工作重点村，2017年实现全部兜底，使光伏发电成为扶贫工作重点村脱贫致富的精准路径。

借用外力，坚持筑巢引凤。沂南县委县政府积极引入社会资金，探索"企业＋农户"模式，引导企业参与光伏扶贫，实现企业受益、贫困户脱贫。截至目前，先后有力诺光伏、睿伴太阳能、富成光伏电力有限公司、泉能新能源等新能源企业入驻。入驻企业租赁群众耕种土地，支付租赁费用。其中，力诺集团在兴旺庄村投资建设49兆瓦的光伏产业园一期30兆瓦已并网发电，村里每年可获得一定的土地承包收入。力诺集团与村里合作，在太阳能板下面开展中草药种植，吸纳安置村里的贫困户，不仅增加了收入，而且解决了他们的就业问题。

部门联合，齐心解决5.1万人脱贫问题。2015年沂南县获得光伏建设指标60兆瓦，全部落实到了项目上。2016年将继续加大精准对接力度，真正让项目成为光伏扶贫的有力支撑。沂南富农光伏发电有限责任公司针对2016年上半年光伏设备安装涉及6个乡镇的50个行政村，实行公开招标。供电部门突出精准扶贫，全力推进农网改造，保障农副业发展用电。以125个重点扶贫村为重点，完成村集体和贫困户分布式光伏并网消纳任务；投资1850万元完成70个村133眼机井配电线路建设，新建配变99台，架设高低压线路99.47千米；投资3986万元，完成71个扶贫工作重点村农网改造，新增变压器59台/11000千伏安，新建和改造高低压线路111千米，全面消除"卡脖子"、低电压和无三相电台区。

【工作启示】脱贫增收的方式有很多，关键是找准发展的突破口。沂南县依托新能源企业，发展光伏产业推动扶贫工作，实现政府、企业、群众互利共赢的可复制模式，探索出了一条造血式扶贫开发的新路子。

第五节

农村信息化扶贫建设

　　贫困地区农村信息化建设是脱贫攻坚战的重要组成部分。特别在当前"互联网+"推动农村电商迅猛发展的新形势下，加快农村信息化扶贫建设工作十分紧迫而艰巨。山东省在"十二五"期间完成了包括扶贫工作重点村在内的全省所有行政村100%光纤覆盖，"十三五"期间要继续实施"宽带中国"战略，加大扶贫工作重点村宽带网络基础设施建设，更好地满足农村网络通信的需求，为农村电商扶贫发展提供坚强保障。

一、目标任务

　　"十三五"期间，山东省将进一步完善省扶贫工作重点村信息通信基础设施，利用信息化手段服务农村扶贫开发工作，让贫困群众享受到更多的信息化发展成果，助力贫困地区提前完成脱贫致富任务。

　　1. 省扶贫工作重点村宽带网络基础设施明显改善。2017年，省扶贫工作重点村固定宽带用户平均接入速率达到10兆比特每秒（ Mbps ）以上；2018年，自然村基本实现通宽带。

　　2. 省扶贫工作重点村教育信息化水平明显提升。2016年，省扶贫工作重点村义务教育学校全部接入宽带；2018年，省扶贫工作重点村中小学校基本实现"宽带网络校校通"、"优质资源班班通"、"网络学习空间人人通"。

3. 省扶贫工作重点村公共信息服务体系初步形成。2018年，每个省扶贫工作重点村至少确定1名有文化、懂技术、能服务的信息员;2020年，互联网在农业生产、农民生活中的作用日益显现。

二、建设重点

1. **实施宽带网络基础设施提升工程，提高省扶贫工作重点村宽带发展整体水平。**大力推进城乡宽带网络基础设施一体化，大幅提高网速。落实宽带网络基础设施建设和升级改造的资金，建立工作机制，实行名单制管理。继续完善省扶贫工作重点村的光纤接入网建设，新建固定宽带接入网络全部采用光纤到户方式。加大移动宽带网络建设力度，基本实现移动宽带网络人口全覆盖。实施免费提速，分阶段对省扶贫工作重点村固定宽带用户，免费提速至10兆比特每秒（Mbps），资费不变。

2. **实施信息惠民工程，推动信息服务进村入户。**组织开展"网络进我家"活动，鼓励和引导电信运营企业制定宽带网络服务惠农措施，推广满足贫困群众实际需求的惠民套餐。提高信息终端普及率，推广适合贫困地区使用的电脑和操作系统、智能终端和高清电视机，扩大信息进村入户覆盖面。开发移动互联网信息服务市场，推广满足贫困人口生产、生活个性化需求的信息服务。

3. **实施教育信息化普及工程，缩小贫困地区城乡教学差距。**加快贫困地区中小学校网络基础设施建设，实现宽带网络全接入，普通教室基本配备多媒体教学设备。采取"同步课堂"、"名师讲堂"、"名校网络课堂"等多种方式，将优质教育资源推送到贫困地区中小学校每一个班级，构建覆盖中小学校师生的网络学习空间，提升教学质量。加强贫困地区中小学教师信息技术能力培训，推进信息技术在教育教学中的经常化应用。

4. 实施贫困地区信息服务示范工程，提供贴近农业生产和农民生活需求的服务。整合互联网平台型企业村镇服务人员，以及科技特派员、农技推广员等人力资源，培养一支能力强、责任心强、热心服务的信息员队伍，建立信息员工作制度和人员档案，实行动态管理。开展"信息化扶贫示范镇"创建活动，推广实施"互联网+农业"、"互联网+医疗"、电子商务示范项目，打造公共服务平台，为农民提供基于互联网的农资购买、农技推广、医疗健康、农产品销售等服务。按照市场机制整合驻村超市、小卖部等个体工商户，以及互联网平台型企业线下服务站点等资源，推广建设农村综合信息服务站，向贫困地区开展先进信息技术的宣传、推广、普及、服务。

5. 实施贫困地区农民信息技能培训工程，增强农民信息获取能力。以集中培训或远程教育的方式，培训扶贫工作重点村信息员学会电脑和网络应用，利用现有培训项目组织开展多渠道、多形式的信息化应用能力培训服务活动，提升贫困群众利用现代信息技术，特别是运用手机上网发展生产经营活动、便利生活和脱贫致富的能力。

三、政策依据

1. 中共山东省委、山东省人民政府《关于贯彻落实中央扶贫开发工作部署坚决打赢脱贫攻坚战的意见》和重要政策措施、分工方案。

2. 省委办公厅、省政府办公厅《关于贯彻落实中办发〔2013〕25号文件创新机制扎实推进农村扶贫开发工作的实施意见》。

3. 省经济和信息化委、省农业厅、省科技厅、省教育厅、省通信管理局、山东广电网络有限公司等五部门联合下发的《关于印发山东省扶贫工作重点村信息化工作实施方案的通知》。

责任单位：山东省经济和信息化委员会
联 系 人：王豫生　对外合作与交流处副处长
　　　　　冯海英　信息化推进处副调研员
电　　话：0531-86901702，86126243

案例

村民触"网"，走出致富路

省广播电视台工作组

枣庄市山亭区水泉镇棠棣峪村，三面环山，家家户户种植樱桃、山楂、花椒等。因地理位置偏僻，村民要运到几里外的市场去销售果品。

第一书记到村后，经过调研，成功运用互联网作为帮助村民增收的途径，取得较好效果。

一是用互联网作为销售农产品的平台。为了销售山亭樱桃，第一书记发挥派出单位优势，为山亭第七届火樱桃文化旅游节引进了"樱桃红了"新闻发布会，"原产地+电视+互联网"的创新模式成为亮点。山东广播电视台农科频道《中国原产递》栏目平台携手京东商城、拍拍网、顺丰快递等主要网商平台开始樱桃预售。"原产地+电视+互联网"的推广模式，让果农得到了实惠。水泉镇樱桃销售价格不仅高于往年，还吸引了周边乡镇果农到水泉市场销售。

二是培育村内网商大户。网商扶贫不能只借助外力，还要在村内培育网商大户，发挥辐射带动作用。第一书记在村内召开网商动员会，召集村里年轻人共议网商创业趋势，协助大家开网店。第一书记选定回乡创业、放弃南方打工的连茂忠作为重点扶持对象，帮助他找产品、定主题、做策划、扩营销。在山东广播电视台的一次"三下乡活动"中，当天为连茂忠的淘宝店带来近万人次的浏览量。2015年，连茂忠网商销售额达到380多万元，不仅销售了大量地产农产品，还聘用了村内5、6名妇女进行包装、分拣，带动大家致富。

三是建设创客空间，扶持网商创业。村里建设农产品交易市场，搭载线上网商平台，以实体市场作为农产品集散地，以网商平台辐射全国市场，统一提供物流、结算服务，实现线上线下整合销售。

打造淘宝村，带动了更多年轻人回乡创业，从事网商业务。村集体将建设开放式创客空间，为网商创业人员和村民免费提供场地、电脑设备、宽带、WIFI等服务。同时，提供免费培训，让村民共享网商平台，每人都能在网上开店卖货。

【工作启示】第一书记要注意用先进的观念、技术、方法引领村民，找到传统与现代的帮扶切入点，让互联网为贫困群众插上脱贫致富的翅膀。

第六节

易地搬迁脱贫

实施易地搬迁扶贫，是中国特色扶贫工作的一个重要创举，是实施精准扶贫、精准脱贫，实现搬迁贫困人口与全省人民同步迈入全面小康社会的强力抓手。通过大中型水库移民避险解困试点工程、极度缺水村整体搬迁工程，山东省实现了部分地区贫困群众的易地搬迁，搬迁户居住环境和生产生活条件得到明显改善。目前，全省易地搬迁由易地扶贫搬迁和大中型水库移民避险解困搬迁两个任务组成。

一、易地扶贫搬迁

（一）主要目标

易地扶贫搬迁实施范围包括济南市历城区，泰安市东平县，日照市五莲县，临沂市费县、沂南县、沂水县和菏泽市鄄城县等7个县（区），共涉及24个乡镇、86个行政村、14315户、46445人。其中，建档立卡贫困人口搬迁规模5572户、17000人；按照"尽量实现自然村整体迁出"的要求，需同步搬迁人口规模8743户、29445人。在搬迁进度安排上，2016年计划搬迁6277户、18943人；2017年计划搬迁7106户、23822人；2018年计划搬迁894户、3680人。2016-2017年基本完成国家确定的我省建档立卡贫困人口和同步搬迁人口的搬迁任务，2018年全部兜底完成；"十三五"后两年，巩固提升搬迁扶贫成果，建立长效机制。到2020年，实现搬迁对象生产生活条件明显改善，享有便利可及的基本公共服务，收入水平明显上升，迁出区生态环境有效改善。

（二）建设任务

1. **住房建设**。按照中央"保障基本"的原则，建档立卡贫困户的住房建设面积不超过25平方米/人（宅基地严格按照当地标准执行）。对确需与建档立卡贫困户同步搬迁的其他农户，各县（区）自行确定面积控制标准，原则上控制在35平方米/人左右。在上述前提下，各县（区）可提供差异化的住房面积方案，扩大搬迁户选择空间。要坚决防止盲目扩大住房面积，防止因建房致贫返贫。鼓励优先利用县城、乡镇驻地条件适合的库存商品房集中安置搬迁人口。

2. **配套基础设施建设**。主要包括交通、供电、供排水、环卫、燃气、通讯、宽带网、农具存放等基本生产生活设施。

3. **公共服务设施建设**。依托中心村、小城镇、工业园、旅游区，规划新建、改扩建公共服务设施，保障安置区基本公共服务需求。主要包括：教育、卫生、文体及其他附属公用设施，其中新、扩建学校、幼儿园6.8万平方米，社区（村）卫生室等医疗设施1.4万平方米，文化室0.8万平方米，健身广场8.5万平方米，村级服务中心等其他村级服务设施2.3万平方米。

4. **土地整治及生态修复**。对迁出区村庄原有房屋实行统一拆迁（其中传统古村落和具有一定旅游开发潜力的原始老村落应予以保护，涉及文物古迹的按有关法律法规办理）。通过平整土地、改良土壤、水利配套设施建设等，加快迁出区基本农田改造、迁出区宅基地复垦，增加有效耕地面积。结合退耕还林还湿、天然林保护、生态环境综合治理等，实施迁出区生态修复，改善迁出区生态环境。

（三）资金保障

全省易地扶贫搬迁（包括同步搬迁）共需投资约31.2亿元。其中，住房建设资金约20.2亿元，配套基础设施建设资金约3.2亿元，公共服务设施建设资金约2.33亿元，环境整治资金约2.63亿元，勘察设计、工程监理、招标代理、前期工作、建设单位管理等其他费用约1.42亿元，基本预备费约1.42亿元。

资金来源：

1. **财政补助资金**。中央预算内资金对建档立卡贫困人口按约0.7万元/人的标准补助，合计1.19亿元；省级财政统筹相关资金对搬迁人口予以适当补助。中央和省财政补助资金专项用于搬迁户住房建设资金补助。

2. **政策性融资**。省级投融资主体预计政策性融资约16亿元。其中：

国家批准我省发行地方政府债9.2亿元，安排我省专项建设基金0.85亿元，国家开发银行山东省分行、农业发展银行山东省分行提供长期政策性贷款预计5.95亿元（中央财政给予90%贴息），主要用于建档立卡贫困人口搬迁。

3. 农户自筹资金。建档立卡贫困人口需按国家要求，以约0.3万元/人的标准，自筹部分住房建设资金约0.51亿元；同步搬迁人口自筹资金具体额度为安置区房屋造价扣除财政补助部分约7.8亿元，合计约8.31亿元，可依托旧房拆迁补偿资金及自有资金自筹解决。

4. 金融机构其他贷款。对整体搬迁相关的配套基础设施、公共服务设施建设、旧房拆迁补偿等所需资金不足部分，各县（区）根据需要向省级投融资主体提出申请，由省级投融资主体统一向国家开发银行山东省分行、农业发展银行山东省分行等政策性金融机构申请长期优惠利率贷款。

5. 统筹省直部门资金。对切块到县的省级以上行业部门涉农资金，由县统筹安排使用，集中用于包括易地扶贫搬迁在内的扶贫开发，重点对搬迁安置区路、水、电、气、网等基础设施和医疗、教育等公共服务设施建设予以支持。

（四）土地政策

省内新增建设用地计划指标，优先保障易地扶贫搬迁工程用地需要，对易地搬迁村庄单列土地指标。对符合条件的易地扶贫搬迁村庄，在省里增减挂钩项目计划中优先安排。城乡建设用地增减挂钩结余指标，优先保障易地扶贫搬迁用地。允许将城乡建设用地增减挂钩节余指标在省域范围内交易。

（五）实施程序

1. 省政府对全省易地扶贫搬迁工作负总责，组织实施省级规划编制、配套政策制定、目标任务确定、资金筹措方案制定、年度资金下达、检查考核以及指导省级投融资平台建设等。

2. 市级政府负责本市易地扶贫搬迁项目实施的协调、指导和推进，出台相应政策措施支持搬迁扶贫工作。组织对所属县（区）搬迁项目实施方案的审核、搬迁项目完成后的验收。

3. 县（区）政府是易地扶贫搬迁的组织实施主体，负责搬迁对象的组织动员和审查确定、安置区选址、落实建设用地，推进实施工程建设，统筹做好土地和住房分配、迁出区生态修复和土地复垦、户籍迁移、上学就医、社会保障、社会管理等。

二、大中型水库移民避险解困试点

2013年底，国家启动大中型水库特困移民避险解困试点工作，帮助各地加快解决大中型水库贫困移民特殊困难问题。山东省是全国大中型水库移民第三大省。现有大中型水库移民190.25万人，2014年，东平县、泗水县、临朐县等8个县（市）的35个村、8773户、28652名移民纳入全国大中型水库移民避险解困第一批试点，共争取中央财政补助资金4.29亿元。2015年，安丘市、临朐县、昌乐县、邹城市等10个县（市、区）41个移民村纳入第二批试点，11818户共34593名生产生活存在特殊困难的库区移民被列为帮扶对象，共争取中央财政补助资金5.19亿元。

（一）试点原则

一是移民自愿、政府引导。搬迁地点、帮扶内容、建设方式等充分尊重移民意愿，保障移民的知情权、参与权、决策权和监督权。各级地方政府结合当地城镇化进程，合理确定搬迁安置地点，注重发挥政府补助资金的导向作用。二是突出重点、统筹规划。区分水库移民的困难程度，从最困难的移民村组做起，稳步推进。三是立足当前、着眼长远。把保障移民生命财产安全放在第一位，统筹考虑移民长远发展问题，通过产业开发、劳动就业技能培训等方式，增强移民就业和脱贫致富能力。四是因地制宜地确定搬迁安置地点和帮扶内容，帮助移民解决住房问题和长远生计问题。试点方案要科学规划，节约利用土地，推动绿色发展。

（二）试点范围和条件

按照《关于帮助各地开展大中型水库移民避险解困试点工作的通知》，试点范围原则上为1991年4月30日前开工建设的大中型水库库区，优先考虑革命老区、国家扶贫开发工作重点县和国家明确的其他贫困地区。帮扶对象包括：一是居住在山洪地质灾害易发区域，生命财产安全受到严重威胁，经国土资源部门鉴定必须搬迁；二是长期居住在船上，生产生活方式以"水上漂"为主；三是生存条件恶劣，生活贫困，不搬迁难以摆脱贫困移民。优先考虑人均纯收入在当地农村居民最低生活保障线以下的移民。

（三）试点政策

对一、二期试点，国家给予帮扶对象人均1.5万元建房资金补助，由财政部从移民后期扶持结余资金中安排中央补助资金；省财政协调安排帮扶对象移民后期扶持结余资金人均1万元补助，其余资金由市县配套和移民自筹等渠道解决。从2015年起，避险解困试点方案改由各省组织批复。中央财政补助资金分配方式，改为按照因素法切块下达。

（四）试点程序

1. 根据国家和省政府部署，省发展改革委、财政厅、水利厅下发通知，部署试点申报工作。

2. 拟开展试点的县落实建设条件，提出试点申请，逐级上报省发展改革委、财政厅、水利厅。

3. 省水利厅（移民局）、省发展改革委、省财政厅等部门联合对各市申请进行审查，根据各市提报的数据资料编制省试点方案。

4. 审查通过后，省发改、财政、水利、国土资源、住建等部门联合将试点方案报省政府批复，省5部门联合印发试点方案。

5. 试点县以新建社区为单位编制细化的试点实施方案（达到初步设计深度），市级水利（移民）局组织专家审查，市级发展改革委会同财政、水利、国土、住建等部门审批。

责任单位及联系人：

山东省发展和改革委员会　盛　新　沂蒙革命老区建设指导处副处长　0531-86191933

　　　　　　　　　　　　尹衍成　农村经济处副处长　0531-86191841

山东省水利厅　王　军　省水利移民局办公室副调研员　0531-66598769

小贴士

山东2016年易地搬迁1.7万贫困人口

大力开展易地搬迁和生态扶贫脱贫，是省委、省政府提出的"两年基本完成脱贫任务，第三年全部兜底完成"的扶贫目标。为改善贫困地区生活条件和生态环境，山东省进一步加大财政政策和资金扶持力度，大力开展易地搬迁和生态扶贫脱贫。2016年，省财政将通过发行地方政府债券筹集资金9.2亿元，并积极争取中央财政贴息补助，对全省1.7万建档立卡贫困人口和确需同步搬迁人口实施易地搬迁，支持建设住房和必要的附属设施，以及水、电、路、气、网等基本生产生活设施，配套建设教育、卫生、文化等公共服务设施，确保搬迁对象搬得出、稳得住、能致富。在第二批大中型水库移民避险解困试点中，妥善解决 7037 名库区贫困移民居住不安全问题。对扶贫工作重点村和贫困户所有的国家级和省级生态公益林，按照每年每亩 15 元的标准给予补助，实施重点生态功能区生态补偿。

案例

立足"两争取一增加" 实现困者脱其"贫"

泰安市东平县发展和改革局

2014 年 4 月，泰安市东平县移民避险解困工程被列为全国试点。2014 年底，被确定为全省成方连片抓党建促脱贫重要试点。工程分三期实施，总投资 35 亿元，规划 18 个社区安置点。

省委组织部、财政厅、发改委、扶贫办等 10 个部门，派驻扶贫工作队靠上帮扶；县、乡、村发挥主体作用，整合资源，强力推进。

2016 年元旦，一期工程完成主体 158 栋，装饰装修 93 栋。春节前，部分群众搬迁新居，回迁楼主体封顶占总任务的 76%，移民群众搬迁协议签订率达 72%，产业配套项目完成进度的 79%。二期工程 4 个社区全部启动，已签订拆迁安置协议 145 户，发放各类补偿款 593.9 万元。国家水利部移民开发局调研认为：东平移民避险解困工程建设体量、进度、成效在全国是最好的。省委组织部对东平县成方连片抓党建促脱贫"一线五联"工作模式，也给予充分肯定。

在搬迁中，东平县按照"两确保一加快"要求，确保质量、确保安全、加快进度，着力打造工程优质、群众优评、干部优秀的"三优"工程。针对移民社区建设过程中存在的突出问题和制约因素，推行"点线面块"相结合的工作机制，构建起"上情下达、下情上达、及时对接、合力共为"的工作格局。同时，多渠道争取政策、资金支持。向省发改委争取农村饮水安全、黄河滩区安全建设等16个项目、2.59亿元。积极与省财政厅协调移民后期扶持、乡村连片治理、融资增信等项目、政策资金2.12亿元。争取省国土资源厅解决了新增建设用地指标972亩、戴庙两社区以独立选址方式报国务院审批安排指标349亩、土地增减挂钩周转指标432亩、高标准基本农田等项目资金1.07亿元。与农发行合作贷款资金3亿元，与国开行合作争取到10亿元棚改专项贷款和1亿元专项建设基金。

东平县在搬迁中，坚持确保搬迁农户脱贫的理念，加强搬迁后续政策扶持，确保搬迁农户如期脱贫。主要通过争取政策扶持、争取项目引进，培育优势主导产业，增加移民收入。目前，纳入市考核的8个产业项目已经超额完成目标任务，相继投产运营。借助省派第一书记和工作队桥梁纽带，积极向省市协调争取到省市发改、水利、国土、财政、住建、农业、旅游、黄河等部门的各类专项资金8.2亿元。高标准编制移民产业发展实施方案，在沿湖周边规划30个产业园区，以乡村旅游"十朵金花"为引领，规划建设了36个乡村旅游示范点，实行县直部门重点帮扶，整合资源集中打造，走旅游富民、生态惠民的路子。坚持扶贫与扶智相结合，开展库区人力资源调查，制定移民就业培训计划，举办乡村旅游、林果种植、农副产品加工、电子商务等培训班80余批，培训6000多人次。

【工作启示】脱贫攻坚要用好"外力"，更要激发"内力"。在移民搬迁脱贫攻坚工作中，既要重视争取用好项目准入、财政扶持、金融支持、税费减免等政府扶持政策，更要重视在实际操作中做好群众工作，确保质量、确保安全，努力把搬迁项目打造成"三优工程"。

第七节

新农村和农村社区服务中心建设

农村社区服务中心，是农村社会服务管理的重要载体，是推进公共服务向农村延伸的基础条件，对实现贫困地区城乡公共服务均等化具有重要提升意义。

一、全省民政系统积极牵头实施农村社区服务中心建设三年行动计划

2015年底，山东省已建设农村社区服务中心9196处，占规划社区数量的71.7%，惠及4000多万人。在贫困地区进行新农村和农村社区服务中心建设，成为帮助贫困地区贫困人口脱贫致富的硬件设施。自2016年起，全省开始实施农村社区服务中心建设三年行动计划，力争到2018年，全省农村以社区为单位，建成新农村社区服务中心，基本实现贫困地区贫困人口的全覆盖，使之成为管理有序、服务完善、文明祥和、特色鲜明的新农村社区。在推进农村社区服务中心建设过程中，除民政系统外，

供销和邮政等系统各自发挥行业优势，在为农服务，建设新农村、新社区工作中发挥了积极的作用。

二、供销系统依托为农服务中心和社区服务中心助力扶贫工作

目前，全省供销社系统已建成为农服务中心650个，社区为农服务中心2330个；2016年拟新建为农服务中心380个。到2020年，为农服务中心达到1500个，实现涉农乡镇全覆盖。发挥为农服务中心脱贫攻坚作用的主要措施为：一是充分发挥供销社现有的650个为农服务中心的服务窗口功能，通过推动土地托管、流转等形式，促进适度规模经营，发挥其在精准脱贫中的重要作用，积极开展"党建带社建，社村共建"活动，发展基层新型经营主体，吸纳贫困户参与合作组织，带动其脱贫致富。各个为农服务中心要在农村田间地头直接为农民服务，将贫困户作为重点服务对象，免费对其提供测土配方服务，安置650个贫困家庭的劳动力就业，实现一人就业、全家脱贫的扶贫实效。二是发挥现有2332个农村社区服务中心的经营服务网络优势，运用96621供销为农服务热线电话，优先扶持贫困户在社区服务中心开设经营网点，并优先安排有劳动能力的贫困人口到供销社社区服务中心就业，拓宽贫困人口就业脱贫渠道。

三、邮政系统服务新农村建设

山东邮政发挥邮政实物流、资金流、信息流"三流合一"优势，提高邮政基础设施利用效率，助力贫困地区精准脱贫工作。一是在贫困地区深化推广邮政土地"半托管"服务。2016年，在34个省派第一书记县新建邮政鸿雁合作社293个，在全省建设100个扶贫工作重点村示范社，提供"合作社＋示范田＋一体化服务"，实现贫困地区脱贫致富奔小康；

二是在贫困地区打造邮政农村电商本土平台。2016年，在全省34个省派第一书记县发展农村电商服务站6000~8000个，推动工业品下乡、农产品进城，繁荣农村经济。三是完善贫困地区邮政综合便民服务。在保持便民服务站行政村全覆盖的基础上，推动便民服务向自然村、特别是扶贫工作重点村覆盖，年内实现省派、市派第一书记扶贫工作重点村全覆盖，为贫困人口提供一站式生活和信息服务。

四、支持政策

1. 省委办公厅、省政府办公厅《关于深入推进农村社区建设的实施意见》中提出：到2018年，1.2万个农村社区服务中心全部建成。

2. 山东省民政厅、山东省供销合作社联合社联合下发《山东省农村社区服务指导规范（试行）》中，明确要求每个农村社区，须建设一处农村社区综合服务中心。

3. 山东省民政厅《关于认真实施农村社区服务中心建设三年行动计划的通知》中，要求各地以县（市、区）为单位，科学制定本地三年行动计划实施方案。明确每个农村社区服务中心的建设时间、计划建筑面积和投入资金，并细化推进措施，认真组织实施。

责任单位及联系人：
山东省民政厅　曹　源　政权处副主任科员 053l-86045354
山东省供销社　李业兵　合作指导处副处长 053l-885965l2
中国邮政集团公司山东省分公司　李振国办公室副科长　053l-85056238

案例一

利用现有资源　推动农村社区服务中心建设

济宁市兖州区颜店镇后郗村第一书记工作组

后郗社区位于济宁市兖州区颜店镇北3公里处，属一村一社区模式，共3个村民小组，232户，830人。全社区现有农业用地1570亩，人均1.8亩，已全部流转承包用于种植苗木。村民收入主要依靠土地租赁和打工。

2015年，济宁市民政局派驻第一书记工作组驻村帮扶后郗村。驻村后，工作组发现该村原有一处村办小学，占地面积约3500m²，房屋18间，建筑面积约600m²，撤点并校后院落和房屋长期荒废闲置，一些房屋已经出现不同程度损毁或坍塌。村办小学土地性质为农村公益事业用地。工作组与村两委商议后，组织召开了党员大会和村民代表会议，确定利用闲置村办小学建设农村公共服务中心。

在建设改造前，工作组积极向民政、文化、妇联、体育等部门争取政策资助支持。争取民政部门互助养老院建设补助资金20万元，争取体育部门资助健身器材20件，争取文化部门资助图书1500套和价值2万元的影院设备一套，还争取了文化大院、留守儿童关爱活动站等方面的资助支持，争取款物价值共计26万元。

根据村民代表会议决议，社区村委会在社区张贴公告，公布决议事项、工程预算，对建设工程进行了公开招标。为保证工程质量，社区村委会成立了建设工程监督小组，成员由社区村委委员和村民代表担任。

社区服务中心开展民事代办和劳务介绍服务，代办低保、医疗救助、残疾证办理、养老保险、医疗保险等事务;结合本地实际，开展劳务介绍，主要介绍村民从事建筑、苗木管理、村容保洁等，收取劳务介绍费作为集体经营收入;设立党员活动服务场所;设立农家书屋（留守人员关爱驿站）：提供图书借阅、留守儿童照料服务，邀请专家开展留守人员辅导等；设立互助养老院：房屋9间，设有床位18张，主要为村内孤寡老人、空巢老人提供互助养老服务；设立农村影院（文化娱乐活动室）：用于村民特别是老年人下棋打牌的活动场所，每周为村民播放两次电影。设立健身广场：配备健身器材，村民锻炼身体场所。中心建成后，推动了周边服务业发展，居民纷纷利用自家房屋，开办超市、饭店等服务场所。

社区服务中心由社区村委会统一管理。社区村委会聘请了2名素质较高的村民进行管理，具体负责环境卫生和设施管理等，费用从开展劳务介绍的集体收入中支取。

【工作启示】建设农村社区服务中心，使之成为集养老、文化、娱乐、健身、民事服务等功能为一体的公共服务聚集区，既满足了广大群众基本生活需要和文化娱乐需求，又促进了农村服务业发展，还带动了新农村、新社区建设，是一件一举多得的好事。

案例二

科学规划　全力推进农村社区服务中心建设

德州市禹城市辛寨镇梁河社区第一书记　尹希剑

梁河社区位于禹城市辛寨镇东北部。2009年根据社区规划工作要求，将梁庙、丁庄、李屯子、韩高、小杨圈、兴旺、甄杨、大杨、王坊、董庄等15个村合并为梁河社区，有1600户，6000人，耕地面积8500亩。梁河社区服务中心建筑面积1500平方米，投资260万元，于2013年建成并投入使用。

梁河社区服务中心配备有社区中心幼儿园、社区警务室、社区医务室、社区物业中心。规划图纸设计由禹城市广夏设计院设计。我积极与国土、规划部门联系，最终确定了建设用地的具体位置。并以群众座谈、入户走访、问卷调查等形式，广泛征求群众的意见、建议，最终形成了群众认可、社会肯定的社区服务中心详细规划方案。

通过积极争取上级专项建设资金，压缩其他开支，多方筹资，投入到社区服务中心建设上来。通过公开招标的方式，确定了一支资金雄厚、经验丰富的施工单位，并请禹城市工程监理中心全程监督，严格按照图纸要求建设。为了确保社区服务中心的功能发挥，多次协调环保、消防、规划、供电、供水、防汛、人防、劳动、电信、防疫、金融等有关部门和单位提出审查意见。社区服务中心建设初期，建议成立了社区建设管理指挥部，由社区成员和群众代表联合组成，加强了工作力量。在社区建设的各个环节，统一工作流程，严控工程质量，全面接受辛寨镇纪委及党员、群众代表的监督，从根本上杜绝暗箱操作。

在社区配套建设上，坚持按照高标准进行规划和建设，做到了既超前设计又符合农村实际。引进德州恒冠公司建设的CNG压缩天然气站，解决了社区群众生活燃料和冬季取暖难题；新建自来水供应站，实现了24小时供水；投资100多万元建设了面积1公顷的绿地和健身场所，栽植法桐100多棵，安装景观照明灯43盏。占地6000多平方米的社区广场，品种齐全的社区超市，高标准的幼儿园，功能齐备的社区服务中心，让群众享受到真正心贴心服务。同时，完善垃圾收集网络体系，购置垃圾桶和垃圾运输车，安排2名卫生保洁员和1名垃圾清运员，实行定点投放、定期清运、集中处理，社区环境治理达到良好效果。

社区服务中心建成后，积极与镇教办、派出所、卫生院联系，帮助社区聘请了幼儿教师6名、干警1名、医生1名。帮助成立梁河社区物业管理办公室，配齐配强专职服务人员，共安排了水工、电工、清洁工、安保等11人，负责卫生保洁、绿化养护、安全保卫等。指导社区物业办制定《梁河社区物业管理办法》、《居民公约》等，经社区干部推荐、群众投票，聘任了6名责任心强，工作能力突出，广大群众认可的物业管理人员。结合社区的实际情况，制定了一套社区服务中心管理规定和奖惩制度，以社区书记为总负责人，社区群众为监督人，严格要求服务人员按照管理制度办事。

【工作启示】梁河社区服务中心的建设，坚持以社区居民需求为出发点，满足了社区群众的生活需要，促成了以社区为单元的管理服务体制，培养了社区居民的民主参与意识，形成了社区归属感和认同感，增强了社区的凝聚力。

第五章

发展特色产业扶贫脱贫

产业扶贫是新阶段扶贫开发工作的重点。立足本地资源，因地制宜地发展特色产业，必须切实从各村各户自身情况出发，实施扶贫工作重点村"一村一品"产业推进行动，支持群众发展特色种植业、养殖业，加大对乡村旅游业的支持力度，加快推进农村电商扶贫工程，加强地区之间协作，促进劳动力转移就业，落实好税收优惠贷款贴息等政策。要对所有具有劳动能力又愿意学习技能的贫困人口，进行免费培训。公益就业岗位优先安排贫困人员，鼓励农民办企业，为农民提供就业岗位。发挥财政投入的主导作用，加大金融扶贫支持力度，进一步转变扶贫方式，变"输血"为"造血"，提高自我发展的能力和水平，确保扶贫目标顺利实现。

第一节
发展特色种植产业

特色种植业主要包括蔬菜、水果、花生、茶叶、苗木花卉、中药材、食用菌、青储饲料玉米、专用小麦、小杂粮等种植品种。

一、蔬菜产业

山东省是蔬菜大省，有"世界三大菜园之一"的美誉。每年的蔬菜播种面积3000万亩左右，约占全国的1/10；总产1.1亿吨，约占全国的1/7；产值（含西甜瓜、食用菌）2000亿元左右，约占全省种植业产值的43%。蔬菜种植投资少、周期短、见效快，是带动农民脱贫致富的主要项目之一。

（一）主要品种及种植模式

蔬菜品种多种多样，包括瓜类、茄果类、叶菜类等13大类、150多个种类、2500多个品种，市场上销售的各类品种在全省基本都能种植。蔬菜的种植模式，主要包括露地蔬菜、大中小拱棚蔬菜以及日光温室蔬菜等。各地可根据基础条件、投资规模、技术水平等，选择适宜的蔬菜栽培模式。

1. 露地蔬菜。投资最少，以春夏秋生产为主，个别蔬菜如菠菜、大蒜、大葱等可越冬栽培。种植种类有白菜类（大白菜、甘蓝、菜花等）、绿叶类（油菜、芹菜、芫荽等），及黄瓜、番茄、茄子、辣椒等果菜类。从价格走势看，露地蔬菜上市比较集中，价格波动较大，收益不很稳定，需要事先对市场进行调研，再确定发展露地蔬菜的种类、茬口和规模等。鲁中、鲁南等地，可以利用山区冷凉气候条件，错季发展山区越夏露地茄果类、豆类蔬菜。

2. 小拱棚。建造简单、投资少、方便实用，目前主要用于生产矮棵蔬菜，如韭菜、西瓜等。在春季、秋延后进行保护栽培，抵御自然灾害的能力比露地强，可以提前上市或延后上市。主要以竹木结构为主，一般亩投资在2000—3000元。

3. 中拱棚。比小拱棚管理方便，茬口安排灵活。主要进行早春、秋延后保护栽培，能提前上市或延后上市，可用于生产辣椒、冬瓜、马铃薯以及草莓的春早熟或秋延后栽培。一般亩投资在5000—8000元。

4. 大拱棚。空间较大，便于生产操作，保温增温效果较好。主要发展春季早熟栽培、秋季延后栽培、春到秋长季节栽培。一般亩投资在10000元左右。大拱棚马铃薯、西瓜多层覆盖栽培效益较好，可适度规模化发展。

5. 日光温室。主要发展反季节蔬菜、越夏蔬菜种植。一般以下挖式土厚墙为主，每亩建造成本在8万—10万元；如果墙体采用空心砖、实心砖等材料，投资则在15万元左右。

6. 智能温室。智能温室也称作自动化连栋温室，按覆盖材料可分为塑料薄膜温室和玻璃温室，每平方米造价在400—1000元不等。由于一次性投资过大，运行成本高，周年利用有难度，因此当前的智能温室还主要用于现代化园区的示范展示，部分用于蔬菜集约化育苗，全面应用于常规蔬菜生产还有一定距离。

（二）支持政策

1. 省农业技术推广专项资金。《山东省农业技术推广专项资金管理暂行办法》规定，推广资金重点支持涉及粮食安全、农产品质量安全、生态安全、资源节约及可持续发展等方面的技术推广项目，并以集成综合配套技术为主，兼顾效益显著、特色突出的单项技术。主要包括：粮、棉、油增产增收技术；瓜、果、菜安全高效技术；农业环境修复、水土保持与资源节约合理利用技术；设施园艺及花卉优质安全高效生产关键技术；畜禽安全高效养殖技术；水产品安全高效养殖技术；林业生态建设、资源培育与综合利用技术；农业新材料、新设备、新产品应用技术；名、特、优、新、稀农产品生产技术；农业防灾减灾及水安全技术。每个项目补助资金20万元左右，实施周期一般为一年。

2. 省现代农业生产发展资金。《山东省现代农业生产发展资金管理办法》规定，以县为单位择优确定优势区，重点支持重点粮食类产业、畜牧类产业、水产类产业、水果类产业及其他经济作物类产业的关键环节。

3. 特色产业扶贫基金。省财政设立特色产业扶贫基金，采取股权投资、周转使用、风险补偿、贷款贴息等方式运作管理。2016年把特色种植、养殖和加工业扶贫作为重点投向之一，主要对开展金融扶贫试点的县予以支持，每县安排200万-300万元。

4. 园艺作物标准园创建政策。农业部每年安排一定项目资金，开展蔬菜、水果、茶叶、食用菌等标准园创建工作，每个标准园补助资金50万元。

5. 农业保险保费补贴资金。山东省农业保险保费补贴品种共有17个，主要包括小麦、玉米、棉花、花生、能繁母猪、育肥猪、奶牛、公益林、商品林保险，冬暖式日光温室蔬菜大棚、苹果、桃和目标价格指数保险（大白菜、大蒜、马铃薯、生猪、大葱）。操作流程为：农户通过向省里确定的保险公司投保缴纳保费后，保险公司以保单向同级财政部门申请相应的保费补贴，各市县财政部门按照应负担的保费比例，足额补贴资金，在市县保费补贴资金全部到位的基础上，中央及省级补贴资金随后落实到位。对省定扶贫工作重点村中贫困户参加的农业保险，保费自行承担部分由省财政补助50%。

（三）实训基地（ 见本章第十节）

蔬菜专家：高中强　山东省农业技术推广总站研究员；

电话：0531-67866372

序号	实训内容	建设单位	具体地址	实训时间	联系人	联系电话	指导单位
1	西红柿、黄瓜等蔬菜栽培管理技术	山东怡兴有机蔬菜有限公司	潍坊潍城区	全年	徐坤	13455676666	省农业厅
2	冬暖式大棚蔬菜高产栽培技术	国营金乡县代庄良种场	济宁金乡县	9月-翌年6月	袁玉建	13964957539	省农业厅
3	大棚西红柿、大棚黄瓜栽培管理技术	临沂市万福龙家庭农场有限公司	临沂河东区	1-3月7-12月	卢晓莹	18953957768	省农业厅
4	温室蔬菜栽培技术；现代农业示范展示	兰陵县金瑞蔬菜产销专业合作社	临沂兰陵县	全年	张庆峰	13953948359	省农业厅
5	日光温室蔬菜安全高效生产关键技术	费县薛庄冬阳瓜菜合作社	临沂费县	10月-翌年5月	孙龙成	13869999632	省农业厅
6	黄瓜、西红柿、辣椒、草莓等种植技术	微山县东大舜龙合作社	济宁微山县	1-6月9-12月	张茂华	13705379409	省农业厅

（续表）

序号	实训内容	建设单位	具体地址	实训时间	联系人	联系电话	指导单位
7	蔬果施肥一体化技术	史丹利（荷兰）现代农业示范园	临沂临沭县	全年	赵超	18264931717	省农业厅
8	高效、有机蔬菜种植技术	山东蓝天农产品专业合作社	济南历城区	3-4月6-7月	王志鹏	13589083299	省农业厅
9	马铃薯及叶菜类种植技术	平阴民享蔬菜配送有限公司	济南平阴县	全年	常青	13210503399	省农业厅
10	蔬菜减量化控害技术	山东思远蔬菜专业合作社	淄博临淄区	9-11月	于强	13053355218	省农业厅
11	蔬菜标准化种植技术；菜病虫害防治技术	淄博周村董永山合作社	淄博周村区	4-12月	韩峰祥	13561652125	省农业厅
12	大棚蔬菜病虫害防治技术	淄博临淄东科蔬菜合作社	淄博临淄区	7-11月	于永先	18678161377	省农业厅
13	蔬菜种植技术	滕州市正德康城合作社	枣庄滕州市	全年	李国	18663281666	省农业厅
14	蔬菜种植技术	枣庄市峄城区强民蔬菜专业合作社	枣庄峄城区	12月	邓莹莹	18266252299	省农业厅
15	大棚马铃薯中后期管理技术	枣庄市薛城区万顺合作社	枣庄薛城区	3-11月	徐士高	13506328155	省农业厅
16	蔬菜绿色病虫害防控技术	枣庄山亭农业科技示范园	枣庄山亭区	4-12月	张裕雷	15006328366	省农业厅

（续表）

序号	实训内容	建设单位	具体地址	实训时间	联系人	联系电话	指导单位
17	蔬菜种植技术；测土配方施肥技术	诸城市青鸟果蔬合作社	潍坊诸城市	9-10月	王世亮	13287651260	省农业厅
18	大棚西红柿栽培技术及病虫害防治技术	宁阳县润华家庭农场	泰安宁阳县	10月-翌年4月	张增胜	18763867444	省农业厅
19	大姜催芽、病虫害防治技术等	日照兴达食品有机蔬菜种植基地	日照莒县	4-10月	严家祥	13606334475	省农业厅
20	有机蔬菜种植技术；生态观光农业技术	罗庄区东开合作社	临沂罗庄区	全年	李士超	15305394000	省农业厅
21	大棚黄瓜栽培管理技术	沂水县前武家庄合作社	临沂沂水县	4、7、12月	谢瑞金	15966409986	省农业厅
22	秋延迟番茄、冬春番茄、芸豆生产技术	莒南县道口乡洪凯合作社	临沂莒南	8月-翌年6月	李洪凯	15168921088	省农业厅
23	冬瓜、菠菜等种植技术	武城县绿都农业发展有限公司	德州武城县	全年	曲风涛	13969297929	省农业厅
24	新型黄腐酸肥料提高蔬菜、品质技术	山东泉聚农业科技有限公司	聊城高唐县	全年	冯建亮	15906353577	省农业厅
25	无公害韭菜、西红柿等栽培技术	茌平县鑫岳合作社	聊城茌平县	全年	孙洪涛	15275859999	省农业厅

（续表）

序号	实训内容	建设单位	具体地址	实训时间	联系人	联系电话	指导单位
26	黄瓜、韭菜、山药等无公害栽培技术	冠县金叶蔬菜专业合作社	聊城冠县	全年	李振高	13306352523	省农业厅
27	大棚韭菜、黄瓜等高效栽培技术	三河湖镇韭香博览园	滨州滨城区	10-12月	王海波	13505433333	省农业厅
28	蔬菜种植技术	国丰高效农业公司	滨州博兴县	4、7、9、11、12月	耿文标	0543-2603779 18266577294	省农业厅
29	蔬菜（西红柿、茄子等）菜棚搭建技术	山东兰亭农业科技有限公司	济宁任城区	5、7月	杜川	15053725555	省农业厅
30	高温高效轮茬种植技术	台儿庄区三分地蔬菜合作社	枣庄台儿庄区	2、3、9月	颜娟	13501079520	省农业厅
31	蔬菜有机、无公害种植技术	潍坊市玉泉洼种植联合社	潍坊坊子区	全年	刘向东 赵霞	18765637999 13336368839	省农业厅
32	黄瓜、西红柿、茄子、苦瓜大棚种植技术	安丘市名峰蔬菜合作社	潍坊安丘市	全年	贾明峰	13563641688	省农业厅
33	设施蔬菜栽培技术	山东裕利蔬菜股份有限公司	日照五莲县	8月	刘祥杰	0633-5523108	省农业厅
34	蔬菜、食用菌高效栽培技术	菏泽旺天下生态园	菏泽定陶县	全年	李骥鸿 田瑞新	15853066588 18053008562	省农业厅
35	西红柿栽培技术；西洋参栽培技术	海阳市宏富泰果蔬专业合作社	烟台海阳市	1-12月 5-9月	邹涛	13863828966	省农业厅

（续表）

序号	实训内容	建设单位	具体地址	实训时间	联系人	联系电话	指导单位
36	大姜、洋葱等技术	莱州市丰阳农机专业合作社	烟台莱州市	全年	李德敏	13780915296	省农业厅
37	大姜、马铃薯等标准化生产技术	昌邑市天福园合作社	潍坊昌邑市	10月	王安生	18263602169	省农业厅
38	设施蔬菜、露天蔬菜栽培技术	山东鑫诚农业科技示范园	滨州惠民县	5-11月	王军	18954330531	省农业厅
39	蔬菜品种选择及育苗、嫁接、定植技术	平原县永康温馨家庭农场	德州平原县	3-11月	张正勇	13953446936	省农业厅
40	设施蔬菜种植技术	寿光市蔬菜产业集团	潍坊寿光市	5月上旬	辛晓菲	15806364757	省科技厅
41	蔬菜及苗木种植技术	山东省寿光市三木种苗有限公司	潍坊寿光市	5月上旬	耿增祥	13905360027	省科技厅
42	设施蔬菜病虫害防治技术	寿光田苑果菜生产有限公司	潍坊寿光市	5月上旬	李春香	15095211199	省科技厅
43	蔬菜栽培管理技术（西瓜栽培为主）	临朐县惠农专业合作社	潍坊临朐县	全年	张新	15065363888	省农业厅
44	设施西瓜栽培种植技术	山东省农民讲习所	潍坊市昌乐县	4-12月	夏广富	15306362683	省科技厅
45	西瓜栽培管理技术	昌乐县西瓜科技示范园	潍坊昌乐县	1-5月 8-12月	李奇	15964038148	省农业厅

（续表）

序号	实训内容	建设单位	具体地址	实训时间	联系人	联系电话	指导单位
46	大葱、马铃薯、西瓜种植技术	安丘市于家水西瓜菜种植专业合作社	潍坊安丘市	全年	孙洪熙	13406624000	省农业厅
47	蔬菜育苗及蔬菜栽培技术	章丘伟丽种苗有限公司	济南章丘市	全年	宁繁华	18764184647 0531-83175217	省农业厅
48	蔬菜育苗及栽培种植技术	山东安信种苗股份有限公司	济南济阳县	6-12月	宋甲斌	15064000927	省农业厅
49	设施蔬菜育苗及标准化种植技术	定陶县中远蔬菜专业合作社	菏泽定陶县	全年	杨立	18653005444	省农业厅
50	蔬菜育苗、种植技术	寿光市新世纪种苗基地	潍坊寿光市	4-5月	王明钦	18366529688	省农业厅
51	设施蔬菜育苗及标准化种植技术	单县耀辉果蔬专业合作社	菏泽单县	全年	孙传耀	13645405166	省农业厅
52	农作物病虫害统防统治技术	潍坊市寒亭区俊清合作社	潍坊寒亭区	全年	王涛	15653623018	省农业厅

二、水果产业

山东是我国果品主要生产供应基地和加工出口基地，全省年水果产量约1400万吨，果品出口量占全国出口总量的40%-45%。以苹果、桃、梨、葡萄四大树种为主的水果产业效益居全国之首。水果产业成为拉动农村经济增长和农民增收的重要项目。全省已经形成了以胶东半岛和泰山、沂蒙山山区为主的苹果和樱桃优势产区；以蒙阴、沂水、平邑和沂源等县为主的沂蒙山区桃优势产区；以烟台、滨州和聊城等市为主的梨集中产地；以烟台、青岛等市为主的酿酒葡萄集中产区。

（一）主要品种

1. 苹果。有发展潜力的品种为：烟富1、烟富3、烟富9、王林、秦冠、华冠、华帅等。盛果期亩产优质果3500-4000公斤，每亩效益在万元以上。适宜露天、设施栽培模式。

2. 桃。有发展潜力的品种为：早熟品种有夏红、春美、春雪等；中熟品种有瑞油蟠2号、金霞油蟠、瑞蟠17号等；晚熟品种有锦绣、华玉、瑞蟠21号等。栽植第三年即可形成产量，第四年后进入盛果期，亩产优质果2500-3000公斤，效益较好。适宜露天、设施栽培模式。

3. 大樱桃。有发展潜力的品种为：红灯、美早、萨米脱等。经济效益好的可过万元。可根据当地条件适当发展。

（二）支持政策

📲 内容详见本章第一节蔬菜产业相关政策。

（三）实训基地（📲 见本章第十节）

水果专家：彭福田 山东农业大学园艺学院副院长；

电话：13563821651

序号	实训方向	实训内容	建设单位	具体地址	实训时间	联系人	联系电话	指导单位
1		苹果栽培技术	栖霞市通达合作社	烟台栖霞市	3-12月	衣国平	13806455099	省农业厅
2	苹果	果园水肥一体和矮砧密植	蓬莱鑫园公司	烟台蓬莱市	6-7月	宋耀武	0535-5962299 18660028926	省农业厅
3		果树修剪及管理	龙口市一条龙合作社	烟台龙口市	2、4、9月	王恩琪	13002737221	省农业厅

（续表）

序号	实训方向	实训内容	建设单位	具体地址	实训时间	联系人	联系电话	指导单位
4		果树栽培技术	招远市和风合作社	烟台招远市	3-12月	梁学忠	13589885208	省农业厅
5		果树栽培病虫害防治	荣成市华峰合作社	威海荣成市	9月	孙义骏	13562108639	省农业厅
6		苹果种植技术及管理	文登德丰公司	威海文登区	3-11月	谭业明	13013581277	省农业厅
7		果树栽培管理技术	乳山市人和合作社	威海乳山市	12月	姜钦贺	13793355035	省农业厅
8		苹果矮化砧栽培技术	高陵果蔬公司	烟台牟平区	全年	丁士涌	18605359710	省农业厅
9	苹果	老果园更新技术	清源果蔬合作社	淄博沂源县	全年	田月水	13806480111	省农业厅
10		苹果苗木及栽培管理	小草沟果树合作社	烟台莱州市	2-11月	宋永果	13808919538	省农业厅
11		果树栽培技术	招远鑫农公司	烟台招远市	3-12月	方世涛	13054536055	省农业厅
12		苹果高效栽培及加工技术	泉源食品公司	烟台栖霞市	1月份	杨志辉	18615079519	省科技厅
13		苹果高效栽培管理	沂源县果品中心	淄博市沂源县	全年	齐海山	13964496627	省科技厅
14		苹果现代高效栽培技术	徐明举工作室	临沂市费县	2-3月或8-9月	徐明举	15092885777	省科技厅

（续表）

序号	实训方向	实训内容	建设单位	具体地址	实训时间	联系人	联系电话	指导单位
15	苹果	苹果现代栽培技术	巨野三农种植专业合作社	菏泽市巨野县	4-8月	邢鹏程	13305308398	省科技厅
16	梨	梨树管理技术	圣天香黄金梨基地	济宁泗水县	全年	夏理芳	13805474431	省农业厅
17		莱阳梨栽培管理技术	清源苗木公司	烟台莱阳市	4月5-10日	孙泽高	13853502086	省科技厅
18	桃	果树病虫害防治技术等	旧寨乡杏山园合作社	临沂蒙阴县	2、4、7、12月	宋汉希	13954949418	省农业厅
19		蜜桃种植技术	蒙阴万华食品公司	临沂市蒙阴县	2-3月份，8-9月份	刘宗路	13854970368	省科技厅
20	猕猴桃	猕猴桃种植加工技术	博山宏泉猕猴桃合作社	淄博市博山区	3-12月	翟慎红	15153349779	省科技厅
21	葡萄	葡萄管理技术	兴龙葡萄合作社	烟台龙口市	6、11月	荆治兴	13562534869	省农业厅
22		葡萄栽培管理	蓬莱市蔚阳农机合作社	烟台蓬莱市	3、11月	林安文	13905455648	省农业厅
23		葡萄、油桃、草莓等种植技术	五龙河农场	潍坊高密市	3月	冯涛	13615366333	省农业厅

（续表）

序号	实训方向	实训内容	建设单位	具体地址	实训时间	联系人	联系电话	指导单位
24	葡萄	酿酒葡萄种植及深加工技术	中粮长城公司	烟台蓬莱市	3月或8月	袁小单	18354505798	省科技厅
25	草莓	草莓栽培技术	向阳草莓合作社	临沂郯城县	全年	石运海	18353941382	省农业厅
26		草莓设施高效栽培技术	赢泰公司	莱芜市莱城区	4月或10月	潘林香	13396343048	省科技厅
27	樱桃	有机樱桃生产管理技术	赢泰公司	莱芜莱城区	3-6月	潘林香	13396343048	省农业厅
28		樱桃树修剪技术	德彦樱桃合作社	淄博淄川区	全年	李德彦	13573367366	省农业厅
29		大樱桃、甜柿、冰枣优质高产技术	盛大庆果树合作社	临沂沂南县	3-12月	张在沛	17805397575	省农业厅
30		设施樱桃栽培技术	惠农园艺公司	泰安市岱岳区	3、4月或10、11月	王家喜	13505389088	省科技厅
31		大樱桃高效栽培	醉美双泉乡村公司	淄博市沂源县	3月下旬-5月	艾伟	18678150888	省科技厅
32		大樱桃高效栽培技术	三禾果蔬合作社	潍坊市临朐县	9-11月	刘镇贵	13563658128	省科技厅
33	石榴	石榴高产栽培技术	华通园艺公司	枣庄市峄城区	6-10月	王洪涛	15966707181	省科技厅

（续表）

序号	实训方向	实训内容	建设单位	具体地址	实训时间	联系人	联系电话	指导单位
34		水果、蔬菜栽培技术	莱阳恒润公司	烟台莱阳市	7-8月、11月-翌年3月	黄存龙	13793560916	省农业厅
35	果蔬	蔬菜、火龙果等栽培技术	丰源现代农业公司	聊城阳谷县	全年	李刚	13656359997	省农业厅
36		设施果蔬立体栽培技术	国环现代农业公司	聊城市	全年	张兵	15066406069	省农业厅

三、花生产业

花生是重要的油料和经济作物，抗旱、耐瘠性强，在全省种植业结构调整中占重要地位。山东是花生生产、加工和出口大省，常年种植面积1150万亩，总产340万吨，出口50万吨，花生生产和产品竞争力均居全国领先地位。

（一）主要品种和种植技术

目前，全省重点开展高油酸、高油型和食用加工型大花生新品种示范推广，加快建设鲁东传统出口型、鲁中南食用加工型和鲁西南高油型等三个优质专用花生主产区。鲁东重点推广花育22号、山花7号、潍花11号和花育33号等高油酸大花生新品种，鲁中南示范推广青花7号、临花5号、花育36号等食用型新品种，鲁西南重点推广山花9号、花育31号、潍花10号等高油型新品种。

全省春花生主要集中在鲁东沿海丘陵和鲁中山区，鲁西、鲁中南平原是小麦花生两熟集中产区。春花生区，重点推广地膜覆盖、抗旱节水、连作障碍缓解和病虫害综合防控技术；小麦花生两熟区重点推广麦后免耕直播花生、地膜覆盖夏花生及夏花生间作玉米高产高效技术。

（二）支持政策

内容详见本章第一节蔬菜产业相关政策。

（三）实训基地（ 见本章第十节）

花生专家：曾英松　山东省农业技术推广总站；

电话：0531-67866303

序号	实训内容	建设单位	具体地址	实训时间	联系人	联系电话	指导单位
1	高含油高油酸花生良种良法配套栽培	山东鲁花集团有限公司	烟台莱阳市	4-6月	王豪	13697639136	省科技厅
2	麦后夏直播花生栽培技术	山东省宁阳县万丰种业有限公司	泰安市宁阳县	3-5月	齐卫	13605380332	省科技厅

四、茶叶产业

茶叶是山东新兴特色高效产业。全省茶园种植面积约35万亩，采摘茶园25万亩，干毛茶产量2万吨，茶叶总产值超过30亿元。现有茶叶加工企业1100多家，各类茶叶合作社508个，家庭农（茶）场210个。"日照绿茶"等5个茶叶品牌荣获中国驰名商标。

（一）主要品种和种植方式

茶叶种植收益高、劳动强度小、采收期长，非常适合农村留守人员种植。适合种植品种有：黄山群体种、鸠坑种、福鼎大白等。主要种植方式是露天种植，但是北方冬季寒冷、干燥，需要进行必要的越冬防护，尤其是内陆地区必须进行越冬防护，否则冻害严重，影响来年产量。越冬防护模式有：搭建大中小拱棚、各类春用型塑料大棚等。各地可根据地形条件、投资规模、技术水平等，选择适宜的方式进行越冬。

（二）支持政策

内容详见本章第一节蔬菜产业相关政策。

（三）实训基地（ 见本章第十节）

茶叶专家：李玉胜 山东省果茶技术推广站农艺师；

电话：0531-67866233

序号	实训内容	建设单位	具体地址	实训时间	联系人	联系电话	指导单位
1	茶叶标准园建设；茶叶采摘、越冬防护技术	山东立泰山茶叶科技开发有限公司	济南长清区	全年	张清华	18678860068	省农业厅
2	茶叶的种植与管理	山东蟠龙农作物种植合作社	泰安新泰市	6-10月	张明亮	18653873136	省农业厅
3	茶叶种植管理技术；茶叶生产加工技术	泰山区津口女儿茶种植专业合作社	泰安泰山区	4-10月	庄婷婷	15705381224	省农业厅
4	茶业栽培扦插技术培训	岚山区淞晨茶叶合作社	日照岚山区	9、11月	姜涛	17806338528	省农业厅
5	茶叶种植管理技术	南湖玉露茶叶科技开发有限公司	济南市长清区	5月或10月	牛宗江	15553117889	省科技厅
6	茶叶安全生产技术	日照市岚山区百满茶业合作社	日照市岚山区	5-9月	宋百满	0633-8698999	省科技厅

五、苗木花卉产业

全省苗木花卉种植资源丰富，基础条件较好。当前，全省林木育苗面积约300万亩，培育各类苗木近40亿株，年产值400亿元。花卉种植面积约240万亩，年产各类花卉40多亿盆（株、枝），年产值283亿元。苗木花卉产业从业人员170多万人。

（一）主要品种和栽培模式

苗木花卉种植具有投资少、效益高的优点。山东省种植的品种有：

1. 鲜切花，如月季、菊花、康乃馨等。

2. 盆栽植物类，如蝴蝶兰、大花蕙兰、观赏凤梨、仙客来等。

3. 食用与药用花卉，如金银花、玫瑰、荷花、菊花等。

4. 工业及其他用途，如薰衣草、白兰、栀子等。

5. 观赏苗木，如悬铃木、桂花、蔷薇等。

6. 用材林苗木，如毛白杨、水曲柳、刺槐等。

7. 经济林苗木，如油用牡丹、山楂、板栗等。

8. 生态林苗木，如黑松、侧柏、黄栌等。

主要栽培模式有三种：

1. 露地栽培。露地栽培投资少，主要种植种类包括盆栽植物类（主要是花坛植物）、观赏苗木、食用及药用花卉、工业及其他用途花卉、用材林苗木、经济林苗木、生态林苗木等。

2. 日光温室。日光温室是全省苗木花卉主要设施类型，在全省各地均有分布。主要用于栽培原产地在南方的花卉苗木或者是反季节栽培。主要种植种类包括鲜切花、盆栽植物类（盆栽植物、盆景）等。

3. 智能温室。智能温室可以实现苗木花卉生产过程的标准化、信息化、智能化、精准化管理，节能降耗、提升品质、降低劳动力成本等。由于智能温室一次性投资过大，运行成本较高，主要用于高档花卉的生产栽培和花卉种苗的培育。

（二）支持政策

📲内容详见本章第一节蔬菜产业相关政策。

（三）实训基地（📲见本章第十节）

苗木花卉专家：邢世岩　山东农业大学教授；

电话：13953899332

序号	实训内容	建设单位	具体地址	实训时间	联系人	联系电话	指导单位
1	花卉栽培与加工	温泉农业培训中心	济南商河县	全年	叶秀芹	0531-84818888	省农业厅
2	玫瑰种植及加工技术	中天玫瑰生物公司	淄博市周村区	4-5月	尹晶	18369913666	省科技厅
3	高档花卉苗木种植技术	泰安时代园林公司	泰安市泰山区	秋冬季节	张林	13181848965	省科技厅
4	苗木嫁接技术	银府生态公司	济宁曲阜市	3-12月	郑义	13963797948	省农业厅
5	苗木修剪技术	金陵山合作社	泰安岱岳区	5-10月	苏乾广	0538-8576999	省农业厅

六、林果产业

林果产业如核桃、山楂、板栗等木本粮油树种，适应性强，耐干旱瘠薄，一年种植，多年收益，被群众称作"铁杆庄稼"。既可美化、绿化荒山荒滩，提高社会和生态效益，又可取得显著的经济效益，是贫困地区脱贫致富的实用产业。充分利用全省山地、丘陵、荒滩、平原沙荒地和轻盐碱地以及"四旁"等宜林地资源，大力发展木本粮油产业，对实现农村精准脱贫，建设美丽乡村，具有重要的促进作用。2015年底，全省木本粮油树种栽培面积716.6万亩，木本粮油产量224.9万吨，面积、产量位居全国前列。乐陵金丝小枣、曹州耿饼、泰山甘栗等驰名中外。

（一）主要树种和栽培模式

1. 核桃

核桃喜光，耐寒，抗旱、抗病能力强，适合在粘壤土、壤土或沙壤土等多种土壤生长，主要栽培品种有清香、香玲、元丰等。建园宜选用2年生优质嫁接苗木，可秋季栽植或春季栽植，冬季栽植要采取防冻措施。主要有三种栽培方式：（1）园片栽培，可分为矮化密植和乔化稀植，瘠薄山地可适当密植，立地条件好的地块可适当稀植。（2）林粮间作，包括梯田堰边栽植，适宜平川丘陵区栽植。幼园间作豆类、薯类、瓜类、蔬菜类或秋粮作物效果较好，也可和油用牡丹间作。选用果材兼用型和果用型核桃品种为宜。（3）散生栽植，适合在山区荒坡、庭院四旁种植，以晚实或适应性强的品种为宜。建园每亩约需投入3500元左右。早实核桃品种一般2-3年结果，晚实核桃品种一般3-4年开始结果，5-7年进入丰产期。集约化栽培亩产量150公斤左右。

2. 板栗

板栗适宜通气性和保肥保水性能好的壤土、沙壤土和砾质壤土等。品种主要有烟青、烟泉、华丰等。建园宜选用2年生以上优质嫁接苗木，可秋季栽植或春季栽植。建园每亩约需投入2500元左右。一般3年结果，5-7年进入丰产期，亩产量在200公斤左右。

3. 枣

枣树抗旱、耐涝、耐瘠薄、耐盐碱，寿命长，在丘陵山区、盐碱地、沙滩地均可栽植。栽培品种主要分五类：一是兼用品种，如长红枣、金丝小枣、金丝新1-4号等；二是制干品种，如圆铃枣、长木枣、鲁枣12

号等；三是鲜食品种，如冬枣、脆酸枣、六月鲜等；四是蒸食品种，如仲秋红；五是观赏品种，如茶壶枣、葫芦枣、龙爪枣等。建园宜选用2年生优质嫁接苗木。春季在树体发芽前适当晚栽可提高成活率。主要栽培模式有园片栽植、枣粮间作和散生栽植等。枣树建园一般每亩地需投入2000-3000元。一般2-3年结果，5年进入丰产期，园片栽植亩产量在1000公斤左右。

4. 柿

柿树抗旱，耐瘠薄，适应性强，是山区保持水土的优良树种。品种可分为涩柿和甜柿两大类。涩柿品种主要有金瓶柿、托柿、盒柿等；甜柿品种均为引进品种，主要为日本品种富有、次郎、西村早生等。建园宜选用2年生优质嫁接苗木。春季在树体发芽前适当晚栽可提高成活率。栽培方式有园片栽植、柿粮间作和散生栽植三种模式。建园一般每亩需投入1000-3000元。一般3年结果，5年进入丰产期，园片栽植亩产量在1500公斤左右。

5. 山楂

山楂在土层深厚、排水良好的沙质壤土地生长最好。主要栽培品种有大货、敞口、大金星等。建园宜选用2年生优质嫁接苗木。可秋季栽植或春季栽植。建园一般每亩需投入2000元左右，一般栽后第3年结果，4-6年进入盛果期，亩产量在1500公斤左右。

6. 油用牡丹

油用牡丹具有耐干旱、耐瘠薄、耐高寒、耐荫等生长特性，最适合土壤疏松透气、排水良好的沙壤土。主要在菏泽、聊城、德州、滨州等地种植。现在种植的油用牡丹，仅有凤丹和紫斑两个品种。建园宜选用2年生大苗。一般在秋分后寒露前栽植为宜。栽植方式主要有园片栽植和间作栽培，可和核桃、文冠果等树种间作建园，实行立体种植，提高经济效益。建园一般每亩需投入4000元以上，第二、第三年每年约需1000元。一般3-4年结果，5年后达到盛果期，亩产量250公斤左右。

（二）支持政策

1. 造林补贴。《中央财政林业补助资金管理办法》规定，造林补贴主要对国有林场、农民和林业职工、农民专业合作社等造林主体在宜林荒山荒地、沙荒地、迹地、低产低效林地进行人工造林、更新和改造，面积不小于1亩的给予适当补贴。造林补贴包括造林直接补贴和间接费用补贴。直接补贴是指对造林主体造林所需费用的补贴，补贴标准为：人工营造木本油料林每亩补贴200元，水果、木本药材等其他林木每亩补贴100元。迹地人工更新、低产低效林改造每亩补贴100元。

2. 林业贷款贴息。《中央财政林业补助资金管理办法》规定，贴息范围主要为：林业龙头企业以公司带基地、基地连农户的经营形式，立足于当地林业资源开发、带动林区、沙区经济发展的木本粮油加工及种植业贷款项目；各类经济实体营造木本油料经济林贷款项目；农户和林业职工个人从事的营造林、林业资源开发和林产品加工贷款项目。

3. 农业综合开发名优经济林项目。名优经济林等示范项目以木本油料示范、林下资源开发利用和优势特色经济林建设为重点，主要扶持对象为林（农）业产业化龙头企业、农业合作社、国有林场等，年度单个项目总投资不低于600万元，其中中央财政投资规模原则上不低于200万元，地方财政配套不低于80万元。

（三）实训基地（ 见本章第十节）

林果专家：赵之峰　山东省经济林管理站研究员；

电话：0531-88557693

序号	实训方向	实训内容	建设单位	具体地址	实训时间	联系人	联系电话	指导单位
1	板栗	有机板栗栽培技术	临朐县九山镇果业协会	潍坊市临朐县	6月	刘文杰	13355368009	省科技厅
2		核桃、大枣栽培技术	淄博德江农场	淄博淄川区	3-12月	李德江	13626444000	省农业厅
3		核桃丰产栽植技术	黄叶鑫蕊合作社	泰安肥城市	10月	杨泽福	15169837064	省农业厅
4	核桃	薄皮核桃	章丘汇友公司	济南	6-9月	李萍萍	13791047327	省科技厅
5		核桃标准化种植技术	济南华鲁食品有限公司	济南历城区	6-9月	胡彬	15653108080	省科技厅
6		核桃高产栽培技术	莱芜市顺通果业有限公司	莱芜市莱城区	3-4月	王立国	13963476178	省科技厅
7		枣疯病防治技术	枣庄市林业工作站	枣庄市市区	9月	刘家云	18863200698	省科技厅
8		大枣深加工技术	硕博农业科技有限公司	济南市济阳县	5-10月	刘克东	18853189169	省科技厅
9	枣	冬枣高效栽培技术	沾化县冬枣研究所	滨州市沾化区	7月份以后	尹魁林	13905432692	省科技厅
10		金丝小枣栽培技术	德润健康食品有限公司	德州乐陵市	4-8月	梁洪涛	0534-6889669	省科技厅
11	油用牡丹	油用牡丹种植	菏泽市尧舜牡丹	菏泽市牡丹区	3-6月	陈利民	15169768199	省科技厅

七、中药材产业

山东省中药材资源丰富,约1500种,占全国中药资源种类的10%以上,其中植物类中药资源1299种。目前,全省种植面积180万亩以上,约占全国中药材种植总面积的10%,产值近90亿元。种植品种70余个,其中实现规模化种植的20多个。种植区域由沂蒙山区、胶东半岛、鲁西南扩展至全省各地,中药材种植已逐步成为全省农业增效、农民增收的重要途径。

(一)主要品种和分布

中药材讲究道地性,不能离开它生长的地理环境。可分鲁中南山区、胶东半岛、鲁西南、黄河三角洲、微山湖与东平湖等五大中药材生产区。鲁中南产区主要有丹参、金银花、银杏、桔梗等。胶东半岛产区主要有西洋参、太子参、北沙参等。鲁西南地区主要有丹皮、白芍、白术、白芷、红花等。黄河三角洲产区主要有罗布麻、枸杞、益母草等。微山湖与东平湖产区主要有芡实、莲子、芦根等。

一般药材的收益相当于粮食作物的2-3倍。丹参、黄芩等一年生药材,亩投资约800元,收益约4000元。西洋参、瓜蒌等多年生药材,第一年投资较大,需要设施搭架,亩投资约3000-5000元;西洋参4年收货后,平均每亩年收益可达8000-10000元;瓜蒌两年后开始坐果,平均每亩年收入可达4000-6000元。

(二)支持政策

1. 省农业技术推广专项资金。(内容详见本章第一节蔬菜产业相关政策)

2. 中药材生产扶持项目。工信部《关于印发〈中药材生产扶持项目管理暂行办法〉的通知》规定,扶持项目包括中药工业企业的规模化原料药材基地建设，重点支持国家基本药物目录中药品种和名优中成药的原料药材基地建设。

（三）实训基地（ 📲 见本章第十节）

中药专家：王志芬　山东省农科院作物所研究员；

电话：18253195823

序号	实训内容	建设单位	具体地址	实训时间	联系人	联系电话	指导单位
1	丹参标准化种植技术	莒县援康药业有限公司	日照市莒县	3-5月	王修奇	13856788856	省科技厅
2	金银花标准化种植技术	九间棚农业科技公司	临沂市平邑县	2-3月	张荣杰	13407691717	省科技厅
3	西洋参种植技术	文登区药材技术推广站	威海文登市	5-8月、11月	李黎明	13792702859	省科技厅
4	栝楼新品种栽培技术	统一种植专业合作社	临沂市临沭县	6月底7月初	李杰	13573982119	省科技厅
5	桔梗种植及加工技术	山珍园食品有限公司	淄博市博山区	8-10月	王建军	13884624152	省科技厅

八、食用菌产业

食用菌生产具有"不与农争时，不与人争粮，不与粮争地，不与地争肥，占地少、用水少、投资小、见效快"等特点，能把大量废弃的农作物秸秆转化成为可供人类食用的优质蛋白与健康食品，其培养废料（菌糠）又是良好的农业有机肥料，既是延长农业产业链和生态农业的重要组成部分，又可安置大量农村剩余劳动力。近年来，全省食用菌产业总体呈较快发展势头，产量、产值、出口创汇等主要指标均稳居全国前列，栽培品种、生产规模、工厂化生产企业数量与产能等处于全国领先地位。

（一）主要品种和方法

全省适宜各类食用菌栽培。平菇、香菇、双孢菇、金针菇、木耳等大宗菇类品种，各地均有栽培。珍稀菇类，以泰安为代表的鲁中地区有灵芝、虫草、灰树花，以青岛为代表的胶东地区有姬松茸、榆黄蘑，以日照为代表的鲁南地区有天麻和滑子菇，以聊城为代表的鲁西地区有草菇、白灵菇等，比较适宜扩大规模栽培。

食用菌是典型的设施栽培，栽培设施多种多样。目前有：庭院式、简易拱棚、半地下大棚、冬暖式大棚、林下拱棚、防空洞、土洞、立体菇房和工厂化生产车间等。随着食用菌栽培技术的不断改进，一些更高效、可周年生产的栽培模式逐步得到推广。各地可根据基础条件、投资规模、技术水平等，选择适宜的栽培模式。

1. 多功能恒温菇棚高效栽培模式。主要用于生产双孢菇等草腐菌，一年可生产4-6个周期，空间利用率、生产效率、单产水平和产品质量较常规栽培大幅度提高。一个菇棚投资10万-12万元，当年可以回收成本，非常适宜一般菇农投资建设。

2. 不同温型品种搭配食用菌周年高效栽培模式。在同一栽培设施内，通过不同温型品种的搭配，实现1年栽培2-3季或1年栽培2-3个品种。该模式已经在全省40多个食用菌生产县推广，主要周年搭配模式有"杏鲍菇+高温平菇"、"双孢菇+高温平菇"等十余种。

3. 菌菜一体化复合棚高效栽培模式。利用蔬菜和食用菌的生物学特性，在大棚内种植蔬菜，在大棚的背面建设阴棚种植食用菌。此模式在寿光、齐河、兰陵等县市得到了示范与推广，效果很好。在蔬菜主产区，具有广阔推广示范前景。

4. 黑木耳吊袋高效栽培模式。在大棚内采取悬挂摆放的方式，吊袋栽培黑木耳，在相同条件下产量是传统地栽黑木耳的4-5倍。该模式目前在枣庄、日照、青岛、烟台和济宁得到了示范和推广，效益可观。

5. **新型保温材料菇房栽培模式**。在保温、节能方面的优势尤为突出，生产的食用菌品质好产量高。这种新兴保温材料菇房适用于恒温结实的食用菌种类，发展应用前景广阔。目前在东营等地得到了示范与推广，经济效益显著提高。

6. **光伏食用菌大棚高效栽培模式**。光伏食用菌大棚是在棚顶安置光伏板发电，棚内生产食用菌的栽培模式。将光伏发电和食用菌产业相结合，实现了资源整合、优势互补、共同发展。目前在即墨、莘县、邹城、兰陵等县市得到了示范与推广，受到了当地政府和广大菇农的欢迎。

（二）支持政策

内容详见本章第一节蔬菜产业相关政策。

（三）实训基地（见本章第十节）

食用菌专家：高　霞　山东省农业技术推广总站研究员；

电话：0531-81608006

序号	实训内容	建设单位	具体地址	实训时间	联系人	联系电话	指导单位
1	食用菌工厂化生产关键技术	东营宋氏菌业有限公司	东营东营区	7-10月	路美	15154608652	省农业厅
2	食用菌栽培种植技术	东港区乐丰食用菌专业合作社	日照东港区	3-12月	安丰刚	13606337820	省农业厅
3	平菇、秀珍菇、木耳栽培技术	润百禾现代农业科技有限公司	莱芜莱城区	4-11月	孙小燕	13806341938	省农业厅
4	毛木耳生产关键技术	首佳毛木耳种植专业合作社	菏泽鄄城县	3-10月	霍道宪	13475003966	省农业厅

（续表）

序号	实训内容	建设单位	具体地址	实训时间	联系人	联系电话	指导单位
5	珍稀食用菌栽培技术	常丰食用菌有限公司	济宁邹城市	3月	常 猛	13695476789	省科技厅
6	食用菌高效栽培技术	莘县富邦菌业有限公司、山东奥瑞菌业科技有限公司	聊城市莘县	全年	宋益胜	13906353339	省科技厅
7	有机灵芝养殖技术	广义灵芝养殖专业合作社	聊城市冠县	3-8月	靖国桅	13455088806	省科技厅
8	食用菌工厂化栽培技术	七河生物科技股份有限公司	淄博市淄川区	全年	李光亮	0533-5161797	省科技厅

九、专用小麦产业

专用小麦通常指强筋小麦和弱筋小麦。强筋小麦适合加工面包，弱筋小麦适合加工糕点、饼干等，二者专用性较强，主要依靠进口。山东省的光热资源条件适宜生产强筋小麦和中筋小麦。强筋专用小麦的价格，市场价格一般较普通小麦高0.2-0.4元/公斤。

（一）主要品种和种植模式

强筋小麦品种主要有济南17、师栾02-1、济麦20等。2010年以来，全省新审定泰山27和济麦229两个强筋小麦品种。种植模式，一是通过专业合作社组织专用小麦生产，联系面粉加工企业进行订单生产；二是面粉加工企业直接与种粮大户、专业合作组织等签订专用品种的种植合同，生产专用小麦；三是面粉加工企业通过土地流转，种植专用小麦品种，生产专用小麦。

（二）支持政策

📲内容详见本章第一节蔬菜产业相关政策。

（三）实训基地（📲见本章第十节）

专用小麦专家：黄承彦　山东省农科院作物研究所研究员；

电话：0531-83179422

序号	实训方向	实训内容	建设单位	具体地址	实训时间	联系人	联系电话	指导单位
1		小麦、玉米高产栽培技术	济南永丰种业有限公司	济南长清区	常年	宋凡勇	18678859676	省农业厅
2		夏玉米栽培技术	东营区金丰家庭农场	东营东营区	6-9月	庞增华	15552763777	省农业厅
3		玉米常见病害防治技术	众兴小麦种植专业合作社	东营垦利县	8-10月	张希勇	15605467688	省农业厅
4	小麦、玉米、水稻、杂粮等粮食作物	玉米"一增四改"技术	金诺种业有限公司	济宁泗水县	全年	张亚青	0537-4262622 13562759788	省农业厅
5		有机大米生产技术	丰谷米业有限公司	济宁鱼台县	5-10月	刘彪	15163719488	省农业厅
6		小麦、玉米中后期管理技术	东平县农业科学研究所	泰安东平县	5-10月	郑允坦	13905480673	省农业厅
7		小麦、玉米、杂粮高产栽培	临沂市罗庄区嘉盛农场	临沂罗庄区	3-11月	张萍	13508996868	省农业厅

（续表）

序号	实训方向	实训内容	建设单位	具体地址	实训时间	联系人	联系电话	指导单位
8		水稻播种育秧技术	恒丰农机化农民合作社	临沂郯城县	5-9月	高永	13355018150	省农业厅
9		小麦种植技术	东楼小麦种植专业合作社	德州乐陵市	4-5月	王绍勇	15964194864	省农业厅
10		小麦宽幅精播技术	富民小麦种植合作社	德州临邑县	5-9月	魏德东	13969258616	省农业厅
11		小麦、玉米高产栽培技术	陵城区专用小麦协会	德州陵城区	6-12月	张怀友	13905444954	省农业厅
12	小麦、玉米、水稻、杂粮等粮食作物	小麦、玉米高产栽培技术	陵城区德强农场	德州陵城区	6-12月	冯高东	13583495506	省农业厅
13		小麦、玉米种植管理技术	生态农业家庭农场	德州平原县	3-12月	周胜华	18766050099	省农业厅
14		小麦、玉米种植管理技术	宏发农机作业专业合作社	德州平原县	3-12月	杨春安	13953437611	省农业厅
15		小麦、玉米高产栽培技术	风华粮食种植专业合作社	聊城阳谷县	全年	汪风华	13562086881	省农业厅
16		小麦宽幅精播等高产栽培技术	杜郎口镇亿丰家庭农场	聊城茌平县	全年	张绪猛	13562061928	省农业厅
17		玉米新品种繁育技术；小麦栽培技术	山东莘州种业公司	聊城莘县	全年	刘芳	17706351699	省农业厅

（续表）

序号	实训方向	实训内容	建设单位	具体地址	实训时间	联系人	联系电话	指导单位
18	小麦、玉米、水稻、杂粮等粮食作物	病虫害综合防治技术；小麦、玉米、棉花高产栽培技术	山东省滨州市红太阳公司	滨州阳信县	10月	刘治刚	18805435001	省农业厅
19		粮、棉种植技术	金种子有限公司	滨州博兴县	5、7、10、11月	顾永霞	0543-2608116	省农业厅
20		粮食高产栽培技术	恒丰源种植专业合作社	菏泽曹县	全年	李宪卿	13508901533	省农业厅
21		水稻多元化种植技术	一邦农业科技开发有限公司	东营垦利县	4—11月	张茂林	18954630677	省科技厅
22		水稻轻化栽培技术	润农种业科技有限公司	济宁市鱼台县	5-10月	杜中民	13853705799	省科技厅
23		有机大米种植技术	鱼台县丰谷米业有限公司	济宁市鱼台县	3-5月	刘宝启	13695477588	省科技厅

十、青贮饲料玉米产业

山东是牛羊养殖大省，种植青贮玉米具有较好的市场。一些大型奶牛企业和养殖场已逐步指定专用青贮玉米品种作为青贮饲料来源。随着机械化程度的提高，青贮玉米的收获和贮存成本将进一步降低。从收入来看，青贮玉米与商品玉米效益基本持平或略高；从生产成本来看，可以节约收获成本100元/亩；从畜牧业发展看，具有较好的经济效益。目前，畜牧业和青贮玉米种植业发展较快的地区有鲁中、鲁北和鲁西南地区，青贮玉米的播种面积迅速增加。

（一）主要品种和方法

青贮玉米分为粮饲兼用型、粮饲通用型和青贮专用型，粮饲兼用型和粮饲通用型比较适合在山东省种植。青贮玉米可采取"规模化种植、订单生产、精量播种、合理增密、科学肥水、春夏播搭配、适时机械收获"等措施，同时加强种养结合配套技术集成，加快成熟技术的宣传与推广。发展青贮玉米，需要有合理的规模，青贮玉米每亩的生物产量可达3.5-4吨，按每头奶牛每年消耗2-3亩青贮饲料计算，一个万头奶牛养殖场，需要周边约2万-3万亩土地来提供玉米青贮饲料。发展青贮玉米，需要生产技术和青贮加工技术的支持，要与当地畜牧养殖业有机结合，采取订单农业方式进行发展，有固定的销售渠道，不随意超规模发展。

（二）支持政策

粮改饲发展草食畜牧业试点项目。2015年省畜牧兽医局、省财政厅在牛羊养殖优势区域和粮改饲推进力度大的济南等10市，以县为单位整建制实施,选择部分县级区域开展试点。试点项目实施周期原则上为1年，每个试点县补助资金500万-600万元。重点支持大型养殖企业（场）、全株玉米青贮生产加工企业、饲草料专业合作社等开展青贮玉米等饲草种植、全株青贮玉米收购；自有饲草基地基础设施建设（包括沟、渠、路及灌溉设施），收获机具、打捆机具等购置，草料库、农机具库等修扩建；支持开展相关试验研究与技术推广、检验检测等。

（三）实训基地（ 见本章第十节）

青贮专家：丁兆华　山东省农科院玉米所副研究员；

电话：13805319408

徐立华　山东省农科院玉米所副研究员；

电话：13969115740

实训基地（ 详见本节专用小麦实训基地）

十一、小杂粮产业

山东杂粮种植历史悠久、品种丰富、品质优良。近年来，随着消费者对食物多样性、营养性、安全性需求的增加，全省杂粮种植面积逐年增加，杂粮产业呈现出规模化、标准化、产业化、品牌化的发展趋势。

（一）主要品种和种植方法

主要包括大豆、谷子、高粱、绿豆等，在全省各个区域均适宜种植。该类作物共同特点是生育期比较短，种植面积比较小、区域性比较强，比较抗干旱、耐瘠薄等。它既可以作为填闲补种作物，又适宜于丘陵山区、新开垦地和一些旱薄地种植，也可与大宗作物如小麦、玉米等实行间作、套种、混种，提高土地利用率，优化粮食产业结构。

（二）支持政策

 内容详见本章第一节蔬菜产业相关政策。

（三）实训基地（ 见本章第十节）

杂粮专家：丁汉凤　山东省农作物种质资源中心主任；

电话：0531-83178332

实训基地（详见专用小麦粮食作物实训基地）

附：其他特色种植产业省级认定实训基地

序号	实训方向	实训内容	建设单位	具体地址	实训时间	联系人	联系电话	指导单位
1	芦笋	芦笋标准化栽培技术	曹县华东芦笋科技服务公司	菏泽曹县	全年	刘保真	13793041816	省农业厅
2		芦笋高效种植技术	巨鑫源食品有限公司	菏泽市曹县	5-10月	王旋	15315666977	省科技厅
3	大豆	大豆新品种示范	圣丰种业科有限公司	济宁市嘉祥县	6-10月	刘传祥	18753729153	省科技厅
4		大豆产品精深加工技术	山东万得福实业集团有限公司	东营垦利县	全年	燕效云	13780760355	省科技厅
5		油豆标准化栽培技术	金桥菜豆种植专业合作社	菏泽成武县	1-7月	张化良	13563898098	省农业厅
6	马铃薯	马铃薯高产栽培技术	泓安农业科技有限公司	枣庄滕州市	3-10月	安修海	13963283627	省科技厅
7		马铃薯种薯繁育与高产栽培技术	希森马铃薯产业集团有限公司	德州市乐陵市	3-10月	宋兴俊	0534-6838666	省科技厅
8	大蒜	大蒜标准化种植技术	成功生物科技有限公司	济宁市金乡县	8-10月	沙婷	13505375575	省科技厅
9	桑蚕	桑蚕省简化养殖技术	海通茧丝绸有限公司	日照市莒县	5-9月	徐军涛	13606333500	省科技厅
10	其他	休闲农业发展经验	穆李生态农业公司	菏泽牡丹区	全年	李芳起	13854079545	省农业厅

责任单位及联系人：
山东省农业厅 谭 涛 科技处副调研员 0531-67866137
山东省科技厅 武 军 农村中心科长 0531-66777103

案例一

立足优势 拓宽富路

省委办公厅第一书记工作组

孔庄村位于苍山县下村乡驻地正东3公里处，三面环山，是典型的山区村。全村共有村民712户、2347人；有耕地2200亩，人均耕地0.9亩；村周围有山场3000亩。第一书记到村后，紧紧抓住土地这一宝贵资源，深入调研，科学谋划，积极协调，打造初具规模的黄桃种植产业，为村民脱贫致富开拓出一条行之有效的路子。

我们还没到村里，就听说孔庄村集体一穷二白，但是，通过走访调研我们发现，其实不然，几年前村里争取上级土地复垦项目，在村北整理出500多亩集体用地，因处理意见不统一，目前一直闲置着。我们认为，土地就是资源，可以从这里做文章。

一是访专家、提建议。通过调研周围几个土地条件相近的村庄，我们觉得，作为山区村发展林果种植业比较切合实际。走访中有村民反映，他们也有过种植林果的想法，但始终没有付诸行动，原因有三：一是不了解市场，怕果子滞销；二是不懂技术，怕影响产量；三是投入太大，缺后期资金。为此，我们集中拜访、邀请了苍山县农业部门的专家来村里考察指导工作。专家们对孔庄产业发展问题进行了会商，提出了发展林果产业的建议并纷纷表态支持孔庄村发展，同时提出了可供选择的几个品种：板栗、核桃和黄桃。会商结束后，我们第一书记工作组进行了讨论，认为项目可行，可以提交村两委会讨论。在两委会上，我们就发展林果种植业的想法，以及专家会商的结果，向村支部委员、村委委员和村民代表做了说明，并听取了大家的意见。会上，通过举手表决的办法确定：把林果种植业作为孔庄村的产业发展方向，并尽快考察市场选定品种。

二是组织外出考察定发展方向。会后，我们立即组织部分村干部和村民代表两次外出考察，分别去费县考察了解板栗、核桃种植业，去平邑县考察了解黄桃种植业。在平邑县黄桃产业第一镇——地方镇，我们考察了部分黄桃种植村，参观了我省最大的桃罐头生产企业临沂市康发食品饮料有限公司。考察中我们了解到，当地的黄桃种植已发展到3万多亩，全镇有90多家专门加工黄桃罐头的企业，近几年黄桃一直供不应求。考察回来后，我们总结认为，从土地条件看，孔庄村的山岭地种植板栗、核桃、黄桃都适合，但从市场效益看，黄桃市场效益更稳定；从管理看，黄桃管理更容易；从购销模式看，黄桃产业模式更成熟。2012年4月底，通过村党员大会正式确定了黄桃产业的发展方向。

三是多措并举做产业发展文章。针对村民以前提出的问题和困难，我们采取了一系列的做法：一是做好规划和土地流转。在规划时，我们利用村北500亩地，并流转临近耕地100亩，总计整合土地600亩打造种植示范园。二是积极推进配套基础设施建设。在水利部门支持下，投入资金40万元建设扬水站1处，解决黄桃示范园的灌溉问题；投入资金10万元，整修了6公里生产路，解决车辆和人员进出问题。三是强化技术支持。邀请县农业局的高级农艺师进行黄桃种植技术培训，在生产管理过程中现场指导，并帮助合作社建立了田间生产管理档案，确保每户都有一名科技"明白人"。四是依靠国家扶持政策，申请苗木补助资金20

万元。五是建立长效经营机制。成立黄桃种植专业合作社，吸收了220户农户入社，并与临沂市康发食品饮料有限公司签订了黄桃购销协议，建立起"龙头企业＋专业合作社＋农户"的运营模式，通过统一供应种苗、产品销售、品牌创建等，为社员进行产前、产中、产后的一系列服务。按照当前每亩纯收入5000元计算，进入盛果期后，600亩黄桃示范园将实现增收300万元。根据协议，合作社将把纯收入的1%作为管理费交纳村集体，仅此一项将增加集体收入3万元左右。在取得收益后，会吸引更多的村民参与黄桃种植，力争通过4至5年的时间，使黄桃种植达到1000亩以上。由于产业打造初有成效，2012年孔庄村被评为省级生态文明乡村建设工作先进村。

【工作启示】一是实现脱贫致富，重要的在于走产业发展的路子；二是发展产业一定要从村庄的实际出发，与当地产业发展相衔接；三是村庄发展何种产业，要注意听取专家和村民的意见，尤其要尊重村民的意愿；四是扶贫工作重点村发展经济先天不足的因素多，第一书记要倾尽全力扶持帮助。

案例二

丝瓜效应　推动蔬菜产业新发展

沂南县双堠镇东梭庄村第一书记工作队

沂南县双堠镇东梭庄村有着悠久的露天蔬菜种植历史。但是，由于缺乏必要的技术升级、设施改造、市场拓展，蔬菜生产长期停留在手工操作、粗放管理、经验种植、零散销售的初级阶段。

我到村后，首先从思想解放上做文章，带领村民代表、党员干部60

多人次先后到寿光、苍山等地参观考察蔬菜种植情况。"走出去"之后，老百姓的思想观念有了很大的转变。好多老百姓参观考察后信心十足，但考虑到高额的投入成本后又纷纷打了退堂鼓。用什么办法能够让蔬菜产业顺利发展起来，成了摆在我们面前急需解决的问题。

经过认真思考，我们制定了产业发展的几个基本思路：第一，帮扶不要按照自己的主观臆断去强迫老百姓做事，而是主动发掘当地产业特色，在此基础上强化、推动。第二请外面的企业来投资兴业，示范带动当地产业发展。第三，"第一年企业带动，第二年百姓参与，第三年自由发展"。通过企业的参与，把先进的管理、种植、经营理念引进来，为我所用。确定了工作思路后，我们多次外出考察招商引资。经过反复洽谈，与寿光一家农业服务企业达成合作意向。为了实现规模经营，我们与村两委成员共同做工作，成功流转土地110亩。经过3个月的紧张施工，建设了一处现代农业"科技园"。

园区建成后，我们决定种植荷兰中绿丝瓜。第一批丝瓜苗于2012年12月28日定植，第一批成瓜于2013年3月14日采摘。历经一年，该项目对当地蔬菜产业发展产生了较大影响。

一是增加了经济收益。2013年9月，园区单棚（1.3亩）丝瓜产量已达3万公斤，单棚毛收益9万余元。园区优先聘用本村劳动力，让他们不用出村便可以打工赚钱；每年每亩1500元的土地流转收益，使出让土地的百姓有了基本的生活保障；从土地上解放出来的劳动力作为产业工人进入园区工作，学习种植技术，每年工资性收入可达27000元。2013年度，园区给村民带来务工性收入50余万元，工资性收入100余万元，土地流转收益15万元。

二是解决了污染难题。沂南是全国养鸭第一县，每年肉鸭出栏量4亿只，禽畜粪便的处理是一大难题。随着双堠镇现代蔬菜产业的发展，有机肥的用量急剧上升，这一难题很快得到了解决。以前的污染源成为养殖户的一大收入。

三是拉动了相关产业发展。温室大棚的建设，带动了建筑、钢材、水泥、器械、农资、劳务、住宿、餐饮等行业的发展。蔬菜产业的发展，不仅为双堠镇镇域经济发展增添了活力，同时也增加了群众收入。

【工作启示】发展蔬菜产业既增加了群众的收入，培养了群众致富的本领，又推动了农业的转型升级，是产业扶贫的一种有效措施。

案例三

茶叶大棚引领村民走上致富路

日照市扶贫开发领导小组办公室

薄家口村位于日照市岚山区巨峰镇西北部，全村680户，1600余人，耕地1860亩，山场6000多亩，是个典型的山区农业村。20世纪50年代，薄家口村是一片黄色的沙土地，种小麦不长小麦，种水稻不长水稻，贫穷曾逼迫年轻的壮汉外出打工，被当地人称为"簸箕口"。到90年代末，该村负债近百万元，村民人均收入刚过千元，是一个人心涣散、干群关系紧张、群众时常为小事上访的扶贫工作重点村。但是，自从大力发展大棚茶叶之后，逐步走上了致富之路。

薄家口村三面环山，背风向阳，水源充足，适合茶叶生长，是山东省"南茶北引"最早的村之一。1966年引种成功以来，村民一直是自种自采、自炒自卖，一家人对付半亩茶就十分吃力。1997年以前，村里有老茶园100多亩，但管理粗放、工艺落后，效益很低，群众生产没情绪。1997年秋，村两委带领干部群众到寿光参观考察大棚蔬菜时受到了启发：蔬菜扣上大棚，收入就能翻番，茶叶扣上大棚会是什么样呢？反季节的茶叶,价格一定也低不了。

村里刚开始提出茶叶扣大棚的想法后,立即引起了轩然大波,许多人的质疑接踵而来,担心种好了鲜叶没人要。带着种种疑问,该村首先从党员干部开始发展大棚茶叶。1997年冬天,党员干部建设了33个春暖式茶叶大棚。1998年春节,大棚茶上市了,每斤鲜叶平均卖到120元,是普通鲜叶的3-4倍,每个棚平均收入7000余元,成品茶每斤卖到了1500-2000元,填补了当时我国冬季无鲜茶的市场空白。这一下,全村沸腾了,过去对村两委有意见的群众心服口服,群众纷纷加入到茶叶大棚的种植行列。

随着茶叶市场的发展,从1998年开始,薄家口村开始大面积产业结构调整,全村新上茶园面积500亩,1999年又上了100亩,2000年又新增茶园400亩。目前,全村现有茶园1360亩,接近户均2亩茶,而且建起了全镇最大的茶叶鲜叶交易市场。全村中型以上茶叶加工销售企业16家,个体加工户30家。打造出了"北垵春"、"御园春"等10多个名优绿茶品牌。

案例四

土地处处都有"金"

济阳县太平镇茅草张村第一书记　王志刚

太平镇茅草张村位于济阳县城西南,是省定扶贫工作重点村,有185户、730余人,贫困人口66户,耕地931亩。以种植小麦、玉米为主,农民人均收入比较低。

多年以来,由于村位置相对偏僻,一直没有适合的路子和产业,村里经济基础一直相对薄弱。我驻村后,认真开展实地调研,详细了解村里曾经发展各类产业的情况，查找分析问题，找准相关症结，让后续帮扶少"走弯路"。经过反复考察论证，结合平原村的特点、土地资源的优势和济阳县农业发展的政策经验，确定了发展中草药种植和大棚瓜菜种植的帮扶路子。

一、中草药种植。当时村里有集体土地80余亩，经村民代表会议研究后，确定先进行试点种植。为解决种什么品种、种上怎么管理、采收后如何销售等问题。我主动与单位（济南护理职业学院）药学系领导和部分专家进行了沟通，邀请专家到村里实地调研、化验土质，确定土地适合种植哪些中药材。经专家论证，认为种植地黄最为适合。我一方面协调学院药学系以建立实训基地形式进行帮扶，无偿提供全程技术指导，并由学院出资购置中草药种苗。另一方面，我联系了山东百味堂中药饮片有限公司与村里签订回收协议，解决了药材销售的后顾之忧。采取了"支部＋合作社"种植模式，鼓励贫困户承包种植中草药，获得收益后向合作社缴纳提成，用于村内集体公益事业。2015年，80亩中草药全部种植成功，亩产6000斤以上，纯收入达20余万。2016年，又引进丹参种植，目前长势喜人。

二、大棚瓜菜种植。太平镇是有名的西瓜之乡。我到村后，发现村里种大棚的农户很少，经走访调研发现大家对大棚种植普遍存在顾虑，思想不太统一。但从长远看，搞大棚前景非常好。鉴于此，我会同村两委研究规划建设大棚产业示范园区的基本思路，一方面确定连片的200亩土地进行流转，挨家挨户做工作、签订土地流转协议；另一方面动员村支部书记、外出务工年轻人带头搞大棚，确定了首批14户、64个大棚的规模。大棚建设期间，由于资金迟迟不到位，部分流转土地农户思想上有所动摇，想把土地种上小麦，在这种情况下，我与村两委积极做农户工作，同时帮助种植户办理无息贷款，示范园区于2014年顺利完工。种植户普遍没有技术和经验，我又带领广大种植户及时到外乡进行学习，并请来具有多年种植经验的种植户和科技专家进行现场教学。2015年示范园区种上首批瓜菜，随后我们成立了金桥蔬菜种植农民专业合作社，采取"支部＋合作社"模式进行管理。粗略估计，瓜菜每亩年收入1.5万元，当年投资全部回本，取得了良好的经济效益。目前，全村瓜菜大棚种植面积已达500亩，真正成为扶贫工作重点村脱贫致富的好产业。

小贴士

蒸食大枣开辟扶贫新途径

山东硕博农业科技有限公司

山东硕博农业科技有限公司占地面积1000余亩，是一家以研发、培育、示范、推广特色优质大枣良种、苗木及深加工为一体的现代农业科技企业。公司本着"生态绿色、品牌引领、创新发展、示范带动"的发展理念，精心选育和引进"仲秋红"蒸食大枣等百余个优质新品种，千亩具有地方特色的"仲秋红"蒸食大枣示范园目前已经通过ISO9001国际体系认证、有机农产品和富硒产品认证。

大枣自古以来就被列为"五果"（栗、桃、李、杏、枣）之一，作为中药应用已有2000多年的历史。"仲秋红"蒸食大枣是省老科协专家团队和济南市林业局经过十余年选育、杂交的变异品种，其特点：一是果实大而靓丽。果实椭圆形，果面光洁，浓红亮丽，平均单果重40克，最大单果重58.2克，中秋节成熟。宜鲜食，品质上等，蒸食最佳，皮极易剥离。二是营养价值高。可溶性固体物含量32.4%，总糖30.72%，富含30多种微量元素。其可食率96.9%，制干率56.8%，具有极高营养、保健和美容价值。三是耐贮藏。鲜枣采摘后，可在零下18-25°内冷冻储存到来年，口感、味道与鲜枣一样。蒸熟后的"仲秋红"大枣，尤其适合肠胃病者、老人和孩童食用，弥补了国内外市场适宜餐桌用蒸食、加工高品质晚熟大枣的空档，推广前景宽广。

"仲秋红"蒸食大枣耐干旱、耐瘠薄、耐盐碱、抗枣疯病、成熟时遇雨不裂果，病虫害少、生产成本低，适合在山区、平原、丘陵等地种植，也可在房前屋后种植或作为行道树种植。2014年，山东硕博农业科技有限公司栽培1000多亩，进行了大面积的试验示范。嫁接苗定植后当年可结果，第2年每棵树可结果7-8斤，亩产700-800斤，第3年亩产1500斤左右，第4-5年进入盛果期，亩产可达4000-5000斤，亩收入5000元以上，经济效益可观。"仲秋红"蒸食大枣培育示范成功，为全省特色经济林建设开辟了一条好渠道，为脱贫致富提供了一个好项目。

薄皮核桃也能致富

山东汇友金核桃食品有限责任公司

山东汇友金核桃食品有限责任公司成立于2001年4月，位于济南市章丘明水经济开发区查旧工业园汇友路，是一家以核桃为主的集培育、种植、生产、加工、销售于一体的绿色产业化科技创新型企业，公司以"汇友"为企业品牌，旗下10余个产品；已在山东、江苏、安徽、浙江等地取得了良好的市场基础。公司拥有4条瑞典进口利乐无菌砖生产线，设计核桃乳加工产能36000吨，产值3.5亿元，可解决山区核桃230万公斤，2015年仅从曹范、垛庄、历城等乡镇收购核桃120万公斤，直接带动1万多农户的核桃种植；同时，为提高农户收入，在垛庄经过2年实验，在核桃林下兼作黑小米、黑花生、黑豆、黑芝麻等附加值较高的黑食品，每亩地为农民提高了2000-2500元收入，有效地发挥了山区无污染土地的价值，为实现绿色山区有机立体种植开辟了新路径。公司先后被评为"山东省农业产业化重点龙头企业"、"山东省林业龙头企业"、"济南市都市农业决策咨询重点联系单位"，为企业进一步做大、做强打下了坚实的基础。

为进一步实验"龙头带基地、基地联农户、绿化保泉、农民增收"的绿色现代农业，公司自2012年在章丘南部山区文祖锦屏山建设3000亩的"中国'香玲'薄皮核桃标准化种植示范园区"，通过土地流转的方式，直接流转1300多户农户土地，同时，间接带动100多名村民到基地工作，每月可实现1500-2000元收入。同时基地建成了包括40余个优良核桃品种的核桃种质资源圃并成立了"山东汇友核桃研究院"，2013年基地被认定为"国家林业局华东核桃工程技术研究中心研发基地"和"山东省核桃工程技术研究中心培育基地"；其总投资5000万元，以"品种化栽培、标准化种植、园艺化管理、产业化经营"为宗旨，聘请中国"香玲"薄皮核桃之父王钧毅教授为外聘专家，并与山东农业大学、山东省林科院深度合作，深入研究核桃病虫害防治、核桃青皮和核桃壳的再利用及核桃仁的科学化深加工。同时，利用基地丰富的核桃种质资源，进行优选，培育出材果兼用及亩产超千斤的优质核桃新品种。通过本基地的打造以及核桃产业集群成立和完善，我们不但可以为农户提供优质的品种苗木、科学的技术指导、标准化的样板种植，同时还和他们建立稳定的定向收购合作关系，让农民不愁种、不愁卖，通过科学种植实现年年增收。

山东汇友金核桃食品有限责任公司积极响应脱贫攻坚的要求，建立扶贫实训基地，通过帮助有志向的扶贫工作重点村开展薄皮核桃种植，增加农民收益，为脱贫攻坚做出应有贡献。

第二节
发展特色养殖产业

一、大力发展节粮型食草畜牧业

发展节粮型畜牧业是保障畜产品有效供给，缓解粮食供求矛盾的重要途径，也是转变农业发展方式，带动群众脱贫致富的有效举措。主要包括饲养肉牛、奶牛、肉羊、绒毛羊等。

（一）肉牛产业

全省肉牛养殖总体规模大，优势区域带动明显，产业化水平不断提升，涌现出了一批像平阴超牛、梁山科隆、无棣华兴等高档牛肉生产企业，肉牛屠宰加工能力在万头以上的龙头企业40家，年总加工能力150多万头。

1. 主要品种和养殖模式

肉牛品种主要有鲁西黄牛、渤海黑牛及西门塔尔、利木赞牛，在全省各地均适宜养殖。按照肉牛生产规模，可分为家庭农场、规模育肥场、合作社、规模繁育场，生产模式有"公司＋农户"、"公司＋合作社"、"公司＋民间组织＋农户"等。

（1）集约化育肥（规模育肥场、合作社）。租赁土地，只建设育肥设施，外购架子牛或小牛，进行4-6个月集中育肥。集约化育肥可分为"全进全出集中育肥法"和"分批次育肥法"。"全进全出集中育肥法"即全场饲养同一批月龄差不多的肉牛，采用同样的饲养管理模式集中生产，集中出售，便于管理。"分批次育肥法"，即这个月进一批月龄差不多的肉牛进行育肥，间隔一个月再进一批月龄差不多的肉牛进行育肥，同一批按一定周期生产，均衡供应。

（2）自繁自育（家庭农场、规模繁育场）。饲养10头以上的养牛（场）户，以家庭为基础发展适度规模化肉牛养殖经营，实现肉牛养殖的自繁自育。规模繁育场以标准化生产为基础，实现规模化肉牛养殖的自繁自育。

（3）"公司＋农户（家庭农场）"、"公司＋合作社"的养殖模式。散户养殖可依托龙头企业、养殖合作社，因地制宜发展。这几种模式都是屠宰加工企业与合作社以及农户间关系是利益共存，风险同担。

在肉牛养殖上，农户可根据自身能力投资，一般建设1-2栋牛舍以上，人均可管理300头以上育肥牛。肉牛是草食家畜，可充分利用作物秸秆及其他农副产品，环境压力小，饲养成本低，用工条件低，各地均可根据当地实际情况适度发展。

2. 支持政策

（1）省农业技术推广专项资金。《山东省农业技术推广专项资金管理暂行办法》规定，推广资金重点支持涉及粮食安全、农产品质量安全、生态安全、资源节约及可持续发展等方面的技术推广项目，并以集成综合配套技术为主，兼顾效益显著、特色突出的单项技术。主要包括：粮、棉、油增产增收技术；瓜、果、菜安全高效技术；农业环境修复、水土保持与资源节约合理利用技术；设施园艺及花卉优质安全高效生产关键技术；畜禽安全高效养殖技术；水产品安全高效养殖技术；林业生态建设、资源培育与综合利用技术；农业新材料、新设备、新产品应用技术；名、特、优、新、稀农产品生产技术；农业防灾减灾及水安全技术。每个项目补助资金20万元左右，实施周期一般为一年。

（2）省现代农业生产发展资金。《山东省现代农业生产发展资金管理办法》规定，以县为单位择优确定优势区，重点支持粮食类产业、畜牧类产业、水产类产业、水果类产业及其他经济作物类产业的关键环节。

（3）特色产业扶贫基金。省财政设立特色产业扶贫基金，采取股权投资、周转使用、风险补偿、贷款贴息等方式运作管理。2016年把特色种植、养殖和加工业扶贫作为重点投向之一，主要对开展金融扶贫试点的县予以支持，每县安排200万-300万元。

（4）畜禽标准化养殖项目。《山东省2015年畜禽标准化养殖项目指导意见》要求，采取"先建后补"的方式，对达到标准化示范场条件的肉牛养殖场（户）进行奖补。肉牛出栏100-2000头的项目单位，每场扶持25万元。同等条件下优先安排第一书记帮包项目。

（5）肉牛良种补贴。《山东省2015年畜牧良种补贴实施方案》要求，每头能繁肉牛年补贴2剂冻精。补贴品种为利木赞牛、西门塔尔牛、德国黄牛、安格斯、鲁西牛、渤海黑牛。

（6）基础肉牛扩群增量项目。2014年开始，农业部在全国9个肉牛生产大省实施对肉牛基础母牛进行补贴。农户养殖数量达10头以上，母牛给予2500元的补贴。

3. 实训基地（📲 见本章第十节）

养肉牛专家：胡洪杰　山东省畜牧总站高级畜牧师；

电话：0531-87198780

序号	实训内容	建设单位	具体地址	实训时间	联系人	联系电话	指导单位
1	肉牛养殖	九女泉养殖合作社	济南历城区	5-8月	贾玉强	13953117870	省农业厅
2	肉牛饲料配制和饲养	超牛农牧公司	济南平阴县	全年	谢良佳	13455117453	省农业厅
3	肉牛电子耳标使用	华盛畜牧养殖公司	东营东营区	全年	陈国强	13562270546	省农业厅
4	引进品种养牛	惠民县顺风清真公司	滨州惠民县	4、7月	赵辉	0543-5293320	省农业厅
5	鲁西黄牛养殖技术	鸿翔牧业有限公司	菏泽郓城县	全年	高翔	13854056218	省农业厅
6	山东黑牛养殖技术	布莱凯特公司	淄博市高青县	全年	董懿为	18453350588	省科技厅
7	鲁西黄牛养殖技术	希森三和集团有限公司	德州乐陵市	全年	苑爱国	0534-6836999	省科技厅
8	鲁西黄牛养殖技术	科龙畜牧产业有限公司	济宁市梁山县	10月	张青云	15169706622	省科技厅

（二）奶牛产业

1. 主要品种和养殖模式

全省主要的奶牛品种为荷斯坦，乳肉兼用型有德系西门塔尔。按照奶牛生产规模，可分家庭农场、规模育肥场、养殖小区等。奶牛养殖投入比较大，养殖条件比较高，存栏规模在50头以内的农户养殖一般是加入到奶牛养殖小区统一管理，投资约20万–50万元。

2. 支持政策

内容详见本章第二节相关政策。

（1）奶牛良种补贴。《山东省2015年畜牧良种补贴实施方案》规定，按照每头能繁奶牛年补贴使用2剂冻精。每枚引进种用胚胎中央财政补贴5000元。奶牛补贴品种为荷斯坦牛。胚胎为引进的荷斯坦奶牛种用胚胎。

（2）农业保险保费补贴资金。山东省农业保险保费补贴品种共有17个，主要包括小麦、玉米、棉花、花生、能繁母猪、育肥猪、奶牛、公益林、商品林保险，冬暖式日光温室蔬菜大棚、苹果、桃和目标价格指数保险（大白菜、大蒜、马铃薯、生猪、大葱）。操作流程为：农户通过向省里确定的保险公司投保缴纳保费后，保险公司以保单向同级财政部门申请相应的保费补贴，各市县财政部门按照应负担的保费比例，足额补贴资金，在市县保费补贴资金全部到位的基础上，中央及省级补贴资金随后落实到位。对省定扶贫工作重点村中贫困户参加农业保险，保费自行承担部分由省财政补助50%。

3. 实训基地（见本章第十节）

养牛专家：胡洪杰 山东省畜牧总站高级畜牧师；

电话：0531–87198780

序号	实训内容	建设单位	具体地址	实训时间	联系人	联系电话	指导单位
1	奶牛育种及选种选配技术	奥克斯生物技术公司	济南长清区	4–11	李彦芹	18660179676	省农业厅
2	奶牛养殖技术	佳福奶牛养殖专业合作社	潍坊临朐县	全年	秦贞福	13953621821	省农业厅
3	奶牛养殖技术	合力牧业有限公司	潍坊安丘市	全年	刘培全	13505368508	省农业厅
4	生鲜乳质量安全及奶站管理	泰安金兰奶牛公司	泰安岱岳区	3–11月	法文静	13954859607	省农业厅省科技厅

（三）养羊产业

全省肉羊养殖规模较大、区域集聚度高、产业化进程发展快。肉羊存栏2000多万只，出栏3000多万只，羊肉产量30多万吨。肉羊饲养1000只以上的规模养殖场（户）达400多家，最大饲养规模达到2万多只，国家级和省级肉羊标准化示范场22个和42个，肉羊屠宰加工能力万只以上的龙头企业20多家。

1. 主要品种和养殖模式

肉羊品种主要有小尾寒羊、波尔山羊、白山羊、青山羊等，全省均适宜养殖。主要有以下几种养殖模式：

（1）自繁自育模式。规模饲养场或专业户，通过饲养母畜，进行经济杂交或纯繁，繁育羔羊，生产育肥羊，开展规模化生产。

（2）异地育肥模式。从北方牧区收购架子羊进行强度育肥，或者是规模饲养场、育肥大户在当地通过收购架子羔羊开展集中育肥，出栏后再由屠宰加工厂统一收购、屠宰和加工销售。

（3）一体化模式。龙头企业为基地农户提供母羊，并负责配种服务，按约定价格收购农户繁殖羔羊，开展集中育肥加工，保证农户稳定收益。

（4）合作化模式。加工企业、母羊养殖大户、有关育肥场户、技术服务单位等生产经营主体，发起成立养殖合作社或协会，统筹开展生产资料和母羊购销、技术服务，加工企业收购社员供应的肉羊，并给合作社或协会一定的组织服务费用。

2. 支持政策

内容详见本章第二节相关政策。

（1）畜禽标准化养殖项目。《山东省2015年畜禽标准化养殖项目指导意见》要求，采取"先建后补"的方式，对达到标准化示范场条件的肉羊养殖场（户）进行奖补。肉羊出栏300-3000只的专门化育肥场，每场扶持25万元；能繁母羊存栏200只以上，出栏300-3000只的项目单位，每个扶持50万元。同等条件下优先安排第一书记帮包项目。

（2）肉羊良种补贴。《山东省2015年畜牧良种补贴实施方案》要求，绵羊、山羊种公羊一次性补贴800元/只。羊补贴品种为小尾寒羊、大尾寒羊、洼地绵羊、杜泊羊、济宁青山羊、莱芜黑山羊、沂蒙黑山羊、鲁北白山羊、波尔山羊、文登奶山羊、崂山奶山羊。

3. 实训基地（ 见本章第十节）

养羊专家：曲绪仙　山东省畜牧总站高级畜牧师；

电话：13706415215

序号	实训内容	建设单位	具体地址	实训时间	联系人	联系电话	指导单位
1	肉羊防疫技术	新发农牧科技有限公司	东营利津县	全年	左明焕	13854688009	省农业厅
2	肉羊短期育肥	嘉祥县种羊场	济宁嘉祥县	7、8月	刘新鹏	13173450333	省农业厅

（续表）

序号	实训内容	建设单位	具体地址	实训时间	联系人	联系电话	指导单位
3	湖羊标准化养殖技术	临清润林牧业有限公司	聊城临清市	全年	马仲杰	13969552299	省农业厅
4	小尾寒羊养殖技术	郓城县大鹏农牧科技有限公司	菏泽郓城县	全年	孙朝才	13455982999	省农业厅
5	青山羊养殖关键技术	曹县正道养殖专业合作社	菏泽曹县	全年	李凤雷	13854011211	省农业厅 省科技厅
6	优质羔羊繁殖技术	云至畜牧养殖合作社	泰安泰山区	3—12月	窦桂武	15505380979	省农业厅
7	鲁西黑头羊养殖技术	东昌府区临福养殖合作社	聊城市东昌府区	全年	孙振涛	13706350178	省科技厅
8	文登奶山羊养殖技术	山东阳春羊奶乳业有限公司	潍坊市坊子区	全年	康潇	18863620901	省科技厅
9	洼地绵羊养殖技术	洼地绵羊研究开发推广中心	滨州经济技术开发区	全年	李峰	13395437766	省科技厅

二、大力发展特色畜牧业

（一）养驴产业

养驴产业投资少、见效快，是带动农民脱贫致富的主要项目之一。聊城市建成规模养驴场70多家，存栏驴3万余头，东阿县养殖300头以上规模的养驴场有40家。

1. 主要品种和养殖模式

肉驴品种有关中驴、德州驴、广灵驴等，全省均适宜养殖。各地可

242

根据基础条件、投资规模、技术水平等，选择适宜的养殖模式。

（1）农户养殖。该模式投资最少，管理粗放，以家庭养殖为主，养殖规模较小，一般为3-5头。

（2）小型规模养殖。该模式占地面积少，驴舍建造简单、投资少，适合一般养殖户。

（3）大型规模化养殖。该模式将是今后驴养殖的主要模式。养殖规模较大，可以批量生产个性化驴产品。

2. 支持政策

📲 内谷详见本章第二节相关政策。

3. 实训基地（📲 见本章第十节）

养驴专家：张向阳 东阿阿胶股份有限公司副总经理；

电话：13606359607

序号	实训内容	建设单位	具体位置	实训时间	联系人	联系方式	指导单位
1	德州驴规模养殖技术	山东无棣天龙科技开发有限公司	无棣县	全年	闫金华	15266827799	省农业厅
2	东阿黑毛驴规模养殖技术	山东天龙牧业科技有限公司	东阿县	全年	张白阳	13606359607	省农业厅省科技厅
3	肉驴生产技术	淄博市临淄区齐涵农场	临淄区	全年	齐向民	13305334111	省农业厅
4	肉驴生产技术	临清市牧昌养殖场	临清市	全年	姬树文	13465752429	省农业厅
5	德州驴规模养殖技术	东营市方圆农牧有限公司	东营市	全年	徐凤彬	13406098888	省农业厅

（二）养蜂产业

山东蜜粉资源丰富，蜜粉源植物多达220余种，主要有刺槐、荆条、枣树、泡桐、苹果、玉米、棉花等。全省除11月至翌年2月无蜜粉源外，其他月份均有蜜粉源，发展蜂业不仅可以提供蜂蜜、蜂王浆、蜂胶等产品，还可以促进蜜蜂授粉，促进绿色发展，因此，我省的蜂产品市场发展潜力巨大。目前，全省蜜蜂存养量40.3万群，蜂蜜产量1.41万吨，蜂蜜加工出口量1.7万吨。

1. 主要品种和养殖模式

主要品种有：（1）中华蜜蜂，简称中蜂。中蜂耐寒性较强，分型敏捷，蜜源缺乏或病虫害侵袭时易飞逃，适宜在山区及半山区的生态环境中饲养。（2）意大利蜜蜂，简称意蜂。善于利用流蜜时间较长的大宗蜜源，利用零散蜜源的能力较差，耐寒及越冬性能强，饲料消耗较多，采集蜂胶较多。

养殖模式主要有以下三种：（1）在养蜂优势产区以发展西蜂标准化规模饲养为主。西蜂适于转地饲养。（2）在山区蜜源优势发展中蜂。中蜂可适应山区特有的气候和零星蜜源的特点，适于定地饲养且稳产。（3）在设施农业（蔬菜、水果）相对发达的地区发展授粉蜜蜂的饲养。

2. 支持政策

内容详见本章第二节相关政策。

（1）《山东省蜂业发展规划（2014-2020）》要求，对标准化示范蜂场、优秀蜂业合作社、种蜂场等给予支持，将养蜂移动平台（养蜂车）列入山东省农机补贴产品目录。每辆养蜂车给予一次性补贴5万元。

（2）《山东省蜂产业转型升级实施方案》要求，着力提升蜂业的标准化、组织化和产业化发展水平，建立和完善蜂产品质量监管体系，推动山东蜂业科学发展。

（3）《关于加快我省蜂业发展的通知》要求，优化养蜂车先进蜂机具补贴审批流程。金融保险系统要继续支持蜂业发展，探索推行蜜蜂良种补贴和蜂产业政策性保险。旅游、林业等部门要研究制定允许蜂农进入景区、林区放蜂的政策措施。

3. 实训基地（ 见本章第十节 ）

养蜂专家：姜风涛　山东省蜂业良种繁育推广中心高级畜牧师；

　　电话：15163817267

序号	实训内容	建设单位	具体地址	实训时间	联系人	联系电话	指导单位
1	蜜蜂授粉、优质蜂蜜生产	沂源蒙山实业有限公司	淄博沂源县	5、9、12月	张树立	13355212319	省农业厅
2	西方蜂良种繁育	龙口市三高种植场	龙口市	一季度和四季度	于世宁	13791250899	省畜牧兽医局
3	中华蜜蜂规模化饲养	济宁市陈宜斗蜂业有限公司	曲阜市	一季度和四季度	陈宜斗	13853781665	省畜牧兽医局
4	中、西方蜜蜂产品安全生产	蒙阴深山蜜坊蜂业有限公司	蒙阴县	一季度和四季度	王玉宝	13805397919	省畜牧兽医局

（三）养兔产业

山东是家兔养殖的传统优势地区，品种多、数量大，存栏量和出栏量均列全国前茅，长毛兔的存栏量和产毛量全国第一。家兔饲养成本低，用工条件低，生产周期短、见效快，兔毛耐储存，能够有效规避市场风险。各地可根据当地市场情况适度发展。

1. 主要品种和养殖模式

家庭散户养殖，由于设施简单，笼具投入低（每个笼位40元左右），万元起步即可养殖50只种兔。肉兔、獭兔每只种兔的年利润在200-500元，每只长毛兔的年利润为100-300元。散户养殖可依托龙头企业、养殖合作社，因地制宜发展。

肉兔和獭兔以工厂化、规模化养殖为主，养殖场区应远离居民区、水源地、交通干线、工厂、市场等区域。

2. 支持政策

⤤ 内容详见本章第二节相关政策。

3. 实训基地（⤤ 见本章第十节）

养兔专家：姜文学　山东省农科院畜牧兽医研究所研究员；

电话：18678821997

序号	实训内容	建设单位	具体地址	实训时间	联系人	联系电话	指导单位
1	长毛兔饲养管理技术	益达兔业有限公司	临沂蒙阴县	4、5、9、10月	张霞	13275391358	省农业厅

三、加快传统畜牧业转型升级

（一）生猪产业

山东是养猪大省，居全国第四位，也是生猪屠宰加工与外调大省，每年有三分之一的生猪或制品外调。生猪养殖投资大、周期长、技术水平要求较高。随着城镇化步伐加快，城乡居民生活持续提高，猪业发展前景广阔。

1. 主要品种和养殖模式

山东省主要有莱芜猪、大蒲莲猪、里岔黑猪、沂蒙黑猪、烟台黑猪、五莲黑猪六个地方猪种，另外还有培育的鲁莱黑猪、鲁烟白猪等新品种。当前饲养的瘦肉型猪以杜洛克、长白、大白猪杂交生产三元商品猪为主。

（1）全自动养猪模式。猪舍采用电脑自动控温、控湿，自动料线饲喂，自动饮水，万头猪场仅需6-8人操作。猪场建设和设施每头母猪投资1.8万-2万元，母猪年提供肥猪数量超过22头。

（2）规模化自繁自育模式。中大型的自繁自育猪场母猪均在50头以上，年出栏生猪在1000头以上。采用集约化规模饲养、全封闭管理、按批次生产、全进全出工艺，万头猪场用工24人。每头母猪投资1万-1.8万元不等，每头母猪年提供肥猪数为16-23头，出栏商品猪收益为150-300元/头。

（3）合同猪育肥模式。由龙头企业与养猪场户合作，实行统一供猪、统一供料、统一防疫、统一用药、统一收购。养猪场户为企业养殖合同猪，企业负责收购。养猪场户建设一定数量的育肥猪舍，通过企业认定，按照企业管理程序和标准进行批次化生产。养猪场户一般建设1-4栋猪舍，投资10万-30万元，年出栏生猪500-3000头，用工0.5-1.5人，出栏猪纯利润100-150元/头，年获纯利5万-40万元。

2. 扶持政策

内容详见本章第二节相关政策。

（1）畜禽标准化养殖项目。《山东省2015年畜禽标准化养殖项目指导意见》要求，采取"先建后补"的方式，对达到标准化示范场条件的生猪养殖场（户）进行奖补。生猪出栏0.5万-5万头的项目单位，每个扶持25万元。同等条件下优先安排第一书记帮包项目。

（2）生猪良种补贴。《山东省2015年畜牧良种补贴实施方案》要求，按照每头能繁母猪年繁殖两胎，每胎配种使用2份良种精液，每份精液补贴10元测算，每头能繁母猪年补贴40元。补贴品种为杜洛克猪、长白猪、大白猪（大约克夏猪）和莱芜猪、大蒲莲猪、沂蒙黑猪、烟台黑猪。

3. 实训基地（📲 见本章第十节）

养猪专家：周开锋　山东省畜牧总站高级畜牧师；

电话：13854195385

序号	实训内容	建设单位	具体地址	实训时间	联系人	联系电话	指导单位
1	猪疾病防治及养殖技术	山东鼎泰牧业有限公司	济南长清区	常年	孙　强	13006572756	省农业厅
2	猪场核心群种猪育种培育技术	济宁原种猪场	济宁任城区	6月	周卫东	15853799199	省农业厅
3	莱芜猪养殖技术	莱芜猪原种场有限公司	莱芜市	2-5月、7、10、11、12月	孙延晓	0634-8896766	省农业厅省科技厅
4	生猪健康养殖技术	新希望六和农牧限公司	德州夏津县	9月	姜洪青	15269273869	省农业厅
5	种猪、商品猪标准化养殖技术	山东众合农牧公司	聊城高唐县	全年	田华	13306353281	省农业厅
6	生猪养殖关键技术	宏兴原种猪公司	菏泽定陶县	全年	郝有彪	13854086066	省农业厅
7	哺乳母猪的饲养管理技术	华盛江泉农牧公司	临沂罗庄区	4、5、9月	李鑫	18253900087	省农业厅
8	肉猪健康养殖技术	巴夫巴夫公司	泰安市宁阳县	全年	张文娟	15588506207	省科技厅
9	肉猪健康养殖技术	山东蓝思种业股份有限公司	日照市区	全年	陈其美	15166192611	省科技厅

（二）蛋鸡产业

近年来，全省蛋鸡产业发展迅速，标准化、规模化水平得到了较大提高，规模饲养比重达90％以上，标准化饲养比重达75％以上。目前，笼养蛋鸡每只鸡一次性投资成本为30-50元，3-5年可收回成本。

1. 主要品种和养殖模式

主要品种为北京白鸡、海兰白鸡、依莎褐蛋鸡等，全省均适宜养殖。养殖模式分笼养和放养两大类。

（1）笼养。大规模标准化养殖，单场存栏20万只以上，单栋存栏5万只以上；适度规模标准化饲养，单场规模3万-20万，单栋鸡舍1万-5万；小规模饲养养殖量为5000-10000只。

（2）放养。规模放养一般为500-3000只，每亩200-300只，适合平原地区。小规模大群体放养，又称为山区别墅养鸡，即在山上建造别墅式的小鸡舍进行蛋鸡饲养。该模式需要有充裕的土地，鸡蛋适合做高端品牌。

2. 支持政策

内容详见本章第二节相关政策。

畜禽标准化养殖项目支持政策。《山东省2015年畜禽标准化养殖项目指导意见》要求，采取"先建后补"的方式，对达到标准化示范场条件的养殖场（户）进行奖补。蛋鸡存栏1万-10万只的项目单位，每个扶持25万元。同等条件下优先安排第一书记帮包项目。

3. 实训基地（ 见本章第十节）

蛋鸡专家：杨景晁　山东省畜牧总站畜牧师；

电话：13573778548

序号	实训内容	建设单位	具体地址	实训时间	联系人	联系电话	指导单位
1	疾病防治及养殖技术	维康庄园生态公司	济南长清区	常年	邵利	15588818323	省农业厅
2	蛋鸡饲养技术	瑞翔家禽公司	东营垦利县	全年	王建祥	13356629089	省农业厅
3	蛋鸡养殖新技术	万顺禽业有限公司	日照岚山区	5月	陈长宝	13963058988	省农业厅
4	养殖技术，宰杀技术，防疫技术	四海鼎盛实训基地	枣庄市中区	全年	刘刚	18306323070	省农业厅
5	蛋鸡饲养管理技术	明发农牧公司	淄博沂源县	5、6月	侯明	13355293888	省农业厅

（三）肉鸡产业

山东是全国肉鸡生产、出口第一大省，规模饲养比重在95%以上，标准化饲养比重达85%以上，全省约200万人从事肉鸡养殖、加工、销售等工作。肉鸡年产值300多亿元，成为全省畜牧业中的支柱产业。

1. 主要品种和养殖模式

主导品种包括三大类：白羽肉鸡、黄羽肉鸡和817肉鸡（肉杂鸡）。肉鸡养殖的现代化水平比较高，龙头企业基本实现了机械化、智能化养殖，主要养殖模式包括地面厚垫料饲养、网上平养和立体笼养。817肉鸡的养殖模式和白羽肉鸡类似。黄羽肉鸡养殖的现代化程度较低，养殖规模较小。

2. 支持政策

内容详见本章第二节相关政策。

畜禽标准化养殖项目支持政策。《山东省2015年畜禽标准化养殖项目指导意见》要求，采取"先建后补"的方式，对达到标准化示范场条件的养殖场（户）进行奖补。肉鸡出栏5万-100万只的项目单位，每个扶持25万元。同等条件下优先安排第一书记帮包项目。

3. 实训基地（📲见本章第十节）

肉鸡专家：曹顶国　山东省农业科学院家禽研究所研究员；

电话：13969086132

序号	实训内容	建设单位	具体地址	实训时间	联系人	联系电话	指导单位
1	商品肉鸡孵化、饲养、加工技术	山东仙坛股份有限公司	烟台牟平区	全年	高守杭	15053509659	省农业厅省科技厅
2	肉鸡健康养殖技术	山东民和牧业股份有限公司	烟台蓬莱市	全年	薛一平	0535-5828599 18353516887	省农业厅
3	优质肉鸡标准化规模养殖技术	温氏畜牧公司宁阳分公司	泰安宁阳县	3-12月	张海龙	18353833186	省农业厅
4	优质肉鸡养殖技术	纪华家禽育种有限公司	日照莒县	9月	赵纪华	13375546000	省农业厅
5	肉鸡标准化养殖技术	前胡农牧有限公司	滨州无棣县	8月	李增寿	15314350678	省农业厅
6	肉鸡科学饲养技术	泰安市立华畜禽有限公司	泰安肥城市	5、11月	李二林	13953851321	省农业厅
7	芦花鸡养殖技术	山东金秋农牧科技有限公司	济宁市汶上县	10月	贾亚	15063793299	省科技厅
8	莱芜黑鸡养殖技术	莱芜三黑牧业有限公司	莱芜市钢城区	3-5月	神安保	13176341688	省科技厅

（四）养鸭产业

肉鸭养殖周期短，见效快，管理技术简单易学，养殖规模可大可小。

1. 主要品种和养殖模式

肉鸭品种包括地方品种和引进品种。地方品种包括北京鸭、建昌鸭、天府肉鸭等，引进品种包括樱桃谷鸭、狄高鸭、瘤头鸭等。养殖主要采取平养和网养方式，也有少量采取笼养方式。

（1）肉鸭平养。肉鸭在地面上饲养，铺以垫草或垫料，建设简单、资金投入少，便于管理；肉鸭直接接触排泄物，养殖密度不宜过大，春秋7-9只/m²，冬夏5-6只/m²。

（2）网上养殖。网上养殖的投资较大。肉鸭不直接接触粪便，温度、湿度、通风等条件更易控制，饲料转化率提高，育成率提高，养殖密度增加，根据季节10-12只/m²。

2. 扶持政策

 内容详见本章第二节相关政策。

3. 实训基地（ 见本章第十节）

养鸭专家：王宝维　青岛农业大学教授；

电话：13789869968

序号	实训内容	建设单位	具体地址	实训时间	联系人	联系电话	指导单位
1	肉鸭发酵床生态健康养殖技术	山东益客食品有限公司	泰安新泰市	3、8月	曹明	18251678181	省农业厅
2	肉鸭养殖技术	菏泽华英禽业有限公司	菏泽单县	全年	付兴	13625307289	省农业厅
3	肉鸭养殖技术；用药方法	山东华康食品有限公司	滨州博兴县	4、8、12月	侯永波	0543-2818888	省农业厅

（续表）

序号	实训内容	建设单位	具体地址	实训时间	联系人	联系电话	指导单位
4	肉鸭养殖技术	山东绿源食品有限公司	济宁兖州市	10月	高恩凯	13863789468	省科技厅
5	蛋鸭养殖技术	鱼台县微山湖禽蛋加工厂	济宁市鱼台县	3月	付道君	15953476678	省科技厅

（五）养鹅产业

养鹅是养殖业中的朝阳产业，综合效益高，市场潜力大。近几年来，山东肉鹅饲养业发展迅猛，生产规模、产品产量得到迅猛发展，年出栏肉鹅达1200多万只。全省养鹅产业初步形成了三大生产主产区：即以胶东半岛的莱阳、莱西、海阳、乳山、即墨等县市为主的蛋鹅生产主产区；以临沂、潍坊、德州等市为主的鹅肥肝生产主产区；以鲁西南单县、郓城、阳谷、梁山、东阿、高唐为主的肉鹅生产主产区。

1. 主要品种和养殖模式

主要饲养品种：（1）扬州鹅。扬州鹅是我国首次利用国内鹅种资源育成的新品种，肉用仔鹅早期生长快，耐粗饲，适应性强，肉质鲜美，含水量低，加工成品率高，适口性好。（2）四川白鹅。四川白鹅为地方优良家禽品种。成年公鹅体重4.36-5.0公斤，母鹅3.41-4.10公斤。年平均产蛋量60-80枚，蛋重146克／枚。（3）山东当地品种：百子鹅、五龙鹅（豁眼鹅）。五龙鹅以优良的产蛋性能著称，年产蛋量为90-100个左右，蛋重120-130克。

主要养殖模式：（1）种鹅养殖基本采用"鹅舍＋运动场＋水池"的养殖模式，每个饲养场一般为2000-5000只。高峰产蛋率达到35%左右，年产蛋率50-60个，受精率达到95%，受精蛋啄壳率达到99%。技术服务主要依靠当地民间兽医服务机构或合作社进行指导。（2）肉鹅养殖基本采用网上育雏21-28天，然后转到"地面＋水池"饲养方式，饲养期一般为70-80天。肉鹅和种鹅饲料配制方式是：一般育雏料采购全价料，又称"开口料"，以后采购预混料，自己添加玉米和豆粕，并补充青绿饲料或农产品下脚料。

2. 支持政策

内容详见本章第二节相关政策。

3. 实训基地（见本章第十节）

养鹅专家：王宝维　青岛农业大学教授；

电话：13789869968

序号	实训内容	建设单位	具体地址	实训时间	联系人	联系电话	指导单位
1	常白一号鹅养殖技术	高唐县金顺鹅业养殖合作社	高唐	全年	井玉山	13406363288	省农业厅
2	四川白鹅、扬州鹅、朗德鹅养殖技术	济宁市陈氏鹅业有限公司	金乡	全年	陈新升	15863712368	省农业厅
3	百子鹅养殖技术	济宁华源畜牧养殖有限公司	金乡	全年	马招霞	15853796666	省农业厅
4	五龙鹅（豁眼鹅）养殖技术	五龙鹅科技开发有限公司	莱阳	全年	张中林	13406535273	省农业厅

四、发展渔业养殖

（一）海水养殖产业

山东是全国海水养殖大省，海带、扇贝、贻贝、蛤类、鲆鲽类、斑石鲷、刺参等产量居全国首位，龙须菜、中国对虾、牡蛎、蛏类、螺类、三文鱼、鲍等产量居全国前列。

1. 主要品种和养殖模式

山东海水养殖品种，主要分为以下几类：① 藻类，如海带、裙带菜、龙须菜和紫菜等；② 贝类，如牡蛎、扇贝、蛤蜊、蚶、蛏、贻贝、螺及乌贼等；③ 虾蟹类，主要包括凡纳滨对虾（南美白对虾）、中国明对虾、斑节对虾、三疣梭子蟹和锯缘青蟹等；④ 鱼类，如梭鱼、鲈鱼、牙鲆等；⑤ 海珍品，如海参、鲍等。

海水养殖模式多种多样，主要包括筏式养殖、围堰养殖、底播养殖、滩涂养殖、池塘养殖、工厂化养殖、网箱养殖等。各地可根据基础条件、投资规模、养殖品种、技术水平等，选择适宜的养殖模式。

（1）海藻养殖模式：① 海带养殖。适宜在泥沙底质水深大于5 m海区架设浮筏进行人工养殖，养殖成本约0.9万元/亩，收益近2万元/亩。② 裙带菜养殖。人工养殖海区海水透明度2 m左右为宜，养殖水深为0.3–1.5 m，养殖成本和收益与海带相近。③ 龙须菜养殖：人工浮筏养殖在水表面以下20–40 cm处生长良好，水深3 m以内也能生存，养殖成本约0.7万元/亩，收益约为1.5万元/亩。④ 鼠尾藻养殖。养殖设施可利用海带养殖筏架，适宜于风浪较小的内湾或者近岸海区养殖，养殖成本约0.6万元/亩，收益约1万元/亩。

（2）海水虾蟹养殖模式：① 池塘精养。池塘一般建于潮间带或盐碱荒滩上，平均产量约300–600 kg/亩。多用于养殖中国对虾、日本对虾、三疣梭子蟹等重要经济品种，池塘建设成本约为5000元/亩，养殖成本为16–20元/kg。② 高位池养殖。一般以5–10亩为一口塘，配备增氧设施可增加养殖密度。控制水质是该模式的技术核心和成功的关键，多适用于南美白对虾规模化养殖。建设成本为4万–6万元/亩，养殖成本为20–24元/kg。③ 工厂化养殖。工厂化养虾的优点是产量高、多茬养殖和拓宽上市时间，疾病容易控制。南美白对虾是适合工厂化养殖的虾种。

（3）贝类养殖模式：① 滩涂养殖。种类有菲律宾蛤仔、毛蚶、文蛤、青蛤、四角蛤蜊、光滑河蓝蛤（海沙）等，也可以生产牡蛎、蛏等种类。

一般在春季4-6月、秋季10-11月进行底播，当年或下一年收获，一般年投入为300-400元/亩，年产值可达3000元/亩以上。② 筏式养殖。养殖时间同滩涂养殖。贻贝、扇贝等当年或下一年收获。初次成本较高，筏架、养殖笼投入约为6000-8000元/亩，年投入约3000元/亩，年产值可达6000-8000元/亩。③ 底播养殖。主要种类有魁蚶、栉孔扇贝、菲律宾蛤仔等。养殖时间同滩涂养殖。菲律宾蛤仔、扇贝等当年或下一年收获，魁蚶等一般需要2-3年收获。一般年投入为300-400元/亩，年产值可达2000元/亩。

（4）海水鱼养殖模式：① 池塘、围堰养殖。平均建造成本为1.6万-2.2万元/亩，养殖水体小，管理方便，主要种类有鲈鱼、黑鲪、六线鱼、牙鲆等，亩产从几十公斤到数千公斤不等，同时可用于不同鱼种的中间培育。② 工厂化流水养殖。平均建造成本为160-210元/m²，水资源消耗大，养殖管理粗放，单位面积产量较高、养殖成本相对较低，大多数养殖鱼种都可进行工厂化流水养殖。③ 近岸网箱养殖。平均建造成本为1300-1400元/箱，投入产出比为1：2.5-1：3，网箱多为小型网箱，造价低廉，制造方便，易于普及推广。主要种类有黑鲪、梭鱼、真鲷、石斑鱼、鲈鱼、牙鲆、大菱鲆等。

（5）刺参养殖模式：① 工厂化养殖。适宜于地下海水资源或热能资源丰富的地区，通过控温方式削弱刺参的夏眠与冬季低水温半休眠，避免高温期体重减轻与低温期生长缓慢造成的成本增加，投入总成本为270-380元/m³，年产值可达400-500元/m³。② 池塘养殖。在靠近无污染源的海区附近，进排水便利，投入总成本为4400-6200元/亩，年产值可达6000-12000元/亩。③ 围堰养殖。在潮间带或潮下带区域建造石头或水泥坝体、设置闸门，靠自然涨潮纳水，建造围堰池塘大小一般为10-30亩，水深为3 m以上。投入总成本5000-7200元/亩，年产值可达10000-12000元/亩。④ 网箱养殖。在浅海通过搭建浮筏，构建特制网箱及附着基所开展的一种养殖方式。投入总成本为3.7万-4万元/亩，年可收获2-3茬，年产值可达1.6万-2.4万元/亩。⑤浮筏吊笼养殖。将刺参放置养殖吊笼内，悬挂于浅海浮筏上进行养殖。它是南方地区养殖刺参的主要模式之一，北方适宜条件的海区、池塘亦可采取此模式。投入总成本6.9万-10.5万元/亩，年产值可达8万-14万元/亩。

（6）鲍养殖模式：①筏式吊笼养殖。选择底质为泥底或泥沙底、附着生物少的海区，投入总成本9万-11.8万元/亩，年产值可达12万-16万元/亩。②工厂化养殖。具有生长快、养殖周期短、水环境可控、占地少且便于集中管理等优点。投入总成本为350-480元/m³，年产值可达400-500元/m³。③沉箱养殖。选择在平坦的岩礁、砂砾底海区，盐度稳定，水流畅通，水质清澈无污染。投入总成本31.8万-39.2万元/亩，年产值可达32万-40万元/亩。

（7）沙蚕养殖模式：①池塘养殖。养殖场需进排水方便，无工业污染，池塘底质以细、软泥为主。平均建造成本为2.7万-3.3万元/亩，产量十分可观，经济效益显著。②工厂化养殖。投入大，产量高。沙蚕在室内进行人工育苗后，投苗放养，6个月即可养成商品规格，产量一般为3kg/m²。平均建造成本为100-150元/m²，经济效益较高。③滩涂养殖。滩涂最好是含泥量高、高潮位、有植物分布的地区。平均投入约200元/亩，收入为2000-3000元/亩。

2. 支持政策

📲 省农业技术推广专项资金，省现代农业发展资金支持。内容详见本章第二节相关政策。

（1）标准化健康养殖资金。主要支持生产条件改善，重点进行养殖基础设施改造，养殖机械设备升级，完善进排水管网、水质净化、废水处理等节能减排设施，配备水质监控、疫病防控和质量监测为一体的智能信息化管理系统。申报要求为省级以上健康养殖示范场，每个项目补助资金50万元。

（2）渔业油价补贴政策。结合渔业行业扶贫，重点支持渔业龙头企业、专业合作社通过渔业产业化项目，通过"龙头企业（合作社）+基地+贫困户"方式，把更多贫困户纳入渔业产业化经营链条。该项目将接纳安置渔业贫困人口就业作为项目申报立项的主要考评依据，并根据安置和接纳贫困人口确定补助资金规模。

3. 实训基地（ 见本章第十节）

海水养殖专家：李成林　山东省海洋生物研究院研究员；

电话：13705320538

序号	实训方向	实训内容	建设单位	具体地址	实训时间	联系人	联系电话	指导单位
1	贝类	海产贝类生态养殖技术	威海长青海洋科技股份有限公司	威海荣成市	1-2月	卞大鹏	15606303896	省海洋与渔业厅
2	海藻	海藻、海带保种育种、育苗技术	山东东方海洋科技股份有限公司	烟台市莱山区	5—11月	李志凌	13589834996	省海洋与渔业厅
3	水产	水产养殖技术	寿光市林海生态博览园	潍坊寿光市	10-12月	郭龙洋	13583648536	省海洋与渔业厅
4		对虾养殖技术；营养及投喂技术	昌邑市海丰水产养殖有限责任公司	潍坊昌邑市	6月	马军凤	18863605573	省海洋与渔业厅

（续表）

序号	实训方向	实训内容	建设单位	具体地址	实训时间	联系人	联系电话	指导单位
5	海参	海参等养殖技术；食品安全知识培训	山东华春渔业有限公司	东营河口区	2-10月	刘兆存	13181988386	省海洋与渔业厅
6		海参海蜇生态混养技术	好当家集团有限公司	威海荣成市	3-4月	鞠文明	13326301789	省海洋与渔业厅
7	鱼类	鲆鲽鱼类无公害健康养殖技术	宗哲养殖有限公司	烟台蓬莱市	11月	张宁	15966549662	省海洋与渔业厅
8		鲆鲽鱼类循环海水养殖技术	海阳市黄海水产有限公司	烟台海阳市	3-9月	薛志勇	13705453665	省海洋与渔业厅
9		鲆鲽鱼类养殖技术	日照市海洋水产资源增殖站	日照市市区	全年	牟强	0633-8321875	省海洋与渔业厅
10		花鲈全人工繁育与养殖技术	双瀛水产苗种有限责任公司	东营利津县	6-7月	张廷丽	13210306166	省海洋与渔业厅
11		石斑鱼、半滑舌鳎、斑石鲷等养殖技术	莱州明波水产有限公司	烟台莱州市	1-12月	王晓梅	13954583302	省海洋与渔业厅
12		冷水鱼养殖繁育技术	山东万达渔业有限公司	潍坊临朐县	全年	陈传明	13356789688	省海洋与渔业厅

（二）淡水养殖产业

全省淡水养殖的经济鱼类，主要有草鱼、鲢鱼、鳙鱼、鲤鱼、鲫鱼等；虾类主要有凡纳滨对虾、青虾、克氏原螯虾（小龙虾）等；蟹类主要为河蟹；鳖类主要为中华鳖。目前，全省淡水养殖面积近30万公顷，占水产养殖总面积的1/3以上。

1. 主要品种和养殖模式

（1）以鲤鱼为主的池塘养殖模式。分为以下几种模式：① 鲤鱼周年养成高效模式。每年在5-6月份放养鲤鱼乌仔或寸片，饲养至明年5-6月份出售成鱼。该模式养殖效益较高，鱼种投资少，同时能形成连续的养殖周期。② 鲤鱼周年养成套养淡水鲳鱼高效养殖模式。每年5-6月份在鲤鱼周年养成池中，再放养规格为100-250克/尾的淡水鲳鱼种300-500尾/亩。饲养至7-8月份淡水鲳鱼达到商品规格后出售（此时淡水鲳鱼的售价较高），鲤鱼继续饲养至明年5-6月份出售。该养殖模式不仅充分利用了前期池塘的水体空间，获得较高的鲳鱼养殖效益，而且不影响池塘中其他鱼类养殖的产量和效益。③ 鲤鱼速成高效养殖模式。在2-3月份每亩放养规格400-500克/尾的鲤鱼种800-1000尾和规格为50-250克/尾鲢鳙鱼种200尾。饲养至5-6月份鱼类销售价格高时出售，可获得较好的养殖经济效益。④ 鲤鱼高产高效养殖模式。2-3月份，每亩池塘放养规格50-200克/尾的鲤鱼种800-1000尾、规格100-200克/尾的草鱼种400-500尾和规格50-250克/尾的鲢鳙鱼种200尾，秋后收获。

（2）以草鱼为主的池塘养殖模式。每年2-3月份，每亩池塘放养规格100g/尾以上的草鱼种500-800尾和规格100-250克/尾的鲢鳙鱼种150-200尾，还可套养适量鲤鱼、鲫鱼等底层杂食性鱼类，秋后收获。

（3）以鲫鱼为主的池塘养殖模式。每亩池塘放养50克/尾左右的鲫鱼种3000~5000尾、当年鲫鱼夏花鱼种10000尾左右，并配养规格100~250克/尾的鲢鳙鱼种150~200尾或鲢鳙鱼乌仔或夏花1000~2000尾。

（4）以罗非鱼为主的池塘养殖模式。每亩池塘放养越冬罗非鱼种或早繁罗非鱼种2000~3000尾，并配养规格100~250克/尾的鲢鳙鱼种150~200尾。

（5）以南美白对虾为主的池塘养殖模式。分为以下几种模式：① 池塘单养南美白对虾模式。5月份，每亩池塘放养南美白对虾苗种4万~6万尾，一般产量可达450~800千克。② 南美白对虾池塘套养淡水鲳模式。每亩池塘放养南美白对虾苗种4万~6万尾，配养淡水鲳鱼种100~300尾。③ 南美白对虾池塘套养罗非鱼模式。每亩池塘放养南美白对虾苗种4万~6万尾，配养罗非鱼种300~500尾。④ 南美白对虾池塘套养中华鳖模式。每亩池塘放养南美白对虾苗种4万~6万尾，配养中华鳖幼鳖30~50尾。⑤ 草鱼种池塘混养南美白对虾模式。每亩放养草鱼寸片1万尾和南美白对虾苗种1万~3万尾。

（6）以克氏原螯虾为主的池塘养殖模式。4月中下旬投放虾苗入池，可搭配适量的鲢、鳙鱼种，以调节水质，充分利用水体资源，增加收益。

（7）以河蟹为主的池塘养殖模式（亩放养量详见下表）。

项 目		主养河蟹模式	虾蟹混养模式 I	虾蟹混养模式 II	虾蟹混养式 III
扣蟹	放养规格（g/只）	10~16	10~16	10~16	10~16
	亩放养量（只）	500~600	500~600	500~600	500~600
鲢鱼种	放养规格（g/尾）	150~250	150~251	150~252	150~253
	亩放养量（尾）	30~50	30~50	30~50	30~50

（续表）

项 目		主养河蟹模式	虾蟹混养模式 I	虾蟹混养模式 II	虾蟹混养模式 III
鳙鱼种	放养规格（g/尾）	150-250	150-250	150-250	150-250
	亩放养量（尾）	3-5	3-5	3-5	3-5
鲜活螺类	放养规格	幼、成体	幼、成体	幼、成体	幼、成体
	亩放养量（kg）	150-250	150-250	150-250	150-250
日本沼虾	放养规格		抱卵虾或仔虾		抱卵虾或仔虾
	亩放养量（kg、万尾）		0.5-1、0.3-0.5		0.5-1、0.3-0.5
南美白对虾	放养规格			虾苗	虾苗
	亩放养量（万只）			0.2-1.0	0.2-1.0

（8）以中华鳖为主的池塘养殖模式（亩放养量详见下表）。

品种	放养规格	模式 I	模式 II	模式 III	模式 IV
幼鳖	200-500g/尾	400-600只	400-600只	400-600只	400-600只
鲢鳙鱼	50-250克/尾	80-100尾	80-100尾	80-100尾	80-100尾
鲫鱼	乌仔或寸片	100-200尾	100-200尾	100-200尾	100-200尾
活螺蚌类	幼体、成体	150-250kg	150-250kg	150-250kg	150-250kg
鲶鱼	90-110g/尾		30-50尾		
鳜鱼	5cm以上			20-40尾	
黄颡	3-4cm/尾				30-80尾
青虾	抱卵虾或仔虾	5-8kg或3万-5万尾	5-8kg或3万-5万尾	5-8kg或3万-5万尾	5-8kg或3万-5万尾

2. 支持政策

内容详见本章第二节肉牛产业、海水养殖产业相关政策。

3. 实训基地（见本章第十节）

淡水养殖专家：付佩胜 山东省淡水渔业研究院研究员；

电话：13969138153

序号	实训方向	实训内容	建设单位	具体地址	实训时间	联系人	联系电话	指导单位
1	水产	南美白对虾养殖技术	鹏宏水产养殖有限公司	淄博高青县	4-11月	陈鹏	13705333638	省海洋与渔业厅
2		无公害水产品养殖技术	底阁矿区塌陷地开发有限公司	枣庄峄城区	12月	冯松	13969486276	省海洋与渔业厅
3		池塘鱼菜生态高效种养技术	温泉水产养殖试验场	泰安岱岳区	5月	周广松	13561786796	省海洋与渔业厅
4		工厂化流水养殖鱼类虾类技术	现代渔业养殖专业合作社	临沂沂南县	11-12月	高宝科	18553976972	省海洋与渔业厅
5		淡水池塘鱼类生态养殖技术	新天地现代农业开发有限公司	临沂兰陵县	11、12月	刘建永	13605397166	省海洋与渔业厅
6		小龙虾养殖技术	乐陵市孟氏渔业科技有限公司	德州乐陵市	4-5月	孟凡佳	18963007009	省海洋与渔业厅

（续表）

序号	实训方向	实训内容	建设单位	具体地址	实训时间	联系人	联系电话	指导单位
7	水产	渔业生态高效养殖技术	山东神力企业发展有限公司	滨州无棣县	全年	明秀云	13954363660 0543-2157999	省海洋与渔业厅
8		渔业生态高效养殖技术	益源高效生态农牧渔有限公司	滨州沾化区	全年	顾强	18905433527	省海洋与渔业厅
9		大磷副泥鳅生态养殖技术	浩洋生态科技有限公司	济宁鱼台县	2-10月	鹿扬	13954751111	省海洋与渔业厅
10	鱼类、河蟹、虾等	稻田养蟹技术	利民渔业专业合作社	济宁任城区	10月	谭圣延	13791719998	省海洋与渔业厅
11		高效循环水集装箱养殖技术	微山县特种水产养殖试验场	济宁微山县	2-11月	牟长军	13805474576	省海洋与渔业厅
12	甲鱼	甲鱼生物育种、绿色生态养殖	山东丁马生物科技有限公司	聊城临清市	全年	王磊	15864393296	省海洋与渔业厅

附：其他特色养殖省级认定 实训基地

序号	实训方向	实训内容	建设单位	具体地址	实训时间	联系人	联系电话	指导单位
1	特种养殖	雏鸡养殖管理技术	金秋农牧科技有限公司	济宁汶上县	4-6月	贾亚	15063793299	省农业厅
2		沂蒙全蝎养殖技术	恒健全蝎制品有限公司	淄博沂源县	5-8月	孙纯孝	13806434246	省科技厅

（续表）

序号	实训方向	实训内容	建设单位	具体地址	实训时间	联系人	联系电话	指导单位
3	特种养殖	黄粉虫养殖技术	科通生物科技有限公司	淄博高青县	5-6月	巴兆功	13864420377	省科技厅
4		优质水貂、狐繁育技术	潍坊市水貂良种场	潍坊奎文区	全年	谭树良	0536-2111909	省科技厅
5		非洲雁养殖技术	福润非洲雁散养合作社	聊城东昌府区	全年	肖云峰	13706355909	省科技厅
6		肉鸭养殖技术	天成食品集团有限公司	潍坊光寿市	全年	范连荣	0536-5201249 13869682929	省农业厅
7		标准化饲养管理技术	和膳生态农业有限公司	德州宁津县	7-9月	李瑞	15205342395	省农业厅
8	其他	家畜繁殖动物疾病防治技术	荣昌育种股份有限公司	滨州无棣县	10月	田荣昌	15966390788	省农业厅
9		畜产品质量安全管理技术	畜牧兽医培训中心	滨州阳信县	7-10月	菅会友	0543-8195197	省农业厅
10		动物养殖技术	诸城外贸有限责任公司	潍坊诸城市	7-8月	田树宏	0536-6063672	省农业厅

责任单位及联系人：
山东省农业厅 谭 涛 科技处副调研员 0531-67866137
山东省科技厅 武 军 农村中心科长 0531-66777103
山东省海洋与渔业厅 刘海滨 规划财务处副处长 0531-82975770

案例一

借"羊"生财

省纪委第一书记工作组

我们帮包的莒南县相沟镇大结庄、东结庄和石家崖村，村民主要收入靠传统的养猪和打工，集体收入基本为零。我们到村后，以调整产业结构为突破口，解决制约发展的瓶颈，带领村民找到了快速致富、稳步增收的新路子。

入村第一天，恰逢猪贩子上门收猪，我们看到很多村民把自家养的大肥猪卖出去，不是笑逐颜开地数钱，而是愁眉苦脸地唉声叹气。走访得知，近两年生猪收购价格低迷，多次跌穿每斤6元的盈亏线，2013年春天更是跌至每斤4元钱，用养猪户的话讲，不养没钱赚，养得多赔得多，可不养猪又能干啥？

经多方考察论证，我们选中了肉羊育肥项目。在3个帮包村引进这个项目有很多优势：一是肉羊育肥选取的是小尾寒羊和绵羊杂交品种，适合本地气候，得病少，出肉率高，出栏期短，适合圈养；二是本地盛产的花生秧、地瓜秧、黄豆等都是优质饲料，可就地取材，饲养成本低；三是随着人们饮食结构的调整，对牛羊肉需求旺盛，市场供不应求，价格持续走高。项目选定了，如何让百姓认可，把好事办好，赢得"开门红"，我们很是费了一番心思。东结庄村有规模养猪户50多个，有场地和资金优势，养殖户转型的愿望强烈，我们和村干部研究，先在东结庄村进行试点。2013年5月，经过积极宣传动员，吸收本村19户和大结庄村1户群众参加，东结庄村成立了"莒南县富洋洋养殖专业合作社"，村书记担任合作社理事长。5月中旬，合作社从吉林省选购了1540只优质羊羔分给成员饲养，并统一提供饲料采购、防疫、市场信息等服务。为提高养殖户的技术水平，我们带领村干部和养殖户到利津县盐窝镇肉羊养殖基地，学习羊羔优选、饲料配比、市场销售等先进经验；到郓城、嘉祥、阳信等养殖大县学习养殖技术、考察销售市场，开阔眼界思路。与饲料企业建立长期合作关系，科学调配饲料配比，提高出肉率和疾病防疫；聘请畜牧兽医专家设立工作站，为养殖户提供及时有效的服务。先后举办养殖技术培训班4次，培训280人次；考察选用好合作社经纪人，建立长期稳定的肉羊销售渠道。经过150多天的精心饲养，10月中旬，第一批肉羊长成，省内外客户纷纷上门收购，全部肉羊仅用20多天就销售一空，每只净利润在150-200元之间，群众获利达20多万元，集体增收1万余元。这不仅让20户合作社成员发了第一笔"羊财"，也让其他农户对发展肉羊育肥产业充满了信心。针对东结庄村散户养殖模式存在管理不规范、标准不统一等问题，我们决定在石家崖村探索集中养殖模式。村集体投资30万元，建设占地4.5亩的标准化肉羊养殖示范场，对外收取租金有偿使用。11户村民入股110万元，成立"石家崖养殖合作社"，选举1名成员担任理事长，聘请3名饲养员负责日常管理，成员按照出资比例参与经营分红。这种模式实现了饲养管理的集约化、标准化和统一化，同时，使用村里投资的场地，也为村集体稳定增收打下了基础。2013年11月初，购进羊羔1230只。目前，长势喜人，预计出栏后实现纯收入24万余元。通过东结庄村"散户养"和石家崖村"集中育"两种模式的成功探索，为集体增收、群众致富趟出了路子。大结庄村利用羊粪这种高效有机肥，重点发展400亩生态有机茶和120亩优质葡萄，每年村集体收入增加15万元，群众收入增加90万元。3个帮包村之间形成肉羊育肥—有机肥料—高效种植业的良性产业链，打造了资源共享、优势互补的共同发展新模式。

　　【工作启示】一是调整产业结构要本着引导、指导、服务的原则，不包办、不代替、不强迫，实施致富项目要尊重民意，因势利导。二是发展致富项目要坚持打好基础，稳中求进，不可贪大求洋、急躁冒进。三是作为一个单位派出的第一书记，在产业发展上要对帮包村统筹兼顾，以期资源共享、优势互补、共同发展，实现效益最大化。

案例二

发挥行业帮扶优势　优化主导产业

山东省海洋与渔业厅第一书记工作队

无棣县埕口镇孟家村耕地面积较少，基础设施差，基本靠天吃饭。在20世纪90年代养虾热潮的带动下，部分村民自发承包开发荒地，从事南美白对虾养殖生产，但由于受技术、资金等因素制约，基本属于粗放养殖模式，产量、效益一直不高。

我们通过进村入户调研，决定把南美白对虾高密度精养作为村脱贫致富的产业项目。一是结合实际，量力而行。先从整修基础设施、加强养殖管理入手，在粗放养殖的基础上实施半精养模式，让村民见到实际收益，坚定养殖户发展精养模式的决心。二是典型引领，加强培训。配合新型职业农民扶贫科技培训，先后与镇党委政府、村两委联合举办了多期培训班，又组织村两委成员及养殖户到博兴等地进行实地观摩学习，同时邀请省、市、县养殖专家围绕南美白对虾高密度养殖进行专业授课，手把手传授实用技能，增强了养殖户的发展自信心。三是创新经营管理模式。组织村两委成员到潍坊昌邑学习"党支部＋合作社"模式发展壮大集体经济，确定由村两委牵头成立海水养殖专业合作社，走合作经营、抱团发展的路子，利用"党支部＋合作社＋农户"模式统一管理经营，并通过完善供电、进排水等基础配套设施，采用先进养殖技术和管理经验，提高抵御市场风险的能力。四是争取项目支持，引领提升养殖水平。经与派出单位沟通协调，争取省渔业标准化养殖项目扶持资金50万元，2015年底初步建成（改造）标准化南美白对虾养殖池塘200亩。项目为下步推行精养模式，大幅度提高对虾养殖的产量，同时带动周边群众积极参与标准化养殖，起到了良好的推动和示范作用。

经过一年的运行管理，一是增加了群众收入。经济效益达70多万元，平均每亩产量提高约30%，带动村集体增收数万元，利润优先向受帮扶贫困户分红，实现了精准扶贫、精准脱贫。二是初步形成产业聚集效应。在我们村的示范带动下，埝口镇许多有条件的村纷纷掀起了养殖南美白对虾的高潮，目前新开挖养殖池塘5000余亩。三是促进了当地经济发展。埝口镇党委政府决定投资1亿元建设一处占地60余亩，集批发、零售、物流等为一体，辐射京津冀的专业水产品批发市场，带动相关产业的发展。

【工作启示】实施精准扶贫、精准脱贫既要结合当地产业发展基础、资源条件，兼顾群众的意愿，又要注重技术支撑，加强培训指导，提高群众的专业技能。

第三节

大力推进农村一二三产业融合发展

推进农村一二三产业融合发展，是拓宽农民增收渠道、构建现代农业产业体系的重要举措，有利于延长农业产业链条，促进工业和服务业的管理、技术、资本、人才等先进要素更紧密地融入农业，实现农业的转型升级和提质增效；有利于拓展农业功能，催生新业态新模式，打造农村新的经济增长点，增强农民收入，繁荣农村经济；有利于深化农村改革，促进生态文明乡村建设，加快城乡一体化发展步伐，为打赢脱贫攻坚战提供坚实的发展基础。

一、工作措施

（一）培植龙头企业引领脱贫

龙头企业上连市场下连千家万户，是一个完整的产业链条，对于引领脱贫具有重要的作用。农业龙头企业到扶贫工作重点村建立种植、养殖生产基地或购销基地、发展农产品深加工、开发生态旅游等，通过"龙头企业＋农户"、"龙头企业＋基地＋农户"、"龙头企业＋农民合作社＋农户"等模式，以订单生产、合作协议、产销对接、股份合作等方式，密切与扶贫工作重点村农民合作社、贫困户的利益联结，实行"以企带村"，并鼓励农业龙头企业吸纳农村贫困人口就业。为提高龙头企业引领脱贫的积极性，在省级以上农业龙头企业评选认定监测中，可增加农业龙头企业帮扶农村贫困户等条件。有扶贫任务的县获得农业、畜牧、农机财政专项资金扶持的农业企业，应承担脱贫攻坚责任，帮扶建档立卡贫困户不少于10户或吸纳农村贫困人口就业不少于10人。

（二）发展合作经济组织带动脱贫

一是大力发展农民合作社，并积极吸纳贫困人口就业创收。没有合作社的扶贫工作重点村，可根据农业特色产业发展需要，引导农民组建专业合作社。已有的农民合作社要积极吸纳贫困户入社，并鼓励吸纳贫困人口打工创收。评选省级以上农民合作社示范社，应将吸纳贫困户入社作为优先条件。承担农业、畜牧、农机财政专项的扶贫工作重点村，都应组建相应的农民专业合作社。获得农业、畜牧、农机财政专项资金扶持的农民合作社，应积极吸纳贫困户入社并脱贫。农民合作社吸纳贫困户入社，在安排财政专项资金时，应相应提高项目资金补助标准，让扶贫工作重点村、贫困户能够承担项目建设任务。到2016年底，力争全省80%的扶贫工作重点村每村建有农民合作组织；到2017年底，力争每个扶贫工作重点村至少建立1个农民合作组织，力争每个有劳动力并适宜在当地发展的农村贫困户至少加入1个农民合作组织。二是鼓励家庭农场发挥示范带动作用。开展家庭农场示范场对贫困户的结对帮扶、示范带动活动，鼓励扶贫工作重点村的家庭农场示范场为当地从事种植、养殖的贫困户提供指导服务。对扶贫责任履行好的示范场，县级农业、畜牧、农机等部门在有关项目资金安排上优先给予支持。每个扶贫工作重点村获得财政专项资金扶持的家庭农场应至少结对帮扶3个贫困户脱贫。

（三）深化农村改革推动脱贫

一是加快农村土地承包经营权确权登记颁证步伐。通过土地经营权流转、托管、半托管等形式，引导和鼓励贫困农户用好土地承包经营权。县级农业部门可将有流转、托管意愿的贫困户信息优先在流转服务平台上推介，支持贫困户以土地经营权入股发展土地股份合作社，让贫困户分享土地规模经营带来的收益。二是推进农村集体产权制度改革，增加贫困人口集体资产收益。引导有经营性资产和"四荒地"等闲置资源的扶贫工作重点村，通过清产核资、盘活资产、开发资源，发展壮大集体经济，增强村集体带动服务能力。有条件的地方要积极推进农村集体产权制度改革，将除承包地以外的土地资源及厂房、设备等经营性资产折股量化，以入股、合作、租赁、专业承包等形式进行经营，发展多种类型的股份合作，增加贫困户财产性收益。县级农业、畜牧、农机等部门要积极支持村集体改制后成立的合作组织优先承担农业财政专项，项目完成后及时将产权移交给农民合作组织，并折股量化到贫困户或贫困人口。

（四）打造品牌农业促进脱贫

一是利用贫困地区生态资源优势，培育发展农产品品牌，制定和落实扶持品牌农业发展的各项优惠政策，支持开展品牌农产品评选推介、展览展示、包装设计等活动。调动农业龙头企业、农民合作社创建农产品品牌的积极性和主动性，引入先进的市场营销方式，增强贫困地区品牌农产品市场竞争力和经济效益。二是大力发展"三品一标"产品。搞好扶贫工作重点村"三品一标"认证，积极推广农业标准化生产，大力发展无公害农产品、绿色食品、有机农产品，推动农产品地理标志保护工作。加强扶贫工作重点村的"三品一标"监管，严格落实全程质量控制，规范工作程序，提高产品质量。三是把贫困地区作为农产品质量安全提升项目实施的重点区域，围绕发展优势特色产业，搞好农产品质量安全示范县建设、出口农产品质量安全示范企业和产业集群示范县建设。加快贫困地区农产品质量追溯体系建设，建立"从基地到餐桌"的农产品质量安全控制体系，保证贫困地区农畜产品健康安全。

二、支持政策

（一）农村一二三产业融合发展支持政策

国务院办公厅《关于推进农村一二三产业融合发展的指导意见》，明确了推进农村一二三产业融合发展的目标任务和工作措施，在财税、金融、土地、人才等方面提出了一系列支持政策。中央财政统筹安排涉农资金，加大对农村产业融合投入，安排了专项资金支持农村产业融合发展试点。2015年农业部、财政部选择了10个省市开展农村产业融合发展试点示范，山东作为试点省市之一，中央财政支持试点资金1亿元，选择农村一二三产业融合发展基础较好的16个县市进行了首批试点。2016年继续支持山东进行试点。

（二）农产品加工业支持政策

1. 财政政策。中央财政设立了农产品产地初加工补助项目，采取以奖代补的形式扶持农户和合作社建设贮藏窖、冷藏库和烘干房等初加工设施。国家农业综合开发、扶贫开发项目把农产品加工企业列入了支持内容，以贷款贴息方式给予扶持。国家现代农业发展资金项目，把支持农产品加工、推动建立一批集优势产业生产和加工于一体的现代农业企业群体作为一项重要内容，给予大力支持。

2. 税收政策。一是农产品加工业增值税优惠。《农业产品征税范围注释》规定，通过外购农产品进行加工和销售的企业增值税税率由17%下调到13%。《关于在部分行业试行农产品增值税进项税额核定扣除办法的通知》规定，在液体乳及乳制品、酒及酒精、植物油加工行业先行试点，将农产品进项税额扣除率由现行的13%修改为纳税人再销售货物时的适用税率。二是《企业所得税法实施条例》、《关于享受企业所得税优惠的农产品初加工有关范围的补充通知》规定，农产品初加工免征所得税。三是部分进口农产品加工设备免征关税和增值税。四是《关于进一步提高部分商品出口退税率的通知》规定，农产品出口退税。罐头、果汁、桑丝等农业深加工产品的出口退税率提高到15%，部分水产品的出口退税率提高到13%，玉米淀粉、酒精的出口退税率提高到5%。

3. 用电政策。《关于调整销售电价分类结构有关问题的通知》和《关于引导农村土地经营权有序流转发展农业适度规模经营的意见》规定，农产品初加工用电执行农业生产用电价格。

> 责任单位：山东省农业厅
> 联 系 人：张飞亭　财务处副处长
> 电　　话：0531-67866118

案例

三产融合　强村富民

昌乐县庵上湖村专业合作社

昌乐县庵上湖村是一个传统的农业村，有170户、657口人，870亩耕地。2007年，由支部书记赵继斌等3名村干部发起，成立了华安瓜菜专业合作社。多年来，合作社坚持规模化生产、品牌化经营，不断延伸产业链，打造供应链，实现了农业生产、农产品加工、农村服务业的有效融合，走出了一条产业融合发展、带领群众脱贫致富的新路子。目前，合作社共吸纳社员203户，建立瓜菜大棚300个，固定资产达2000万元。主要做法为：

一、搭建统一服务平台。按照"支持不把持、帮办不包办"的原则，积极搭建土地、资金、技术等服务平台，为社员提供多方位服务。积极协调上级部门为社员争取惠农项目、信贷等支持，并指导合作社吸纳社员闲置资金成立资金互助合作社，开展内部借贷业务，用于帮助社员解决短期资金困难。常年聘请技术员驻村指导，并通过举办讲座、远程辅导、观摩学习等方式，提高社员的种植技术水平。

二、健全利益联结机制。合作社采取"土地集约、分户经营、专合运作、入股分红"的发展模式，构建利益联结机制，给农户带来了土地租赁、生产经营、按股分红等多项收益，社员人均增收2万元以上。一是村民按照每亩600元的价格自愿将土地流转集约到合作社，再由合作社按原价转租给社员，实行自主投入、分户经营；二是合作社采取统一供种、统一供肥、统一供药、统一指导、统一销售的"五统一"管理模式，实行标准化生产、品牌化经营。严格农产品质量安全检测追溯制度，建立了农药残毒检测中心，每年至少进行6次抽样检测，一旦检测出违禁农药或者农药超标，立即将其清除出合作社，终身不得再入社，并将检测纳入考核机制，与年终分红、申请贷款挂钩。目前已有17个瓜菜品种获得无公害、绿色食品认证，被列为全省农业标准化生产基地。三是实行个人资金、集体资产入社按股分红，确保农户参与经营、多次返利。农户可按每1000元为一股，每户每年不超出10股的标准入股合作社，村委会还拿出村委大楼固定资产的30%约33万元入股合作社，并以3000元每股平分到每个股民，根据合作社净盈余年均每股分红达到100元以上。农户还通过参加合作社资金互助借贷、园区务工获得更多收益。

三、延伸产业链条。为进一步延伸蔬菜产业链、提升价值链，合作社积极引入社会资本，与山东矿机集团股份有限公司联合成立庵上湖农业科技发展有限公司，建设了加工车间，对蔬菜进行净化、检测、分级、包装等初加工；在全市设立了13个庵上湖瓜菜体验店和直营店，签订了10家特供酒店；与农户实行订单生产，对达标的瓜菜按适当高于市场价格收购，统一进行品牌包装外销，为庵上湖瓜菜品牌的快速发展注入了活力。

四、拓展农业新业态。合作社充分发挥瓜菜种植优势和"庵上湖"品牌影响力，投资500多万元建设了瓜菜采摘园和葡萄沟，进一步开发提升产品价值和休闲农业效益。合作社引入"互联网＋"的经营理念，通过微信公众号进行线上宣传，让游客能够及时了解采摘园的动态，游客数量成倍增加，瓜菜采摘供不应求，产品价格翻倍销售。同时，合作社创建了以"庵上湖·优厨房"为品牌的网上生鲜购物平台，以"庵上湖"蔬菜为依托，集中周边及全国优质食材，让消费者体验到一站式服务的便利。

在强村富民的同时，合作社坚持共同富裕的理念。通过产业帮扶，探索出了精准扶贫脱贫的有效手段。贫困户的土地流转到合作社，按照每亩700元保底分红；脱贫前每年赠送1000元股份，年底分红；根据家庭和身体状况适当安排合作社就业。三项帮扶措施下来，每个贫困户的年收入至少达到2万元以上，人均达5000元以上，实现了脱贫致富。

第四节
大力发展农村电商

农村电子商务是转变农业发展方式的重要手段，是精准扶贫的重要载体。近年来，全省农村电商呈现出星火燎原之势，发展环境不断优化，服务体系逐步完善，新兴业态和发展模式不断丰富。农村电商已经成为带动贫困地区脱贫致富的强大推力和重要途径。

一、目标任务

以发展电商产业，促进创业就业，增加群众收入为目标，以实施精准培训为抓手，以建设县乡村三级电商服务体系为保障。积极引入阿里巴巴、京东、苏宁等平台企业落地，大力培育本土区域电商平台和服务体系。2016年至2018年，扶持32个重点县建立电子商务服务体系，实现县、镇两级电商服务机构全覆盖，70%以上的扶贫工作重点村建立服务站点，开展电商业务，基本实现"三有一能"目标，即县有农村电子商务服务中心、乡有电子商务服务站、村有电子商务服务点，扶贫工作重点村能通过电子商务购买日用消费品、农资产品以及销售当地特色产品。

二、工作措施

（一）建立工作推进体系

在市、县、乡三级建立健全电商扶贫领导机构和工作机构，负责电商扶贫的政策制定、协调指导、工作推进、检查考核等。层层成立电商协会，形成政府、协会共同推进电商扶贫的工作机制。

（二）建立网商服务体系

完善县电商服务中心、乡服务站和村服务点功能及配套设施，为贫困地区网店开设和运营提供策划、培训、IT外包、美工、客服、代运营等专业服务，健全上下游服务链；依托国家、省级电子商务示范基地和各地电商产业园、创业孵化园，为贫困地区网商提供创业孵化服务。

（三）建立网货供应管理体系

各地确定特色主业、主打产品，按照规模化种植、标准化生产、商品化销售的要求，加工适宜网络销售的优质产品。推动建立网销产品质量追溯体系，指导企业、合作社和农户从种植、生产、加工、包装等环节保证网货供应质量，抓好流通环节质量监管。

（四）完善网络物流体系

提升贫困乡村宽带网络基础设施建设水平，促进扶贫工作重点村宽带服务提速降费。推动建立县级物流配送中心，支持快递物流企业在贫困乡村设立服务网点，鼓励发展面向乡村的"草根物流"，建立完善的物流体系，提高网货配送效率。

（五）建立人才培训体系

制定培训规划、方案，整合现有培训资源，构建由政府相关部门、社会组织、高等（职业）院校及电商龙头企业为主体的电商扶贫人才培训体系。发挥淘宝大学等专业机构作用，有针对性地开展多层次、多形式培训，共建电商扶贫人才培训和实践基地，实现电商扶贫管理人员和从业人员培训全覆盖。

（六）实施"百村万户电商脱贫工程"

2016年，省级特色产业扶贫基金将重点投向农村电商扶贫，按照"有上网技术条件、有产业开发基础、有村级站点、有物流条件、有积极性"的要求，选择部分县（市、区），每个县（市、区）安排100万元，分别确定3-5个村，予以重点扶持。

三、重点工作

（一）建设服务体系

积极引导阿里、京东、苏宁等电商企业开展农村电商服务，构建"消费品下乡和农产品进城"双向流通体系。加快推进"农村淘宝"项目落地，2017年底前完成菏泽所有县、临沂沂南、平邑、蒙阴、兰陵、费县以及滨州沾化、无棣，淄博沂源、高青，济南商河、济宁梁山、聊城莘县等县电子商务服务中心及50%以上的村电子商务服务站点建设；至2018年底，全部完成目标任务。加强本地邮政、供销及骨干商贸流通企业等相关农村物流服务网络和设施的共享衔接，共同推动农村物流体系建设。推动第三配送、共同配送在农村的发展，建立完善农村公共仓储配送体系。

（二）扩大网店规模

采取教育培训、资源投入、市场对接、政策支持、提供服务等方式，帮助贫困户开办网店，销售农产品。引导当地电商龙头企业、网络经纪人、能人大户、专业协会与贫困户网店"一对一"对接,帮助贫困户提高网店运营效益。对暂不具备开办网店条件的扶贫工作重点村,鼓励乡镇干部、大学生村官、未就业大学生和扶贫工作重点村在校大学生以及致富能人,在乡镇服务站、县服务中心或电商扶贫产业园内开设扶贫网店,代销农特产品。

(三)促进网络销售

依托优势资源和特色产业,重点培育本地农村电子商务龙头企业及特色农产品专业电商平台;充分利用阿里巴巴、京东、苏宁云商等第三方电子商务平台扩大农产品网上销售,建立地方"特色馆",提升市场知名度。按照"一县一业"、"一村一品"原则,大力发展特色产业,培育特色品牌。支持农产品"地标保护"、"绿色"、"有机"、"无公害"等资质的申报认证,加强扶贫工作重点村特色产品品牌化建设,提升产品品质、价值和知名度。

(四)培训电商人才

整合现有培训资源,建立由政府相关部门、社会组织、高等(职业)院校及电商龙头企业为主体的三级分工合作的电商扶贫人才培训体系。省里重点抓好示范性培训,2016、2017年重点针对32个重点县(区)有一定文化知识的农村妇女、返乡青年、经济困难家庭待业青年及残疾人员,开展农村淘宝培训,计划安排128期培训3500人,2016年投入培训资金500万元。市、县要结合当地实际采取"走出去"、"请进来"、课堂教学与现场观摩、专家理论授课与店主现场说法相结合等多种形式开展培训,实现电商扶贫管理人员和从业人员培训全覆盖。

(五)推广典型示范

认真总结推广电子商务示范县经验做法,完善农村电子商务服务体系，培育县域电商生态，优化电子商务发展环境。继续开展省级电子商务示范县创建，在同等条件下优先考虑贫困地区。推广淘宝村发展经验，推进电商村、电商镇建设。梳理农村电商发展典型案例，对开展电商创业的农村青年、农村妇女、新型农业经营主体和农村商业模式等进行总结推广。

> 责任单位及联系人：
> 山东省商务厅　赵 杰 人事处副处长　0531-89013689
> 山东省扶贫开发领导小组办公室　李晓红 行业社会组副调研员　0531-51776443

案例

"互联网＋贫困户" 脱贫驶入快车道

菏泽市扶贫开发领导小组办公室

曹县大集镇地理位置比较偏僻，位于曹县县城东南15公里处，该镇有32个行政村、86个自然村，耕地面积5万余亩，是一个传统农业乡镇，工业基础薄弱。孙庄村村民孙海涛以前是村里有名的贫困户，一家5口人，奶奶年迈多病，两个孩子不到5岁。以前，夫妇俩外出打工，工资经常被拖欠，还欠下很多债务。2013年，他俩试着开网店销售演出服装，2014年挣了近30万元，顺利实现脱贫。开网店销售，让贫困的村民看到了另外一种商机。

2013年3月份，镇党委、政府经过调研论证，提出了"伊尹故里，淘宝兴乡"的发展口号。联合工商、税务等职能部门，对淘宝经营户遇到的困难加以指导和帮助，提供全方位服务；对淘宝服饰加工户或网商需要注册公司的，均由镇政府出资，派专人办理所需的一切证件手续；

对所有淘宝企业扎口管理，不经淘宝产业发展领导小组批准，严禁一切乱检查、乱收费。

在政策扶持下，该镇丁楼村300户家庭有280多户开设淘宝网店；400余户的张庄村，全村80%以上的人员从事网络销售。在丁楼、张庄的辐射带动下，周边村庄也迅速跟进并形成集群之势。2013年12月，在首届中国淘宝村高峰论坛上，丁楼村、张庄村被国家社科院和阿里集团评为中国"淘宝村"，成为全国唯一一个有两个淘宝村的乡镇。2014年12月，在浙江丽水举行的第二届中国淘宝村高峰论坛上，被阿里集团授予中国"淘宝镇"称号，丁楼、张庄、孙庄、刘楼、付海、李八庄等6个村庄被授予中国"淘宝村"称号。2015年12月，在第三届中国淘宝村高峰论坛上，该镇被授予中国"淘宝镇"，并且16个行政村被授予中国"淘宝村"称号。目前，曹县已经成为山东省最大、全国第二大的淘宝村集群。

在扶贫开发工作上，该镇共识别出扶贫工作重点村16个，贫困总户数4241户、11459人。对于这些贫困人口，该镇依托淘宝产业优势，推行电商扶贫，除了大力宣传张庄、丁楼等"中国淘宝村"典型做法外，还引导党员干部开展贫困户"一对一"结对帮扶活动，有的吸纳贫困户实现转移就业，有的开办电子商务培训班，组织贫困户学习上网打字、网络营销等知识，并把自己的经验分享给他们，鼓励他们开设网店。去年，该镇实现脱贫1118户、2563人，其中依托电子商务及相关产业带动了2120人脱贫，占全镇脱贫人口的82.7%。到2017年底，将有9000余名贫困群众搭上农村电商脱贫致富的快车。

第五节

大力发展乡村旅游

山东乡村旅游资源丰富，历史文化厚重，民俗文化丰富多彩，生态资源禀赋良好，且多分布在贫困地区。实施乡村旅游扶贫，有利于贫困地区依托乡村旅游资源，通过开发式扶贫满足旅游者休闲、体验、观光、购物、度假等需求，实现贫困农民增收，提高农村人口素质，增强"造血功能"，促进贫困地区繁荣发展。

一、目标任务

"十三五"期间，通过发展乡村旅游实现产业扶贫，精准到村到户到人，促进400个扶贫工作重点村和10万人增收。其中，从7005个省扶贫工作重点村中筛选200个资源禀赋好、区位优势明显、发展愿望强烈的村，重点支持，打造成乡村旅游特色村；配合相关部门，支持引导200个村发展与旅游相关产业。

2016年，重点支持150个村，2017年再支持250个村，每个村支持10万－40万元资金。2018年，兜底完成。2019－2020年，巩固提升脱贫攻坚成果。力争在"十三五"期间，通过旅游景区（点）、旅游企业、发展乡村旅游等带动50万人增收。

二、工作措施

（一）建立用好精准扶贫大数据平台

2016年4月前，完成400个重点扶贫村调查摸底，抓好精准识别、建档立卡关键环节，建立山东省旅游脱贫大数据库平台，对重点村、贫困户、贫困人口动态管理，使其成为信息汇集、政策发布、供需对接、调度监督、成效评估等功能于一体的指挥系统。

（二）坚持规划引领

2016年6月前，制定《山东省旅游脱贫村总体开发实施方案》，为47个国家扶贫村逐村编制脱贫开发实施规划。针对400个村资源特点和贫困户实际，逐村拿出发展对策，逐户明确扶贫方式，逐人选准脱贫路径，实现"一村一策、一户一案"。完善旅游基础设施，帮助有条件的村建立1处以上特色旅游商品销售点。

（三）提高贫困人口收入水平

拓宽贫困人口增收渠道，增加资产收益、股权收益和劳动收益。财政投入扶贫资金可以作为贫困人口个人股金入股合作社、乡村旅游企业，获取股息和分红；可以投入乡村旅游项目，形成的资产折股量化到贫困户和贫困人口，持股分红，负盈不负亏；可以作为农家乐、乡村旅游企业等安置贫困人员就业，提高劳动薪酬的奖励或补贴，以及贫困户兴办乡村旅游项目的资金补助。支持乡村旅游合作社、涉旅企业等经营主体，通过吸纳贫困户资源入股、投工投劳等形式，带动贫困户就业创业。组织专家挖掘扶贫村农副产品、贫困户传统手工艺等，策划包装特色旅游商品，拓宽农民增收渠道。

（四）创新产业发展投融资方式

设立山东乡村旅游发展基金，重点投向开发条件好、吸纳就业多、预期效益显著的项目。增加山东滨海旅游发展引导基金、山东旅游发展基金对扶贫村投资额度。与金融机构合作，争取政策性贷款支持。引导大企业对扶贫村成方连片开发，集中打造一批知名度高的示范带、示范村。

（五）实施联动帮扶"结对子"

引导各类协会发动企事业单位与扶贫村、贫困户结对子，实现每个村至少有1家单位对口帮扶。星级饭店与扶贫村结对子，指导提升农家乐服务质量，收购贫困户食材；旅游景区与扶贫村结对子，纳入其营销体系，引导游客到扶贫村餐饮、住宿，购买农副产品；旅行社与扶贫村结对子，将其纳入营销线路，输送客源；规划策划机构与扶贫村结对子，义务编制发展规划，指派设计、策划、营销人员驻村帮扶，参与乡村创意设计、活动策划和营销推广等工作；首批中国乡村旅游模范村与扶贫村结对子，传授发展经验；高等院校旅游院系与扶贫村结对子，送智下乡、送教到户。

（六）发挥新型经营主体扶贫带动作用

支持合作社、家庭农场、休闲农庄、精品采摘园等新型经营主体及涉旅企业，通过"大企业+合作社+农户"、"能人大户+农户"、"家庭农场+农户"、"农村电商平台+农户"等方式，将更多贫困户纳入经营链条。依托扶贫村区位、资源、文化和生态优势，开发形式多样、特色鲜明的滑雪滑草、自驾探险、研学旅行、养生养老、农业公园等新业态。采取先建后补、财政贴息、财政资金入股等方式，扶持扶贫工作重点村、贫困户因地制宜发展农家乐、采摘园、开心农场、垂钓乐园、休闲农庄等特色产品，实现"一村一品"。挖掘保护和开发利用红色、民族、民间文化资源，优先支持革命老区发展红色旅游。

（七）激发农村贫困群众的内生动力

坚持扶贫先扶智，2016年将率先开发的200个扶贫工作重点村的旅游从业人员培训一遍；组织扶贫工作重点村带头人省内外观摩学习。实施乡村旅游创客行动，筛选扶贫村建立乡村旅游创客基地，组织引导旅游志愿者、艺术和科技工作者进村入户帮教指导。支持农民创业发展，兴办农家乐、开办特产超市等，从事旅游接待。在引进资本投资开发时，充分听取农民意见，让其参与经营管理和服务，成为管理决策主体、利益分配主体和劳动致富主体。

（八）强化以网络为主的宣传推介

2016-2017年，实施旅游扶贫"互联网+工程"，用好好客山东网、齐鲁乡村旅游网等网络平台，深化与旅游电商合作，将扶贫村产品、项目等整体打包，实现网上形象推广、网上产品营销、网上项目招商、网上食宿预订、网上商品售卖。支持扶贫村建设电商平台，开展旅游淘宝。通过微信、微博、移动手机客户端、旅游节庆和媒体专栏专题等方式，强化宣传推介。鼓励发展智慧乡村游。各级旅游部门在邀请旅游媒体和旅行商来采风采线时，将扶贫村纳入其中。支持各地引导扶贫村举办旅游节庆、产品发布会等活动，助推乡村旅游发展。

三、相关政策

1.《山东省人民政府关于提升旅游业综合竞争力加快建成旅游强省的意见》要求，要加快发展乡村旅游业，强化政策支撑，在完善融资、税费优惠、用地用海、财政投入、人才等政策方面提出明确要求。

2.《山东省旅游扶贫实施方案》要求，省旅游发展资金和省"两区一圈一带"切块资金，向扶贫村倾斜，对扶贫村开展乡村旅游创业并带动贫困户5人以上就业的经营者，按经营规模予以补助；对成规模收购贫困户自产农副产品，以及租用扶贫工作重点村村民房屋、院落、土地等自有资产开展规模经营并实现贫困户脱贫的企业，按脱贫户数给予补助；对乡村旅游整村成建制实行公司化经营的企业，按带动户数给予补助，补助资金全部用于发放贫困户贫困人口工资、劳务报酬以及支付贫困户房屋、院落、土地等自有资产的租金、使用补偿。

3. 省特色产业扶贫基金。2016年将重点投向乡村旅游扶贫，按照"一村一品、一户一策"的工作思路，对入选的国家级旅游扶贫试点村和省级旅游扶贫试点村，每村安排100万元，用于编制旅游扶贫开发规划、发展旅游特色产业、完善旅游配套设施等，打造乡村旅游特色村，实现试点村全部贫困人口脱贫。

4. 乡村旅游产业资金。利用该项资金实施乡村旅游富民工程，带动贫困群众脱贫致富。一是2016-2017年，重点帮扶400个村，其中2016年支持150个村，重点支持50个村，每个村支持40万元；一般支持100个村，每个村支持10万元。支持资金主要用于帮扶贫困户开办农家乐、农副产品销售、就业工资补贴、贫困户参与乡村旅游项目的原始股份以及旅游精准扶贫的其他支出。二是帮助扶贫工作重点村发展特色旅游商品，对有潜在资源的扶贫工作重点村，组织对特色旅游商品进行挖掘、包装、营销，加大对外宣传推广力度，帮助解决老百姓"不会卖"的难题，增加特色产品销量，带动贫困户增收。三是对具备旅游资源的扶贫工作重点村，安排专项经费用于组织支部书记、乡村旅游带头人赴外地及境外观摩，帮助整村实现智力脱贫、思想脱贫，组织贫困人口开展就业技能培训，为实现旅游就业提供条件。四是将400个重点扶贫工作重点村旅游项目和数据信息，与金融系统共享，由人民银行分支机构、银监部门、金融行政管理部门等组织金融机构对接支持重点旅游项目。

5. 乡村旅游创业资金。主要是利用乡村旅游创业资金实施"乡村旅游创业带动就业计划"，带动贫困人口就业创业。具体来讲，就是对在中西部扶贫工作重点村开展乡村旅游创业并带动贫困户5人以上就业的经营者，将按经营规模补助3万—10万元；对成规模收购贫困户自产农副产品，以及租用扶贫工作重点村村民房屋、院落、土地等自有资产开展规模经营并实现贫困户脱贫的旅游企业，将按照实现脱贫户数给予2万—30万元的补助；对乡村旅游整村成建制实行公司化、股份制经营的企业，按照带动的贫困户数给予20万—50万元补助，补助资金用于发放贫困户工资、劳务报酬以及支付贫困户房屋、院落、土地等自有资产的租金、使用补偿等。

责任单位及联系人：
山东省旅游局　孙兆龙　政策法规处主任科员　0531-82676288
山东省扶贫开发领导小组办公室　王欣源　社会组主任科员　0531-51776443

案例

柿树园的旅游致富路

莒南县涝坡镇柿树园村第一书记　宋兆平

柿树园村因房前屋后成行成排的柿子树而闻名，距毛主席亲笔题词的高家柳沟村5里地，离省政府旧址只有10里地，多样的地貌让柿树园村风景美不胜收。我抓住村情特点，整合各类资源，带领村民发展乡村游，取得了初步效果。

主要经验做法：

一是组织学习考察，开拓视野。先后两次带领村两委干部、村民代表到泰安市李子峪村和蒙阴县百泉峪村学习乡村旅游经验，与李子峪村结为互帮、互助、互学友好村，与百泉峪村结成帮扶对子。

二是积极宣传发动，调动村民积极性。带领村两委发动村民改厨、改厕，协调资金20万元，为"农家乐"农户免费配备床、被褥、洗漱用品等，成立农村旅游合作社、农村演出协会，注册柿树园沂蒙歌林商标。

三是开展文艺活动，提升文化内涵。注意搜集整理历史人文故事，创作弘扬沂蒙精神的文艺作品。积极协调资金建设沂蒙歌林文化广场，教村民学跳广场舞，提高村民综合素质，增加群众文化品位，增强旅游吸引力。

四是优化村庄环境，打好旅游基础。协调资金安装路灯、硬化道路，在村里建起超市连锁店。改良大棚、果树种植品种，发展果蔬采摘。56户"农家乐"顺利通过省旅游局验收，每户得到16000元补贴，进一步改善村民的旅游接待能力。

五是坚持走出去请进来，吸引观光游客。组织村两委和村民代表，到济南战役纪念馆，与英雄山合唱团互动，宣传柿树园。在沂蒙歌林文化广场举行"沂蒙人家迎国庆、乡村旅游唱新歌"活动，正式拉开了柿树园村发展乡村旅游的序幕，迎来了第一批"农家乐"乡村游客人。

客人们吃住农户，体验"添一瓢沂河水，续一把蒙山柴"的老区革命情怀。摄影爱好者、驴友等纷纷慕名而来，体验柿树园村的自然风光。经过一年努力，柿树园村被评为"2013临沂最美乡村"，引来部分企业前来洽谈合作开发旅游资源事宜。下一步我们将深入挖掘资源，把乡村游做大，切实增加村民收入。

【工作启示】一是带领农民致富的路子有千条，关键是因地制宜"到什么山唱什么歌"，第一书记要根据帮包村特点，宜工则工，宜农则农，才能找准发展的突破口。二是随着农村的发展，农民群众对文化的渴求越来越强烈，把发展经济与文化旅游结合起来，通过挖掘培育"软"实力，也会在增加村民和集体收入上取得好收成。

第六节
加大财政扶贫投入

脱贫攻坚是一项复杂的系统性、公益性惠民工程，涉及人口多、覆盖范围广、投资需求大，需要政府充分发挥投入主体和导向作用，引导和撬动全社会共同加大投入。为强化脱贫攻坚的政策和资金支撑，省财政多渠道筹集资金，加大了财政专项扶贫投入、统筹整合行业扶贫资金、设立扶贫发展基金、发行地方政府债券、吸引社会力量投资等投入措施。

一、加大财政专项扶贫投入

2016年，省财政通过做大增量、优化存量，大幅增加专项扶贫资金投入，一般公共预算安排的专项扶贫资金达到17亿元，比2015年增长101%，实现了连续三年翻番（2014年4亿元、2015年8.45亿元）。脱贫攻坚期内，省财政将按照扶贫投入与扶贫任务相适应的要求，把专项扶贫资金纳入年度预算和中期财政规划，积极优化支出结构，继续大幅度增加专项扶贫资金，确保每年增幅明显高于本级财政收入增长幅度。各级财政也同步加大专项扶贫资金投入，为脱贫攻坚工作提供坚实的政策和财力保障。

二、统筹整合行业扶贫资金

省委、省政府《贯彻落实中央扶贫开发工作部署坚决打赢脱贫攻坚战的实施意见》要求，"整合各类涉农资金，对除据实结算的普惠性资金外，其他涉农资金20%以上用于扶贫脱贫。"对此，省财政在加大财政专项扶贫投入的基础上，积极会同行业主管部门，不断拓宽资金来源渠道，突破资金管理的行业限制，形成支持脱贫攻坚的强大合力。

三、支持设立扶贫发展基金

2016-2018年，省财政计划筹措资金70亿元，设立特色产业发展扶贫基金、小额贷款扶贫担保基金、公益事业扶贫基金三支扶贫发展基金，通过发挥财政资金引导作用，吸引撬动市县政府、金融和社会资本共同投入，合力支持脱贫攻坚。

（一）特色产业发展扶贫基金

省财政计划三年筹集资金30亿元，设立特色产业发展扶贫基金。采取"借、补"综合的方式，按照省级切块、县级运作的方式管理。基金主要支持扶贫工作重点村、贫困户发展种植、养殖、加工等特色产业，实施电商、光伏、乡村旅游等项目，以及符合本地实际的其他产业项目。基金到期后，由县级负责收回，继续周转使用，或采取折投量化等方式明确到农村的贫困户和贫困人口。

（二）小额贷款扶贫担保基金

省委、省政府决定，省财政在三年内筹集资金10亿元，设立小额贷款扶贫担保基金。此基金是通过增信保证等方式为建档立卡农村贫困人口和各类产业扶贫经营主体发展生产提供融资担保服务的政策性基金。省农业担保公司负责基金日常管理和运营。扶贫任务县（市、区）负责做好小额贷款扶贫担保项目在当地对接落实工作。

（三）公益事业扶贫基金

省财政计划三年筹集资金30亿元，设立公益事业扶贫基金，进一步完善对老、孤、病、残等特殊贫困人群的关爱服务体系。该项基金重点面向农村贫困人口多、扶贫任务重、公益设施建设薄弱的困难县（市、区），对敬老院、福利院、残疾人康复中心、特殊教育学校设施建及升级改造给予支持。省直有关部门主要根据农村贫困人口数量及人均财力水平等因素切块分配到县，具体实施方案报省里备案。

四、积极发行地方政府债券

1. 2016年，省财政通过发行地方政府债券筹集资金9.2亿元，并积极争取中央财政贴息补助，支持实施易地搬迁。这部分地方政府债将以项目资本金形式注入市场化运作的省级投融资主体，省级投融资主体负责承接政策性信贷资金，并将资金落实到承担易地扶贫搬迁任务的县级项目实施主体，由实施主体开展易地扶贫搬迁工作。

2. 2016年，省财政要求各市从地方政府债务限额内新增安排不少于14亿元，并根据各地新增债务规模、贫困人口数量等因素，将债务资金切块下达，专项支持扶贫工作重点村基础设施建设，改善生产生活条件。

五、引导社会力量参与扶贫

（一）支持筹建省扶贫开发基金会

2015年，省财政专门安排2000万元，作为基金会注册资本金，组建了省扶贫开发基金会，接收企业、单位以及社会群众等资金捐款，专项用于扶贫开发。

（二）落实支持扶贫攻坚的税收优惠政策

为鼓励国有企业、民营企业、社会组织参与扶贫开发，对扶贫公益性捐赠支出在年度利润总额12%以内的部分，准予在计算应纳税所得额时扣除；对超出年度利润总额12%的部分，省内企业由地方各级财政按照企业所得税分享比例给予补助，省外企业按相同比例享受省财政补助。

（三）完善引导基金支持扶贫攻坚的激励政策

按照省委、省政府部署，截至目前省级已经设立19支股权引导基金。为引导鼓励基金投资贫困地区，促进贫困农户脱贫致富，省财政出台办法规定，对省级政府引导基金参股设立的子基金，投资脱贫任务重点县境内的企业和项目，省级引导基金让利比例由目前的40%提高到70%，投资到省定扶贫工作重点村的让利比例提高到100%，引导各类基金投资脱贫任务较重的县和扶贫工作重点村。

六、落实扶贫攻坚精准投入政策

2016年，省级财政安排专项扶贫资金17亿元，主要按照各地贫困人口数量、人均财力等因素，通过一般转移支付方式切块到县，由县级具体运作实施。使用内容包括：省定扶贫工作重点村产业发展资金、金融扶贫资金、雨露计划资金、特色产业扶贫基金。同时，强化行业扶贫资金的精准投入，整合省级行业资金支持脱贫攻坚，主要包括支持贫困地区特色产业发展、帮助贫困人口就业创业、开展易地搬迁和生态修复脱贫、教育脱贫政策、落实社会保障兜底政策、改善贫困地区基础设施条件六个方面。

责任单位：山东省财政厅
联 系 人：蔺如伟 农业处副调研员
电   话：0531-82669884

案例

筑"巢"引"凤"促增收

省财政厅第一书记工作组

我们负责的 5 个帮包村位于沂水县高桥镇，地处丘陵山区，无集体收入，债务负担重。村民有发展冬暖式大棚的愿望，但无资金、无技术、无销路。我们积极创造条件，吸引企业落户，有效促进了村民与集体增收。

驻村后，我们首先邀请农业专家对当地环境和土壤结构进行论证，确认发展冬暖式蔬菜大棚是可行的，便与村两委一起，认真做好"筑巢引凤"工作。一是通过改造中低产田、建设高标准农田，配套建设电力、水利、道路等基础设施，为企业生产创造良好条件。二是选择集中连片、适宜生产的地块，作为大棚蔬菜生产基地。我们确定合理流转费用、积极宣传引导，推进土地流转。2013 年，流转土地600 余亩。三是多次到苍山、寿光、昌乐等地考察学习，先后联系十几家龙头企业到村调研洽谈，并提出多项优惠条件，吸引企业到村里投资建基地。四是通过公开招标，确定昌乐县宝石沟农业发展有限公司为投资企业，成功签订三年合作协议。为实现村企共赢，我们探索建立"企业产销＋技术指导＋村民管理"的合作模式，形成"优势互补、合作共赢、利益分享、风险共担"运行机制，将企业的资金、技术、市场信息优势和村民土地、劳动力优势有效结合起来。龙头企业负责产品生产、销售，派技术员指导管理大棚生产；村集体提供基础设施及配套，获得承包性收入；流转土地的村民每年可获得每亩地1000 元的土地流转费，并优先到大棚学技术；从事大棚生产的村民按月领取工资。这种模式，让企业"信得过、舍得投"，村民"学技术、学管理"，村集体"懂市场、学经营"，促进可持续发展。为让企业"留得住"，我们引导各村想方设法搞好服务，帮助企业解除"村民不服管、村里乱干预、服务无保障"等容易出现的问题，巩固长期稳定的合作关系。一是由专人负责维修基础设施，为蔬菜生产提供便利；在大棚生产区配备监控系统，确保生产安全。二是由企业自定何时种、种什么，村里不干预，确保企业行动自由。三是把驻村的技术人员当成一家人，帮助解决生产、生活中的困难。四是把人品好、责任心强、愿意学技术、能吃苦的村民，优先推荐给企业。经过一段时间的运行，企业和村里的关系更融洽了，村民的蔬菜管理技术水平也提高了。2013年底，企业已在帮包村建成40个冬暖式蔬菜大棚，村民共获得土地流转费80万元，30余个工作岗位，工资收入累计达70余万元，5个村集体平均增收8.1万元。

【工作启示】一是建立村企合作模式，发展高效生态农业，是实现村民、集体增收的有效途径。二是村集体要强化服务意识，为企业创造良好的生产环境，只有企业发展了，村民和集体才能从中受益，实现稳定增收。三是合理的利益分配机制能够调动各方积极性，将企业、村集体、村民紧紧"绑"在一起，成为密不可分的利益共同体，才能建立起长期稳定的合作关系，实现"多赢"。

第七节
加大金融扶贫力度

加大金融扶贫力度，精准对接脱贫攻坚多元化融资需求，创新提升扶贫精准服务水平，完善各项政策保障措施，全力促进脱贫致富。

一、目标任务

一是实现贫困地区扶贫小额信贷和扶贫生产经营主体信贷服务全覆盖。让每一个有劳动能力、有致富愿望、有生产经营项目、有信贷需求并符合信贷条件的建档立卡贫困人口，以户为单位都能享受到扶贫小额信贷支持；让每一家带动贫困人口实现稳定就业或从事稳定劳务或稳定增收（签订一年及以上劳动合同或劳务合同或带动脱贫帮扶协议）并符合信贷条件的各类生产经营主体，都能享受到政策扶持。二是实现易地扶贫搬迁融资服务全覆盖。积极发放易地扶贫搬迁贷款，跟进安置区贫困人口生产经营和后续产业项目融资需求。三是实现贫困家庭学生助学贷款服务全覆盖。让全省每一位有贷款需求的贫困家庭学生都能享受到政策扶持。

二、精准对接脱贫攻坚多元化融资需求

人民银行各级行要加强与有关部门的协调合作，及时掌握贫困地区特色产业发展、基础设施和基本公共服务等规划信息，指导金融机构认真梳理精准扶贫项目金融服务需求清单，准确掌握项目安排、投资规模、资金来源、时间进度等信息。各金融机构要按照"一户一档"方式，建立精准扶贫金融服务档案。

（一）精准对接扶贫小额信贷和扶贫生产经营主体信贷需求

指导金融机构以基准利率向贫困户发放免抵押、免担保、5万元以下、期限不超过3年的扶贫小额信用贷款；对带动脱贫、符合信贷条件的各类生产经营主体的贷款利率，原则上上浮比例不超过同期同档次基准利率的30%。

（二）精准对接易地扶贫搬迁金融服务需求

对符合条件的搬迁户，提供建房、生产、创业贴息贷款等支持。国开行山东省分行、农发行山东省分行要简化贷款审批程序，合理确定贷款利率，做好与易地扶贫搬迁项目的对接，严格贷后管理，确保支持精准、专款专用。商业性、合作性金融机构要对安置区贫困人口直接或间接参与后续产业发展的给予信贷支持。

（三）精准对接贫困人口创业就业融资需求

对符合条件的自主创业贫困人口，提供最高额度3万元的"免反担保、免抵押"创业扶贫担保贷款；对吸纳贫困人口就业的生产经营主体，给予最高额度300万元的创业扶贫担保贷款。创业扶贫担保贷款期限单次不超过2年，还款及时、信誉良好的可申请再次贷款，两次贷款期限之和不超过3年。

（四）精准对接贫困家庭学生助学贷款需求

助学贷款最长期限从14年延长至20年，还本宽限期从2年延长至3年整。对于因病丧失劳动能力、家庭遭遇重大自然灾害、家庭成员患有重大疾病以及经济收入特别低的毕业借款学生，如确实无法按期偿还贷款，可启动救助机制为其代偿应还本息。

（五）精准对接贫困地区基础设施、特色产业项目等金融服务需求

各金融机构要支持贫困地区交通、水利、电力、生态环境建设等基础设施和文化、医疗、卫生等基本公共服务项目建设，支持农村危房改造、人居环境整治、新农村建设等民生工程建设；加大对扶贫特色产业和项目，特别是电商扶贫、乡村旅游扶贫、光伏扶贫三大特色扶贫工程的信贷投入。

三、创新提升脱贫攻坚融资服务水平

（一）完善金融信贷管理

督促大中型商业银行稳定和优化贫困地区营业网点设置，将金融资源向贫困地区和革命老区倾斜，优先支持扶贫生产经营主体和贫困人口，提升服务质量和效率。指导农业银行山东省分行落实好"三农金融事业部"改革政策，强化县级事业部"一级经营"能力，丰富扶贫金融服务产品；邮政储蓄银行山东省分行进一步延伸服务网络，强化县以下机构网点功能建设，扩大涉农业务范围。引导农村法人金融机构扎根农村，切实发挥好主力军作用。

（二）积极开发扶贫信贷产品

引导金融机构积极开展"两权"抵押贷款试点，促进盘活农村各类资产。进一步完善和推行新型农业经营主体主办银行制度，对资信状况良好、带动贫困人口脱贫致富成效明显的生产经营主体探索发放信用贷款。创新银保合作、银担合作模式，不断扩大扶贫信贷投放。支持金融机构发放信贷资金，壮大扶贫工作重点村互助资金规模。

（三）创新发展扶贫保险产品

鼓励保险机构建立健全乡、村两级保险服务体系。扩大农业保险密度和深度，通过财政以奖代补等方式支持贫困地区发展特色农产品保险。支持贫困地区采取给予一定保费补贴或财政以奖代补等方式发展特色农产品价格保险。积极发展政策性农业保险、小额贷款保证保险等保险产品，为贫困户融资提供增信支持。引导保险机构建立健全针对贫困户的保险保障体系，开发针对贫困户的健康、养老、意外伤害等保险产品，全面推进贫困地区人身和财产安全保险业务，缓解贫困人口因病致贫、因灾

返贫问题。

（四）有效拓宽贫困地区企业直接融资渠道

加大对贫困地区企业的培育和孵化力度，完善上市企业后备库，强化信用培植，推动贫困地区企业通过主板、创业板、全国中小企业股份转让系统、区域股权交易市场等进行融资。支持贫困地区符合条件的上市公司和非上市公众公司通过增发、配股，发行公司债券等多种方式拓宽直接融资渠道。引导贫困地区符合条件的企业通过发行企业债券、公司债券、短期融资券、中期票据、项目收益票据、区域集优债券等进行债券融资。支持贫困地区在具备条件的基础设施领域发行资产证券化产品。

（五）加强农村信用体系建设

充分发挥乡镇党委政府、金融机构、农村基层党组织、驻村工作队（第一书记）和村老党员、老干部、老模范的作用，对贫困人口和扶贫生产经营主体进行信用评定，建立电子信用档案。将相关信息纳入农村征信数据库，通过省域征信服务平台向金融机构提供查询服务，并与相关信用信息平台实现互换共享，形成多方参与、信用信息动态更新、守信激励与失信惩戒有机结合的信用评价体系。

（六）深化农村支付环境建设

加强贫困地区支付基础设施建设，持续推动银行结算账户、支付工具、支付清算设施的应用。巩固助农取款服务在贫困地区乡村的覆盖面，推动助农取款、汇款、代理缴费等业务的应用，发挥好助农取款服务点便农惠农作用。鼓励移动支付、互联网支付等新兴电子支付方式在贫困地区的应用。鼓励银行机构、支付机构参与农村支付环境建设，推动降低农村地区支付业务成本。

（七）维护贫困地区金融消费者权益

加强金融消费者教育和权益保护，打击金融欺诈、非法集资、制售使用假币等非法金融活动。开辟消费者投诉、处理绿色通道，优化贫困地区金融消费者公平、公开共享现代金融服务的环境。根据贫困地区金融消费者需求特点，开展金融知识普及与金融消费者教育活动。

四、完善脱贫攻坚金融服务政策保障措施

（一）优化金融扶持政策

1. 发挥货币信贷政策引导作用。加大贫困地区和革命老区扶贫、支农和支小再贷款投放力度，加强再贷款管理，引导金融机构增加信贷投入，降低利率水平。对贫困地区涉农票据、小微企业票据优先办理再贴现。加强县域法人金融机构新增存款一定比例用于当地贷款的考核，对符合条件的金融机构实施较低的存款准备金率。将扶贫金融服务情况作为宏观审慎评估的重要参考。

2. 实施差异化监管政策。指导银行业金融机构按照单列信贷资源、单设扶贫机构、单独考核贫困地区建制乡镇机构网点覆盖率和行政村金融服务覆盖率、单独研发扶贫金融产品的"四单"原则，实现精准发力，加大扶贫资金投入。对贫困地区设立分支机构和服务网点实行更加宽松的准入政策。引导相关银行机构合理确定不良贷款容忍度，作出尽职免责安排。在有效保护股东利益的前提下，提高金融机构呆坏账核销效率。

3. 完善多层次农村金融服务组织体系。优先支持在扶贫任务较重的地区设立村镇银行。规范发展小额贷款公司、融资性担保公司、民间融资机构等，鼓励开展面向"三农"、面向贫困人口的差异化、特色化服务。

支持证券、期货、保险、信托、租赁等金融机构在贫困地区设立分支机构，开展业务合作。将扶贫工作重点村互助资金纳入农村合作金融试点范围。支持在贫困地区开展农民合作社信用合作试点。

4. 支持贫困地区发展新兴金融业态。在符合政策规定和有效防范风险的前提下，支持贫困地区金融机构建设创新型互联网平台，开展网络银行、网络保险、网络基金销售和网络消费金融等业务；规范发展民间融资，引入创业投资基金、私募股权投资基金，引导社会资本支持精准扶贫。

（二）强化金融与财税政策协调配合引导金融资源倾斜配置

1. 建立担保和风险补偿机制。建立健全贫困地区融资风险分担和补偿机制，有条件的地方应建立扶贫贷款担保基金和风险补偿基金，专项用于建档立卡贫困户贷款及扶贫生产经营主体贷款担保和风险补偿；大力发展政府支持的融资担保和再担保机构，鼓励和引导各类担保机构通过担保、再担保、联合担保等多种方式，提供保本微利的精准扶贫融资担保支持。支持各地自主确定参与扶贫贷款风险分担的担保机构及各参与方风险分担比例。

2. 落实贷款贴息政策。对带动贫困人口实现稳定就业或从事稳定劳务或稳定增收的各类生产经营主体发放的贷款，财政按年利率3%的标准，给予贴息。对符合条件的自主创业贫困人口发放的创业扶贫担保贷款给予全额贴息；对吸纳贫困人口就业的符合条件的各类生产经营主体发放的创业扶贫担保贷款，按同期同档次贷款基准利率的50%给予贴息。对国开行山东省分行、农发行山东省分行向易地扶贫搬迁省级投融资主体发放的针对贫困人口的易地扶贫搬迁贷款，中央财政据实给予90%的贷款贴息。贫困家庭学生在读期间助学贷款利息全部由财政补贴。对扶贫工作重点村互助资金向贫困人口发放的借款，按同期贷款基准利率对借款占用费进行补贴。

3. **落实税收支持政策**。按照国家政策规定，对符合条件的金融机构农户小额贷款的利息收入、保险公司为种植业、养殖业提供保险业务取得的保费收入，可在计算应纳税所得额时按90%计入收入总额。金融企业对涉农贷款和中小企业贷款进行风险分类后，按照关注类贷款计提2%，次级类贷款计提25%，可疑类贷款计提50%，损失类贷款计提100%的比例计提的贷款损失准备金，可按规定在计算应纳税所得额时扣除。

4. **小额扶贫信贷**。银行业金融机构以财政资金为杠杆撬动信贷资金，向符合条件的各类主体发放的扶贫贷款称为小额扶贫信贷，包括"富民农户贷"和"富民生产贷"。适用于各类生产经营项目，鼓励用于发展扶贫特色优势产业，开展种养业、农产品加工流通业、来料加工业、家庭手工业、休闲旅游业、电子商务业等生产经营项目。"富民农户贷"最高授信额度为5万元；"富民生产贷"按每带动1名农村贫困人口给予5万元优惠利率贷款的标准发放贷款，原则上不设上限，借款人可在授信额度内根据需要申请贷款。"富民农户贷"利率执行同期同档次基准利率。"富民生产贷"利率实行利率优惠，原则上贷款利率上浮比例不超过同期同档次基准利率的30%。"富民农户贷"，财政给予全额贴息；"富民生产贷"，财政给予3%的贴息。

责任单位及联系人：
山东省金融工作办公室　战　星　政策法规处副主任科员　0531-86061325
中国人民银行济南分行　楚晓光　货币信贷管理处副主任科员　0531-8167652

山东开展新型农村合作金融试点

2015年2月，山东成为全国开展新型农村合作金融的唯一试点省份。新型农村合作金融试点，是指在符合条件的农民专业合作社内部，依法取得试点资格，以服务合作社生产流通为目的，由本社社员之间进行互助性信用合作的行为。试点遵循6条原则：（1）坚持服务三农的本质要求，着力解决农民生产经营活动中"小额"、"分散"的资金需求，促进农业农村经济发展。（2）坚持社员制、封闭性原则，不吸储放贷，不支付固定回报，不对外投资，不以盈利为目的。（3）坚持社员自愿,互助合作,风险自担。（4）坚持立足社区，社员管理、民主决策，公开透明。（5）坚持独立核算，规范运营，遵纪守法，诚实守信。（6）坚持统筹兼顾，精心组织，稳妥推进。试点分为三个阶段：从2015年2月起到2015年12月底，为引导规范和试点启动阶段。2016为试点推广阶段。2017年为完善提高阶段。运营规则为：（1）经营地域。范围原则上不超过所在行政村，确有需要的可扩大到所在乡（镇）。（2）资金来源和规模。互助资金来源包括符合条件的互助社员自愿承诺出借的资金和农民专业合作社货币股金等可用于互助的资金,资金总额原则上不得超过500万元，确有需要的可适当扩大到1000万元。（3）资金使用。信用互助业务试点的资金用途，主要用于支持互助社员生产经营的流动性资金需求；期限以半年以下为主，一般不超过1年；对单一社员投放不超过互助资金总额的5%。（4）托管银行。开展信用互助业务试点的农民专业合作社，应当从农业银行、山东省农信联社等金融机构中招标选择1家银行业机构，作为其互助资金存放、支付及结算的唯一合作托管银行。

案例

政府贴保为农民撑起保障"蓝天"

中共胶州市委、胶州市政府

小额人身保险是面向低收入群体的一类人身保险产品，具有保费低廉、保障适度等特点。近年来，我市大力发展农村小额人身保险等普惠保险业务，将为农民投保作为一项惠民工程来抓，构筑起一道抵御因病返贫、因灾致贫的保障"防线"。市财政迄今共投入495万元补贴小额人身保险购买，累计惠及群众45.7万人。

一、开展背景

我市由财政出资，对购买小额人身保险的农民进行补贴，实现三方共赢：一是群众得实惠，有助于降低致贫风险。由于重大疾病、重大灾害不属于社保范畴，因此低收入群体抵御此类风险的能力极低，因疾病、灾害导致家庭陷入贫困的情况时有发生。市财政对保险购买补贴50%，农民每年只需花10元钱就可享受最高赔付2万元的保险保障，提升了农民对于疾病、灾害的承受能力，致贫风险大大降低。二是政府降成本，有助于减轻脱贫财政负担。通过创新财政支农方式，借助金融杠杆，发挥财政资金四两拨千斤的作用，由事后对贫困人口进行直接财政补助变为事前购买商业保险。目前，市财政投入的495万元，最大可撬动91.4亿元的保险赔付资金，将极大缩减扶贫脱贫经费开支，减轻财政负担。三是产业促转型，有助于提高金融业发展水平。2015年7月，青岛市金融办、青岛市财政局、青岛保监局联合批复我市为保险创新发展试验区，要求发挥保险业在服务经济社会发展中的"稳定器"作用。购买小额人身保险工作在试点阶段就已被纳入试验区建设范畴，伴随着小额人身保险在全市农民群体中全面铺开，带动了胶州市保险业规模的逐步扩大以及保险体系的逐渐完善。

二、主要做法及成效

为进一步拓展保险覆盖面、惠及全市广大农民群众，我市主要通过把握"三项原则"，做好"一个延伸"，实现小额人身保险全覆盖。

三项原则。一是坚持试点先行。2014年，确定将李哥庄镇、里岔镇、洋河镇列为全市小额人身保险试点镇，每个镇挑选10个村庄开展购保补贴试点工作，重点在"如何宣传推广"、"如何调动村民积极性"等问题上积累工作经验。截至当年年底，30个试点村庄，共计2.8万余名群众享受到了保险补贴服务。2015年，将购保补贴工作在全市12个镇办全面推广实施。二是突出弱势群体。将小额人身保险业务与精准脱贫工作相结合，通过市财政全额出资的方式，强化对我市贫困人口以及残疾人、低保户等弱势群体的保险覆盖力度。目前，我市21433名残疾人、6153名困难老人、10255个精准脱贫人口的保险覆盖率已达100%。三是强化政策保障。一方面完善制度机制，下发《关于印发胶州市小额人身保险工作实施方案的通知》，将小额人身保险工作纳入全市科学发展目标绩效考核，对各镇办工作开展情况进行督导评估。另一方面列入政府实事，市财政每年出资600万元对小额人身保险保费进行补贴。通过两方面协同发力，实现了购保补贴落到实处。

一个延伸，即以补贴购保为契机，拓展金融业服务水平，实现金融服务提标扩面。"硬环境"方面，通过引导保险机构服务网点下沉，大力推进金融"四级"服务网络建设，特别是加强镇、片、村级金融服务网点覆盖工作。"软服务"方面，探索"一村一室一人"服务模式，为村庄配备金融服务专员（原则上较大村庄配备2名,2-3个较小村庄配备1名），通过驻村入户的方式宣传保险、理财、防范非法集资等金融知识，逐步提高村民的保险意识、理财意识以及金融风险意识，将金融服务有机融入新农村建设工作进程。

第八节
完善扶贫开发用地政策

按照有关法律法规，完善和拓展城乡建设用地增减挂钩，推动利用增减挂钩政策支持易地扶贫搬迁。

一、工作步骤

城乡建设用地增减挂钩，就是将农村建设用地复垦为耕地，把所腾出的建设用地指标用于符合土地利用总体规划和城乡建设规划的新区建设，并保持项目区内各类用地面积平衡。经过9年的探索实践，增减挂钩试点政策已成为全省统筹城乡发展、促进美丽乡村建设和脱贫攻坚的重要平台。主要工作流程如下：

1. **摸底调查**。拟申报增减挂钩试点项目的乡（镇）人民政府、街道办事处，对相关村庄的土地权属和利用现状、人口和居住情况、群众意愿等进行摸底调查，并将摸底调查情况如实报县（市、区）人民政府。

2. **筛选项目**。县（市、区）人民政府根据摸底调查情况，综合当地经济发展水平、建设用地需求、资金承受能力，进行统筹安排，筛选确定申报项目。

3. **拟订方案**。县（市、区）人民政府组织国土资源、财政、城乡规划、农业等部门和乡（镇）人民政府、街道办事处及村（居）民委员会拟订拆旧建新与补偿安置方案。内容包括安置方式、安置区选址、社区规划、配套设施、拆旧面积与补偿标准、安置户型等内容。

4. **公示公告**。拆旧建新与补偿安置方案应当广泛征求意见，并进行公示。公示期内，农村集体经济组织、村民和其他权利人对拆旧建新与补偿安置方案要求举行听证的，应当向县（市、区）国土资源主管部门提出申请。

5. **签订协议**。县（市、区）人民政府应当根据拆旧建新与补偿安置方案，组织乡（镇）人民政府、街道办事处和村（居）民委员会、村民签订三方补偿与安置协议，并签字盖章。补偿与安置协议应当包括拆旧房屋面积、宅基地面积、补偿标准及地上附着物补偿金额、安置房屋面积及户型、建筑结构、安置房屋补偿标准、政府补偿金额以及需要个人交纳的金额等。涉及土地权属调整的，县（市、区）人民政府应当组织有关部门拟订土地权属调整方案。乡（镇）人民政府、街道办事处根据批准的土地权属调整方案，组织相关权利人签订土地权属调整协议。

6. **编制规划**。县（市、区）人民政府负责组织编制项目区实施规划。

7. **申报与批复**。县（区）人民政府提出立项申请，设区市国土资源部门负责审核和现场踏勘，经设区的市人民政府同意后报省国土资源主管部门审核。省国土资源主管部门收到立项申报材料后，对材料提出审查意见。符合条件的，报省人民政府批复。

8. 组织实施。县（区）人民政府根据批复文件组织项目实施。

二、支持政策

"十三五"期间，城乡建设用地增减挂钩将重点向贫困地区倾斜，主要体现在以下几个方面：

1. 指标支持。省级国土资源主管部门在安排增减挂钩指标时，重点支持省级贫困县的扶贫开发及易地扶贫搬迁工作。市、县级国土资源主管部门在组织增减挂钩项目区时，优先考虑扶贫工作重点村庄特别是实施易地扶贫搬迁的村庄。

2. 收益返还。增减挂钩节余指标调剂到城镇使用后，产生的土地增值收益，要按照工业反哺农业、城市支持农村的要求，及时全部返还用于支持农业农村发展和改善农民生产生活条件，确保通过增减挂钩实现扶贫开发及易地扶贫搬迁农民受益。

3. 税费优惠。根据《关于城乡建设用地增减挂钩试点有关财税政策问题的通知》及我省有关规定，增减挂钩项目中农村居民经批准搬迁，新建农村居民安置住房占用耕地面积不超过原宅基地面积的，不征收耕地占用税；超过原宅基地面积的，对超过部分按照当地适用税额减半征收耕地占用税。新建农村居民安置住房和社区公共基础设施用地，可以不缴纳新增建设用地土地有偿使用费、耕地开垦费。社区建设不收取行政事业性收费，服务性收费按应收费用的50%收取。

4. 留地政策。以县（市、区）为单位，确保不低于15%的增减挂钩节余指标用于农民生产生活、农村住宅和农村基础设施建设，并留出适当比例用于新型农村社区的长远发展。增减挂钩项目区内节地率原则上不超过50%,安置区容积率原则上不超过1.0,社区住宅原则上不高于4层。

责任单位: 山东省国土资源厅
联 系 人: 王文中　省土地综合整治服务中心副主任
电　　话: 0531-81691886

案例

旧村的"蝶变"
——齐河县塚子张村增减挂钩项目典型案例

在齐河县,塚子张社区属偏远村庄的整体迁建性社区,位于安头乡政府驻地东南五华里处。该社区纳入的塚子张村过去属于不靠县城,不靠乡镇驻地,不靠企业项目,不靠公路干道,不靠集市的"五不靠村"。2009年,齐河县以城乡建设用地增减挂钩政策推动"农村迁村并点"工程实施,吹开了塚子张村搬迁的坚冰,成为全县增减挂钩工作第一批迁建村庄。通过实施挂钩项目,该村取得了一个星期完成拆迁、四个月完成建设、齐河县第一个完成整村迁建、德州市第一个通过旧村复垦验收等一系列成效,不但摘掉了扶贫工作重点村的帽子,而且走上了富裕之路。

一、深入开展调查摸底,掌握群众真实想法

为了把好事做好,项目真正落实到位,村委会成员利用一个星期的时间入户摸底,第一趟去表明意图,说明政策,第一批报名搬迁的奖励两万五千元;第二批报名搬迁的奖励两万元;第三批奖励一万八千元。以村民签字同意作为搬迁证明,为打消群众思想顾虑,调查摸底现场可

以不当场表态，而是为村民预留三天的考虑时间，第二趟就要表态签字。最后公示时，全村三户村民由于刚盖了新房，没有签字同意，村委会并不强迫，而是为其保留了必要的生产生活设施。

二、运用朴实分房方式，彰显公平公正

该村通过抓阄方式划分宅基地，彰显公平公正。一是按序抓阄。报名户预交2000元建设保证金后，按照交钱早晚排列抓阄顺序。二是现场监督。为保证公开、公平、公正，乡工作组派出所、村委会、村民代表现场监督；村委会制定了别出心裁的"做阄"方法：阄条到县城打印社统一打印封存，抓阄现场当众开封。为了区别6和9，在每个数字上端打上一个五角星，6是尾巴顶星，9是头上顶星，一目了然。三是当场验阄。一户抓完，下一户再抓。抓阄时用筷子夹，以防止抓上两个或多个。对抓阄结果当场验证，登记公示。

三、结合村民实际，灵活实施新居建设

塚子张社区采取了自拆自建的办法，一边拆老屋，一边建新居，把能用的建筑材料最大限度地用到新居建设上，节约了一大笔开支。对经济困难户，乡里帮助协调了低息，运用县里的扶持资金，让没有经济能力的老年人免费入住老年公寓。五保户张红喜老人就是一个典型：在搬迁社区前，他住的是四面漏风的土坯房，年年下雨阴天提心吊胆。入住社区后，他分到了两间独院的老年公寓，可以安享晚年，真正享受到新型农村社区建设带来的经济实惠。

四、集中开展土地流转，助力农民增产增收

塚子张旧村址复垦后，如何利用好复垦后的土地，成为该村的当务之急。对此，村委会征求意见后，有的想按照人口平均分，有的想分片进行承包。最后，村委会通过集中多数村民的意愿，采取整体流转的方

式对外发包，并通过招投标的方式确定由山东昌润生态农业有限公司整体承包经营旧村复垦土地。昌润公司按照"公司运作、特色经营、村民参与"的发展理念，注册成立了2000多亩的"致中和农场"，相继开发了有机蔬菜种植、五彩花生开发等高效农业，开发农家乐、荷池风情、乡村休闲游等多种农业特色项目，实现了经济、生态、社会叠加的多重效益，扩大了影响力和知名度。通过昌润公司的规范化运作，塚子张村开辟了增收致富的新天地。目前，该村年均流转土地收益达200万元，有效转移了农村剩余劳动力；公司与村周边500余户农户签订了种植协议，间接带动农户增收1000万元，大大提高了农民种植积极性。

第九节
发挥科技人才支撑作用

实施科技下乡助推脱贫行动，发挥科技人才帮扶作用。科技人才深入扶贫工作重点村开展技术指导服务，可以将最优秀的新技术、新品种等农业科技成果，在扶贫工作重点村进行转化应用，促进人才、技术、信息等优秀资源向贫困地区流动，为精准扶贫创造有利条件。还可以及时解决扶贫工作重点村在特色产业发展中遇到的技术难题，全面提高种养殖效益，促进农民增收致富。通过科技人才的"领着群众干、做给群众看、带着群众富"，培养一批当地乡土人才队伍，使之成为带领群众脱贫致富的带头人。

一、总体目标

坚持人才、项目、基地一体化，实施科技下乡助推脱贫行动，积极动员涉农部门、科研单位、大专院校等开展定点帮扶，用2年左右时间完成扶贫工作重点村科技指导人员全覆盖任务，推动农业技术普及，大力提高农村科技进步贡献率，加快特色产业发展，助力重点村脱贫致富。

二、工作措施

（一）组建科技指导人员队伍

1. 扎实做好科技副职选派工作。每年从省内外高等院校、科研院所、国有重要骨干企业、国家级高新技术产业开发区和经济开发区等单位，选派80名左右高层次人才到西部经济隆起带和省扶贫开发重点区域担任县（市、区）政府科技副职，全面落实科技帮扶任务。

2. 组建兼职科技指导人员队伍。组织承担扶贫工作重点村帮扶任务的涉农部门、科研院所和大专院校等单位，与扶贫工作重点村结对子，担任兼职科技指导人员，按照"一人一村"、"一人多村"、"一团多村"等多种形式，进行双向选择并签署帮扶协议。

3. 组建省级科技扶贫专家服务团和山东省现代农业产业技术体系创新团队。对科技指导人员进行定期培训、技术咨询、现场答疑、巡回指导等服务，提高科技指导人员服务水平，解决重大关键共性问题。（山东省现代农业产业技术体系创新团队成员名单附本节后）

4. 组建网络科技指导人员队伍。邀请农技人员通过互联网在线与扶贫工作重点村加强指导，组建网上科技指导人员队伍，利用视频互动、远程诊断、在线答疑等信息化手段，帮助扶贫工作重点村解决技术难题。

（二）提供农业科技服务

1. 征集100项省、市科技计划已经支持的科研成果，采取企业先行实施、达到目标予以奖励支持的办法，引导科技创新成果优先到符合条件的脱贫任务较重地区转化应用。

2. 加强与中国科学院、中国农科院的战略合作，推进"渤海粮仓"科技示范工程和中科院STS计划的深入实施，在盐碱地改造、塌陷地治理、高效生态养殖等方面引进高层次专家团队，解决制约贫困地区发展的瓶颈问题，优先在扶贫工作重点村安排科技示范基地。

3. 定期征集扶贫工作重点村特色产业发展过程中遇到的关键技术问题，采取省科技计划立项支持的办法，组织高校、科研院所等科研单位或省工程技术研究中心、省重点实验室等创新性平台，集中优势科研力量进行技术攻关，及时破解扶贫工作重点村产业发展技术难题。

4. 普及推广先进农业科技成果。定期向省内外征集一批先进适用技术和优良品种，优先安排在扶贫工作重点村进行推广应用，为贫困农民转变增收方式广开致富门路。

（三）推进农业科技园区结对帮扶

按照国家农业科技园区带动3-5个扶贫工作重点村、省级农高区带动2-3个扶贫工作重点村、省级农业科技园区带动1-2个扶贫工作重点村的标准，农业园区与周边扶贫工作重点村结成帮扶对子，将帮扶扶贫工作重点村数量和成效作为园区考核和晋级的重要依据。通过提供优良品种、技术指导、信息服务和订单生产等方式，辐射带动200个左右扶贫工作重点村特色产业发展。

（四）加快农业科技信息进村入户

1. 在全省农业县区建设100个县级综合服务中心，在扶贫工作重点村布局建设200个左右云农业科技园服务站点，利用"互联网+"手段将信息、农技、金融、物流等先进生产要素渗透到农业各环节，为扶贫工作重点村提供农产品销售、农村普惠金融、低价农资购买、在线技术答疑、致富信息推介等线上线下互联互通的特色服务。

2. 充分利用国家农村农业信息化示范省专业信息服务站点，让扶贫工作重点村经营主体或贫困户足不出户便可以享受到专家指导和信息服务，了解市场行情，解决生产难题。

3. 充分利用"12396绿色之声对农直播间"作用，每周邀请林果、畜牧、蔬菜、水产等方面的农业专家走进直播间，通过新闻媒体直播，将农业专家解答的问题直接传递到千家万户。

（五）培养基层优秀科技人才

1. 深入实施西部经济隆起带基层科技人才培养计划，每年与西部六市联合支持100名当地科技人才，鼓励针对扶贫项目开展研发，培养致富带头人。

2. 实施科技带头人培养计划，安排专项科技资金，培训扶贫工作重点村骨干人员为致富带头人，掌握技术，打造一支扶贫工作重点村自己的人才队伍。

3. 实施返乡农民工培训计划，组织不同领域技术力量，创新培训理念，丰富培训内容，广泛开展实用技术、创业就业培训为主体的精准培训，省科技厅每年为扶贫工作重点村培训返乡农民工1000人次以上。

（六）打造科技扶贫样板示范

在扶贫任务较重的菏泽市、聊城市、临沂市、德州市、济宁市等确定10个左右扶贫工作重点村，2016年上半年启动实施并加以重点打造，推广果树修剪、蔬菜高效种植、林下经济、畜牧生态养殖等重大技术，培育科技扶贫试点村，集中优势科技资源加强农业科技人才培养和农业科技成果转化，形成可复制、可推广的示范样板，总结先进经验向全省推广，将科技助力精准脱贫引向深入。

（七）开展科技扶贫行动

围绕扶贫工作重点村特色产业发展需求，逢双月在重点区域举办农业科技成果推介会，推出一批先进适用技术和优良品种，支持在贫困地区转化应用。每半年组织省级科技扶贫专家服务团到扶贫工作重点村进行现场技术指导服务，通过巡回讲座、现场答疑等方式，将先进的种植模式、适用技术和优良品种推广应用，实地解决扶贫工作重点村特色产业发展过程中的技术难题。依托全省农村农业信息化示范省或省科技厅网站建设科技扶贫信息服务平台，及时征集扶贫工作重点村产业发展技术难题，发布先进适用技术和市场供求信息。

（八）实施科技扶贫"六个一行动"

组织省农业专家顾问团、现代农业产业技术体系创新团队、农业科研推广人员，以实施科技扶贫"六个一"行动为抓手，着力推动农业科技促脱贫工作。一是每年组织开展一次万名科技人员下乡活动。以科技进村、入户、到田，推广稳产增产和抗灾减灾技术为重点，加强关键时节、关键环节的技术指导和农民培训，力争实现村村有包干技术人员、户户得到技术服务的目标，为推进贫困地区农业产业发展提供科技支撑。二是协助编制一个农业产业发展规划。组织省农业专家顾问团的13个分团每个分团联系1个脱贫任务比较重的县，立足当地农业发展基础、产业优势和资源禀赋，协助编制农业产业发展规划，推动农业产业转型升级。

三是培育壮大一批农业主导产业。组织省现代农业产业技术体系各创新团队与脱贫任务比较重的县开展结对帮扶活动，通过建立创新团队与基层农技推广体系、新型经营主体相衔接的技术推广机制，创新服务产业新模式、新途径，培育壮大一批农业主导产业，通过产业扶贫促进农民增收。四是遴选培育一批农业科技示范户。以基层农技推广补助项目为依托，建立县乡两级农技人员直接到户、良种良法直接到田、技术要领直接到人的农技推广新机制，为补助项目实施范围内的每个扶贫工作重点村选派1名技术指导员，在省定扶贫工作重点村大力培育农业科技示范户，带动扶贫工作重点村农业产业的发展。科技示范户重点在有意愿、有生产能力的贫困户中遴选，每村培育至少5个示范户。五是探索建立一批扶贫工作重点村农技推广服务站点。以基层农技推广补助项目为依托，为补助项目实施范围内的每个省定扶贫工作重点村建立1处村级农技推广服务站点，每个站点培养配备1−2名农民技术员，安排专家和农技人员对村级农民技术员进行跟踪指导。六是培育一批新型职业农民。每年从农民培训专项资金中至少安排1000万元，用于脱贫任务比较重的县面向贫困劳动力开展各种形式的培训，努力提高贫困劳动力的科技素质和致富能力。

三、支持政策

（一）加大资金投入保障

从2016年开始，省农业厅和省科技厅整合各类涉农资金向贫困地区倾斜，重点用于扶贫工作重点村、贫困户发展高效特色种养产业。除据实结算的普惠性资金和蝗虫防治、重金属污染治理等特殊用途及购买服务的财政专项资金外，其他农业专项资金要安排不低于20%用于扶贫脱贫。按照项目实施要求，做到专账核算、专款专用。引导地方政府、第一书记或扶贫工作重点村经营主体积极争取扶贫开发或基层农技推广补助项目等涉农资金支持，形成扶贫工作重点村特色产业发展集聚效应。

（二）强化政策激励

积极引导科技指导人员通过技术入股、收益分红等形式开展创业性指导服务，其兼职收入归个人所有。优先安排科技指导人员和科技扶贫专家服务团成员承担各类科技计划项目，支持在扶贫工作重点村开展新品种新技术集成应用和示范推广。

责任单位及联系人：
山东省科技厅　宋玉丽　农村中心副主任　0531-66777107
山东省农业厅　谭　涛　科技处副调研员　0531-67866137

附：山东省现代农业产业技术体系创新团队成员名单

（26个农产品体系368名成员）

1. **小麦**。首席专家：山东农业大学孔令让；联络人：山东省种子管理总站张承毅，电话13505401326。

成员：山东农业大学李斯深、于金凤；青岛农业大学穆平、石岩、赵丽清、鹿永华；山东省农业科学院孔令安、齐军山、李新华；山东省农业技术推广总站鞠正春；各市农科院张荣亭（济南）、张海军（淄博）、王江春（烟台）、王本明（潍坊）、闫　璐（济宁）、钱兆国（泰安）、李宝强（临沂）、王光禄（聊城）、黄兴蛟（菏泽）。

2. **玉米**。首席专家：青岛农业大学宋希云；联络人：山东农业大学刘鹏，电话13583818353。

成员：青岛农业大学刘树堂、李树超；山东农业大学张春庆、李向东；山东省农业科学院孟昭东、李宗新、刘开昌；鲁东大学张洪霞；山东理工大学习培松；各市农科院王光明（淄博）、夏德君（烟台）、张世和（潍坊）、陈举林（泰安）、李学杰（聊城）、曹风格（菏泽）、郭兴臻（枣庄）、郭建军（德州）；莱州市金海种业有限公司邓秀峰。

3. **棉花**。首席专家：山东棉花研究中心李维江；联络人：山东省农业科学院植物保护研究所路兴波，电话13589099839。

成员：山东棉花研究中心王宗文；山东农业大学宋宪亮、孙学振、张晓辉、胡继连；青岛农业大学崔德杰；山东省棉花生产技术指导站于谦林；滨州职业学院纪家华；各市农科院杨秀凤（德州）、耿军（淄博）、王智华（东营）、谢志华（济宁）、张桂花（菏泽）、李秋芝（聊城）。

4. **花生**。首席专家：山东农业大学李向东；联络人：青岛农业大学王月福，电话13658676712。

成员：山东农业大学刘风珍、薛明；青岛农业大学王东伟、王兆华；山东省农业科学院单世华、张智猛、于建垒；各市农科院谭忠（临沂）、王廷利（烟台）、马登超（济宁）、李文金（泰安）、杨中旭（聊城）、程亮（菏泽）；威海市种子管理总站邱俊兰；山东卧龙种业有限责任公司黄翔。

5. **蔬菜**。首席专家：山东省农业科学院蔬菜花卉研究所王淑芬；联络人：山东农业大学徐坤，电话18505381366。

成员：山东农业大学艾希珍、侯加林；青岛农业大学王富、郑长英、杨绍兰；山东省农业科学院高建伟、王克安、郭洪恩、刘涛；山东农业工程学院岳凤丽；各市农科院贺洪军（德州）、张元国（潍坊）、王文军（济南）、高俊杰（泰安）、马井玉（济宁）、徐刚（淄博）、张永涛（临沂）、赵荷仙（聊城）、王教义（莱芜）；烟台市农业技术推广中心孙振军；山东省寿光蔬菜产业集团有限公司程琳。

6. 果品。首席专家：山东农业大学高东升；联络人：山东省果茶技术推广站崔秀峰，电话13505313781。

成员：山东农业大学郝玉金、沈向、宋月鹏；青岛农业大学王永章、王彩虹；山东省农业科学院刘庆忠、于毅、辛力、陶吉寒、吴新颖；齐鲁工业大学赵新节；临沂大学郑亚琴；各市农科院韩明三（青岛），孙庆田、王英姿（烟台）、林云弟（潍坊）、杨鹤（威海）、张明（聊城）；烟台市果茶工作站姜召涛；临沂市果茶技术推广服务中心陈修会。

7. 食用菌。首席专家：山东省农业科学院农业资源与环境研究所万鲁长；联络人：山东省农业科学院农业资源与环境研究所张海兰，电话18977282890。

成员：山东农业大学贾乐、葛颜祥；青岛农业大学郭立忠、李文香；山东省农业科学院王文亮；鲁东大学程显好；山东省农业技术推广总站高瑞杰；临沂市农业技术推广服务中心王献杰；烟台农业学校丁强；各市农科院孔繁华（泰安）、曹修才（聊城）、刘前进（济宁）、于德花（东营）、张书良（德州）。

8. 生猪。首席专家：青岛农业大学单虎；联络人：青岛农业大学韩先杰，电话13808962790。

成员：山东农业大学曾勇庆、杨在宾、杨维仁、孙世民；青岛农业大学宋春阳、张廷荣；山东省农业科学院王继英、吴家强、李俊；山东畜牧兽医职业学院郭洪梅、王志远；山东省畜牧总站周开锋；莱芜市畜牧兽医科研所徐云华；山东省滨州畜牧兽医研究院李峰；临沂市畜牧站王军一；环山集团有限公司孟凡伟；山东益生种畜禽股份有限公司祝永华；齐鲁动物保健品有限公司王蕾。

9. **牛**。首席专家：青岛农业大学董雅娟；联络人：山东农业大学刘思当，电话13905388709。

成员：山东农业大学林雪彦、朱立贤；青岛农业大学刘焕奇、孙国强、曹荣峰；山东省农业科学院侯明海、王星凌、李忠德；山东畜牧兽医职业学院胡士林；山东社会科学院王兴国；各市农科院官本芝（济宁）、毕云霞（东营）；山东省滨州畜牧兽医研究院刘吉山；山东省阳信广富畜产品有限公司马文健。

10. **羊**。首席专家：山东农业大学王建民；联络人：山东省畜牧总站曲绪仙，电话13706415215。

成员：山东农业大学朱瑞良、赵瑞莹、纪志宾；青岛农业大学潘庆杰、林英庭、闵令江；山东省农业科学院王可、柳尧波；山东畜牧兽医职业学院徐相亭；山东农业工程学院董传河；各市农科院楚惠民（济宁）、杨燕（临沂）；山东省滨州畜牧兽医研究院沈志强；莱芜市畜牧兽医科研所曹洪防；青岛奥特种羊场程明；临清润林牧业有限公司宛秋林。

11. **家禽**。首席专家：山东省农业科学院家禽研究所宋敏训；联络人：山东省农业科学院家禽研究所石天虹，电话15964530792。

成员：山东农业大学李显耀、成子强、宋志刚、姜世金；青岛农业大学尹燕博、朱连勤、王述柏、孙京新；山东省农业科学院刘玉庆；山东畜牧兽医职业学院李舫；鲁东大学张兴晓；山东社会科学院王波；山东省动物疫病预防与控制中心陈静；山东省滨州畜牧兽医研究院苗立中；临沂大学孟凡生；诸城外贸有限责任公司乔昌明；山东德州扒鸡股份有限公司张庆永；山东纪华家禽育种有限公司赵纪华。

12. **鱼类**。首席专家：山东省淡水渔业研究院付佩胜；联络人：山东省淡水渔业研究院杜兴华，电话13361075555。

成员：山东农业大学陈盛伟；青岛农业大学陈京华、周顺；山东省海洋生物研究院官曙光；山东省淡水渔业研究院杨玲；山东省海洋资源与环境研究院孙玉增；烟台大学杜荣斌；烟台市水产研究所段钰；泰安市水产研究所邹兰柱；临沂市渔业技术推广站朱士祥；济宁市水产技术推广站郑伟力。

13. **虾蟹类**。首席专家：山东省海洋生物研究院刘洪军；联络人：山东农业大学季相山，电话13505484872。

成员：山东农业大学王慧；青岛农业大学李玉全、王文琪；山东省淡水渔业研究院郑玉珍、曹振杰；山东省海洋生物研究院叶海斌、王颖；东营市渔业技术推广站刘艳春；济宁市水产技术推广站陈奇；潍坊市渔业技术推广站孙红梅；滨州市渔业技术推广站王淑生。

14. **贝类**。首席专家：山东省海洋生物研究院郭文；联络人：山东省海洋生物研究院刘广斌，电话13625322860。

成员：山东农业大学王雪鹏；青岛农业大学王春德；鲁东大学王晓通；山东省海洋生物研究院李莉；烟台大学崔龙波；山东省海洋资源与环境研究院张秀珍；山东省宏观经济研究院迟泓；东营市海洋经济发展研究院苑春亭；烟台市水产研究所刘永胜；乳山市水产技术推广站于勇军；滨州市海洋与渔业研究所郑述河。

15. **杂粮**。首席专家：山东省农作物种质资源中心丁汉凤；联络人：山东省农业科学院作物研究所杨延兵，电话15963130963。

成员：山东农业大学诸葛玉平；青岛农业大学牟少岩；各市农科院王秋玲（菏泽）、曹其聪（潍坊）、高凤菊（德州）、丛新军（泰安）、刘玉芹（临沂）、李丽霞（东营）、刘俊展（滨州）；山东圣丰种业科技有限公司李洪杰。

16. 薯类。首席专家：山东农业大学史春余；联络人：山东省农业科学院作物研究所张海燕，电话15069098074。

成员：山东农业大学吕钊钦、王庆国、王士海；青岛农业大学隋炯明、张剑峰、李俊良；山东省农业科学院李爱贤、杨元军、张华；各市农科院商丽丽（烟台）、刘连成（威海）、杨玉田（枣庄）、徐宝连（济宁）、刘桂玲（泰安）；潍坊市农业技术推广站郑以宏；临沂市农业技术推广站刘中聚。

17. 水稻。首席专家：山东省水稻研究所周学标；联络人：济宁市农业科学研究院黄信诚，电话18660762660。

成员：山东农业大学杨越超、储昭辉、王金星；青岛农业大学丁效东、褚栋；山东省农业科学院李景岭、姚方印；临沂市农业技术推广服务中心冯尚宗；山东润农种业科技有限公司杜中民；各市农科院李相奎（临沂）、孙礼文（济南）、娄金华（东营）。

18. 蚕桑。首席专家：山东省蚕业研究所郭光；联络人：日照海通茧丝绸集团有限公司徐军涛，电话13606333500。

成员：山东农业大学冀宪领、高绘菊、李法德、张升祥；山东省农业科学院娄齐年、李云芝、王照红、崔太昌；山东广通蚕种集团有限公司房德文。

19. 茶叶。首席专家：青岛农业大学丁兆堂；联络人：山东省果树研究所宋鲁彬，电话13082776237。

成员：山东农业大学许永玉、张丽霞；青岛农业大学李中华；日照市茶叶科学研究所丁仕波；泰安市泰山林业科学研究院孙海伟；日照茶叶技术推广中心丁德恩；临沂果茶技术推广服务中心刘相东；威海市果树茶叶工作站王林军。

20. **中草药**。首席专家：山东省农业科学院农产品研究所王志芬；联络人：山东省农业科学院农产品研究所单成钢，电话13589019105。

成员：山东农业大学王建华；青岛农业大学连政国、郝智慧；山东财经大学苏昕；山东中医药大学张永清；各市农科院陈晖（济宁）、张谦（临沂）、侯丽娟（威海）；东营职业学院隋学圃；山东宏济堂制药集团中药材贸易有限公司沈娟。

21. **特种经济动物**。首席专家：青岛农业大学马泽芳；联络人：青岛农业大学王利华，电话13791815464。

成员：山东农业大学樊新忠、谢之景、郭慧君、姜东晖；青岛农业大学李文立、温建新；山东省农业科学院黄兵、高淑霞、孙海涛；山东畜牧兽医职业学院姜八一；山东省动物疫病预防与控制中心王贵升；各市畜牧站、畜牧兽医研究院、畜牧技术推广中心谭善杰（临沂）、王玉茂（滨州）、林英（莱芜）；齐鲁动物保健品有限公司李富金；山东菁华农牧发展有限公司惠涌泉；海阳市华隆饲料有限公司张光超。

22. **刺参**。首席专家：山东省海洋生物研究院李成林；联络人：山东省海洋生物研究院胡炜，电话：18561729990。

成员：青岛农业大学朱伟；山东省海洋资源与环境研究院杨建敏、崔国平、王际英、王茂剑；山东省海洋经济文化研究院孙吉亭；东营市海洋经济发展研究院张士华；日照市海洋与渔业研究所王雪梅；滨州市海洋与渔业研究所孙同秋；威海市环翠区海洋与渔业研究所原永党；烟台市水产研究所姜作真；东营市渔业技术推广站刘志国。

23. **牧草**。首席专家：青岛农业大学杨国锋；联络人：临沂大学吕慎金，电话15853939769。

成员：山东农业大学张桂国、赵伟；青岛农业大学刘洪庆；山东省农业科学院贾春林；山东省畜牧总站翟桂玉；各县市畜牧兽医站、畜牧站王俊海（聊城）、王者勇（无棣县）；山东省农业工程学院杨向黎；山东双佳农牧机械科技有限公司齐自成；泰安意美特机械有限公司王延国。

24. **蜂业**。首席专家：山东省农业科学院植物保护研究所郑礼；联络人：山东省农业科学院植物保护研究所门兴元，电话：15865313036。

成员：山东农业大学王桂芝、郭兴启；青岛农业大学李敬锁；山东省蜂业良种繁育推广中心尹旭升；烟台市畜牧兽医工作站朱应民；日照市畜牧站王海洲；东营市蜜蜂研究所张兴波；山东华康蜂业有限公司张其安；龙口市三高种蜂场于世宁；山东省寿光蔬菜产业集团有限公司国家进。

25. **烟草**。首席专家：山东农业大学王玉军；联络人：山东临沂烟草有限公司烟叶生产技术中心杨举田，电话13905395821。

成员：山东农业大学杨龙、徐后娟；青岛农业大学刘新；山东省农业科学院张安盛、李少清；山东财经大学王培志；山东潍坊烟草有限公司烟叶生产技术中心杜传印；山东日照烟草有限公司烟叶生产技术中心徐良涛。

26. **藻类**。首席专家：山东省海洋生物研究院詹冬梅；联络人：长岛县水产研究所孙海林，电话13853559163。

成员：青岛农业大学刘升平；山东省农业科学院毕玉平；烟台大学孙利芹；山东省海洋生物研究院吴海一；山东省海洋资源与环境研究院徐英江、于宁；日照市海洋与渔业研究所侯和要；荣成市渔业技术推广站王大建；山东东方海洋科技股份有限公司李晓捷。

第十节

....

加强农民职业技能培训

培育新型职业农民，是深化农村改革、加快农业发展方式转变、提高农业核心竞争力的重要举措，也是带动贫困群众增收致富的新实践新探索。2012年以来，山东省以提高农民科技素质、职业技能和生产经营能力为核心，先后在桓台县、招远市、郯城县、长清区、泗水县和齐河县进行试点。2015年又把临沂市作为整体推进市与其他82个示范县一起开展新型职业农民培育，取得了明显成效。全省共培训新型职业农民7万余人。这些新型职业农民通过土地流转、托管经营、吸纳贫困户进入生产环节等方式，有力促进了周边扶贫工作重点村的经济发展和贫困群众的增产增收。2016年，农业部批复山东省为全国新型农民培育整体推进示范省。

一、目标任务

紧紧围绕"提高农民综合素质，提升农民生产技能，助推农业农村发展"的目标，加快构建服务"三农"、手段先进、灵活高效的新型职业农民培育体系，逐步形成"政府统筹、社会参与、多方配合、上下联动"的工作机制。"十三五"期间，以种养大户和合作社、家庭农场、农业企业领办人与骨干为重点，培育新型职业农民50万人，初步打造一支有文化、懂技术、会经营，具有新理念、新技能、新觉悟的新型职业农民队伍，为山东省现代农业发展和新农村建设提供强有力的人才支撑。

二、工作措施

（一）新型职业农民培育

主要通过教育培训、认定管理、政策扶持培育新型职业农民。培训工作依托全省农业广播电视学校体系，分两段进行。一段为生产技能培训，重点培训实际操作技能，在当地的农业生产现场，主要采取"田间课堂"的方式，累计培训不少于42学时。另一段为经营管理培训，重点培训生产管理与市场营销知识，在每个市至少设立1处市级培训基地，采取"互动式"和"情景模拟式"的教学方式，集中培训时间6天、不少于48学时。根据《山东省新型职业农民认定原则意见》，各县（市、区）制定发布具体认定管理办法，对考核合格者进行统一认定。同时，对认定的新型职业农民加强跟踪管理，各级各部门出台相应政策予以扶持。

（二）农业扶贫培训

在脱贫任务比较重的市县，重点对建档立卡贫困户（每户1人），分区域、按产业编为若干教学班，采取集中培训与"田间课堂"相结合的方式，培训种养加实用生产技术和增收致富技能，全年累计培训不少于36个学时。在开展培训的同时，加强技术指导和帮扶服务，促进贫困户加快脱贫致富。全省培训10000人。

（三）农业创业培训

对外出务工返乡青年、复员军人、村组干部和有志于在农村创业的大、中专毕业生等开展创业知识和创业技能的培训。由省农业广播电视学校承担，在全省范围全面实行自主招生，分区域组织安排集中培训，按照农业创业培训规范的要求确定培训课程、选聘师资、组织教学，培训时间不少于84学时。全省培训3000人，其中建档立卡贫困户600人。

（四）农村带头人培训

按照省委组织部、省农业厅、省财政厅《关于做好全省农村带头人培训工作的意见》要求，依托山东农业大学等省内农业院校对农村村两委成员开展专题培训。培训时间安排6天，不少于42学时，全省培训8960人。

（五）农村电商经营人员培训

对农民合作社负责人、专业大户、有志于在农村创业的大、中专毕业生及已开展农村电商业务的农民，开展计算机、互联网操作、电子商务运作与经营等知识与技能的培训。培训由农业厅直接组织，依托山东农业大学、山东畜牧兽医职业学院开展，两院校各承担培训400人。

（六）行业关键技术培训

依托省级推广单位组织开展行业关键技术培训，在相关产业优势区域，重点考虑脱贫任务比较重的市县，设置培训班对行业生产骨干开展种植、养殖、加工关键技术及相关行业知识的集中培训。全省共培训40000人（天），其中种植业培训建档立卡贫困户所占比例不低于20%。

（七）打造新型职业农民培育实训基地（ 见本章第一、二节实训基地）

2015年，省农业厅、省海洋与渔业厅和省财政厅依托现代农业园区、农业龙头企业、农民合作社、家庭农场、农业科技示范基地等，首批认定挂牌集科技创新、试验示范、技术指导、实践实训为一体的"山东省新型职业农民培育实训基地"200处（其中170个实训基地名单列在本章

第一、二节实训基地栏目）。省科技厅和省财政厅也建设了83个科技扶贫实训基地（名单列在本章第一、二节实训基地栏目），重点提供给第一书记扶贫村。第一书记和扶贫村的带头骨干通过联系这些实训基地，因地制宜选准扶贫路子，采取"手把手"的传授方法，发展一批现代农业的好项目（具体可与省直部门或实训基地联系，科技专家可与省农业科技创新团队联系，见本章节九节）全省培训基地要向寿光三元朱村蔬菜培训基地学习，到"十三五"末建成覆盖全省，分产业、分区域、分类型的实训基地体系。同时加大实训基地建设资金投入，在产业发展、科研示范、项目安排、培训任务等方面给予倾斜，使实训基地成为扶贫骨干实习和职业农民培育的有效平台和载体。在农民合作社、家庭农场、农业生产现场广泛建设标准化"田间课堂"，方便农民就近参加培训，为脱贫攻坚提供人才支持。

三、支持政策

省财政设立了农民培训资金，重点支持实训基地，通过培训基地对扶贫工作重点村科技带头人、示范户和农民合作社经营管理人员进行培训。吸引、支持大学生返乡从事涉农行业创业。培训经费用于农村贫困户的比例不低于20%。2016年组织开展农业扶贫培训，在脱贫任务比较重的市县，重点对建档立卡贫困户（每户1人）开展农业技术技能培训，全省共培训10000人，每人给予600元补助。

责任单位及联系人：
山东省农业厅　李　咏　科技处副处长　0531-67866131
山东省科技厅农村科技促进中心　武　军　0531-66777103
山东省财政厅　蔺如伟　0531-82669884

案例一

寿光三元朱村蔬菜培训基地

三元朱村现有267户，1009口人，党员37名，耕地面积1400亩，是中国特色经济村、全国科普先进村、全国文明村、全国生态文化村、全国社会主义新农村典型示范村、全国先进基层党组织、国家4A级旅游景区。

三元朱村是冬暖式蔬菜大棚发源地，"乐义蔬菜"被评为中国驰名商标。为推广先进、专业的现代农业科技特别是大棚蔬菜种植技术，三元朱村2006年投资860万元建成现代农业科技培训大厅，建筑面积4000平方米，设有200人的培训教育2个，60人的交流座谈室多个。2012年基地被授予"山东省党员干部农业科技培训基地"。

目前，该培训基地与中国农科院、山东农业大学等17家科研单位和大专院校合作，配有专职教师12人，兼职教师20人，第五代冬暖式大棚、工厂化育苗温室等现场教学实践培训点20处，学员生活服务楼有60间宿舍和1个200人的餐厅。培训内容主要包括：第五代冬暖式大棚技术、乐义果菜标准化生产体系、蔬菜种苗产业推广、网络销售蔬菜技术、蔬菜深加工以及与蔬菜产业相关的农机维修实用技术等。

为节省学员培训时间，提高培训效率，2009年，三元朱村依托该培训基地在新疆、宁夏、甘肃、四川、贵州五省建立了农业科技培训中心，重点培训中西部农民骨干和村干部。

培训基地成立以来，共培训学员3万多人次，涉及26个省市自治区，为农业供给侧结构性改革提供了人力支撑，为农业增效、农民增收提供了发展平台，实现了"培训一名学员，致富一个家庭，带动一片群众，繁荣一方经济"的目标。

案例二

插上科技的翅膀，托起农民致富梦

东阿县刘集镇前关山村食用菌产业创新团队

东阿县刘集镇前关山村耕地1105亩，林地400余亩，共有人口2600多人，700余户，其中贫困户43户，约170人。该村东临黄河，人多地少，土地沙化严重，农民种植粮食和传统蔬菜收入较低，群众脱贫致富愿望强烈。根据村农业资源条件和生产实际，我们培养该村王学刚为带头户，大力发展食用菌特色产业。

为了消除村民害怕风险、不敢投入的心理，首席专家万鲁长研究员利用2008年至2012年曾在该村发展生产生物有机肥的经验和条件，通过"走出去"考察和"迎进来"指导，确立了"食用菌大棚建设与高效栽培"项目，从菌种提供、菇棚设计、原料选择、配方优化、栽培模式、高产管理到市场信息等方面给予精准扶持。王学刚的思想观念有了很大转变，决心致力于食用菌栽培，为以后的产业带动搞好示范。

在技术指导的基础上，王学刚自筹资金10多万元，在沙土地上建造起10座食用菌大棚，充分利用当地丰富的棉籽壳、玉米芯、秸秆等原料资源，2013年秋冬季就栽培平菇近20万袋。单产水平高，病虫害少，产品质量优于聊城当地老产区，不算建棚成本，当年纯收入达到20万元。生产季节吸纳10多位村民就业，栽培结束后菌渣下脚料又作为优质原料，与当地鸡粪等农牧废弃物混合堆肥发酵，生产的生物有机肥质量显著提高，深受周边大棚瓜菜用户的欢迎，还供应到章丘、定陶等有机蔬菜基地。此举不仅对村民生产生活产生了积极影响，还对当地农业产业结构调整和高效发展产生了良好效应。

随着平菇生产和市场需求的发展变化，2014年春夏季，王学刚适度扩大生产规模，吸纳更多的村民就业，特别是新开发示范栽培高温平菇，在我们的帮助和技术指导下，获得了成功。2014年秋冬季，王学刚的平菇栽培规模达到40多万袋，通过我们的标准化技术规范和联系调运，又将其中5万多袋发满菌的菌包销售到巨野、聊城、济南等地，通过成立食用菌种植农民专业合作社，辐射带动周边大棚食用菌生产，初步形成了"公司＋合作社＋基地＋菇农"的产业化格局，提升了食用菌标准化、集约化生产水平。

2015年，我们多次调研考察东阿县刘集镇等帮扶村，指导培训当地农民大力发展食用菌、蔬菜、瓜果等绿色种植，积极帮助引进良种、生物菌剂、有机肥和推广新型设施、先进高效栽培模式、病虫害安全防控技术，结合精准扶贫工作，引导扶贫工作重点村、贫困户农民解放思想、开拓新路，促进当地农业产业增产增效。王学刚把眼光盯向了"农超对接"和发展林下经济，进一步扩大食用菌栽培品种和生产规模，创建产品品牌，并将循环农业的理念贯穿于整个产业链中，实现现代农业高效发展。

第六章

加大行业扶贫开发力度

　　行业扶贫是"三位一体"扶贫开发新格局的重要组成部分。要打赢脱贫攻坚战，必须采取有效措施，在资金、项目、政策等方面向扶贫工作重点村和贫困户倾斜，加大教育扶贫、开展医疗救助扶贫、农村危房改造、社会保障兜底、劳务输出、革命老区脱贫、资产收益扶贫、企业扶贫、社会捐赠和慈善、残疾人脱贫等，切实发挥好行业扶贫的重要作用。

第一节

着力加强教育扶贫

治贫先治愚，扶贫先扶智。习近平总书记多次强调，要紧紧扭住教育这个脱贫致富的根本之策，再穷不能穷教育，再穷不能穷孩子，保证贫困家庭孩子受到教育，不能让孩子输在起跑线上；抓好教育是扶贫开发的大计，要让贫困家庭的孩子都能接受公平有质量的教育，起码学会一项有用的技能，尽力阻断贫困代际传递。

一、目标任务

按照中央和省委部署要求，认真落实"1+N"脱贫攻坚专项工作方案，以建档立卡贫困家庭学龄人口为主要对象，以建档立卡贫困家庭为延伸，提升贫困家庭劳动力素质，提高贫困家庭脱贫能力，让教育成就更多孩子和家庭的梦想，从源头上阻断贫困代际传递。改善薄弱学校办学条件，加快普及学前教育，实施乡村教师支持计划等措施，提高贫困地区和扶贫工作重点村教育普及程度和办学质量，提高贫困人口的基本素质。到2017年，贫困地区义务教育巩固率达到95%以上，学前三年教育毛入园率达到80%以上，高中阶段毛入学率达到80%以上。引导高校开展科技扶贫，提升贫困地区经济社会发展能力和水平。实施城乡学校结对帮扶，实现义务教育城乡、区域和校际间资源共享。完善困难学生资助体系，实现建档立卡家庭困难学生从学前教育到高等教育资助全覆盖。以提高就业致富能力为重点，实现建档立卡家庭困难学生接受中等职业教育机会全覆盖。

二、支持政策

1.《山东省第二期学前教育三年行动计划（2015-2017年）》规定，没有定点小学的村，特别是省定扶贫工作重点村，要按照服务半径1.5公里，覆盖人口3000-5000人的原则，通过大村独办、小村联办的形式建设村办幼儿园，构建起全覆盖的县、乡、村学前教育公共服务网络。财政性学前教育投入要最大限度地向农村和贫困地区倾斜，省定扶贫工作重点村幼儿园建设要优先列入项目并加大资金支持。

2.《关于下达2015年支持学前教育发展中央专项资金预算指标的通知》规定，为帮助省直选派第一书记帮包村实现村村"有学前教育"的目标，省财政对各地申报的帮包村新建及改扩建幼儿园项目每个补助40万元，对现有幼儿园每个补助10万元，专项用于园舍建设及取暖、保教、生活设施设备购置等。

3.《关于提前下达2016年支持学前教育发展中央专项资金预算指标的通知》要求，各地要将中央资金优先用于全省7005个扶贫工作重点村幼儿园。

4.《关于加强省定贫困村幼儿园建设的通知》要求，对确实需要建设幼儿园的扶贫工作重点村，县级教育行政部门要将其纳入学前教育布局规划和第二期学前教育三年行动计划（2015-2017年），并按照"服务半径1.5公里或服务人口3000-5000人"的原则，科学测算幼儿园覆盖范围、建设规模、建筑面积、教玩具配备、投资金额等，到2017年全面完成建设任务。《山东省农村幼儿园基本办园条件标准（试行）》规定，幼儿园规模原则上在3个班以上，每班人数不少于20人。偏远地区(山区、库区等)扶贫工作重点村可根据实际情况设立保教点。

5.《关于减免中小学校舍建设有关收费的通知》要求，中小学校(含幼儿园)校舍建设涉及的行政事业性收费和政府性基金予以免收。

6.《关于加强省定贫困户在读师范类大学生资助工作的通知》要求，自2015年秋季学期起，对在我省高校就读师范类专业、属7005个省定扶贫工作重点村建档立卡贫困户范围的入学新生，学校按"绿色通道"办理入学手续，优先发放国家助学金，优先安排勤工助学岗位，并根据学生家庭经济困难程度减免学费。

7.《农村义务教育"全面改薄"资金管理办法》要求，改薄资金支持的薄弱学校必须是已列入当地义务教育学校布局调整专项规划、拟长期保留的农村义务教育阶段公办学校。优先支持覆盖7005个省定扶贫工作重点村的农村学校和教学点。

> 责任单位: 山东省教育厅
> 联 系 人: 崔升平　人事处副处长
> 电　　话: 0531-81916628

小贴士

山东实施教育精准扶贫"323"工程

山东省实施教育精准扶贫"323"工程，提升贫困家庭劳动力素质和脱贫能力，让教育成就更多孩子和家庭的梦想。(一)"三项计划"提高贫困地区教育发展水平。一是推进省扶贫开发重点村义务教育薄弱学校改造计划；二是推进省扶贫开发重点村学前教育普及计划；三是推进乡村教师支持计划。(二)"两个网络"促进城乡教育均衡发展，加大科技扶贫力度。一是构建义务教育学校结对帮扶网络；二是构建高校科技扶贫支持网络。(三)"三个体系"提升贫困家庭劳动力素质和脱贫能力。一是完善建档立卡贫困家庭学生资助体系，对建档立卡贫困家庭学生从学前教育到高等教育实行资助全覆盖。二是构建贫困农村留守儿童关爱体系，为每名留守儿童建立专门档案和联系卡，50%以上省扶贫开发重点村学校设置留守儿童关爱室。三是构建职业教育精准扶贫支持体系，努力让未升入普通高中的初中毕业生都能接受中等职业教育。

案例

扶贫须扶智　大计在教育

山东省教育厅第一书记工作组

2012-2014年，省教育厅向郓城县张鲁集乡5个扶贫工作重点村派驻了三批第一书记，开展脱贫帮扶工作。这5个村均处黄河滩区，基础教育特别是学前教育办学条件较差。为了改变贫穷落后的面貌，我们工作组经过充分调研，在报请省教育厅党组同意后，决定在帮扶村比较集中的黄河滩区援建一所标准化完全小学(含幼儿园)。经过各方面共同努力，目前，学校已经建成并投入使用。工作中主要抓了以下几个环节。

一是合理选择校园地址。帮扶工作方案制定后，各帮扶村村民对建设学校热情高涨，纷纷要求落户本村。经我们多次实地考察，并从土地政策、拆迁难度、补偿成本、交通安全、疏散便利、辐射半径、群众基础等各方面反复权衡，把幼儿园、小学校址选在了薛河口村。

二是深入做好群众工作。几个帮包村都是从黄河大堤内搬迁出来的，历史上曾经因为土地问题有过一些过节，为避免后期校园建设和使用中出现矛盾，我们配合乡党委、政府多次做群众工作，使薛河口村全体村民作出了"无偿提供建设用地，学校建成后无条件接收邻近村庄适龄儿童入学"的承诺。

三是精心设计校园校舍。考虑到资质和标准要求，决定请山东建筑大学规划设计院进行校园设计规划。期间，我们与县乡领导、规划设计人员先后三次研究、协商，反复讨论校园整体规划、建筑布局、建筑风格等，使建设的小学教学楼、办公楼、教工宿舍楼、幼儿园教学楼主要建筑物既大方又适用。

四是做好建设用地清障和拆迁工作。校园建设用地上的庄稼、树木、坟头、房产等，涉及部分群众的切身利益。为了把好事办好，我们配合村党支部，对群众进行了耐心细致的思想教育工作，经与有关群众多次沟通协调，最终达成共识，确保了清障和拆迁补偿工作的顺利进行。

五是形成工作合力。为解决好建设项目的场地排水、用水、用电、教学楼内外装饰装修等问题，我们及时与乡党委政府、县教育局、山东建筑大学设计院研究协商，很快完成了施工图设计、清障、拆迁、施工等工作，按时完成了建设任务，得到了群众的交口赞誉。

第二节
开展医疗救助脱贫

因病致贫是各种致贫原因中占比最高的，也是导致脱贫工作不可持续的主要原因，"辛辛苦苦奔小康，得场大病全泡汤"就是部分群众脱贫后又因病返贫的真实写照。据统计，山东省242万贫困人口中近一半是"因病致贫、因病返贫"人口。在全面建成小康社会的决胜阶段，习近平总书记多次强调，要实施健康扶贫工程，着力保障农村贫困人口享有基本医疗卫生服务，努力防止因病致贫返贫。实施健康扶贫工程，必须加强医疗保险和医疗救助，对贫困大病患者开展分类、精准救治，切实解决因病致贫、因病返贫问题。

一、大力实施健康扶贫工程

2016-2018年，按照"442"（每年分别完成总任务量的40%、40%、20%）工作进度，分类救治患病贫困人口，进一步提高扶贫工作重点地区医疗卫生服务网络标准化建设水平和服务能力。到2018年底，所有患病贫困人口都能得到有效、及时救治，当地卫生资源、居民健康、公共卫生、妇幼保健、疾病防控、计划生育等主要指标接近或达到全省平均水平，基本建立因病致贫、因病返贫的长效机制。

1. 实施"八个一"工程，分类救治。对患病贫困人口明确一所定点医院、确定一名家庭医生、签订一份承诺书、制定一张健康卡、建立一个健康档案、进行一次健康查体、组织一次健康会诊、发放一张健康明白纸。县级卫生计生行政部门统筹辖区内县、乡、村医疗卫生资源，合理划分责任片区，明确地方病、传染病、慢性病及其他病的救治标准，对患病贫困人口实施分类救治。

2. 推行"先治疗、后结算"机制，便民惠民。2016年5月底前，在县级医疗卫生机构、乡镇卫生院、社区卫生服务中心设立便民惠民门诊，对建档立卡贫困人口提供便民惠民服务。2016-2018年，在继续开展"服务百姓健康行动"的基础上，广泛深入做好"微笑列车"和"健康山东光明行"活动，分期分批对全省贫困人口中唇腭裂患者、白内障患者进行筛查和手术治疗。并认真做好贫困人口人工耳蜗抢救性康复、血友病治疗等惠民便民项目。

3. 健全服务体系，夯实人才根基。2016年6月底前出台全省基层医疗卫生机构标准化建设方案，确保2020年前全部达标。进一步强化政府办医责任，对7005个省定扶贫工作重点村合理规划设置标准化村卫生室，确保村村都有卫生室服务。不断夯实基层卫生人才根基，启动"3+2"助理全科医生定向培养模式，2017年，扶贫工作重点地区每个乡镇卫生院拥有1名以上全科医生。2018年，通过开展对口帮扶培训和继续教育，专业卫生技术人员至少接受一次专业轮训。2020年，扶贫工作重点地区每千名服务人口配备不少于1名乡村医生，每所村卫生室至少有1名执业（助理）医师或具备专科以上学历乡村医生。

4. 开展城乡医院对口支援，提升服务能力。2016年6月底前，组织省、市级三甲医院与扶贫工作重点县医疗机构开展对口帮扶，建立稳定持续的"一对一"帮扶关系。进一步推进和鼓励医师到基层多点执业。鼓励二、三级医院向乡镇卫生院提供远程会诊、远程培训、远程预约等服务。2017年，远程医疗服务覆盖扶贫工作重点地区全部县级公立医院和80%以上的乡镇卫生院。2018年，扶贫工作重点地区县域内就诊率提高到90%左右，基本实现农村贫困人口"大病不出县"。

5. **广泛开展健康教育，提高群众健康素养。**以农村基层为重点，以学校为突破口，广泛开展"健康进万家、幸福伴我行"活动，加强地方病、慢性病、传染病等重点领域的健康教育工作，引导贫困人口科学就医、合理用药。组织开展"百名健康教育专家千场健康教育讲座"活动，积极开展健康教育服务，开展高危行为干预，促进卫生服务模式由"重疾病治疗"向"重疾病预防"转变。力争到2018年，扶贫工作重点地区居民健康素养水平达到全省西部地区平均水平。

二、加强医疗救助脱贫

按照中央和省委部署要求，认真落实"1+N"脱贫攻坚专项工作方案，以建档立卡贫困家庭人口为主要对象，进一步加强医疗救助制度建设，指导市、县（市）进一步完善医疗救助制度，全面开展重特大疾病医疗救助工作。进一步拓宽医疗救助覆盖面，将低收入救助对象、因病致贫家庭重病患者以及县级以上人民政府规定的其他特殊困难人员纳入医疗救助对象范围，加强与居民基本医疗保险、大病保险及慈善救助的衔接，有效降低贫困家庭因病致贫、因病返贫率。进一步加大资金投入力度，提高医疗救助标准，低保、五保对象政策范围内自负医疗费用救助比例全部提高到70%以上，低保对象年度最高救助限额全部提高到1万元以上，全面取消重点医疗救助对象的医疗救助起付线，逐步降低低收入救助对象的医疗救助起付线。切实加强医疗救助信息化建设，对低保对象、特困供养人员在定点医疗机构发生的医疗费用给予医疗救助"一站式"即时结算。

1.《关于印发〈山东省城乡医疗救助办法〉的通知》规定，城乡医疗救助实行地方政府负责制，由各级政府民政部门牵头实施，实行属地管理；城乡医疗救助对象包括：农村五保供养对象、城乡最低生活保障对象和因病造成生活特别困难，经当地政府批准的其他人员；医疗救助费用结算范围应当与居民基本医疗保险固定的报销（补偿）范围相衔接，对超出当地规定目录用药、诊疗以及提供医疗服务发生的医疗费用，医疗救助基金不予结算。

2.《山东省社会救助办法》要求，县级以上人民政府应当建立健全医疗救助制度，多渠道筹集医疗救助资金，保障最低生活保障对象、特困供养人员和县级以上人民政府规定的其他医疗救助对象获得基本医疗卫生服务；明确规定了医疗救助的主要形式有四种，即资助参保、住院救助、门诊救助、优惠减免等方式。

3.《山东省人民政府办公厅转发省民政厅等部门〈关于进一步完善医疗救助制度全面开展重特大疾病医疗救助工作的实施意见〉的通知》要求，各地要将城市医疗救助制度和农村医疗救助制度整合为城乡医疗救助制度，确保城乡困难群众获取医疗救助的权利公平、机会公平、规则公平、待遇公平。进一步拓宽医疗救助对象范围，在原有救助对象的基础上将低收入救助对象、因病致贫家庭患者纳入救助范围。各地要从2016年全面开展重特大疾病医疗救助工作，重特大疾病医疗救助逐步从按病种救助转向按费用救助，原则上同一类救助对象，个人自负费用数额越大，救助比例越高。

4. 中共山东省委、山东省人民政府《关于贯彻落实中央扶贫开发工作部署坚决打赢脱贫攻坚战的意见》要求，提高农村贫困人口大病保险报销比例，最高支付限额从2016年起提高到每年50万元。对农村贫困人口居民大病保险支付后自负费用仍有困难的，加大医疗救助、临时救助、慈善救助力度，将农村贫困人口全部纳入重特大疾病救助范围。对农村贫困人口大病实行分类救治和先诊疗后付费结算机制。

责任单位及联系人：
山东省卫生与计划生育委员会　方传武　人事处副处长　0531-67876373
山东省民政厅　张泽胜　救助处干部　0531-86917211

小贴士

山东加大贫困人口医疗救助力度

截至2014年底，山东省有省定标准以下贫困人口394万人，国定标准以下贫困人口231万人。在这些贫困人口中，近一半是因病因残致贫。各慈善机构、医疗单位等发挥各自优势，开展不同形式的医疗救助活动。省千佛山医院2016年将继续开展各类医疗救助活动，0—14岁的贫困白血病患儿可获得3万-5万元的救助，符合条件的亲体肾移植患者可获得3万元的救助；济南军区总医院通过医保报销、慈善基金救助和医院减免，继续对新生儿先心病实行免费手术治疗；省红十字会及其系统也有一些救助项目，如小天使基金、天使阳光基金分别救助儿童白血病和儿童先心病，有需要的居民可到各地红十字会进行申请。此外，山东省明确规定，贫困人口大病保险起付标准减半，最高支付50万元。

案例

医疗救助全覆盖 精准扶贫落实处

曲阜市民政局

曲阜市现有省级扶贫重点村10个,贫困户6849户、贫困人口13490人,其中因病致贫4695户、9443人,约占贫困总人口的70%。按照中央和省、市精准扶贫工作要求,我市坚持"立足精细、发力精准、铸造精品"原则,建立了"党委领导、政府主抓、部门协调、社会参与"工作机制,对因病致贫人口做到"医疗救助全覆盖",扎实推进精准扶贫工作。

一、认真调查,做到扶贫底数"精准"。为确保扶贫实效,我市着眼"精准",坚持因人而异、分类而定,实现点对点精准扶贫。民政局联合扶贫办等单位,派出调查组,采取"两会"、"三结"、"四看"的方式,对因病致贫家庭开展摸底调查。"两会",即调查小组每到一个村居首先召开村居两委成员会议,对该村贫困户中的因病致贫家庭进行统计摸底;全部入户后,再召开村居两委成员会议,通报调查情况,当场研究救助帮扶意见,给村居干部、群众一个明确答复,确保调查不留尾巴。"三结",即每排查结束一个村居进行一次小结,每天收工后进行当天汇总,每查完一个镇街进行一次总结,在"速度服从质量"的前提下,确保调查成效,做到一人不落、一户不漏。"四看"即调查时重点看医疗支出凭证、病人现状、家庭居住状况、生活状况等,同时拍照存档,做到一户一档,为后期帮扶,跟踪服务奠定基础。

二、强化措施,做到扶贫施策"精准"。一是实施大病全救助制度。为了从根本上解决扶贫对象脱贫问题,市政府筹集大病医疗救助金5000万元(社会募集3000万元),对精准扶贫对象基本医疗保险、商业医疗报销补偿后患者自负的医疗费用给予全救助(兜底救助)。目前,已救助扶贫对象1303人次，发放救助金1560万元。二是积极推行医疗救助"一站式"即时结算服务。为方便扶贫对象就医，我市在市人民医院、市中医院、市二院开通"一站式"医疗即时结算服务平台，困难群众出院结算时即时获得救助，极大地方便了群众。据统计，通过"一站式"医疗即时结算服务平台，已为1656人次开展医疗救助服务，发放救助金663万元。三是开展困难群众体检全免费。为全市6849户贫困户、13490人免费进行体检，减免体检费122万多元。四是积极争取社会力量参与救助扶贫。天安矿业集团成立"白血病救助基金"，每年注入资金200万元，对我市白血病患者进行救助。市中医医院成立"肿瘤康复基金"，每年注入资金1000万元，对住院肿瘤困难患者在医疗报销补偿后按照自负资金的20%-35%给予救助减免。

三、建立机制，做到扶贫"精准"推进。一是建立救助联席会议制度。市政府分管市长作为总召集人，民政、卫计、人社等部门作为成员单位，明确各相关部门职责，对遇到的突发性、急难性需开展大病医疗救助、低保救助等事项召开联席会议，各部门合力开展救助。二是建立"一门受理、协同办理"工作机制。建立健全由市委市政府领导，市民政局牵头，相关部门配合、社会力量参与的社会救助工作协调机制，12个镇街依托为民服务大厅（中心）设立"一门受理，协同办理"救助服务站，各村居成立服务点，合力开展大病医疗救助等各项救急难服务。三是建立救助受理核对机制。成立曲阜市城乡居民家庭经济状况核对中心（股级全额事业单位），负责对全市申请大病救助的家庭经济状况进行核对。同时，以阳光救助信息网为平台，逐步建立起民政部门与住建、公安（车管）、工商、税务、银行等部门联合核查城乡居民家庭经济状况的机制，确保救助工作公平、精准。四是建立救助监督机制。民政局成立由5人组成的社会救助工作监督领导小组，成员由市人大代表、市政协委员、机关事业退休老干部组成；12个镇街成立社会救助工作监督组织，聘请5-7名热心社会救助事业的人士担任监督员，开展常年监督活动，参与管理和监督救助资金的使用，对大病救助等救助工作的"受理、调查、公示、审核、审批"环节进行无缝隙监督，确保救助工作公开、公平、公正，维护困难群众利益。

第三节
加快农村危房改造

农村危房改造是全省扶贫开发工作的一项战略性任务。全力以赴完成农村危房改造，是贯彻落实精准扶贫战略部署的根本要求和现实需要，也是广大贫困农户长期以来的热切期盼。目前，山东省农村仍有11万散居五保户、低保户、残疾人家庭等贫困群体居住在危房中，严重威胁其生命财产安全。通过精准扶贫危房改造战略的实施，可使全省28万农村贫困群众住房安全和居住条件得到改善，村容村貌和人居环境得到改观，贫困群众发展生产、脱贫致富的信心将进一步增强。

一、工作目标

根据国务院和省政府统一安排部署，按照因地制宜、经济实用、统筹规划、重点安排、自愿自主、公开公正的原则，集中力量解决住房最危险、经济最困难农户最基本安全住房的要求。2016-2017年，每年改造农村贫困户危房5万户左右。2017年底，基本完成全省现有存量危房改造。

二、改造标准

根据住房城乡建设部《农村危房改造最低建设要求（试行）》规定，改造后住房建筑面积要达到人均13平方米以上，户均建筑面积控制在60平方米以内，可根据家庭人数适当调整，3人以上户均建筑面积不超过18平方米。用于谷物储藏；农具放置等用途的辅助用房，不计入主房建筑面积。

三、工作流程

1. **个人申请**。符合危房改造条件的农户，由户主自愿向所在村委会提出书面申请，并提供身份证、户籍、五保低保等证明材料。

2. **集体评议**。村委会接到申请后，召开村民会议或经村民代表会议评议，初定危房改造对象，并在村务公开栏予以公示，公示期不少于3天。对符合条件且公示无异议的，填写《山东省农村危房改造农户建（修）房申请表》，报乡（镇）人民政府审核。

3. **乡镇审核**。乡（镇）人民政府接到村委会的申报材料后，要及时进行审核，必要时可采取入户调查、邻里访问、信函索证等方式，对申请人的住房和家庭经济情况等进行调查核实、拍照。符合条件的，报县级农村住房建设工作领导机构审批。不符合条件的，将材料退回所在的村委会，并说明原因。审核结果在乡（镇）人民政府政务公开栏进行公示，公示期不少于3天。

4. **县级审批**。县级农村住房建设工作领导机构接到乡（镇）人民政府上报的材料后，进行实地复核，根据《农村危险房屋鉴定技术导则（试行）》，组织人员上门进行房屋鉴定核查。对符合条件的，根据住房危旧程度，核定资助方式及标准。对不符合条件的，将材料退回所在的乡（镇），并说明原因。审批结果在村务公开栏张榜公布，公示期不少于3天。

5. **签订协议**。县级农村住房建设工作领导机构将确定的危房改造户反馈到乡（镇）后，要组织好乡（镇）（甲）、村（乙）、户（丙）三方进行签订危房改造协议（协议书一式四份，甲乙丙三方各执一份，报县级农村住房建设工作领导机构一份），明确三方责任、改造后房屋结构面积、开工时间、竣工时间、补助资金、资金拨付方式等内容。

6. **组织实施**。县级人民政府根据省、市下达的年度农村危房改造任务和补助资金，结合实际组织实施。

7. **竣工验收**。改造住房竣工后，由县级住房城乡建设部门牵头，发展改革、财政、民政等相关部门参与，对改造后的住房进行全面检查验收，按照国家规定的最低建设要求逐户逐项检查和填写验收表。并向市级相关部门提交验收情况报告。改造住房经验收合格后，县级住房城乡建设部门与补助对象办理交接和入住手续，并在改造住房的显著位置设置"农村危房改造工程"标识。市住房城乡建设、发展改革、财政等部门对县级验收情况进行复查。省住房城乡建设、发展改革、财政等部门对改造实施情况进行全面监督检查。

四、补助标准

《山东省2015年农村危房改造工作实施方案》规定，依据改造方式、建设标准和补助对象自筹资金能力等不同情况，补助标准分别为：

1. 修缮加固户均补助不低于0.5万元。

2. 五保户重建房屋户均补助不低于1.8万元。

3. 农村低保户、贫困残疾人家庭重建房屋户均补助不低于1.5万元。

4. 其他贫困户重建房屋户均补助不低于1.4万元。

责任单位：山东省住房和城乡建设厅
联 系 人：朱中利　村镇建设处副处长
电　　话：0531-87080858

案例

扶贫工作的"安居工程"

省广电大学驻沂水县院东头镇留虎峪村第一书记工作队

沂水县院东头镇留虎峪村位于院东头镇西南部，距镇驻地2公里，自然环境优美，风景秀丽。村内"天然地下画廊景区"为国家4A级景区。全村361户，1018口人，拥有耕地987亩，主要产业为现代农业和旅游服务业。按照省委组织部的统一部署，我负责该村驻村帮扶脱贫。

一、制定计划，部署危改工作。根据上级分配的危改指标，第一书记与村两委的同志一起，按年度制定危改计划，确保危改任务的完成。2012-2014年共完成危改房屋12户，安排危改补助资金105400元。

二、调查摸底，确认补助对象。为了确保危改补助户的准确性，第一书记和村两委成员逐户进行摸底调查，在农户提出书面申请后，召开村两委成员、党员和村民代表会议，按照优先帮助住房最危险、经济最贫困的农户解决最基本安全住房的要求，合理确定补助对象。

三、审核把关，公开公示。在确定危改补助对象后，由农户提报相关身份证明信息资料，村两委审核把关后，出具相关会议资料和危房证明，经公示后，上报县乡建设主管部门调查核实，并及时将所有信息进行公开公示。

四、项目实施，现场指导。上级批复危改补助项目后，及时督促农户备料开工建设，确保按节点完工。同时，加强建筑质量监管，不定时抽查建设标准和建材质量，现场指导建设工作，确保工程质量。

五、验收监管，建立档案。危改补助房屋建设完毕后，第一书记和村两委及时组织相关人员进行初步验收。对在检查验收中发现的问题，及时予以纠正，整改完毕后上报县乡建设主管部门进行检查验收。对验收合格的按户收集资料，建档管理，并及时将补助资金发放到农户手中。

第四节

社会保障兜底脱贫

实行农村最低生活保障制度兜底脱贫，是实施精准扶贫的重要方略之一，也是减贫的最后一道防线。社会保障兜底脱贫的对象主要是针对完全或部分丧失劳动能力的贫困人口。

一、目标和任务

1. 进一步提高农村低保、农村五保标准。2016年各地农村低保标准要达到国家扶贫线以上，2018年达到省定扶贫线以上。2016年各地五保供养标准全部达到省定扶贫线以上，2017年实现符合集中供养条件的农村贫困人员集中供养。2018年将无法通过开发性扶贫实现脱贫的符合条件的农村贫困人口全部纳入保障范围，确保其基本生活水平达到省定扶贫线以上。

2. 加强农村公共服务设施建设。2016—2017年完成敬老院消防设施改造提升，全省敬老院普遍达到消防安全要求；到2018年，各市及85%的县（市、区）完成残疾人康复中心建设。

3. 进一步健全救助制度。2016年全面建立重特大疾病医疗救助制度，2018年全面建立"救急难"工作机制，医疗救助、临时救助、慈善救助功能在脱贫攻坚中得到充分发挥；困境儿童、残疾人等各项福利保障制度进一步完善；社会力量参与扶贫机制进一步健全，社会组织参与扶贫的可及范围和受益人群进一步拓展。

4. 拓宽老龄贫困人口脱贫途径。对有子女的，坚持德治法治相结合，重视发挥村规民约作用、司法干预等综合手段，让子女履行赡养义务。对无子女的，结合农村危房改造，建敬老院集中供养、政府购买服务、实行邻里互助等方式，解决生活问题。对低保兜底的，通过发放米面、油、肉、蛋等实物，改善生活状态。

5. 落实重度残疾农村贫困居民基本养老保险政策。对重度残疾农村贫困居民，由政府全额代缴最低标准的养老保险费。确保居民基本养老保险基础养老金按时足额发放，逐步提高基础养老金标准。

二、政策措施

按照中央和省委部署要求，认真落实"1+N"脱贫攻坚专项工作方案，加强农村低保制度与扶贫开发政策的标准衔接、对象衔接、管理衔接和信息衔接，稳定解决无法通过开发性扶贫实现脱贫人口的生计问题。强化政策性托底保障功能。加强敬老院、农村幸福院、残疾人康复中心建设，强化设施性托底保障功能。建立慈善"救急难"扶贫帮困基金和信息平台，鼓励引导社会组织参与扶贫，强化社会性脱贫功能。

1.《山东省社会救助办法》规定，县级以上人民政府应当健全最低生活保障制度，对符合条件的经济困难家庭给予最低生活保障。

2.《山东省最低生活保障管理办法》规定，户籍状况、家庭收入、家庭财产是认定低保对象的三个基本条件。持有当地常住户口的居民，凡共同生活的家庭成员人均收入低于当地低保标准，且家庭财产符合当地人民政府有关规定条件的，可以按规定程序认定为低保对象。审核审批低保待遇按照居民申请、乡镇（街道）审核、县级民政部门审批的程序实施，家庭成员申请有困难的，乡镇、街道包村、包片工作人员以及村（居）委会应当帮助其提出申请。

3.《财政部、民政部关于印发〈城乡最低生活保障资金管理办法〉的通知》规定，县级以上财政部门应当会同民政部门按照公开、公平、公正的原则，采取因素分配等方法，科学合理地分配城乡低保补助资金，强化"以奖代补"机制，以加强最低生活保障管理工作。因素分配方法主要依据城乡低保对象数量、地方财政困难程度、城乡低保资金安排情况等因素；以奖代补，主要依据城乡低保资金绩效评价结果。

4. 中共山东省委、山东省人民政府《关于贯彻落实中央扶贫开发工作部署坚决打赢脱贫攻坚战的意见》规定，推进农村低保线与扶贫线"两线合一"。实施"两线合一"政策后，新增支出部分，省财政对西部地区补助比例提高到80%，对中部地区提高到60%。

5.《山东省扶贫开发领导小组关于印发〈全省脱贫攻坚专项实施方案〉的通知》规定，落实80岁以上低保老年人高龄津贴、困难失能老年人护理补贴等福利制度，加强对贫困老年人的服务保障。修订完善村规民约，主要是修订完善尊老养老、扶贫济困良好风尚等方面的内容，教育和引导广大农民群众自觉遵守村规民约。

6. 山东省人民政府《关于加快发展养老服务业的意见》提出，省财政对新增养老床位不少于20张、符合有关部门规定资质条件的养老机构，按核定床位给予一次性建设补助，其中：对东、中、西部地区每张床位分别补助4500元、5500元、6500元，高青县、利津县和荣成市每张床位补助7000元，其他省财政直接管理县（市）每张床位补助8000元。租赁用房且租用期5年以上、达到前述条件的养老机构，按核定床位给予一次性改造补助，其中对东、中、西部地区每张床位分别补助2000元、2500元、3000元，高青县、利津县和荣成市每张床位补助3500元，其他省财政直接管理县（市）每张床位补助4000元。

7. 山东省政府办公厅《关于印发山东省养老服务业转型升级实施方案的通知》规定，加大护理型（医养结合型）养老机构扶持力度，在现行养老机构建设补助标准基础上，将新建、改扩建护理型养老机构建设补助标准提高20%。护理型养老机构具体扶持条件由省民政厅另行制定。

8. 推动市、县（市、区）政府为所有参保重度残疾农村贫困居民，全额代缴最低标准的养老保险费。

9. 实施全民参保登记计划，重点做好农村贫困人口参保工作，实现贫困人口应保尽保。对贫困人口参加居民基本医疗保险个人承担部分，由各级财政给予补贴。

10. 不断完善居民大病保险制度，对符合贫困人口条件的参保居民，适当降低大病保险起付标准、适当提高医疗费用分段补偿比例，原则上起付标准减半，医疗费用每段补偿提高比例不低于5%。

责任单位及联系人：
山东省民政厅　于　艳　社会救助处主任科员　0531-86910897
山东省人力资源社会保障厅　吴　琪　居民医疗保险处主任科员　0531-82957367
　　　　　　　　　　　　吴爱梅　居民养老保险处主任科员　0531-88597636

小贴士

山东大力推进社会保障兜底脱贫

2016年，山东省财政新增城乡低保资金3.1亿元，全年共安排14.5亿元，推进农村低保线和扶贫线"两线合一"，支持各市县年内农村低保标准全部提高到不低于国家扶贫线，将丧失劳动能力、发展生产无法实现脱贫的特殊困难群众，通过低保政策实现兜底脱贫。目前，资金已全部下达各市县，并重点向中、西部地区倾斜，其中对枣庄、临沂、德州、聊城、滨州、菏泽等西部地区提标新增支出部分平均补助比例提高到80%，对潍坊、济宁、泰安、日照、莱芜等中部地区提标新增支出部分提高到60%。2018年，两线标准将提高到不低于省定扶贫线。另外，在完善特殊贫困群体保障政策方面，将用三年时间建成150个基层视障数字阅览室服务站点，覆盖县级以上残疾人服务中心、各级公共图书馆、特殊教育学校等，为全省盲人提供数字阅览、听读、听书机和书籍的借阅、专题培训服务。对省直单位选派第一书记帮包村中持证残疾人家庭，省财政每户补助2000元，分两年到位，支持发展家庭种植养殖业，帮助实现足不出户脱贫致富。

案例一

阳光低保　群众叫好

阳信县民政局

为了确保党和政府的低保政策措施落到实处，近两年来，我们按照公开赢得阳光、承诺铸就诚信的工作思路，认真组织干部职工，深入村、居开展"阳光低保"的政策宣传、逐户核查与公开公示、提标扩面等工作，收到了很好的效果。截至2016年3月底，全县在保对象达到13069户、20600人。

一、完善三个程序，按程序严格操作。工作中重点抓了规范民主评议、公开公示及审核审批程序三个环节。在民主评议环节，各村（居）健全调整民主评议小组并报民政局备案。对申请加入低保的群众，乡镇（街道）及相关部门负责组织村（居）民评议小组进行评议，对评议结果签字确认后张榜公示。在公开公示环节，为充分发挥群众监督作用，我们在政府网和县民政局专网开设低保专页的基础上，按照统一样式、统一材质、统一内容的要求，在全县864个自然村、10个乡镇（街道）和12个城市社区安装了低保公示栏，对低保办理程序、享受低保人员名单、动态管理情况、举报投诉电话等长期公开、按季更新。在审核审批环节，首先由乡镇（街道）或部门逐户调查，调查材料由申请人、调查人、乡镇（街道）或部门主要负责人共同签字确认，县民政局在全面审查调查材料和审核意见的基础上，组织专人对申请人家庭进行信息核对并100%入户复审。

二、健全三个机制，按机制动态管理。一是健全核对机制。在强化入户调查、邻里访问、信函索证等调查手段基础上，建立了跨部门、多层次、信息共享的救助申请家庭经济状况核对机制，确保了救助对象准确、高效、公正认定。二是健全信访机制。实行专人负责、首问负责制，健全信访记录、反馈、督办、处置、归档工作流程，采用对当事人问询笔录和深入村（居）等距随机抽样调查的方法落实信访诉求，做到有访必查、有错必纠，并纳入对乡镇（办）的年度考核指标体系。两年来共接受各类信访事项106起，已全部查处结案。三是健全档案建设机制，在规范完善在保家庭主档的基础上，建立了自然减员、贫困大学生、信访调处、清退对象、拟纳入不合格对象、特困低保家庭、无支付能力低保对象、居民家庭经济状况核对信息、低保资金发放变化月明细、低保经办人员承诺以及低保经办人员和村委会干部近亲属享受低保等项子档，为有效实施动态管理、打造阳光诚信低保提供了可靠依据和坚实支撑。

三、落实三个制度，按制度规范运行。为确保低保工作的健康运行，我们重点抓好低保资金发放变化明细月报、近亲属享受低保待遇备案和低保经办人员公开承诺三个制度的落实。一是按月报告低保资金变动原因，定期入户抽查低保账户管理、资金发放及领取情况，有效保障了低保政策的贯彻落实和低保资金的安全落地。二是对低保经办人员及村（居）负责人近亲属享受低保从严掌握，符合条件的保留或纳入，并报上一级民政部门备案；不符合条件的，坚决予以清退或坚决不予纳入。三是在全县范围内加强诚信教育，申请低保者做出据实提供家庭财产和收入的承诺；全体民政干部及乡镇、部门相关人员，面向国徽，举起右手，做出不违规干预低保工作、不违规办理低保的郑重承诺，切实强化了自我约束和社会监督。

案例二

社会保障兜底促脱贫

乳山市人力资源和社会保障局

近年来，由于重特大疾病动辄十几万、几十万的治疗费用，因病致贫、因病返贫的家庭不在少数。为减轻广大参保群众的就医经济负担，我市于2011年在全国首创了基本医疗保险病种（医疗服务项目）定额结算制度，将参保职工和居民全部纳入基本医保定额结算范围。

该制度通过选取部分诊断清晰、治疗规范、费用支出较多且容易控制的病种为定额结算病种。通过将原来分散到各医院治疗的定额结算病种患者集中起来形成谈判的优势，在保证基本医疗质量和满足医患等各方需求的前提下，放眼长远，合理制定定额结算病种付费标准。在定额标准之内的部分，参保职工个人不再承担医疗费用；参保居民最少自负医疗费用的20%，可有效降低参保群众的医疗负担。截至目前已陆续推出81个定额结算病种，仅2015年，就为4.6万名参保人员报销医疗费用3.5亿元。

乳山市午极镇曲家屯村75岁的曲庆竹大爷，因为双膝的问题，35年不能正常行走。虽然我市膝关节置换手术非常成熟，但是手术费用高达十几万，在我市新农合与城镇居民医保合并前，曲大爷参加的新农合可以报销4万多元，个人要支付9万多元，过高的费用令曲大爷望而却步。2014年我市新农合与城镇居民医保整合为居民医保，将城镇居民基本医疗保险的病种定额结算制度覆盖对象扩大到所有参保居民。同时，通过集体谈判机制将双膝关节置换手术协议价格从15万元压缩到10万元，按该手术60%的报销比例，个人只需自费4万多元。我们及时向曲大爷介绍、解释了这一政策，老人当月就住进文登整骨医院做了手术，现在曲大爷已经出院并且经常出门溜达了。

【工作启示】在中央提出精准扶贫的大背景下，社保兜底脱贫除了要建立科学、便利、公平的社会保障制度，还要把有限的资金用到刀刃上，切实织牢社保"安全网"，兜住社保"最底线"。

案例三

以四德工程建设促脱贫

临沭县青云镇

临沭县青云镇共有 36 个行政村，82 个自然村，32210 户，近 10 万人。其中 70 周岁以上老人 5501 人，低保户 2781 人，建档立卡贫困人口 1194 人，残疾、鳏寡孤独、生活不能自理 2183 人，低收入家庭近 2000 户。面对特殊群体和低收入家庭，我镇以精准扶贫攻坚为契机，在摸清村级现状、理清贫困底数的基础上，创新思维，弘德助贫，探索出了一条与"四德"工程建设相结合的脱贫新路子。

主要是围绕"关爱老人、生活保障"主题，细化四德工程建设"孝德"内容，由村集体与 70 周岁以上老人所有子女签订赡养协议，力推"孝德"建设。一是制定最低赡养标准。对 70 周岁以上老人，其子女按照每位老人每年不低于 200 斤粮食、15 斤油料、600 元生活费的标准给予供应，供应物资由其具有赡养义务的所有子女共同承担，确保责任明确。二是突出贫困老年人口。对 70 周岁以上统一建档立卡，并将其中的贫困老人作为工作着重点，规定其子女除每年至少为老人提供上述规定的粮食、油料外，还应为每位老人提供 1200 元以上的生活费，保障老人生活开支。同时，鼓励邻里之间互帮互助。三是实行集中供应。每年的1月中旬和7月中旬为粮油集中供应期，集中供应由村两委成员、村务监督委员会、道德评议会等成员组成小组监督执行，确保责任落实。四是设立专门账户。村集体统一设置"赡养基金"账户，并安排专人负责，老人子女承担的生活费于集中供应期内统一上交到"赡养基金"账户，然后由监督小组成员按照收取明细统一发放到相应老人手中，确保专款专用。五是纳入长效机制。将赡养老人具体内容写入《村规民约》，实施情况定期在村务公开栏内向全体村民公示，并作为评选善行义举四德榜等先进典型的重要依据。对不履行赡养义务的，村集体将取消其一切村级优惠政策，取消村机动地、五荒等村级资产发包的投标资格，确保取得实效。

第五节
加强宣传和文化体育建设

"治贫"必先"治愚"，加强扶贫宣传工作，有利于贫困地区干部群众掌握党和国家关于打赢脱贫攻坚战的方针、政策，把思想行动统一到中央和省委、省政府的决策部署上来，对于全面宣传山东省扶贫事业取得的重大成就，营造良好氛围，确保扶贫政策落地生根有着重大的作用。贫困地区文化体育工作是全省扶贫工作的重点与难点。通过文化体育建设的深入开展，可以有效促进扶贫工作重点村的公共文化服务设施建设，培养公共文化服务骨干人员，引导农民群众开展贴近实际、生动活泼、形式多样的文化体育活动，使贫困地区农民群众由文化体育活动的旁观者变为积极参与者，进一步增强农民群众的整体素质，激发脱贫致富的内力，凝聚共同致富的合力。

一、切实加强扶贫宣传工作

（一）目标任务

当前和今后一段时期，抓好扶贫宣传工作总要求是深入贯彻落实党的十八大和十八届三中、四中、五中全会精神，深入贯彻落实习近平总书记系列重要讲话精神，贯彻中央和省委关于脱贫攻坚战决策部署，坚持正面为主、客观公正，坚持科学扶贫、改革创新，坚持服务大局、注重实效，通过各种宣传载体和宣传形式，引导社会各界关注贫困问题，关爱贫困人口，关心扶贫工作，努力为全省提前完成脱贫攻坚任务提供精神动力和文化支撑。

主要任务：一是把中央关于扶贫的政策精神宣传好。二是把省委省政府推进扶贫的决策部署宣传好。三是把扶贫一线工作成效、先进典型宣传好。紧紧围绕精准扶贫和片区攻坚，把镜头聚焦扶贫一线，充分挖掘和培育专项扶贫、行业扶贫、社会扶贫中涌现出来的好成效、好做法、好经验、好典型，通过扶贫宣传鼓舞人心、激励斗志、推介经验、促进工作。特别是要认真制定宣传计划，抓好重要节点、重要内容、重大成果的宣传报道，如第一书记驻村帮扶、产业扶贫、行业扶贫、社会扶贫、扶贫日活动等。四是把主要媒体的作用发挥好，把全省扶贫宣传队伍积极性调动起来。

（二）支持政策

1.《关于印发〈2015年全省培育和践行社会主义核心价值观深化提升四德工程建设工作方案〉的通知》要求，深入实施道德实践全民自觉行动，在贫困地区推动四德一条街、四德文化长廊、四德小广场建设，开展弘扬齐鲁优良家风家训活动等，加快完善修订乡规民约，敦化乡风民俗。

2.《关于印发〈2016年山东省"文化惠民、服务群众"16件实事工作方案〉的通知》要求，2016年办实办好"扶持全省4200个扶贫工作重点村建设综合性文化活动室"、"为全省农家书屋重点是7005个扶贫工作重点村补充更新出版物和数字化升级"等16件实事。文化资源、政策措施和资金投入优先向基层贫困地区、困难群众倾斜。

3.《转发中共中央宣传部、中央文明办、文化部、国家新闻出版广电局〈关于加强基层宣传思想文化工作的意见〉的通知》要求，着力加强贫困地区基层宣传文化基本设施、基本队伍、基本服务、基本保障"四个基本"建设。

4.《2016年深入开展全省文化科技卫生"三下乡"活动实施方案》要求，要把"三下乡"纳入扶贫攻坚的总体部署，加大对革命老区、贫困地区的支持力度。

省委高校工委、省教育厅组织大学生志愿者到"第一书记"帮包村，宣传支农惠农政策，推广高效农业项目，培训农村创业致富带头人。

团省委依托青少年宫开展青少年公益文化活动，组织"流动少年宫"，派送"文化礼包"，为弱势青少年群体提供优质服务。

省妇联组织开展"送温暖·三下乡"活动，向困难群众赠送科普、卫生类书籍和生活用品等。卫生部门组织医疗专家为群众查体、义诊。

省科协深入实施"山东省数字科普工程"，持续开展科普大篷车送科技、送知识下乡和科普巡展活动。

省科技厅选派1.4万多名科级特派员深入贫困乡村开展创新创业，选派优秀农业科技人才到省重点扶贫县（市、区）担任科技副职。

省农业厅开展万名科技人员下乡活动，为贫困地区农民提供技术服务和指导。

省卫生厅通过医院对医院、科室对科室、"派下去、请上来"等方式对贫困地区进行对口支援，实施农村妇女两癌免费检查项目。

省新闻出版广电局加快中央广播电视节目无线数字化覆盖工程建设进度，使贫困地区群众免费收看到16套以上中央、省、市的高质量数字电视节目。

山东广电网络有限公司组织山东有线志愿者服务队、有线文化宣传队、技术安装维修队、爱心体验服务队等团队，深入扶贫工作重点村、贫困户开展"户户通"、"村村通"、"村村响"等惠民活动。

> 责任单位：中共山东省委宣传部
> 联 系 人：曹 磊 宣教处副调研员
> 电　　话：0531-51775178

二、大力实施文化精准扶贫

（一）目标任务

加强贫困地区现代公共文化服务体系建设，完善乡村文化活动设施和活动场所，公共文化活动开展常态化。2016年，通过政府购买公共文化服务方式，实现省定扶贫工作重点村便携式移动音响全覆盖，丰富群众文化活动。2018年，全省7005个扶贫工作重点村建成综合性文化活动室，面积不低于80平方米配套建设文体小广场，并建有健身路径、灯光、有源音箱等必要配套设施，鼓励有条件的扶贫工作重点村建设戏台舞台。基本建成集宣传文化、科学普及、体育健身等功能于一体，设备齐全、服务规范、群众满意度较高的基层综合性公共文化设施和场所。

（二）主要工作

村（社区）综合性文化服务中心主要依托村（社区）党组织活动场所、城乡社区综合服务设施、文化活动室、闲置中小学校、新建住宅小区综合服务设施以及其他城乡综合公共服务设施，并配备相应器材设备。7005个省扶贫工作重点村建设综合性文化活动室，面积不低于80平方米。配套建设文体小广场，面积不低于500平方米，并建有健身路径、灯光、有源音箱等配套设备。鼓励有条件的村建设符合文化活动开展要求的戏台舞台。2016年，通过政府购买公共文化服务方式，实现省扶贫工作重点村便携式移动音响全覆盖。综合性文化活动室覆盖率2016年达到60%，2017年达到80%，2018年全部建成。在资金保障方面，省级财政分三年时间，对7005个省扶贫工作重点村每村补助5万元用于设备购置。同时，省级财政为省定扶贫工作重点村开展公益电影放映、农村文化活动等基本公共文化服务所需资金给予补助。

（三）主要政策

1.《省级财政专项彩票公益金资助城乡文化中心（文化活动室）设备购置专项资金管理办法》要求，对已建成且达到国家和省标准、配有专人管理、常年开展文化活动的农村文化活动室（文化大院）开展业务活动所需的设备购置，予以一次性补助。

2.《关于推进基层综合性文化服务中心建设的实施意见》明确规定，把基层综合性文化服务中心建设纳入各级政府财政预算。省级财政统筹安排一般公共预算和政府性基金预算，通过县级基本财力转移支付重点对全省财政困难县、沂蒙革命老区县的基层综合性文化服务中心（文化活动室）设备购置和提供基本公共文化服务所需资金给予补助。

3. 2016年，山东省将"扶持全省4200个扶贫工作重点村建设综合性文化活动室"纳入本年度"文化惠民、服务群众"16件实事，促进全省基本公共文化服务建设均等化、全覆盖。在实施方式上，采取省、市、县分级负责的方式组织实施，具体由市、县两级负责4200个扶贫工作重点村综合性文化活动室的建设任务。省里采取以奖代补的方式，今年重点对1870个扶贫工作重点村综合性文化活动室设备购置给予补助，每个村5万元。利用3年时间，实现对7005个省定扶贫工作重点村综合性文化活动室设备购置补助全覆盖。

（四）实施程序

村（社区）综合性文化服务中心每村设备购置补助资金分年度由省切块到市，省直管县直接切块到县，三年分批实现补助全覆盖。

责任单位：山东省文化厅
联 系 人：武晓明　公共文化处主任科员
电　　话：0531-86568885

三、加快推进广电扶贫

（一）工作目标

加快构建现代广播电视公共服务体系，统筹无线、有线、直播卫星等传输覆盖方式，推进数字广播电视入户接收，基本实现扶贫工作重点村数字广播电视全覆盖，全力提升广播电视公共服务能力，最大限度地满足广大农村群众基本文化需求和多样化文化需求。

（二）主要工作

1. 加快广播电视节目无线数字化覆盖。按照国家基本公共服务标准，充分利用现有无线发射台站，实现广播电视节目无线数字化覆盖，提供更高质量的无线广播电视公共服务。2016年底，完成中央广播电视节目无线数字化覆盖建设任务，解决无线覆盖区域内扶贫工作重点村、贫困户免费收看数字电视节目的问题，实现数字电视户户通。

2. 扩大直播卫星服务区域范围。调整全省直播卫星服务区域，将无线数字电视覆盖区域外的扶贫工作重点村和贫困户所在行政村划入直播卫星服务区域内，实现数字广播电视户户通。在扶贫工作重点村相对集中、县级以上发射台不能有效覆盖的农村地区，建设小功率数字电视差转台，每台建设两个小功率数字电视发射系统，转播中央、省、市、县16套电视节目，补充和扩大广播电视节目无线数字化覆盖面。

3. 实施有线数字电视扶贫。积极推进有线电视网络双向改造，加快数字有线电视通村入户。2017年底前，扶贫工作重点村及贫困户所在村实现有线电视"村村通"。根据农村用户消费水平，通过提供不同档次广播电视服务，制定优惠的资费政策，鼓励农村用户接入有线电视信号。

（三）实施程序

1. 不通有线电视的村，可由第一书记与当地广电网络分公司联系。由当地广电网络分公司将有线电视信号通达该村。

2. 无线数字电视覆盖区域外的村，可由第一书记将有关情况上报当地广播电视行政主管部门，逐级报省新闻出版广电局审批后，纳入直播卫星服务区域。

责任单位：山东省新闻出版广电局
联 系 人：孙西振　科技处副处长
电　　话：0531-85036607

四、积极开展体育扶贫

（一）目标任务

体育扶贫工作以村村建有标准的公共体育设施为总目标，大力实施"千村扶贫健身工程"，对省扶贫工作重点村实现全覆盖，力争2018年提前完成体育行业扶贫任务。

主要任务：一是2016年省体育局投入3000万元，资助建设500个扶贫工作重点村，省级资助比例达到62%。二是2017年省体育局继续加大投入，带动市县共同投入，完成90%的扶贫工作重点村建设任务；2018年底前确保7005个省扶贫工作重点村全部建有标准的公共体育健身设施并扫尾验收。三是建立长效机制，确保省扶贫工作重点村群众熟悉健身设施使用方法，能够经常开展活动，健身设施管理维护措施到位，使用安全。

（二）政策措施

1.《关于实施"千村扶贫健身工程"的通知》、《关于2016年度申报省级体彩公益金资助全民健身项目工作的通知》提出：（1）资助标准。省级体彩公益金资助每村6万元。（2）资助范围。7005个省扶贫工作重点村中无健身设施或未达到资助标准的村，"十三五"期间，按年度持续实施。（3）资助方式。由省体育局会同省财政厅将经费划拨市（财政直管县）体育行政部门组织实施。

2.《体育总局办公厅关于2016年中央集中彩票公益金转移支付地方支持全民健身设施建设有关事宜的通知》提出：（1）资助范围。行政村项目（国家体育总局在"十三五"期间，按年度持续实施），主要资助除省扶贫工作重点村之外的其他扶贫工作重点村。（2）资助标准。中央资金支持每个项目5万元，用于场地设施建设和健身器材购置。（3）资助方式。由省体育局会同省财政厅将经费划拨市（财政直管县）体育行政部门组织实施。

3.《山东省体育局关于2016年度申报省级体彩公益金资助全民健身项目工作的通知》提出：（1）资助范围。在省住房和城乡建设厅备案的农村新型社区。（2）资助标准。每个项目资助20万元（建设标准见文件）。（3）资助方式。由省体育局会同省财政厅将经费划拨市（财政直管县）体育行政部门组织实施。

4.《财政部关于印发〈中央补助地方农村文化建设专项资金管理暂行办法〉的通知》提出：（1）补助范围。全省范围内各行政村。（2）补助标准。专项资金包括补助资金和奖励资金，其中补助资金主要用于补助行政村文化设施维护和开展文化体育活动等支出；奖励资金主要用于鼓励地方开展农村特色文化体育活动、加强农村基层文化体育人才队伍建设、丰富农民群众文化体育生活等。农村体育活动基本补助标准为每村每年1200元。

（三）申报办法

地方农村文化建设专项资金，每年4月底前，符合条件的村可向县级体育部门申报，由县级体育部门审核后逐级上报。

责任单位：山东省体育局
联 系 人：翟培建 群众体育处副处长
电 话：0531-66116615

案例

给古典村落插上腾飞的翅膀
环翠区张村镇王家疃村第一书记工作队

威海市环翠区张村镇王家疃村，是里口山下有着几百年历史的胶东特色古典村落。由于地处深山，交通闭塞，经济发展受到极大限制，该村一度面临人口外流、传统民俗文化断流、古典建筑倾颓等一系列危机。近年来，在第一书记帮扶下，村两委和村民立足文化和生态优势，大力发展乡村旅游，取得了显著成效。

一是做好"富美村庄"的文章。古典村落保护，重在留人。经过考察，我们感到，王家疃村虽然耕地贫瘠，没有任何矿产资源，但里口山的蟠桃却远近闻名，于是便决定先做好蟠桃的文章。我们带领乡亲们上山开荒，整合土地，大力发展蟠桃规模化种植，3年时间，蟠桃种植规模便扩大了5倍，并取得了国家地理标志保护产品认证，使该村一跃成为胶东地区的蟠桃主产地。要留住人，不仅要让群众富起来，还得让村子美起来。为解决全村大街小巷坑洼不平、污水横流，一百多户村民吃不上自来水的问题，先后投资200余万元，硬化村内主干道1万多平方米，绿化面积3200多平方米，安装路灯80余盏，设置专用生活垃圾桶80个，垃圾清运纳入城乡一体化管理，清理"三大堆"200多处，砌挡土墙600多立方，架设石桥3座，家家户户都喝上了自来水。乡亲们切身感受到了收入增加、环境改善带来的幸福生活，更对未来充满了从未有过的憧憬和希望，原本想走的村民留下了，走出去的人回来了，古老的山村重新聚拢了人气。

二是做好"休闲旅游"的文章。为解决种植业的利润和附加值较低的问题，我们与村两委的同志商量，确定了要把该村打造成城郊生态休闲观光农业龙头的发展目标。规划建设了蔬菜种植体验区、家畜及特种动物养殖区、淡水鱼养殖垂钓区、特色果品采摘区等5个休闲观光农业功能区，修建大型生态停车场2处，挂牌农家乐43处，清理整修河道2公里，架设篱笆墙10000米。2014年，游客接待量突破10万人次，旅游收入突破3000万元，单位耕地产值成倍增加。在王家疃村的辐射带动下，里口山中的姜家疃、刘家疃、福德庄3个村也相继发展了各具特色的生态休闲农业产业，打造了总面积近1200亩的里口山休闲观光农业产业集群。里口山人把山里的油杏、大樱桃、蟠桃、桑葚、野菜以最新鲜的风味呈现给游客，让生态之美"美出民生、美出幸福、美出和谐"。

三是做好"文化传承"的文章。乡亲们手里有钱了，许多人想拆掉上百年的老屋盖楼房。我们感到：这些老屋的一砖一瓦、一阶一石、雕栏画栋，都是古典村落文化的载体和灵魂，没了它们，王家疃的山水都会黯然失色。于是，便逐一上门做想拆老屋的群众工作，引导群众走"文化筑巢引金凤"的发展路子。全村50余处古典建筑得到完好保存。目前，这些古典建筑里引进和孕育了2处著名画家工作室、1个现代创意坊、5座民俗小院、1条乡村文化画廊和1座香火鼎盛的佛教宝刹；先后开展了"行走里口山"、"灵动里口山"、"印象里口山"系列主题文化活动，并成功举办了省、市乡村文明行动现场会；挖掘并保护了胶东面塑、剪纸等非物质文化遗产。

【工作启示】第一书记和村两委应当把发展的眼光放长远，把致富的思路拓宽，意识到保护和开发传统文化的过程就是带领群众致富的过程。

第六节

重点革命老区扶贫

沂蒙革命老区是全国著名的革命老区之一，老区人民为中国革命的胜利和社会主义建设作出了重大牺牲和重要贡献。新中国成立60多年特别是改革开放30多年来，老区面貌发生了深刻变化。但由于自然、历史等多种因素影响，老区发展相对滞后、基础设施薄弱、人民生活水平不高的矛盾仍然比较突出，脱贫攻坚任务相当艰巨。为加快老区开发建设步伐，让老区人民过上更加幸福美好的生活，国家和省出台了一系列加快老区发展的文件，采取了一系列重大举措。2011年，国务院办公厅下发了《关于山东沂蒙革命老区参照执行中部地区有关政策的通知》。2012年和2014年，省财政厅下发了《关于印发〈山东省革命老区转移支付资金管理办法〉的通知》和《关于印发〈山东省革命老区中央补助资金管理办法〉的通知》。明确了资金的分配、使用和管理要求。这些扶贫的政策和举措，对于帮助老区人民脱贫致富奔小康、促进老区跨越发展具有积极意义。

一、主要目标

到2020年，老区基础设施建设取得积极进展，特色优势产业发展壮大，生态环境质量明显改善，城乡居民人均可支配收入增长幅度高于全省平均水平，基本公共服务主要领域指标接近全省平均水平，确保山东省现行标准下农村贫困人口实现脱贫，解决区域性整体贫困。

二、主要任务

继续实施产业扶贫等专项扶贫工程，加大对建档立卡扶贫工作重点村、贫困户的扶持力度。统筹使用涉农资金，开展扶贫小额信贷，支持贫困户发展特色产业，促进有劳动能力的贫困户增收致富。积极实施光伏扶贫工程，支持老区探索资产收益扶贫。加快实施乡村旅游富民工程，积极推进老区扶贫工作重点村旅游扶贫试点。深入推行科技特派员制度，支持老区科技特派员与贫困户结成利益共同体，探索创业扶贫新模式。

在贫困老区优先实施易地扶贫搬迁工程，在安排年度任务时予以倾斜，完善后续生产发展和就业扶持政策。加快实施教育扶贫工程，在老区加快落实建档立卡的家庭经济困难学生实施普通高中免除学杂费政策，实现家庭经济困难学生资助全覆盖。实施健康扶贫工程，落实贫困人口参加新型农村合作医疗个人缴费部分由财政给予补贴的政策，将贫困人口全部纳入重特大疾病救助范围。对无法依靠产业扶持和就业帮助脱贫的家庭实行政策性保障兜底。

三、主要政策

（一）沂蒙革命老区参照执行国家中部地区政策

《关于山东沂蒙革命老区参照执行中部地区有关政策的通知》中，同意沂蒙老区18个县（市、区）在安排中央预算内投资等资金时，参照执行中部地区政策。国务院有关部门在安排农业农村、基础设施、产业发展、社会事业、扶贫开发、生态建设等方面的中央预算内投资、中央财政转移支付以及其他相关专项资金时，积极加大对山东沂蒙革命老区的扶持力度，适当降低中央投资项目的地方投资比例，支持当地改善基础设施和生产生活条件，积极发展特色优势产业，培育经济增长内生动力，不断提高基本公共服务能力和水平。

（二）革命老区转移支付

从2001年起，中央财政设立了革命老区转移支付资金，补助对象是对中国革命做出较大贡献、财政较为困难的连片老区县（市、区），促进革命老区经济社会事业发展，改善革命老区人民生产生活条件。革命老区转移支付资金主要用于以下方面：一是革命老区专门事务。包括革命遗址保护、革命纪念场馆的建设和改造、烈士陵园的维护和改造、老红军及军烈属活动场所的建设和维护等。二是革命老区民生事务。主要包括乡村道路、饮水安全等设施的建设维护，以及教育、文化、卫生等社会公益事业的改善。

责任单位：山东省发展改革委员会
联 系 人：盛　新　沂蒙革命老区建设指导处副主任科员
电　　话：0531-86191933

小贴士

沂蒙老区开启"12346"扶贫攻坚模式

沂蒙革命老区现有省定扶贫工作重点村992个、贫困人口70万人，其中无劳动能力42万人，分布在临沂市156个乡镇，70%以上集中在边远山区、库区。住房难、行路难、饮水难、上学难、就医难、增收难等问题依然存在，因病、因残、因灾致贫返贫现象突出。临沂市按照"12346"（一张地图、两轮驱动、三个突破口、四个抓手、六个扶持）的扶贫攻坚思路，即以省定992个扶贫工作重点村为扶贫攻坚主战场，兼顾5988个村中"插花型"贫困人口，对照全市扶贫工作重点村、贫困户和贫困人口的"扶贫地图"，坚持整村推进和精准到户两轮驱动，以费县崔家沟和北王庄异地扶贫搬迁、蒙阴县云蒙湖库区、沂南县扶贫工作重点村相对集中的山丘区为突破口，以干部结亲连心、驻村帮扶工作队、新型农业经营主体和致富能人为抓手，从提供脱贫项目、提升致富能力、解决发展资金、改善民生条件、健全医疗救助和完善保障政策上进行精准扶持，确保到2018年底全面消除绝对贫困，确保全市992个扶贫工作重点村全部"摘帽"，实现"五通十有"；70万农村贫困人口全部脱贫，其生产、生活条件得到明显改善，稳定实现"两不愁三保障"。

案例

小西瓜做出大文章

沂南县双堠镇菜峪村第一书记　段培奎

菜峪村是"双堠西瓜"的主产地，这里的西瓜曾一度享有极高的美誉度。近几年，假冒"双堠西瓜"在周边大量销售，对市场冲击很大；再加上全部都是露地种植，集中上市，卖不出好价钱，亩收入仅3000元左右。我以扶持专业合作组织建设优质高效产业示范基地为切入点，大胆改变传统栽培模式，建立从生产到销售的全程追溯制度，重新叫响了"双堠西瓜"品牌。

经过村两委多次研究，反复征求意见，我形成了"村集体牵头、合作社管理、多元化栽培、标准化生产、市场化销售、品牌化运作"的西瓜产业发展思路。一是实施产权保护。针对"双堠西瓜"商标屡被假冒的现象，我与镇政府协调，把商标向盛华西瓜专业合作社转让，开始走市场化运作的路子。同时，申请地理标志。经过土壤、水质化验，产品检测，材料审核等各个环节，合作社获得了"双堠西瓜"国家农业部农产品地理标志登记证书，附产品质量控制技术规范，对西瓜的种植、收获、品质都有了严格规定。为重塑"双堠西瓜"品牌、夺回失去的市场奠定了基础。二是丰富栽培模式。为了解决传统露天栽种上市过于集中这个问题，我组织有关人员到济阳、昌乐等地参观学习，邀请专家研究制定多种模式种植方案。由合作社牵头建立示范基地，聘请专家全程跟踪指导，确保一举成功，再带动周边农户。在保留露地种植基础上，采取多元化种植，发展大拱棚、温室大棚反季节栽培模式，研究探索间作套种模式。去年，新建占地100多亩的西瓜拱棚示范基地，一年种两茬西瓜两茬菜，亩收益是露地种植的10倍；研究西瓜、花生、玉米三种三收技术，亩收益比单种增加1倍多；投资建成现代农业西瓜文化园，实现温室单棚收入10万元以上，拱棚平均收入6万元。三是强化溯源管理。从土壤处理、种苗供应、肥水管理、病虫防治、产品采摘等各个环节都严格按照标准实施，特别在西瓜生产关键季节，邀请专家每周集中培训一次，安排技术人员到田间地头巡回指导，了解西瓜生长情况。根据生产记录和田间实况，将成熟并初检合格的西瓜统一回收，经市场速测仪器两次复检合格后，统一粘贴防伪密码标签及国家农产品地理标识。合作社给每位社员的西瓜都编了号，消费者只要拨打电话就能鉴定真伪，一查就知道是哪块地生产的。四是注重宣传包装。我帮助合作社连续策划了一系列活动。举办了首届沂南县"明月杯"双堠西瓜大奖赛，吸引了全镇100多名瓜农报名参加；组织参展山东国际农产品交易会，受到参会领导肯定和市民青睐；连续两年参加临沂市西瓜大赛，均获综合评比第一名；先后邀请有关媒体到合作社做节目20多次，扩大全村西瓜产业的知名度和品牌影响力；重新设计产品包装，以我们第一书记工作队名义向社会推荐，得到消费者认可。五是搞好市场服务。合作社自筹资金，建设钢结构交易大棚和露天交易区，同时建设办公用房，方便客户洽谈和休息。通过采用网络营销、直供直销、农超对接等交易方式，拓展西瓜销售渠道。去年，西瓜市场交易量达到400万斤，交易额500多万元，社员得到了实实在在的好处，村集体通过入股分红也得到了16万元的收入。在场地、品牌、效益的多方驱动下，周围村民都自发加入到西瓜专业合作社，目前社员已发展到200多户。在我们的帮扶指导下，菜峪村的西瓜面积大了、质量好了、品牌响了、周期长了、客户多了、价格高了。西瓜真正成了当地农民发家致富的"摇钱树"。

【工作启示】一是带动农民致富，产业发展，村党支部是关键，村干部是领头羊，一定要发挥组织和引领的作用，特别是在发展农民专业合作社方面，一定要带头办。二是农村产业不在大小，只要找准切入点，用心用力去做，小产业照样能出大效益。三是好产业还要有好市场，好市场还得靠质量、品牌、宣传共同支撑，这些都是一个产业做大做强不可或缺的因素。

第七节

劳务输出扶贫

劳务输出扶贫是一条扶贫的好路子。实践表明，劳务输出扶贫对贫困人口既是"输血"更是"造血"，可以有效增强贫困人口的自我发展能力，从根本上避免出现"边脱贫、边返贫"现象。

一、目标任务

在精准识别的基础上，对全省建档立卡的农村贫困人口，从2016年起用两年左右时间，帮助有条件有意愿的农村贫困户每户转移就业1人，通过转移就业实现60万人左右脱贫，实现"能转尽转"；对劳动年龄内、具有劳动能力并有培训意愿的农村贫困人口开展免费培训。

二、转移就业扶贫

为解决贫困人口转移就业难的问题。主要采取4项政策措施：一是鼓励二、三产业市场主体设立"扶贫车间"，对设立"扶贫车间"的企业，可按规定享受扶贫创业担保贷款政策，对吸纳就业困难人员就业并签订劳动合同的，可按规定享受社会保险补贴和岗位补贴。二是对扶贫任务重的县设立"扶贫车间"的，按规定给予一次性奖补。三是对持有残疾证或距享受社会养老保险待遇不足5年的劳动年龄农村贫困人口，可由政府开发农村公益性岗位，进行托底安置。四是有条件的市对到户籍所在县（市、区）以外转移就业的劳动年龄农村贫困人口给予交通补助。

三、助推创业扶贫

为加大创业扶贫力度，主要采取6项措施：一是开展创业扶贫担保贷款贴息。筹集5亿元左右的创业扶贫担保资金，对符合条件的自主创业农村贫困人口，提供"免反担保、免抵押"的创业扶贫担保贷款，按规定给予贴息。二是对积极吸纳农村贫困人口就业的生产经营主体，按招用人数，给予创业扶贫担保贷款，按规定给予贴息。三是鼓励有条件的市对新注册个体工商户并正常经营12个月以上的，给予一次性创业补贴。四是各地创业孵化基地、创业园区优先为农村贫困人口创业提供创业场所，给予一定期限的场地租赁费用减免。五是对积极吸纳农村贫困人口创业的各类创业孵化基地和创业园区，符合条件的优先纳入省级、市级创业孵化示范基地和创业示范园区评估认定范围。六是鼓励农村贫困人口集中的乡镇积极创建创业型乡镇，符合条件的按规定给予一次性奖补。

四、精准培训扶贫

通过推行"短平快"式职业技能培训，解决贫困人口代际传递的问题。一是对劳动年龄内、具有劳动能力并有培训意愿的农村贫困人口实行免费培训项目清单制度。二是有条件的市对培训期5天以内的农村贫困人口实用技能型培训，执行灵活的职业培训补贴标准。

五、人才支撑扶贫

通过吸引高校毕业生投身扶贫工作，加大贫困地区人才支撑力度。主要采取3项政策：一是扩大高校毕业生"三支一扶"招募规模，到岗毕业生服务期满后，符合条件的可免笔试通过考核直接在原单位聘用。二是组织技工院校定向招收贫困家庭适龄学生，按国家规定享受免学费和国家助学金政策，免除其住宿费和教材费并提供勤工俭学岗位。三是每年组织2-3次专家服务基层活动，深入扶贫一线开展服务。

责任单位：山东省人力资源社会保障厅
联 系 人：董廷杰　省劳动就业办副主任
电　　话：0531-86905013

案例

打造扶贫车间　促进就地就近转移就业

鄄城县人社局

鄄城县是全省扶贫开发重点县。在鄄城县贫困人口调查中发现，有80%左右的贫困人口不仅具备一定的劳动能力，而且有着比较强烈的就业愿望，但因为文化程度低、超过法定劳动年龄、身体病残、需要照顾老人孩子等原因，大部分不能或不宜外出打工，除每年有一个月左右的时间从事农忙外，其余时间基本上处于失业状态。为了让这部分群众"挣钱顾家两不误"，我们根据贫困群众"就业难"和企业"用工难"的实际，组织有条件的企业，利用村小学旧址、村级活动场所旧址和闲置的民宅，在村里设置就业扶贫点，帮助做好人员培训，使贫困群众就近就业，把"双难"变成了"双赢"，扶贫效果非常显著。工作中主要采取了"四送"措施。

一是送项目到村，即村村建设就业扶贫车间，把就业项目送到村。全县组织开展了"双百共建"活动，鼓励引导50家县直单位和50家企业，率先帮扶全县103个省定扶贫工作重点村，采取政府每平方米补助100元、其余资金由联村单位负责的方式，为村里建设1个300平方米左右的就业扶贫车间。其中，省市派第一书记积极协调争取、多方筹措资金，率先打造了一批高标准的就业扶贫车间。全县计划建设650个扶贫车间。

二是送就业到户，即把就业岗位送到每个贫困户。就业扶贫车间带动47680人就业，其中贫困人口21630人。全县所有就业扶贫车间全部建成后，可实现每个有劳动能力的贫困户就业岗位全覆盖。

三是送技能到人，即对有劳动能力的贫困人员进行技能培训。整合县人社、扶贫、教育等部门的培训资源，先后举办户外休闲用品、发制品加工、服装加工、电子配件等免费培训班280多次，培训人员22600多人。

四是送政策到家，即送扶贫政策到千家万户。重点对无劳动能力或丧失部分劳动能力的贫困户实行社会兜底扶贫。

为确保就业扶贫车间长期有效发挥作用，在扶贫产业的选择上，突出了四个条件：一是就业门槛要低。技术要求不高，老年人也能干。二是增收效果要好。能保证就业人员每天至少有25元左右的收入，一般在60元左右，实现"一人就业、全家脱贫"。三是产业要稳定。能够保障贫困群众长期、稳定就业。四是能够就近就业。能够把产品部分工序放到村里，让群众在家门口就业。近年来，鄄城户外休闲用品产业不断发展壮大，发制品、服装加工、电子配件等产业一直保持25%左右的增幅。这些产业用工多、技术要求不高，完全符合实施就业扶贫的要求。经过反复论证，我们选择了发制品、户外休闲用品、服装加工、电子配件等劳动密集型产业，进行重点培植，有效推动了我县的就业扶贫工作。

第八节
资产收益扶贫

"探索对贫困人口实行资产收益扶持制度"是党的十八届五中全会首次提出的政策表述。资产收益扶贫就是在不改变用途的情况下，财政专项扶贫资金和其他涉农资金投入设施农业、养殖、光伏、水电、乡村旅游等项目形成的资产，具备条件的可折股量化给扶贫工作重点村和贫困户，尤其是丧失劳动能力的贫困户。资产可由村集体、合作社或其他经营主体统一经营，并建立健全收益分配机制，确保资产收益有效回馈持股贫困户。这一制度举措结合了财政支农资金使用和农村集体产权制度改革，有助于重构农村产权制度，有助于增加农民财产性收入和工资性收入，有助于以精准扶贫促共享发展。

一、重要意义

资产收益扶持制度，主要针对的是自主创收能力受限制的农村贫困人口，比如丧失劳动力而无法劳作的农民。目的在于把细碎、分散、沉睡的各种资源要素转化为资产，整合到优势产业平台上，扩展贫困人口生产生存空间，让其享受到优质资源，实现脱贫致富。

资产收益扶持制度能够将财政扶贫资金、承包土地经营权和部分农村集体资产量化等作为贫困户在农村新型经营主体中的股份，使贫困户享受分红、就业、技术指导、产品回购等多种收益，从而建立市场主体、合作组织与贫困户的利益连接机制，促进贫困户稳定增收脱贫。

资产收益扶持制度还可以将农户和集体拥有的土地、林地、草地、荒山、滩涂、水面、房屋、建筑物、机械设备等资源和资产股份量化后入股发展生产经营活动，从而激活农村资源要素，统一经营组织化程度，同时增加集体经济实力，进一步解放和发展农村生产力。

二、实施措施

1. **整合资金**。推动建立县级资金整合机制，形成"以县为主体、省级支持配合，以财政资金为主体、引导金融和社会资金参与"的资金整合机制，加快贫困人口脱贫步伐。

2. **明晰产权**。构建归属清晰、权责明确、保护严格、流转顺畅的现代农村产权体系，为建立资产收益扶持制度奠定基础。

3. **搭建平台**。大力发展乡村特色产业、优势产业，把优势产业培育成特色品牌，夯实产业发展是实现资产收益扶贫的关键所在。要把支持企业、合作社等新型经营主体发展与开展精准扶贫结合起来，加大政策、资金、项目、技术等扶持力度，培育壮大龙头企业、农民合作社等经营主体，推动农村电子商务平台建设，减少流通环节成本。

4. **防范风险**。由于农业产业前期投入大，生产周期长，受自然灾害、市场波动双重影响程度深，农业生产成本高、风险大。因此要进一步完善政策性保险、信用担保、财政补贴等风险防范体系，提供风险防范能力。

5. **规范运作**。资产收益扶持制度既关系到公共资金的使用，又涉及产权制度改革和集体、个人利益，一定要处理好政府、市场和农民三者的关系，实现规范运作。

三、支持政策

1. 中共山东省委、山东省人民政府《关于贯彻落实中央扶贫开发工作部署坚决打赢脱贫攻坚战的意见》规定："发展集体经济增加农村贫困人口资产收益。加快村集体产权制度改革，把村集体闲置土地等资源和经营性资产作股量化到村民，组建股份合作社。财政专项扶贫资金和其他涉农资金投入农业、风电、乡村旅游等项目形成的资产，可折股量化到农村贫困户和农村贫困人口。允许以财政扶贫资金作为个人股金入股合作社、龙头企业，引导农村贫困户以土地承包经营权入股合作社、龙头企业，持股分红，负盈不负亏。探索资源开发共享机制，在开发煤炭、油气、水电等资源时，调整完善资源开发收益分配政策，适当提高用于扶贫的比重。"

2.《扶持村级集体经济发展试点的指导意见》中规定："探索财政补助资金形成的资产转交村集体持有、管护和作为村集体股权的政策措施。在扶贫工作重点村探索财政补助资金形成的资产折股量化为村集体和农民持有的股份，建立股权扶贫机制。"

责任单位及联系人：
山东省农业厅　王　娜　经管处主任科员　053I-67866082
山东省扶贫开发领导小组办公室　孙福华　行业社会组主任科员　053I-5I776440

案例一

探索资产收益扶贫新模式

淄博市扶贫开发领导小组办公室

自2014年淄博市被列为全国6个扶贫改革试验区以来，我市按照走在前列目标，选定试验地点，选准产业项目，积极探索资产收益扶贫新模式，取得了初步成效。2015年底，1832名贫困人口初次分红15.89万元。

2015年初，我市安排博山区3个镇7个省扶贫工作重点村，利用中央专项扶贫资金，依托资源优势，坚持因村制宜，积极探索资产收益扶贫模式，不断增强扶贫工作重点村、贫困户的"造血"功能。既实现了贫困户的精准脱贫，又增加了村集体收入。7个项目计划总投资967万元，实际完成投资1500万元。目前，竣工项目5个。5个村集体增收几万元或几十万元。项目全部竣工后，预计实现收益300万元，带动7个村1892名贫困人口人均增收800元以上。

主要做法：

一是精准布局。经过多次实地调研，组织财政、发改等有关部门进行专家评估，并召开专题会议进行论证，把试验地点确定在自然资源比较丰富和村级班子比较强又相对稳定，且具备发展特色农业的博山区上小峰等7个村，着力发展以乡村旅游、特色农业为主的扶贫开发项目。

二是实行公司化运营。按照"公司运作、村集体资产入股、村民入股"的模式，利用100万元扶贫专项资金，以及村集体自筹资金、社会闲置资产，注册成立股份公司（合作社）。依托自然生态和特色农业发展优势，坚持一村一品，整体规划产业项目，科学编制实施方案，实行公司化、市场化运作，逐步探索形成了"乡村旅游＋资产收益分红"、"特色种植＋资产收益分红"、"果树认养＋资产收益分红"、"物流配送＋资产收益分红"等不同类型的资产收益扶贫新模式。7个村集体自筹资金328.4万元、农民分散资金和各类经营主体资金533万元入股。

三是资金量化折股到户。将100万元扶贫资金折股量化，分别以30%和70%确权到村集体和贫困户。村集体持股收益主要用于基础设施建设和社会公益事业。同时，贫困户以土地、房屋经营权确权入股。村集体将集体所有的土地、林地、荒山、房屋、机械设备等资源和资产评估入股。按照平等自愿、利益共享、风险共担的原则，鼓励农民以土地、资金等方式入股经营，实现农村资产向农村资本转变。累计撬动村级集体自筹资金267万元、农民分散资金和各类经营主体资金533万元入股，实现了财政资金和社会资金的有效结合，放大了扶贫专项资金的使用效益。

四是给专项资金安上"保险锁"。公司章程明确规定：公司不得对外担保；对因公司经营不善、净资产临界150万元时进行强制清算；清算分配剩余财产时，村委以国家专项扶贫资金100万元的出资应优先分配，剩余部分由其他股东按比例分配；强制清算后，国家专项扶贫资金

100万元由村委代持。项目建设完成后，聘请专门机构对资产总值进行审计、评估。

五是确保贫困户保底分红。公司对专项扶贫资金形成的资产负有保值增值责任。折股量化给贫困户的70万资产，负盈不负亏，保底收益按10%确定，计入公司运营成本。超过保底承诺的，按实际收益分红。不足部分由其他股东按比例以股权收益或自有资产补足。折股量化给贫困户的股权，由村集体代持、定向动态调整，确保了贫困户长期持股、持续分红、永久脱贫。特别是解决了老弱病残无劳动能力贫困户脱贫致富问题。

六是为项目实施保障护航。建立市、区、镇三级项目建设挂包责任制，市政府1名副市长为项目建设总负责人，每个镇由一名市扶贫办领导班子成员挂包，每个村都由博山区一名领导和一个区直部门挂包帮扶，每个项目都成立了由镇包村干部、驻村第一书记、村干部、贫困户代表为成员的领导小组和监督小组，从组织力量上确保了扶贫项目"无障碍"推进。

案例二

充分挖掘资源收益新模式

乳山市下初镇三甲村第一书记工作队

三甲村现有村民250户、612人，其中贫困户117户、贫困人口265人，60岁以上156人，因病致贫147人，因残致贫33人。在扶贫开发工作中，我村将财政扶贫资金入股云德金银花专业合作社，并建立了"集体＋合作社＋贫困户"的模式，明确了合作社在带动贫困户发展产业、脱贫增收中的指标任务。贫困户通过流转土地、在合作社打工、股权年终分红等多种方式，获得工资性收入、投资性收入等，进而实现增收脱贫。

一是土地流转收益。由村集体负责土地流转和日常管护，云德金银花专业合作社出苗木、出技术并负责包销。目前，已流转土地330亩，其中贫困户土地占147亩，户均1.7亩。按每亩120元计算，贫困户通过流转土地每年可获得收入200多元。

二是年底分红收益。云德金银花专业合作社所得收益，由合作社和村集体五五分成，村集体和贫困户再按照二八比例进行分红。每亩年产金银花干花100公斤，亩均收入8000元，贫困户每年人均增收200元。

三是基地务工收益。云德金银花专业合作社在用工方面优先聘用贫困户，目前，共吸纳86名有劳动能力的贫困户从事金银花的灌溉、施肥、采摘等管护工作，人均增收6000多元。

在抓好云德金银花专业合作社项目的同时，我村还利用这方面的合作经验，积极融入全镇扶贫统一规划，借助与古初、下洼两个"省定扶贫工作重点村"村居相近、土地相邻这一地理优势，整合三个村的土地资源，通过对外合作的方式，引进企业建立红松、红豆杉、大榛子种植基地，实现三个村集体和群众共同脱贫。

【工作启示】对于缺项目、少技术、无劳力的扶贫工作重点村而言，村集体利用财政扶贫资金入股企业和合作社，依托企业和合作社所拥有的管理、技术销售优势，能够有效帮助贫困户脱贫致富，经验值得借鉴。

第九节

社会扶贫

一、企业扶贫

企业是重要的市场经济主体，同时也是脱贫攻坚的一支强大生力军。企业参与脱贫攻坚，把企业资本、技术、人才、管理等优势与贫困地区生态、土地、劳动力、特色资源等有效对接，可为贫困地区带来先进生产力，转变贫困人口发展观念，从根本上激发贫困地区的发展活力，增强贫困群众的自我发展能力。同时，也树立了企业良好社会形象，实现了帮扶主体与扶贫对象的互利共赢。

（一）加大省管企业扶贫力度

1. 提供资金和物资支持脱贫攻坚。一是2016-2018年，每年协调盈利省管企业拿出5000万元，纳入省特色产业扶贫基金等三只基金，由省扶贫办统一调度用于全省扶贫开发。二是2016-2018年，每年组织钢铁、煤炭等企业提供物资支持，帮助扶贫工作重点地区基础设施建设和易地搬迁建设。

2. 开展捐赠扶贫。一是2016-2018年，每年组织省属企业，按照对外捐赠管理办法制定捐赠计划，列入企业年度财务预算管理。每年募捐约2000万元，重点捐助省国资委和省管企业第一书记帮扶村贫困户。二是2016-2018年，每年组织符合条件的企业负责人开展个人捐赠，加强对贫困户特别是因病、因残、因灾致贫人员的捐助。三是2016-2018年，每年组织经营状况比较好的企业员工，积极开展扶贫济困、赈灾救孤、扶老助残等慈善活动。

3. 发挥企业优势对接产业扶贫。一是组织省管企业积极参与电商扶贫、乡村旅游扶贫、光伏扶贫三大扶贫行动，通过投资项目、经营指导等方式，扶持扶贫工作重点村发展特色产业。二是鼓励相关企业发展现代物流、现代农业等与扶贫密切相关的涉农产业，投资入股农业龙头企业等。三是与贫困地区各类市场主体进行市场化合作。鼓励支持鲁商集团等商贸流通企业和贫困地区农业龙头企业、农民专业合作社、贫困户加强合作，实施订单收购，拓展销售渠道，提升品牌形象和产品影响力；山东高速等已布局农牧产业的省管企业进一步向产业链上游延伸，通过投资或合作建设高效蔬菜种植基地、贴牌种养等方式，支持扶贫工作重点村和贫困户发展特色林果、高效蔬菜等种植业，积极探索与村企长期合作的企业帮扶模式。

4. 开展就业和养老帮扶。一是参与东西部就业结对帮扶。对建档立卡的农村家庭困难高校毕业生，同等条件下省管企业优先招聘就业。支持商贸、交通运输等劳动密集型省管企业拿出部分新增岗位，定向吸纳西部地区农村贫困人口劳动力就业。二是领办社会养老产业。鼓励相关企业通过与政府资本、民营资本共同投资，或政府投资、企业运营等方式，投资社会养老产业，帮助提高农村特困人员供养水平。

> 责任单位：山东省人民政府国有资产监督管理委员会
> 联 系 人：沈文涛 人事处主任科员
> 电 话：0531-85103722

（二）深入开展"千企帮千村"脱贫攻坚行动

根据全国工商联、国务院扶贫办、中国光彩会联合组织开展"万企帮万村"精准扶贫行动的要求，山东省启动了"千企帮千村"脱贫攻坚行动。目标是以民营企业为帮扶主体，以全省建档立卡的贫困户为帮扶对象，以签约结对、村企共建为主要形式，动员全省民营企业、工商联会员、光彩理事会1000家以上，帮扶1000个扶贫工作重点村。2016年完成帮扶任务的60%，2017年完成帮扶任务的40%，2018年进行扫尾验收。2019~2020年继续组织企业对结对村进行巩固帮扶，防止返贫。

一是产业扶贫。引导民营企业通过实施项目、兴办企业，联合开发等，提高生产力、提升附加值，带动扶贫工作重点村经济发展，特别是要发挥好"公司＋农户"等富有成效的帮扶机制，鼓励企业与村开展多种形式的合作。

二是商贸扶贫。发挥民营企业的市场开拓能力以及渠道和信息优势，通过采购、代销、委托加工、农企直通车等形式，帮助结对村对接外部市场，带动农户增收，特别是利用互联网技术，开展电商扶贫，鼓励电商走进农村，在帮扶村建立工作站，在互联网上帮助推销地方特色产品等。

三是就业扶贫。引导民营企业采取多种形式，通过本企业或上下游企业为结对村提供就业岗位，加大培训力度，提高就业质量，增强劳动力的可持续就业能力。

四是智力扶贫。引导民营企业借助人才优势开展智力帮扶，帮助结对村经济发展把脉问诊、出谋献策，向结对村群众教授实用技术，帮助结对村群众更新生产生活观念，提高生产技能和生活质量等。

五是捐赠扶贫。引导民营企业发扬中华民族扶危济困传统美德，弘扬社会主义核心价值观，通过捐款捐物、助学、助老、助残、助医等形式，特别是要注重关爱扶贫工作重点村留守儿童，改善结对村群众的生产生活条件。

责任单位及联系人：
山东省工商业联合会　刘永亮　办公室副主任　0531-86097951
山东省扶贫开发领导小组办公室　王又磊　行业社会组主任科员　0531-51776443

二、军队扶贫

军队参与打赢脱贫攻坚战，是党中央、中央军委和习近平主席向全军和武警部队发出的政治号令。多年来，驻鲁部队官兵和民兵预备役人员自觉把扶贫帮困作为践行根本宗旨的重要载体，推出了在全国全军有较大影响的临沭经验、单县经验、临沂经验，省军区被党中央、国务院授予"全国扶贫扶优先进集体"荣誉称号。

（一）目标任务

深入贯彻落实习近平主席系列重要讲话精神，按照中央军委和省委部署要求，坚持地方党委政府提需求、省军区抓统筹、军分区（警备区）和预备役师（旅）搞对接、人武部和预备役团抓落实，以省级扶贫工作重点村和建档立卡贫困家庭为主要对象，采取定点扶贫与集中援建的形式，持续推进支援老区建设"六项工程"，大力开展省军区脱贫攻坚"六帮"活动，不断提高扶贫工作重点村党支部领导脱贫的能力和贫困家庭自身脱贫的能力。

（二）具体措施

一是帮村（社）两委。推荐政治强、素质好、威信高的退伍军人和民兵骨干进班子；利用民兵整组、军事训练、蹲点调研等时机，对班子成员进行面对面、手把手指导帮带；结合军地基层党组织互学互帮互促活动，会同地方有关部门选送优秀民兵骨干到军事院校或培训机构学习，培养一批带领贫困群众脱贫的示范骨干。

二是帮贫困家庭。积极开展"慈心一日捐"活动，每年组织官兵捐款捐物，集中救助贫困家庭；结合参加扶贫日、春节和部队野外驻训拉练等时机，走访慰问老党员、革命伤残军人、特困户；组织民兵预备役人员广泛开展"认穷户、结穷亲"、"富户带穷户、先富带后富"等活动，实施结对帮扶，促进共同富裕；开展实用技能培训，帮助贫困地区培养一批致富带头实用人才。

三是帮失学对象。在团以上干部中开展"一帮一、手拉手"活动，采取捐赠助学资金建立通信联系寄送学习资料等形式。每人每年资助1000—3000元，帮助贫困学生完成学业。建立接力扶助机制，帮扶干部工作调整或转业的，及时搞好接续帮扶。持续做好"八一爱民学校"后续援建工作，帮助解决教育基础设施和教学设备落后的问题；会同发达地区学校与"八一爱民学校"开展共建共育，提升"八一爱民学校"的教学水平。

四是帮医疗便民。组织医疗服务队深入贫困乡村义务巡诊，积极为患病群众送医送药；组织部队医务人员和预编单位医务骨干，依托基层医疗单位建立"爱民医疗点"，定期坐诊看病，开展健康知识讲座，提供医疗服务；帮助扶贫工作重点村卫生室添置设备、改善条件、完善功能，组织村医务人员到部队医院学习进修；协调驻鲁军队医院对口支援贫困乡镇卫生院（所），帮助培训医疗骨干，提高贫困乡镇医疗技术水平。

五是帮重点项目。围绕解决出行难、吃水难和环境脏、卫生差等问题，指导各级主动参与农田水利、乡村道路等基础设施建设，帮助改善村容村貌；围绕建设"生态山东"，成建制参与植树造林、治污防污和荒山荒滩整治，帮助改善生态环境;围绕应对地震、洪涝、山火等自然灾害，组织官兵和民兵预备役人员奋力参加抢险救灾，保护人民群众生命财产安全。

六是帮民风优化。发动广大官兵、民兵预备役人员，积极参与文明村镇、文明社区、文明家庭创建活动，带头弘扬社会公德、职业道德和家庭美德，当好方针政策宣传员、社会矛盾调解员、精神文明示范员。帮助改善农村、社区文化设施条件，援建农村文化广场、农家书屋、文化长廊，开展丰富多彩的"文化下乡"活动，引导群众崇尚科学、遵规守纪、抵制迷信、反对随俗，创建文明和谐的良好环境。

> 责任单位：山东省军区政治部
> 联 系 人：李京进　秘群处秘书
> 电　　话：0531-51627326

三、捐赠和慈善

（一）主要措施

1. 强化国有企业扶贫社会责任，每年拿出一定比例的利润用于扶贫脱贫，并通过社会捐赠、吸纳农村贫困人口就业、领办社会养老等多种方式，积极参与脱贫攻坚。

2. 动员民营企业开展捐赠扶贫，通过捐资助学、医疗救助、生活救助等方式，重点落实一批公益捐赠项目，解决农村贫困人口的现实问题。

3. 发挥广大志愿者（义工）在扶贫中的作用，定点联系帮扶农村贫困人口，积极开展上门送温暖送爱心活动。

4. 鼓励全省各级各类慈善组织，以扶贫济困为重点开展慈善活动，打造一批体现扶贫特点的公益慈善救助项目。

5. 各级慈善总会要从慈善捐赠中拿出一部分用于脱贫攻坚，并设立扶贫专户，接收扶贫捐赠。脱贫攻坚期内，省"慈心一日捐"资金全部用于扶贫脱贫。

（二）具体政策

1.《中华人民共和国企业所得税法实施条例》第五十三条规定：企业发生的公益性捐赠支出，不超过年度利润总额12%的部分，准予扣除。

2.《中华人民共和国个人所得税法实施条例》第二十四条规定：个人将其所得对教育事业和其他公益事业的捐赠，捐赠额未超过纳税义务人申报的应纳税所得额30%的部分，可以从其应纳税所得额中扣除。

3.《扶贫、慈善性捐赠物资免征进口税收暂行办法》第二条规定：对境外捐赠人无偿向受赠人捐赠的直接用于扶贫、慈善事业的物资，免征进口关税和进口环节增值税。

4.《山东省人民政府关于贯彻落实国发〔2014〕61号文件促进慈善事业健康发展的意见》要求，"突出扶贫济困，坚持改革创新，强化规范管理，确保公开透明，促进慈善事业与社会救助工作紧密衔接"，"省财政对初创期符合一定条件的社会组织，重点是为困难群体服务、体现扶弱济困宗旨的公益类慈善社会组织给予一次性扶持资金。优先发展具有扶贫济困功能的各类慈善组织，重点培育城乡社区慈善类社会组织，推行城乡社区慈善类社会组织备案制"。

责任单位：山东省民政厅
联 系 人：王振宇 福利处主任科员
电　　话：0531-86116829

四、健全三留守关爱服务体系

目前，山东省农村留守人员达500多万人，数量大、分布广、困难多，已成为一个突出的社会问题。党的十八届三中全会作出的《中共中央关于全面深化改革若干重大问题的决定》和《中共中央国务院关于打赢脱贫攻坚战的决定》明确要求，要建立健全农村留守儿童、妇女、老年人关爱服务体系。做好农村留守人员关爱服务工作，解决农村留守人员实际困难和问题，是全面建成小康社会、打赢脱贫攻坚战的保障手段。

（一）目标任务

在各级党委、政府的领导下，从农村留守人员的实际需要出发，加快建立以党员干部示范服务为引领，以民间组织和志愿者服务队伍为支撑，以公共服务资源为载体，以互助服务为主、政府购买服务为辅的关爱服务体系，为农村留守人员提供服务保障。到2020年，在全省农村社区或留守人员较多的村普遍依托农村幸福院等机构建立农村留守人员关爱服务中心，为农村留守儿童提供午餐和放学后的托管服务、为留守妇女提供临时庇护服务、为留守老年人提供日间照料服务。

（二）做好农村留守老年人关爱保护工作

把农村留守人员关爱服务工作纳入重要议事日程，建立农村留守人员关爱服务工作协调机制，解决留守人员遇到的困难和问题，建立制度化、规范化、常态化的关爱服务工作机制，推动关爱服务工作深入发展。民政部门要摸清留守老年人底数，建立动态信息管理档案。要加强对农村留守人员家庭困难状况的调查研究，不断完善农村留守儿童、老年人服务保障政策。加快推进农村幸福院等养老服务设施建设。认真落实《山东省民政厅山东省财政厅关于加强农村幸福院建设的意见》，对符合条件的项目由中央和省级福彩公益金资助6万元，为农村留守老年人搭建养老服务平台，积极培育居家养老服务组织、志愿者服务组织，为农村留守人员关爱服务提供组织保障。

（三）做好农村留守儿童关爱保护工作

以促进未成年人健康成长为出发点和落脚点，坚持依法保护，不断健全法律法规和制度机制，强化家庭监护主体责任，加大关爱保护力度，逐步减少儿童留守现象，确保农村留守儿童安全、健康、受教育等权益得到有效保障。

1. **建立健全农村留守儿童档案和台账。**以县（市、区）为基础，由县级民政部门牵头负责，同级教育部门、公安机关等协助配合，准确掌握留守儿童家庭情况、监护情况、就学情况等信息，及时录入山东省未成年人（留守儿童）关爱保护信息管理平台。

2. **建立健全留守儿童动态监测报告制度。**每月至少与留守儿童联系一次，每半年至少进行一次家访。新增留守儿童应及时更新台账和工作平台，父母外出返乡的要实行退出制度。

3. **强化农村留守儿童属地保护职责。**通过政府购买服务方式，在乡镇（街道）设立留守儿童关爱保护专干，在村（居）设立留守儿童关爱联络员。乡镇（街道办事处）要建立党员干部、学校教师等"一对一"的关爱帮扶制度，形成以留守儿童为中心、监护人为主体、帮扶人为补充的全方位关爱服务格局。

4. **强化留守儿童救助保护。**对于监护人家庭经济困难且符合有关社会救助、社会福利政策的，民政及其他社会救助部门要及时纳入保障范围。对遭遇重大突发事件导致基本生活陷入困难、生存面临困境的留守儿童及其家庭实施临时救助。

5. **加大心理健康教育专业队伍建设力度。**到2017年底，每所义务教育阶段学校至少配备1名心理健康辅导教师或接受过心理健康指导专门培训的兼职教师，实现心理健康辅导常态化、全覆盖。

6. **全面开展留守儿童司法保护**。对问题家庭进行排查梳理和监督干预，对监护人不履行监护职责或者侵害儿童合法权益的，有关单位和个人可以依法向人民法院申请撤销其监护人监护资格；构成违反治安管理行为的，依法给予治安管理处罚；构成犯罪的，依法追究刑事责任。

（四）以巾帼脱贫行动为抓手，做好农村留守妇女关爱保护工作

省妇联在全省启动巾帼脱贫行动，以居家创业就业和关爱帮扶为着力点，大力实施宣传发动、培训促动、产业带动、政策拉动、社会联动五大举措，发挥妇联组织独特优势，广泛协调社会资源，在精准扶贫中彰显巾帼力量。

1. **宣传发动**。开展"小康路上姐妹同行"主题宣传教育活动，依托"山东妇女"、山东妇女网等阵地开设专题，集中向妇女宣传中央、省扶贫开发工作精神，宣传有关扶贫政策，宣传扶贫工作典型和妇女脱贫典型，形成了强大舆论氛围。

2. **培训促动**。借助政府、社会机构、企业等力量，针对妇女特点，开展特色种养、手工编织、乡村旅游、电子商务等适合贫困妇女居家创业就业知识技能培训，力争实现"按需培训"。省妇联联合海尔集团等企业，实施村妇代会主任、贫困妇女骨干电商创业入门培训；联合省工艺美术协会开展万名妇女手工艺培训；联合省旅游局、省旅行社协会、省旅游饭店女总经理工作委员会实施"四个一百"示范性培训计划，即百名旅游从业管理者、百名厨艺师、百名巾帼乡村旅游示范村负责人、百名巾帼乡村旅游带头人培训等。今年以来，全省县以上妇联培训妇女电商、手工艺等居家创业就业技能达万余人。

3. **政策拉动**。利用省级巾帼创业贴息资金，对创业就业带动性强、产业带动能力大、精准扶贫工作业绩突出的妇字号中小企业给以贴息扶持。配合省人社厅开展巾帼创业贷，对贫困地区妇字号中小微企业加大贴息贷款支持。认真落实妇字〔2016〕20号文件，大力推进小额担保贷款工作，对符合条件的建档立卡贫困户提供5万元以下，期限3年以内的信用贷款。

4. **产业带动**。一方面征集编印了40个适合妇女居家创业就业的项目手册，进行宣传推介。另一方面加强培训、指导、孵化等工作，切实帮助妇女发展居家项目。提出在全省发展1000个居家创业就业"大姐工坊"，走"妇联＋企业（能人）＋居家项目＋大姐工坊"路子，依托企业、能人发展"大姐工坊"，帮助贫困妇女就近就地就业创业脱贫致富。目前，仅济宁依托迪尚集团发展服装加工基地40家，设立服装加工"大姐工坊"100多个，带动1000余名贫困妇女就业脱贫。各地以妇女为主体的农特产品加工、服装加工、手工等各类工作坊迅速发展，成为帮助贫困妇女就业的有效渠道。

5. **社会联动**。省妇联与省女企业家协会、省服装协会、省工艺美术协会、省旅行社协会和省旅游饭店协会女总经理工作委员会分别签订了共同开展巾帼脱贫行动战略合作协议。开展"百企联百村""千岗联千户"，依托省女企协组织100个企业与100扶贫工作重点村结对帮扶，组织行业部门1000个巾帼文明岗与1000个贫困户结对帮扶；继续开展"代理妈妈"活动，组织动员各界妇女结对贫困儿童、留守儿童进行关爱帮扶；创建"她基金"，继续做好"两癌"患病妇女救助、"春蕾计划"项目；组织爱心人士募集捐赠物资，面向贫困家庭开展"送爱进家"活动，推广在扶贫工作重点村"妇女之家"建立"爱心超市"的做法。巾帼脱贫行动形成"大合唱"之势。

责任单位及联系人：
山东省民政厅　纪德成　事务处副处长　0531-86150819
山东省妇女联合会　张金宁　发展部调研员　0531-51771732

五、完善残疾人关爱体系

残疾人总体劳动能力弱、文化程度低，不仅家庭收入低、生活开支大，而且现实困难多、生活负担重，其整体生活水平同社会平均水平相比存在较大差距，是脱贫难度最大、返贫率较高的群体。近年来，围绕增加残疾人家庭收入、克服障碍、解决困难，推动出台了残疾人康复、教育、就业、扶贫、社会保障等一系列政策措施，残疾人关爱体系逐步完善。目前主要抓好以下惠残政策的落实。

（一）社会保障类

1. 重度残疾人单独申请最低生活保障政策。（1）救助对象：低收入家庭中丧失劳动能力的成年未婚重度残疾人。（2）救助标准：当地执行最低生活保障金标准。（3）申请程序：向当地民政部门申请。（4）政策依据：《山东省最低生活保障管理办法》、省政府办公厅《关于印发山东省残疾人"整体赶平均、共同奔小康"行动方案（2014-2017年）的通知》。

2. 重度残疾人提前五年领取养老保险金政策。（1）救助对象：参加城乡居民基本养老保险的重度残疾人。（2）申请程序：向当地人社部门提出申请。（3）政策依据：省政府《关于印发山东省基本公共服务体系建设行动计划（2013-2015年）的通知》，《山东省人民政府办公厅关于印发山东省残疾人"整体赶平均、共同奔小康"行动方案（2014-2017年）的通知》。

3. 重度残疾人参加居民养老保险政府代缴政策。（1）救助对象：参加居民养老保险重度残疾人。（2）救助标准：市、县（市、区）政府为其代缴部分或全部最低标准的养老保险费。各市标准自行制定。（3）申请程序：按参加居民养老保险的正常程序办理。（4）政策依据：《山东省人民政府关于建立居民基本养老保险制度的实施意见》。

4. 重度残疾人参加居民医疗保险政策代缴政策。（1）救助对象：参加居民医疗保险的重度残疾人。（2）救助标准：各地情况不一，具体咨询各市人社部门。（3）政策依据：《山东省人民政府办公厅关于印发山东省残疾人"整体赶平均、共同奔小康"行动方案（2014-2017年）的通知》。

5. 困难残疾人生活补贴政策。（1）救助对象：纳入最低生活保障的残疾人。（2）申请程序：向乡镇政府（街道办）社会救助"一门受理、协同办理"窗口提交申请，县级残联审核，民政部门审定。（3）救助标准：每人每月不低于80元。（4）政策依据：《山东省人民政府关于贯彻国发〔2015〕52号文件全面建立困难残疾人生活补贴和重度残疾人护理补贴制度的实施意见》。

6. 重度残疾人护理补贴政策。（1）救助对象：生活不能自理的视力、智力、精神、肢体的一二级残疾人。（2）申请程序：向乡镇政府（街道办）社会救助"一门受理、协同办理"窗口提交申请，县级残联审核，民政部门审定。（3）救助标准：每人每月不低于80元。（4）政策依据：《山东省人民政府关于贯彻国发〔2015〕52号文件全面建立困难残疾人生活补贴和重度残疾人护理补贴制度的实施意见》。

（二）康复救助类

1. 人工耳蜗项目。（1）救助对象：0-6岁听障儿童。救助标准：每人10万元（包含人工耳蜗全球招标采购费、手术费、训练费）。（2）申请程序：县级残联每年实名制统计一次或个人网上申报。（3）政策依据：《省政府关于推进听障儿童人工耳蜗康复救助工作专题会议纪要》。

2. 0-6岁儿童抢救性康复项目。（1）救助对象：0-6岁听障残疾儿童、脑瘫儿童、白内障儿童、智力残疾儿童、孤独症儿童、肢体残疾儿童、低视力儿童和因预防接种异常反应导致的残疾儿童。（2）救助标准：12000-17200元。不足部分参照有关文件执行。（3）申请程序：向当地县级残联申请。（4）政策依据：省残联、省人社厅、财政厅《关于将0-6残疾儿童抢救性康复纳入居民基本医疗保险基金支付范围的通知》。

（三）培训和就业创业类

1. 扶持对象：提供残疾人职业技能培训、安置残疾人就业或辐射带动残疾人从业的单位。自主创业的残疾人。

2. 扶持标准：每年奖励扶持100个左右的省级优秀基地、每个给予5万元扶持；100名左右残疾人自主创业标兵和100名左右残疾人致富能手，分别给予1万元和5000元奖励；每两年奖励10个左右省级残疾人就业创业扶贫示范基地，每个给予20万元扶持。

3. 申请程序：申请省级残疾人就业创业扶贫优秀基地、示范基地的单位和申请创业标兵、致富能手的残疾人需向当地县（市、区）残联申请，逐级认定。

4. 政策依据：《山东省"共享阳光——百千万残疾人就业创业扶贫工程"实施办法》。

（四）就业创业类

1. 残疾人公益性岗位就业。（1）扶持对象：低收入就业困难残疾人。（2）扶持标准：各级人民政府投资或者扶持开发的适合残疾人就业的公益性岗位，应当按照不低于用工总数10%的比例安排残疾人就业。（3）申请程序：到当地残联组织登记并向当地人社部门提出申请。

（4）政策依据：《山东省实施〈中华人民共和国残疾人保障法〉办法》第三十四条和《山东省残疾人就业办法》第二十八条。

2. 按比例安排残疾人就业。（1）扶持对象：就业年龄段有就业能力和愿望的残疾人。（2）扶持标准：本省行政区域内的机关、团体、企业、事业单位民办非企业单位（统称用人单位）应当按照不低于本单位在职职工总数1.5％的比例安排残疾人就业。（3）申请程序：到当地残联和用人单位申请或参加当地政府有关部门、企事业等用人单位组织的招录招聘会。（4）政策依据：《山东省实施〈中华人民共和国残疾人保障法〉办法》第三十一条、《山东省残疾人就业办法》第二条、第八条。

3. 残疾人个体从业自主创业。（1）扶持对象：从事个体就业和自主创业的残疾人。（2）扶持内容：免收管理类、登记类、证照类行政事业性收费，依法享受税收优惠政策。（3）申请程序：向当地工商、卫生、税务等主管部门申请。（4）政策依据：《山东省残疾人就业办法》。

4. 残疾人集中就业政策。（1）扶持对象：集中安置残疾人就业企业。（2）扶持标准：享受增值税退税和营业税减征优惠政策，最高不超过每人每年3.5万元。（3）申请程序：经当地残联或民政部门认定，向当地税务部门申请。（4）政策依据：财政部、国家税务总局《关于促进残疾人就业税收优惠政策的通知》、国家税务总局、财政部、中国残疾人联合会《关于促进残疾人就业税收优惠政策征管办法的通知》和《山东省残疾人就业办法》。

（五）第一书记村助残类

省派"第一书记"帮包村助残致富奔小康项目。

1. 扶持对象：省派"第一书记"帮包村的纳入建档立卡的贫困残疾人家庭。

2. 扶持标准：每户每年不低于1000元给予扶持。

3. 申请程序：向村里提出申请或直接向驻村"第一书记"申请。

（六）残疾人证办理

1. 适应人群：视力、听力、言语、肢体、智力、精神和多重残疾等人群。

2. 申办程序：向当地县级残联提出申请。

3. 政策依据：《中国残联关于制发第二代中华人民共和国残疾人证的通知》。

责任单位：山东省残疾人联合会
联 系 人：张文涛 教育就业部部长
电 话：0531-86158951

案例

爱心再传递 公益捐赠助扶贫
山东省国土资源厅

2013年迄今，我厅开展了9期"旧物再利用，爱心我传递"公益捐赠活动，850余人次参与，共捐赠物品2万余件，并建立了每季度捐赠一次的长效机制。所捐物品，全部用于第一书记帮扶村困难家庭的救助工作。2015年6月，这一公益捐赠活动获得山东省首届青年志愿服务项目大赛金奖；2015年12月，获得第二届中国青年志愿服务项目大赛银奖。

捐赠活动始终坚持自觉自愿原则，对捐赠人员、物品、数量等不作硬性要求。每期捐赠活动开展之前，积极了解当地群众的实际需要，增强捐赠活动的针对性。捐赠衣物必须干净整洁，八成新以上，不要有破损、不要有污迹，不要内衣；捐赠电器等物品要能正常使用。捐赠活动每季度开展一次，"捐赠日"为最后一个星期五。厅直属机关党委对捐赠人员的信息翔实登记，并将捐赠物品的数量及发送情况及时公示，接受监督。捐赠物品统一分类整理，严格消毒后，定向捐送到我厅驻惠民县第一书记所在村，分类发放到学校、敬老院及困难家庭。

几年来，我厅通过爱心捐赠活动，为帮扶村解决了一些困难。惠民县石庙镇西庞村陶公仁老人，常年卧病在床，儿子弱智，爷儿俩相依为命，因缺乏经济来源，生活十分困难，床上连像样的被子都没有。我厅将捐赠的被褥、衣服等用品及时送到他家，解决了燃眉之急。2014年，为石庙镇西庞村大付小学捐献了2万余元的文体用品，为新入学的儿童购置了166个新书包；为石庙镇中心小学捐献了价值2万元的美术器材和桌椅板凳等；2015年"六一"前夕，我厅又捐赠230套学习用品，总价值近3.3万元。

【工作启示】公益捐赠活动弘扬了中华民族扶贫帮困、互助友爱的民族精神，密切了党群干群关系，为脱贫攻坚汇聚了社会正能量，省、市、县各级机关都应大力提倡这种公益捐赠助扶贫的做法。

第七章

开创生态文明乡村建设新局面

扶贫开发事关人民福祉，生态文明乡村建设则是促进全体人民共享改革发展成果的重要举措。中共中央、国务院《关于打赢脱贫攻坚战的决定》要求：“加大贫困村生活垃圾处理、污水治理、改厕和村庄绿化美化力度。加大贫困地区传统村落保护力度。继续推进贫困地区农村环境连片整治。”“以整村推进为平台，加快改善贫困村生产生活条件，扎实推进美丽宜居乡村建设。”山东省高度重视生态文明建设和社会主义新农村建设，2011年省委、省政府召开了全省生态文明乡村建设现场会，下发了中共山东省委、山东省人民政府《关于加强生态文明乡村建设的意见》，提出了“产业生态高效，环境优美宜居，生活文明健康”的总体要求，对生态文明乡村建设作出全面部署。中共山东省委、山东省人民政府《关于贯彻落实中央扶贫开发工作部署坚决打赢脱贫攻坚战的意见》进一步要求，把生态保护放在优先位置，提高贫困人口参与度和受益水平。加大扶贫工作重点村生态环境建设力度，做到村容村貌整洁，实现村"四旁"植树、村内干道绿化和宜林荒山全部绿化。到2020年，全省所有扶贫工作重点村生态环境明显改善。扎实推进生态文明乡村建设，搞好农村综合环境整治，补齐基础设施和生活条件短板，既是扶贫开发的重要内容，也是第一书记义不容辞的责任。

第一节
村社建设规划

生态文明乡村建设涉及农村工作的方方面面，为了搞好乡村建设，省里先后出台了《山东省建设社会主义新农村总体规划（2006-2020年）》、《山东省农村新型社区和新农村发展规划（2014-2030年）》、《山东省2016-2020年乡村规划工作方案》《生态文明乡村（美丽乡村）建设规范》等一系列文件，从总体发展规划、建设目标任务、基本原则以及具体实施等方面为编制村庄建设规划提供了基本遵循和重要依据。

一、任务目标和编制原则

（一）任务目标

2016年全省村庄规划编制覆盖率达到75%，2018年达到90%，到2020年实现全覆盖。在规划编制中，主要抓好三个方面的规划编制工作。

一是由市、县（市、区）政府负责编制在本辖区农村新型社区和新农村布局规划。在城镇化发展的推动下，1996—2013年，山东省的行政村数量从8.3万个减至6.5万个，自然村数量从9.8万个减至8.6万个。已形成农村新型社区5790个，2015年城镇化率达到57.01%（户籍人口城镇化率达到47.5%）。经过专家论证和全省自下而上预测协商，到2030年，全省重点规划建设农村新型社区7000个，其中城镇聚合型社区3000个，村庄聚合型社区4000个；重点规划建设中心村5000个，基层村25000个。要按照"生产发展、生活宽裕、乡风文明、村容整洁、管理民主"的总体要求，以促进城乡统筹、推进新型城镇化、建设美丽乡村为出发点，调整优化产业结构，提升产业支持能力，着力建设布局合理、环境优美、功能完善、服务便捷、管理高效的农村新型社区和新农村，在农村地区实现生产空间集约高效，生活空间宜居舒适，生存空间山清水秀。二是乡镇政府（街道办事处）负责编制本辖区农村新型社区详细规划，对近期不合并的村庄，按照改善村庄人居环境、保障村民基本生活条件、提升村庄风貌的要求，编制村庄整治规划。三是加大传统村落保护力度。对贫困地区的各类特色村庄如历史文化名村、传统村落、特色景观旅游名村等编制匹配的历史文化保护、乡村旅游等专项规划。

（二）编制原则

按照中央生态脱贫有关要求，村庄规划应坚持以人为本、村民参与，生态优先、因地制宜，合理布局、节约用地，文化传承、绿色发展，多规融合、协调系统等原则，以需求和问题为导向，综合评定村庄的发展条件。

二、基本内容

根据自然环境、发展历史、建设现状、社会经济发展水平等因素，结合地区发展需求，确定村庄发展定位。统筹考虑住宅、道路、供排水、电力、垃圾收集、畜禽养殖场所等农村生产生活服务设施、公益事业等各项建设用地布局和建设要求。乡村建设要突出"乡土化、多样化",体现田园风光和农村特色。住宅应以低层房为主,并做好与农村社区的规划衔接,避免重复建设。

（一）住房与基础设施建设

1. 村庄建设用地选择,应有利生产、方便生活、适度集中,符合安全与防灾要求。

2. 统筹村民建房与村庄整治改造,适度控制房屋的风格、色彩、空间结构、高度等,与村落风格保持协调一致。

3. 基础设施建设统筹考虑道路、给排水、供电、通讯、能源、公共厕所、垃圾处理、防灾设施等。

（二）公共服务

包括发展目标、服务内容与范围等。从医疗卫生、公共教育、文化体育、社会保障、劳动就业、公共安全、便民服务等方面,制定具体发展措施。

（三）村容环境

1. 村容整治方案,包括村庄风貌特色、环境布局、设计与建设要求。

2. 村庄绿地建设方案,包括绿地面积、绿地布局、植物种类等。

3. 生态环境保护方案,包括村域内大气、水、声、土壤环境质量保护措施。

（四）产业发展

确定具有当地特色的产业发展方案、产业发展目标、产业布局和发展措施。鼓励推广现代生态循环农业,培育新型农业经营主体,推进农村一二三产业融合发展,壮大村级集体经济。

（五）乡风文明

提高乡村文明水平，明确乡村文化传承保护与发展目标，保护乡村历史文化、乡土特色、景观风貌等。

（六）村务管理与长效机制

明确村务管理建设目标，包括组织建设、村规民约等。建立长效管理机制，包括公众参与、监督机制等。

三、编制程序和规划实施

1. 乡、镇人民政府组织编制村庄规划，报上一级人民政府批准。村庄规划在报送审批前，应当经村民会议或村民代表会议讨论同意。规划一经批准，必须严格执行，不得随意更改；如果确需调整修改的，必须按规定程序报原审批机关批准。

2. 使用农村集体土地进行乡镇企业、农村新型社区、农村公共设施和公益事业建设的，建设单位和个人应当持标明建设项目用地范围的地形图、建设项目规划设计方案、建设工程设计方案、建设项目所在地村（居）民委员会同意建设的书面意见等材料，向乡镇人民政府或街道办事处提出申请，由乡镇人民政府或街道办事处报县（市、区）城乡规划主管部门核发乡村建设规划许可证。

3. 使用宅基地进行农村住宅建设，应当提交乡村建设规划许可证申请表、宅基地使用证明或者房屋权属证明、村（居）民委员会同意建设的书面意见、新建住宅相关图纸，向乡镇人民政府或者街道办事处提出申请。经审核符合条件的，由县（市、区）城乡规划主管部门或者其委托的乡镇人民政府核发乡村建设规划许可证。

4. 使用农村集体土地进行乡镇企业、农村新型社区、农村公共设施和公益事业建设以及农村住宅建设，不得占用农用地;确需占用农用地的，依法办理农用地转用审批手续后，方可办理乡村建设规划许可证。建设单位和个人在取得乡村建设规划许可证后，方可办理用地审批手续，进行施工建设。

　　5.村庄规划是百年大计，一次编制，可根据实际需要和建设能力分步实施。规划实施应严格按程序进行，确保工程建设质量。

责任单位及联系人:
山东省住房和城乡建设厅　宫晓芳　村镇处副调研员　0531-87080859
山东省城乡规划设计研究院　张卫国　规划五所所长　0531-88548088

小贴士

农村新型社区和新农村设施配置标准

表1　农村新型社区公共服务设施配置标准

类别	序号	项目名称	千人指标（m²/千人）		一般规模（m²）		配置规定
			建筑面积	用地面积	建筑面积	用地面积	
社区管理设施	1	公共服务中心	—	200	—	≥500	包括行政审批、社区警务、人口管理、计划生育、人民调解、劳动就业、社会保险、社会救助、农村信息技术服务、劳务招收机构等
	2	物业管理	15	—	50-100	—	包括房管、维修、绿化、环卫、保安、家政等

（续表）

类别	序号	项目名称	千人指标（m²/千人）		一般规模（m²）		配置规定
			建筑面积	用地面积	建筑面积	用地面积	
教育设施	3	幼儿园	100—150	100—150	6班 600—800	6班 ≥1500	详细配置内容参照《山东省幼儿园基本办园条件标准》执行
					9班 1200—1500	9班 ≥2000	
					12班 2000—2500	12班 ≥3000	
	4	小学	400—600	600—800	教学点 ≥1500	教学点 ≥3000	详细配置内容参照《山东省普通中小学基本办学条件标准》执行
					12班 ≥3000	12班 ≥6000	
文化设施	5	文化活动站	100	—	300—1000	—	可与公共服务中心结合设置
	6	文化活动场地	—	200	—	500—2000	包括青少年活动、老人活动、体育康乐等设施，与公共绿地结合建设
卫生养老设施	7	卫生室	20	—	80—200	—	宜结合公共服务中心建筑一体设置
	8	幸福院	≥150	≥400	≥400	≥1400	应满足日照要求，并配置独立活动场地

（续表）

类别	序号	项目名称	千人指标（m²/千人）		一般规模（m²）		配置规定
			建筑面积	用地面积	建筑面积	用地面积	
商业设施	9	农贸市场	50	—	—	200—500	批发销售粮油、副食、蔬菜、干鲜果品、小商品
	10	其它商业	350	—	—	1000—3500	可包括农资站、品牌连锁超市、邮政所、银行储蓄所、理发店、饭店、快递网点等，规模与内容以市场调节为主
其它公用设施	11	农机大院	—	200	—	600—2000	农机大院也可作为粮食晾晒场地使用
	12	礼事堂	—	—	100	300	用于农村居民集中举办红白喜事的公共场所

表2 农村新型社区市政设施配置标准

类别	序号	项目名称	用地面积（m²）	配置规定
交通设施	13	道路	—	社区级道路红线8—15米；组团级道路红线6—10米；宅前道路红线4—6米；社区与外部道路连接公路等级不低于四级公路标准
	14	停车场库	—	设置标准为1.0车位/户
	15	公交站点	10—30	—

（续表）

类别	序号	项目名称	用地面积（m²）	配置规定
环卫设施	16	垃圾收集点	≥4	设置标准为1个/100户
	17	垃圾转运站	30—100	设置在与住宅有一定防护距离的独立场地
	18	公厕	≥25	与文体活动场地结合设置
给排水设施	19	供水站	≥100	水质符合《城市供水水质标准CJ/T206—2005》要求
	20	污水处理设施	≥500	按规划设置，因地制宜，可集中，可分散
燃气设施	21	CNG或LNG供气站	2000	符合《城镇燃气设计规范》，按照社区的不同类型和实际情况进行配置
	22	液化石油气储配站	6000	
	23	沼气池	—	
供热设施	24	锅炉房	≥1800	根据社区的不同类型和实际情况，确定热源形式和规模，可采用集中供热的社区合理布局热力站和供热管网。新建采暖建筑应符合节能建筑设计标准
	25	热力站	≥150	

（续表）

类别	序号	项目名称	用地面积（m²）	配置规定
其它基础设施	26	路灯	—	沿主要道路和室外活动空间设置
	27	公共消防器材箱	—	服务半径不应大于500米；配备灭火器、消防水带、消防水枪、消防沙、消防斧、消火栓板手等消防器材
	28	消火栓	—	沿主要道路设置
	29	园林绿化	—	应建设一个中心绿地和2个以上小型公共绿地，中心绿地面积不小于500平方米，社区绿地率不低于30%
	30	视频监控	—	在主要公共场所、主要道路两侧设置

表3　新农村设施配置标准

类别	项目	中心村	基层村	备注
农村社会管理	社会事务受理中心	●	○	在公共服务中心集中设置
	警务室	●	○	
	农业科技站	●	—	
	劳动保障服务站	●	—	
公共福利	幸福院	●	○	
	日间料理中心	●	○	
公共活动	公园绿地	●	○	
	公共活动场所	○	○	可与户外体育运动场结合

（续表）

类别	项目	中心村	基层村	备注
公共卫生	卫生室	●	○	可进入公共服务中心
文化体育	文化活动室	●	●	可进入公共服务中心，兼具留守儿童之家、会议室等功能
	互联网信息服务站	●	○	
	图书阅览室	●	○	
	户外体育运动场	●	●	兼对外停车、集会等
教育设施	小学	○	○	
	幼儿园	●	○	
商业设施	农贸市场	○	○	
	餐饮店	●	○	
	便民超市	●	●	可结合公共服务中心设置
	邮政所	●	○	
	快递服务网点	●	○	
环卫设施	公厕	●	●	
	垃圾收集站	●	●	
交通设施	社会停车场	●	○	
	公交站点	○	○	
给水排水设施	供水站	●	○	
	污水处理设施	●	○	
热力燃气设施	太阳能或环保锅炉或热泵	●	○	
	沼气发生池	●	○	

案例

宜居宜游的新农村典范——竹泉村

沂南县竹泉村

沂南县竹泉村有村民477户,1435口人,原来是远近闻名的扶贫工作重点村,现在是国家4A级景区"竹泉村旅游度假区"和全国旅游脱贫致富的典范。我村在发展过程中,坚持开发与保护并重,以高起点的规划引领高标准的建设,以高品质的设计推动高效率的发展,实现了村庄发展、百姓富裕的完美结合,先后荣获"全国十大最美乡村"、"全国人居范例奖"等荣誉称号。

我村充分发挥家家泉水、户户翠竹的独特优势,聘请山东省旅游规划设计研究院,将乡村旅游、文化保护和美丽乡村建设相结合,重点对基础设施建设、村容村貌整治、民房改造提升、农村产业发展、生态环境保护等进行了科学规划,确立了"一古一新、同步推进"的村庄发展思路。在古村开发上,引入青岛龙腾置业集团,投资3.6亿元开发建设了竹泉村旅游度假景区。度假区在保留原有风貌的同时,深入挖掘自身优势,突出特色、提升亮点,打造成了著名的乡村旅游示范点;在新村建设上,按照社会主义新农村建设标准,由景区出资、村民免费入住,规划建设青年房200户、老年房80户,同步配套完善了有线电视、网络等基础设施，投资160万元建设了1300平方米的集"便民为民、旅游服务、文化活动、党员教育、民主管理"为一体的综合服务中心，方便了百姓日常生活。创造了"政府引导、市场运作、整体搬迁、多方受益"的"竹泉模式"，实现了"群众迁新居、企业建景区、政府兴产业、集体获实惠"的四方共赢。

同时，竹泉村依托旅游景区，发展生态产业，推动农产品就地升值、村民就地转移就业、民俗文化就地商品化，实现了民富村强。开发建设沿街商铺20万平方米，发展农家乐餐饮、住宿50余家，特色商品经营户30家，500余村民实现了就地转移就业，年人均增收2万余元；板栗、李子、煎饼等农特产品就地在商品店出售，实现了就地升值；传统纺线、缝鞋垫、编筐、黑陶手艺等被带到了景区，吸引游客驻足，使传统艺术得以保护与光大，实现了民俗文化的商品化。村集体通过与景区合作经营、土地租赁、商铺开发等形式，年增加经营性收入40多万元。

第二节
农村环境卫生

中央和省委、省政府高度重视农村人居环境建设，强调要把村居环境建设作为扶贫开发工作的应有之义。中共中央、国务院《关于打赢脱贫攻坚战的决定》明确要求加大扶贫工作重点村生活垃圾处理、污水治理、改厕和村庄绿化美化力度。中共山东省委、山东省人民政府《关于贯彻落实中央扶贫开发工作部署坚决打赢脱贫攻坚战的意见》要求加大扶贫工作重点村生态环境建设力度,做到村容村貌整洁。为持续整治农村环境卫生,2014年国务院办公厅下发《关于改善农村人居环境的指导意见》,要求在全国开展农村生活垃圾专项治理。同年,省委办公厅、省政府办公厅下发了《关于加强城乡环卫一体化工作的意见》。目前,山东省基本实现城乡环卫一体化,农村村容村貌明显改观,贫困人口受益程度明显提升。

一、工作目标和重点任务

(一)工作目标

全省所有乡镇(街道)、村(居)建成配齐生活垃圾收集转运设施设备,完善"户集、村收、镇运、县处理"等模式的城乡生活垃圾收运处理体系,建立环卫队伍,形成农村环境卫生管理长效机制,集中治理农村存量垃圾,全省农村生活垃圾无害化处理率达到90%以上,实现城乡环卫一体化全覆盖,农村人居环境全面改善。

(二)重点任务

1. 配齐生活垃圾收集容器。按使用人口、垃圾产量和清运频率等设置生活垃圾收集容器。收集容器应具有密闭功能,安放位置既方便群众投放又便于收集运输。鼓励使用垃圾桶收集生活垃圾,原则上按10—15户配备1个。逐步取代露天垃圾池、垃圾房等非密闭式垃圾收集设施。

2. 配置生活垃圾收运车辆。收运车辆数量、装载能力应满足生活垃圾收集、转运需求。从村(居)到乡镇(街道)转运站,可用密闭式简易车辆运输。有条件的村(居)、乡镇(街道)优先选用自动化密闭收集车，方便桶车对接。垃圾收运车辆、转运站要有专人管理。

3. 建立保洁队伍。有条件的县（市、区）建立由环卫部门统一管理的城乡环卫一体化工作队伍。按服务人口3‰左右的标准配备保洁员，优先从贫困户中聘用责任心强、有劳动能力的保洁人员。

4. 建立运行管理机制。明确保洁责任区域和保洁质量要求，制定垃圾收运服务规范。保洁人员要佩戴标志，安全作业、文明服务。完善环卫设施维护管理制度，统一标识和编号，及时对污损的设施进行清洁、修缮。建立日常监督考核制度，保洁人员收入与作业质量挂钩。严禁任何单位和个人私自填埋、倾倒或焚烧生活垃圾。

5. 开展垃圾减量工作。指导农户对垃圾进行分类投放。易降解的有机垃圾，可建沤肥池或进沼气池处理后返田，灰渣、建筑垃圾等用于铺路填坑，其他生活垃圾进入垃圾收运处理系统。

二、保障措施

（一）明确责任

县（市、区）人民政府是城乡环卫一体化工作的责任主体，负责制定规划、计划或实施方案，建立运行经费保障制度和监督考核机制，确保垃圾收运处理体系正常运行。乡镇人民政府（街道办事处）建立和完善城乡环卫一体化管理体系，负责保洁队伍建设和垃圾转运站的日常维护管理，建立日常保洁和垃圾收运管理制度。村（居）民委员会将环卫保洁规定纳入村（居）规民约，按"一事一议"原则征收生活垃圾处理费，并负责管护环卫设施。

（二）保障经费

农村生活垃圾收运设施建设和车辆的购置费用，由市、县（市、区）

两级财政承担,土地和设施土建费用原则上由乡镇(街道)财政承担。生活垃圾日常收运费用和保洁员工资,由县(市、区)、乡镇(街道)财政和村(居)共同承担。垃圾转运站至处理场(厂)的运输、处理费用由各县(市、区)财政承担。

(三)考核评价

省建立城乡环卫一体化动态管理制度,通过电话调查、实地暗访等方式对各地长效机制建立和运行效果进行考核,定期公布结果。同时建立信息反馈机制,对发现的问题,责成有关县(市、区)限期整改,问题严重的约谈县(市、区)党委、政府负责同志,并给予通报批评。

(四)宣传教育

大力宣传农村生活垃圾处理的意义、政策措施和先进经验做法,形成改善农村人居环境、建设生态文明乡村的良好社会氛围。

三、支持政策

根据《山东省人民政府办公厅关于加强村镇污水垃圾处理设施建设的意见》规定,主要支持政策为:

(一)用地优惠政策

在节约集约用地的基础上,各级政府应优先保障村镇垃圾处理设施建设用地,及时办理用地手续。符合《划拨用地目录》的乡镇垃圾处理设施建设用地可采取划拨方式供地。

(二)价格扶持政策

村镇垃圾处理生产用电,受电变压器容量在315千伏安以上的按照大工业电价执行。对符合固定资产投资审批程序的生活垃圾发电项目积极落实国家可再生能源发电价格政策。

（三）税收优惠政策

按规定对垃圾处理项目免征增值税。

> 责任单位及联系人：
> 山东省住房和城乡建设厅　宫晓芳　村镇处副调研员　0531-87080859
> 山东省扶贫开发领导小组办公室　张曰林　行业社会组副处长　0531-51776449

小贴士

山东基本实现城乡环卫一体化

据山东省社情民意调查中心数据显示：2015年，全省城乡环卫一体化电话调查群众满意率90%以上的县(市、区)，有91个；综合得分9分（满分10分）以上的，达到65个；综合得分8.5分以上的，达到104个，全省基本实现城乡环卫一体化。目前，全省有108座城市垃圾处理场（厂）建成运行,各地按照1个乡镇(街道)建设1处生活垃圾转运站、10至15户配备1个收集容器的标准，建设乡镇垃圾中转站1889个，配置垃圾桶157万个，购置垃圾清运车辆11663台。各地采用全托管、半托管或自我管理的模式，组建了26.8万人的农村保洁队伍，建立健全乡镇环卫管理机构，形成了较完善的农村道路保洁和生活垃圾收运体系。

案例一

加强环境整治 打造美丽家园

吴家县大王镇吴家村

2012年以来，吴家村抓住全省推进城乡环卫一体化的机遇，先后投资17万余元，加大环境整治力度，村庄面貌发生了巨大变化。并优先从贫困户中聘用了4名保洁人员，帮助贫困人口就业脱贫。

一是加强设施建设。2012年，村内先期投资近5万元建设了11处垃圾池，购置40余个垃圾桶，方便村民在家门口倾倒生活垃圾；2015年，对村庄露天垃圾池全部进行了拆除，新添置垃圾桶40余个，实现四户一桶。垃圾管理采用"统一收集、统一运输、统一处理"的模式，即由村里群众自觉集中投放垃圾，镇环卫处每天负责清运，经镇垃圾中转站压缩后，运至东营市垃圾发电厂进行焚烧发电。2015年，我村又率先开展旱厕改造试点，全村300多户全部安装了水冲厕所，受到老百姓的称赞。

二是建立长效管理机制。为保持村庄良好的卫生环境和支持贫困人口就业脱贫，我村优先聘用4名责任心强的贫困村民担任保洁员，负责全村的卫生清扫及路面沟渠花草的管护工作，做到天天有人抓，处处有人管。另外，采取"村督镇管县财"模式对保洁员日常工作进行管理，即保洁员工作任务由村里安排和督促，镇（社区）负责考核和集中管理，工资由县环卫部门按标准统一发放。

三是充分发挥村两委的作用。村两委分管同志每天协同镇（社区）工作人员对保洁人员进行考勤，布置当天工作任务；每周召开一次保洁员调度会议，研究安排一周工作；每月定期召开党员村民代表大会，将环卫工作列入主要议题，邀请保洁员列席会议，听取广大村民对环卫工作的意见和建议。

四是完善制度，全民参与。村里建立并逐步完善了《保洁员管理办法》、《村规民约》等制度，通过召开党员村民代表大会等形式，发动群众积极参与村庄环境整治，做好卫生"门前三包"、房前屋后花草沟渠护理等，并以此作为评选星级文明户、文明家庭的重要依据。另外，在村内加大乡风文明的宣传，张贴、粉刷、设置保护环境、倡导文明等内容的宣传标语，营造了乡风淳朴、文明和谐的良好氛围。

案例二

"四步"工作法　改变农村脏乱差

文登区文登营镇后长湾村

后长湾村共有248户、636人，耕地1450亩，村民以种植苹果等经济作物为主。2014年以来，我村抓住用"一事一议"财政奖补资金开展环境整治重点村的契机，采用"四步"工作法，使全村环境发生了翻天覆地的变化。具体做法是：

第一步，规范程序、组织村民议事。村民议事是"一事一议"工作的灵魂。为提高村民议事的成功率，我村从加强宣传引导入手，多次召开党员和村民代表会议，宣传"一事一议"相关政策。正式议事前，村两委成员挨家挨户进行群众走访，走访率达到95%以上，最大程度了解村民的真实想法，努力形成整治共识。议事过程中，按照"三议三公开"原则，先议提案，再议方案，最后议减免和以资代劳，议事结果及时公示。在此基础上，由村民代表充分发表意见完善方案，形成统一意见，有效避免了"事难议、议难决、决难行"现象的发生。开展农村环境综合整治以来，我村共议事4件，根据村情实际，经村民代表会议决定每名劳动力人均筹劳8个工日，筹劳总量约3160工日，折合资金94800元，达到了筹资筹劳聚集力量的目的。

第二步，因地制宜、编制整治规划。我村以"布局合理、道路通畅、设施配套、环境宜居、特色鲜明"为目标，请有关部门对路网、绿化等工程进行科学规划。在精确测量、合理设置、精心布局的基础上，确定了以9大工程为主的环境整治总体方案，分别为路网硬化、亮化、绿化、村级活动场所改造、改造自来水、清理"三大堆"、拆除乱搭乱建、清理漫流污水及其他工程。为突出文化特色，在村内主路南北大道两侧墙上绘制了"弟子规"等传统文化名篇，形成了一条文化长廊，增强了我村的文化氛围。

第三步，落实责任、确保工程质量。在环境整治项目实施之初，我村就把工程质量放在第一位，采取公开招标的方式选择口碑好、责任强的施工队伍，并签订责任状，要求施工方对工程的质量进行负责。村内专门成立项目实施监督小组，从选料到施工，对各个环节进行把关，压实每一个环节责任，确保不出问题。

第四步，严格管理、打造民心工程。为确保专款专用，提高资金使用效益，我村认真落实财务管理公开制度，发挥村级理财小组民主理财职能，凡"一事一议"财务支出必须经过集体会审，从源头上把好资金流向关。同时，对整治项目筹集资金来源、筹资筹劳数量、招投标及工程决算、资金使用情况等，每月公布一次，接受群众监督，做到公开透明、取信于民，切实把环境整治工程好事做好，实事做实。

第三节

农村污水处理

农村特别是扶贫工作重点村生活污水来源分散、水量较少、收集难度大，因而与城市设施相比投资相对较大、运行维护成本偏高。目前，全省仅有18%的村庄对生活污水进行处理。随着农村人均用水量和生活污水排放量不断增加，部分污水未经处理直接排放不仅污染水环境，而且为安全饮水埋下隐患。加大农村污水治理，已经成为改善扶贫工作重点村生态环境的重点任务。

一、工作目标和重点任务

（一）工作目标

到2018年底，重点饮用水源地保护区内的村庄建立污水管网集中收集处理系统，实现达标排放。到2020年，实现小清河、沂河、沭河、潍河、淄河、胶莱河、徒骇河、微山湖、东平湖、南水北调等重要河流湖泊周边5公里范围内村庄生活污水全部达标排放，全省村庄污水处理率达到35%，农村新型社区污水处理率达到100%。

（二）重点任务

1. 新增污水处理能力。一是以户为单位，建设1户一体、2户一体或多户一体的小型污水处理设备；二是以村庄为单位，在村庄适当位置建设污水处理设施，集中处理全村生活污水。

2. 配套建设收集管网。科学配建污水管网，确保污水应收尽收。对在建管网，做到管径与处理能力相适应；对拟建管网，做到污水处理厂和管网同步规划、同步设计；对现有的雨污合流管网，进行改造。

二、处理模式

农村生活污水处理从污水收集方式角度，可分为接入城镇市政管网统一处理、集中处理和分散处理三种模式；从污水处理工艺角度，可分为传统模式、生态处理模式。

（一）按污水收集方式划分

1. 接入城镇管网统一处理模式。靠近城镇周边的村庄，可将污水纳入城镇污水处理厂集中处理；靠近工业园区的村庄，可将污水纳入工业园区污水处理厂处理。

2. 集中处理模式。人口分布集中的村庄和农村新型社区宜采用此模式。单独或相邻村庄联合建设污水处理厂，村庄建设排水系统，污水经排水系统进入污水处理厂集中处理。

3. 分散处理模式。人口密度低，水环境容量较大的地方及地处非环境敏感区的村庄或农村新型社区，在符合环保要求的前提下，鼓励采用分散式、低成本、易管理的污水处理方式。污水处理设施安置在村落中或村周围，用管道或沟渠将各户的污水引入污水处理设施内集中处理。

（二）按污水处理工艺划分

1. 传统模式。一般适用于污水收集管网建设较为完备、运行维护资金充足的地区。

2. 生态处理模式

（1）人工湿地污水处理工艺技术。适用于雨水和坑塘较多的地区。建造简单，投资小，维护和运行费用低。

（2）氧化塘。适用范围广，大多农村地区均可使用。设计简单，建设费用低，运行管理方便。

（3）生态滤池。适用于中低污染浓度的生活污水处理。生态滤池构造简单，以挺水植物为主，本质上是一个微型人工湿地系统，属于生态工程措施。

三、支持政策

1.《山东省人民政府办公厅关于加强村镇污水垃圾处理设施建设的意见》规定，各级政府应优先保障村镇污水处理设施建设用地，及时办理用地手续。符合《划拨用地目录》的乡镇污水处理厂建设用地可采取划拨方式供地。（在用地、价格扶持、税收优惠等方面的支持政策，请参见本章第二节农村环境卫生的支持政策）

2.《全国农村生活污水治理和无害化卫生厕所改造试点省战略合作框架协议》规定，2016—2020年农发行将在山东省投放贷款总额不低于200亿元的资金支持农村生活污水治理，执行优惠利率。山东省住房和城乡建设厅、农业发展银行山东分行《关于切实做好改善农村人居环境信贷支持工作的通知》，对农村生活污水治理等改善农村人居环境项目进行信贷支持。

3.《关于公布全国农村生活污水治理示范县（市、区）名单的通知》中确定，章丘、胶州、滕州、邹城、新泰、肥城、荣成、齐河8市（县）列为全国农村污水治理示范县，示范县内农村生活污水，以县为单位统一规划、统一建设、统一管理。

责任单位：山东省住房和城乡建设厅
联 系 人：宫晓芳 村镇处副调研员
电 话：0531-87080859

小贴士

农村社区的"移动污水处理厂"

近年来，大城市污水处理比较规范，但镇村社区却因为点多、分散等原因，成了污水处理的难点。针对农村社区污水治理的难题，临沂市已采取了多种方式来处理农村污水。一是将邻近城镇的农村社区，纳入城镇污水处理厂集污管网。二是鼓励有条件的农村社区，可以自行建立小型污水处理设施。三是通过生物降解处理技术，处理污水。尽管如此，有很多农村社区仍然不具备污水处理能力。金锣集团研发了一种专门针对农村社区的一体化污水处理设备——"移动污水处理厂"。它不需要新建管网，可以车载整体迁移。与城镇污水处理厂相比，这套设备综合运营费用节省30%，节省土地面积50%，几乎没有剩余污泥产生，而且操作简单，可以无人值守，每天能处理100—200吨污水，非常适合农村社区和管网连接不到的城郊社区使用。

案例一

统筹推进农厕改造和污水治理
全方位提升美丽乡村建设水平

荣成市寻山街道夼子河村

夼子河村位于桑沟河畔，以前是扶贫工作重点村，共有村民328户，其中常住260户。为改善居住环境和生活条件，我村根据荣成市农厕改造和污水处理建设规划，投资150万元，在全村建设安装高端户型污水处理设施，实现村庄污水集中处理、达标排放。工作中重点抓了以下几方面：

一、科学论证规划先行。按照《荣成市农村无害化厕所改造与污水处理实施方案》，结合村庄区域位置和地质地形特点，经过试点建设、专家评审、择优选用等步骤，最后选择了中车集团生产的具有国际先进水平的净化槽处理技术，对全村污水进行处理。在农户庭院和村庄街道建设雨污分流设施，将农户厕所、厨房、洗浴和小作坊加工生产的污水分户收集，通过管网接入户型处理器进行集中处理，处理后的污水达到半岛流域一级排放标准；按照适度超前的原则，综合考虑投资运行成本、今后发展需要、村庄人口数量和房屋密度，统一规划，采取多户联建的方式，将全村328户住宅划片建设户型污水处理器37台，敷设管网9600米，确保了村庄生产生活污水全部纳入收集处理体系。根据运转情况测算，每户每年平均运行费用在100元左右。农厕改造和污水处理工程由市财政全额投资，统一招标、统一施工，完工后采取政府购买服务方式由水务公司负责管理维护，费用由市镇两级政府按照70%、30%的比例分担。常态化、制度化的运行管理机制，使农村消除了顾虑，为工程快速推进奠定了基础。

二、整合资源整体推进。把厕所改造、污水处理与美丽乡村示范创建和扶贫开发等工作紧密结合，用足用好现有政策和资源，实现各项工作一体推进、村庄环境整体提升。围绕增强村庄硬件设施水平，在完成主街道硬化和雨水管网建设的基础上，投资60多万元对巷道进行硬化，全面提高村庄道路档次；着眼于村庄面貌改善，投资20多万元对村庄绿化进行补植和提升；借助污水管网建设中设备和施工队伍齐备的条件，整修破损建筑物31处，清理乱堆乱放、乱搭乱建125处；利用工程施工废弃渣土填平村头洼地深坑，建设小公园一处，既实现了资源有效利用，又整治了村口环境；依托扶贫开发政策，对11户省定贫困户，专人负责，重点扶持，在完成厕所改造的同时，实现贫困户居住环境、生活质量同步改善。

三、充分发动凝聚合力。农村污水处理工程牵涉面广、工程量大。为确保不误工期、节约成本，村两委提前谋划、及早筹备，保证了工程快速推进。一是广泛征求群众意见。利用广播和村民代表会议等方式，加大宣传，组织试点示范、现场讲解，保障群众的知情权；通过制订科学详细施工计划和干部划片包干动员，指导群众提前做好改造准备工作，使各项工程有效衔接，加快进度。二是发动群众积极参与。安排本村劳动力参与工程建设，增加农民收入；组织老党员、老干部、村民代表为施工建设出谋划策，积极参与工程监管，配合村两委和施工企业为430个检查井做好选址，化解工程纠纷，促进了工程顺利推进，提高了建设质量。三是带动农村面貌整体提升。借助污水处理工程建设，鼓励群众同步改造厨房、卫浴设施，改善庭院和居室环境；对庭院、宅前进行美化亮化。组织妇女开展卫生大扫除，与"诚信示范户"、"文明家庭"等评比结合，大力营造讲卫生、爱清洁的氛围，为建设美丽乡村示范村奠定了坚实基础。

案例二

污水变清水　百姓笑开颜

莱芜市钢城区辛庄镇崖下村第一书记　亓庆华

崖下村位于大汶河上游分支大辛庄河岸边，属于我市扶贫工作重点村，共有村民345户。我村平房都是按照规划，依山而建，上下落差大。村内道路没有建设边沟，生活污水全部排到路面上。雨季时村内道路就像排水沟，路面上全都是水，有时还会倒灌到地势较低的群众家中。冬天污水排到道路上结冰后，行人极易摔倒或造成交通事故。加上有的村民在家搞养殖，牲畜粪便污水横流，味道难闻。解决污水问题成了群众的迫切愿望。

我了解到市生态洁环保科技有限公司正在推广农村户用小型生活污水生物一体化处理设备，经积极联系，该公司同意在崖下村进行农村生活污水治理试点。在与村两委班子沟通后，我们召开村民代表大会，商讨项目建设事宜。经协商确定，项目由市生态洁环保科技有限公司负责免费建设，提供户厕和污水一体化处理设备及污水回收管网的安装和维护，老百姓不用花一分钱。该设备能将粪便、洗衣、洗澡、洗菜等污水充分降解处理，达到国家排放标准，可用来灌溉农作物和绿化树木。

该项目一期工程对71户厕所进行改造，建设68个处理点。其中，2户一体的3个；1户一体的65个。设备和管网投资17.75万元，年运行费估算每户100元，排放水质达到农田灌溉水质标准。我村在村后绿地配备了中水回用设备，将处理后的中水用于浇灌农地和村庄绿地，村容村貌、环境卫生有了明显改善。

第四节

农村厕所改造

　　中央和省扶贫工作部署中，均明确要求加大扶贫工作重点村改厕力度。以整村推进为平台，加快农村人居环境整治，改善扶贫工作重点村生产生活条件，做好农村改厕工作，是推进生态文明乡村建设的重要内容。是改善农村人居环境的迫切需要，是用心用情用力把扶贫开发工作做实做细做到位的具体体现。2015年，省委办公厅、省政府办公厅专门下发了《关于深入推进农村改厕工作的实施意见》，对全省农村包括扶贫工作重点村、贫困户的厕所改造工作作出了工作部署，制定了实施方案和支持农厕改造政策，明确了责任单位和目标任务。

一、工作目标和重点任务

（一）工作目标

　　到2018年底，对全省尚未改造的647.3万农户进行无害化卫生厕所改造。其中，2015年下半年，在全省1159个乡（镇）中，各选择1个村庄作为先行试点村，整村推进厕所改造；2016—2018年，连续三年每年改造200万户，基本实现全省农村无害化卫生厕所全覆盖。

（二）重点任务

1. 严格执行改厕流程。按照统一设计、统一购料、统一施工、统一验收的原则实施改厕工作。县级主管部门负责提供符合当地改厕实际的设计图纸。厕具由县（市、区）或乡（镇）统一招标采购。组织施工以村为单位，同等条件下优先选用本地队伍，优先选用贫困人口为施工人员。整村改厕完成后，由县（市、区）负责组织验收。

2. 加强施工技术指导。省住房城乡建设和卫生计生部门负责对改厕工作施工单位和施工人员进行培训指导。县（市、区）负责组织乡（镇）、村庄管理人员和施工人员接受改厕技术专业培训，规范程序，科学施工。

3. 强化工程质量管理。县（市、区）和乡（镇）承担改厕施工的现场质量巡查与指导监督工作。改厕施工必须由经过培训的施工人员或有资质的施工队伍承担，严格落实工程质量和安全责任制，施工方要担负农厕保修和返修责任，确保农厕质量和使用寿命符合标准要求。

4. 建立社会化管护机制。采取政府购买服务或按照市场化运作模式，由企业或个人出资承担改厕后检查维修、定期收运、粪液资源利用等后续工作，形成管收用并重、责权利衔接的长效管理机制。

二、改造模式

（一）三格式化粪池厕所

该模式适用性强、价格适中、卫生效果好，适用于全省绝大多数农村旱厕改造，户均改造费用1200元。

（二）双瓮漏斗式厕所

该模式适用性强、造价低、结构简单、施工土方量小，适用于全省绝大多数农村旱厕改造，户均改造费用为1000元。

（三）三联沼气池式厕所

由厕屋、畜圈、发酵间等部分组成。人畜粪尿均流入沼气发酵池，产生的沼气用于做饭、照明，沼渣经处理后可以种植无公害农作物、养鱼等。适用于家庭饲养户，户均改造费用为2000元。

（四）水冲式厕所

适用于上水、排水系统完整的农村地区和农村新型社区，户均改造费用2500元。缺点是投资较高，需同时配套建设上、下水系统和污水处理系统，且无法利用粪尿肥料。

（五）粪尿分集式厕所

由储粪池和粪尿分流器组成，适用于干旱缺水地区和使用粪尿肥、无家庭饲养的农户，户均改造费用为1500元。不适合在地下水位较高或降水量丰沛地区。

三、支持政策

《关于深入推进农村改厕工作的实施意见》规定，省财政按照平均每户300元的标准，对农厕改造工作进行奖补；市、县（市、区）级财政奖补，原则上要分别按不低于省级的补助标准予以支持。鼓励农户特别是贫困户以自备砖、砂石、水泥建筑材料或以出工等形式参与改厕；对建档立卡的贫困户，省财政每户补助400元。

> 责任单位及联系人：
> 山东省住房和城乡建设厅　宫晓芳　村镇处副调研员　0531-87080859
> 中共山东省委农工办　蒋　文　督查指导处副处长　0531-51776585
> 山东省财政厅　蔺如伟　农业处副调研员　0531-82669884
> 山东省文明办　耿为华　综合调研处副处长　0531-51775202

山东农村改厕推行考核奖惩制度

推进农村改厕工作，要抓好考核奖惩。山东省对乡镇农村改厕的组织管理、技术指导、资金支持、改厕进度、建设质量、群众满意度等，经常性地进行督导检查。对工作突出、成效明显的，予以通报表扬；工作不力的，进行约谈，并及时公布进展情况。省里制定农村改厕考核验收办法，每年对各县（市、区）年度任务完成情况进行验收，对未完成目标任务的予以通报批评。对验收合格的，认定为无害化卫生厕所全覆盖。还将农村改厕工作纳入生态文明乡村建设和新型城镇化考核。在卫生城市（县城、乡镇、村）评选中，将农村改厕工作作为必备条件。在安排省级相关资金时，与考核结果挂钩，向工作成效好的县（市、区）倾斜。

案例

实施农村旱厕改造　改善农民生活环境

临淄区稷下街道南安村

临淄区稷下街道南安村现有村民117户、420余人，是我市扶贫工作重点村，也是临淄区旱厕改造试点村。除十多户常年不在家的居民外，其余106户已整建制完成了旱厕改造，基本做到了应改尽改，群众非常满意。我们的主要做法是：

一是强化宣传发动。村干部入户宣讲，给群众算细账，讲明无害化厕所改造的好处及政府的优惠政策，让老百姓明白为什么改、改什么、怎么改，充分调动农户的积极性，使群众自发参与到改厕工作中来。

二是党员干部带头。常年在农村居住的，大多是老年人。他们思想比较保守，不容易接受新事物。为此，我村实行干部党员、村民代表带头改厕。村民可以随时到示范户家中参观，有了典型示范，群众就逐渐打消了思想顾虑。

三是严格组织施工。改造一户农村旱厕，除去财政补助外，农户仍需自筹部分资金，如何最大限度降低农户的花费，成为调动农民改厕积极性的关键。为解决这一问题，南安村组建专业施工队伍，统一设计，统一标准，统一购料，统一施工，统一招标厕具产品，企业配送到村。通过上述措施，加快了工程进度，保证了建设质量，大大降低了改厕成本。

四是强化质量监管。推行"技术培训—干部监管—村民评判"模式，确保改厕质量。改厕前对村干部和施工人员进行施工技术培训，优先聘用贫困人口为施工工人。施工中，村干部、技术员、改厕农户现场监管，全程监督，发现问题及时纠正。改厕后，经户主对改厕工程签字认可，方可向施工队伍支付费用，群众不满意的，立即进行整改。通过这些措施，我村群众旱厕改造满意率达到了100%。

五是统一管护服务。一是将无害化卫生厕所使用须知张贴到户，指导农民科学使用厕所，防止洗澡水、生活污水倒入，影响使用效果。二是由村集体统一采购抽粪车辆，安排专人开展抽粪服务。三是公布服务电话，及时处理群众反映问题，定期做好维护，确保改造后的厕所长期发挥作用。

第五节

农村取暖和亮化

取暖和亮化一直以来是城乡差别的明显标志。随着生态文明乡村建设的深入推进和农民生活水平的不断提高，农村居民对补齐农村取暖和亮化"两大短板"的呼声越来越高。山东省正在积极探索行之有效的建管模式，出台支持政策，强化工作措施，让广大农民特别是贫困户尽快过上同城里人一样温暖明亮的生活。

一、目标任务

（一）农村取暖

目前山东省农村冬季仍以烧煤取暖为主。烧煤产生的二氧化硫、氮氧化物、烟尘等污染物，造成大气污染，一定程度上加重了雾霾天气。改变农村冬季采暖方式，既是降低采暖安全隐患、提升农民生活质量的需要，又是治理大气污染的必要举措。普及新型采暖方式，不仅能够切实提升农民冬季居住的舒适度，还将彻底改变农村的生活方式，提升生活质量，引领贫困群众在温暖中奔小康。山东省2016年启动农村改暖工程，让农民群众有更多的获得感。

（二）农村亮化

农村亮化工作是改善农村生产生活条件、开创生态文明乡村建设新局面的具体内容。目前，山东省还有相当数量的村庄夜间无路灯照明。主要分两种情况：一是部分村庄从来没有安装照明设备；二是有些村庄虽然以前安装了路灯，但由于损坏失修或无力支付电费等原因，致使照明设备名存实亡。上述情况，导致农民群众夜间出行不方便、不安全，公共娱乐活动开展受限，广大人民群众对此反映十分强烈。在村庄主要道路及公共场所设置路灯，可减少治安案件和交通事故的发生，提高群众的安全感和幸福感，为贫困地区脱贫致富奠定良好的基础。

二、主要模式

（一）农村取暖

1. 企业余热采暖。该方式适用于距热电企业较近，或者实行村企共建、由大型工业企业提供工厂余热的农村地区。优点是供暖效果好，温度稳定。缺点是受热源制约，不适用于距离热源较远农村地区。

2. 太阳能与燃气壁挂炉互补采暖。利用太阳能和燃气壁挂炉同时采暖，相对于单独使用燃气壁挂炉，可节约部分天然气，平均每天用气量约为6-10方，初期投入约15000元/户。优点是太阳能和壁挂炉都属于清洁能源，且运行费用较低，维护管理方便，较适用于冬天太阳光线充足，燃气供应充足的地区。

3. 地（水）源热泵供暖。地源热泵可以通过地下水内循环，达到冬天供暖夏天制冷的效果。其优点是技术较成熟，节能环保，可以实现供暖和制冷双向效果。缺点是初期投入成本较高，一台地源热泵的初期投入在22000元/户以上；而且受地质条件影响较大，地下水源不丰富的地区无法使用。

4. 陶瓷太阳能房顶供暖。采用新型陶瓷建材做成太阳能房顶，与原房顶公用结构层、保温层、防水层，实现建筑一体化。优点是初装价格低廉，与建普通房顶价格持平，采暖使用太阳能，不需其他费用。缺点是需做成单面坡屋面；采暖效果一般，室外0度时，室内采暖温度约为14度。

5. 其他供暖方式。各地因地制宜，采用火炕、小型环保炉具等传统方式进行采暖。部分经济条件好的家庭可通过碳晶电热板、空调等方式进行采暖，但费用较高。

（二）农村亮化

村内路灯应优先选用自弯臂路灯，或者选用悬挑单臂路灯但灯杆不超过一个焊点。对于发展乡村旅游的村庄，大于8米的主路宜选用高压钠灯，以保持路面照度。

1. 主干路灯。路灯间距不大于100米，6米高自弯臂150W单光源高压钠灯。

2. 次干路灯。路灯间距不大于50米，小于6米的村内道路选用LED灯，发展乡村旅游的村内可选用庭院灯，有条件的可选用太阳能路灯。

3. 普通村内支路路灯。根据现场情况随山墙或随杆布设，节约投资，经济实惠。

> 责任单位：山东省住房和城乡建设厅
> 联 系 人：宫晓芳 村镇处副调研员
> 电 话：0531-87080859

小贴士

什么是"三清"、"四改"、"五化"

村容村貌建设是乡村文明行动工作的重点，也是农民群众最关心、要求最迫切的现实问题。山东各地从推进垃圾城乡一体化处理入手，结合深入推进农村住房建设与危房改造，加大农村基础设施建设和环境整治投入。对规划确定不予迁村并点、空间布局比较合理的村庄，主要开展"三清四改五化"等工程建设，重点解决道路泥泞、排水不畅、垃圾乱扔、人畜混居等问题。"三清"，即清理柴草堆、清理粪堆、清理垃圾堆；"四改"，即"改水、改灶、改厕、改圈"。"五化"，即"居室美化、庭院绿化、房前屋后净化、家庭成员知识化、生活方式科学化"。

案例一

采用地源热泵集中供暖效果好

齐河县祝阿镇古城苑社区

古城苑社区由小魏、小张、小刘等8个村合并而成，共有960户、3324人，属于村企共建社区。2010年10月份开工建设，2013年7月完成回迁安置任务，贫困群众居住环境有了很大改善。

为解决群众冬天取暖问题，我社区在充分调查论证的基础上，决定采用地源热泵集中供暖模式。地源热泵供暖是输入少量电能,通过水循环,把土壤中的热量"取"出来,提高温度后供给室内采暖。

建设伊始,我社区群众对这种供暖技术并不了解。为了得到群众的拥护支持,我们进行了大量的宣传和解释工作,并印发了《给社区群众的一封信》,详细介绍了地源热泵集中供暖的好处:一是绿色环保,供暖过程无燃烧、零排放、无噪音、无废弃物。二是节能高效,热效率是家用空调的6倍。三是安装灵活,扩展性强,一机多用。四是智能化远程中央控制,性能稳定,建设成本和运行费用低。通过一系列的宣传工作,社区群众对地源热泵供暖有了进一步的了解,并最终同意采用此种供暖模式。

为提高管理效率和运行水平,我社区采取市场化运作方式,由祝阿镇政府同设备生产企业签订供暖协议,即由淄博清华鼎坤热力有限公司负责社区供暖系统的投入、管理与运营,大大降低了社区运营成本。公司员工昼夜值班,有问题及时解决,保证了社区正常供暖。

社区供暖工程投入200多万元,供暖面积13.4万平方米,供暖时间从每年11月15日至次年3月15日,冬季室温平均保持在18℃以上,每平方米房屋年取暖费19.5元。对社区五保户等困难家庭减免部分费用,减免部分由社区集体承担。通过安装地源热泵供暖设施,我社区群众包括贫困户一起享受到了与城市居民同样的取暖条件。

案例二

村庄亮化工程照亮村民出行

青州市弥河镇赵家村

赵家村位于青州市东南部，地势平坦开阔。过去村内没有公共照明，群众晚上出行全靠手电筒，十分不方便，安装村内路灯成为村民迫切的需求。近年来，我们村加大基础设施建设，先后安装各类路灯190余盏，有效地解决了村庄的公共照明问题，提升了大家脱贫致富的信心。我们的主要做法是：

一是抢抓机遇，率先施行。2014年，青州市政府提出农村"八个全覆盖"工程，平安亮化工程就是其中之一。我村两委积极向镇政府申请，在全镇率先动工实施亮化工程。该年度，我村共计安装中型路灯28盏，实现了村内主要道路全部亮化，群众夜间出行难的问题得到了初步解决。

二是加大措施，全村覆盖。村内主要道路亮化之后，如何解决群众"从家门到大街"这最后几十米照明的问题又摆在了我们村两委的面前。经过与群众的多次沟通和到先进村庄学习，我们最终决定安装小型太阳能路灯，并研究制定了安装方案。

三是多方协调，筹集资金。安装方案定下之后，我们村两委班子通过多方筹集，解决了资金问题，同时与太阳能路灯生产厂家进行积极协商，在保证质量的同时尽可能压低价格。经过反复协商，最后以每盏500元的价格安装了太阳能路灯160盏。村庄路灯的安装，不但彻底解决了村民晚上出行难的问题，还促进了夜晚农村健身娱乐活动，减少了治安案件的发生，群众对此非常满意。

第六节

乡村绿化

开发荒山荒滩，搞好植树造林，发展苗木花卉和林果业，不但能够改变农村的生态环境，而且可以助推实施乡村旅游扶贫工程，能够增加农民收入，实现绿色扶贫开发和可持续发展。《国务院村庄和集镇规划建设管理条例》、《山东省森林资源管理条例》等法规，制定了详细的森林覆盖率、绿地率和人均公共绿地指标等乡村绿化标准。中共山东省委、山东省人民政府《关于贯彻落实中央扶贫开发工作部署坚决打赢脱贫攻坚战的意见》明确要求，到2020年，全省所有扶贫工作重点村"四旁"植树、村内干道绿化和宜林荒山全部绿化。这些举措结合生态保护，开辟了绿色发展脱贫路径，提高了农村贫困人口参与度和受益水平。

一、任务目标

山东省"十三五"期间，扶贫帮包村实现全面绿化工作目标，通过农业结构调整大力发展经济林和木本粮油，帮助农民脱贫致富；在帮包村力争建成200个森林村庄，实现人均绿地4平方米以上。

二、绿化标准

（一）村内绿化标准

村庄内主要街道两侧，各栽植一行以上适宜的树木或种植适宜的花、灌、草。农户和单位庭院及房前屋后适宜绿化的地方，全部栽植适宜当地生长的乔、灌、花、藤本等植物。有条件的村庄可建设面积300平方米以上的小公园或休闲绿地，人均绿地面积4平方米以上。

（二）村外绿化标准

村域内宜林荒山绿化率应达到80%以上，荒滩绿化率达到90%以上；高速公路、国道、省道、铁路、主干河渠应全部按照要求完成绿化带建设任务；其他道路、河流、沟渠等宜绿化地段绿化率达到80%以上。平原地区要大力建设围村林，林带至少4行或宽度10米以上；农田林网控制率达到90%以上，林网网格建设为大网格宽林带，便于农业机械作业，网格面积一般200—300亩。

三、树木种类

选择树种最好能兼顾景观、生态和农民增收的需要。提倡树种多样化，优先选择乡土树种，适当考虑已引种驯化成功的外地优良树种。主要有以下几类树种。

（一）公园绿地植物

推荐种类为：银杏、楸树、悬铃木、白蜡、臭椿、合欢、马褂木、苦楝、栾树、榉树、槲树、三角枫、毛白杨、大叶女贞、朴树、椴树、五角枫、樱花、灯台树、国槐、水杉、柳树、流苏、黑松、白皮松、雪松、冷杉、龙柏等，以及碧桃、天目琼花、海桐、锦带、耐冬、紫荆、紫薇、木槿、日本女贞、海棠、法国冬青、石楠、榆叶梅等花灌木。

（二）道路绿地植物

推荐种类为：银杏（雄株）、楸树、悬铃木（少球或无球的）、白蜡、臭椿（雌株）、合欢、马褂木、苦楝、朴树、榉树、黑松、栾树、五角枫、椴树、黄连木、垂柳、七叶树等。不宜栽植黄金槐、香花槐、火炬树、侧柏等绿化先锋树种。

（三）居住绿地植物

推荐种类为：银杏、香椿、合欢、栾树、五角枫、红枫、黄连木、玉兰、龙柏、黑松、耐冬、山楂、石榴、泡桐、垂柳、碧桃、樱花、紫叶李、无花果、石楠、木槿、紫薇、海桐等。

（四）村庄绿地植物

推荐种类为：刺槐、榆树、栾树、臭椿、毛白杨、合欢、泡桐、构树、君迁子、黄连木、银杏、悬铃木、侧柏、白皮松、龙柏、苦楝、三角枫、刺楸、青朴、水杉、桑树、紫穗槐、胡枝子、木槿、爬山虎等。

（五）滨海绿地植物

推荐种类为：黑松、龙柏、短叶罗汉松、女贞、红楠、青朴、黄连木、枫杨、构树、麻栎、盐肤木、合欢、白蜡、桑树、旱柳、苦楝、胡颓子、木槿、大叶黄杨、大叶胡颓子、锦带花、枸杞、千首兰、胶东卫矛、海州常山、扶芳藤、爬山虎等。

（六）山林绿地植物

推荐种类为：国槐、臭椿、黄连木、盐肤木、杜梨、苦楝、黑松、香花槐、黄栌、卫矛、君迁子、麻栎、构树、核桃、板栗、山楂、枣树、柿树等，以及紫穗槐、扁担木、鼠李、荆条、胡颓子、金银木、绣线菊等。

（七）防护绿地植物

推荐种类为：国槐、刺槐、臭椿、刺楸、加杨、垂柳、青朴、苦楝、桑树、构树、榆树、侧柏、君迁子、泡桐、核桃、紫穗槐、胡枝子、木槿、丁香、紫藤、爬山虎等。

四、支持政策

（一）造林补贴

对国有林场、农民和林业职工、农民专业合作社等造林主体在宜林荒山地、沙荒地、迹地、低产低效林地进行人工造林、更新和改造，面积不小于1亩的给予适当的补贴。

造林补贴包括造林直接补贴和间接费用补贴。直接补贴是指对造林主体造林所需费用的补贴，补贴标准为：人工营造的乔木林和木本油料林每亩补贴200元，灌木林每亩补贴120元，水果、木本药材等其他林木、竹林每亩补贴100元；迹地人工更新、低产低效林改造每亩补贴100元。间接费用补贴是指对享受造林补贴的县、局、场林业部门组织开展造林有关作业设计、技术指导所需费用的补贴。享受中央财政造林补贴营造的乔木林，造林后10年内不准主伐。

（二）森林生态效益补偿政策

根据国家级、省级公益林权属，实行不同的补偿标准。目前，国有的公益林补偿标准为每年每亩6元，其中管护补助支出5.75元，公共管护支出0.25元；集体和个人所有的公益林补偿标准为每年每亩15元，其中管护补助支出14.75元，公共管护支出0.25元。市、县级公益林森林生态效益资金补偿标准及范围，根据各市、县相关管理办法规定执行。

（三）省选派第一书记帮包村绿化补助资金

这是省财政用于省选派第一书记帮包村村庄绿化美化的专项补助资金。补助标准为：对省选派第一书记帮包的609个村，每村补助10万元，补助资金分两年安排，其中2015年3万元，2016年7万元。

> 责任单位：山东省林业厅
> 联 系 人：李传坤　规划财务处主任科员
> 电　　话：0531-88562532

案例

做强生态产业　致富一方百姓

平邑县九间棚村

九间棚村地处海拔640米的龙顶山上，山高涧陡，地势险峻，发展经济的自然条件较差，历史上是有名的贫困村。为改变贫穷落后的面貌，自20世纪70年代开始，我村大搞造林绿化，封山育林，保护环境，先后栽植各种林木100多万株，绿化荒山8万余亩，栽植各种果树5万多株。现在全村人均果树120余棵，仅果品一项人均增收3200多元；2010年与天宝林场结合，以建设和发展生态产业、环保产业为目标，因地制宜，科学规划，大力发展旅游业和农产品加工业，实现了一二三产业的协调发展，农民人均纯收入持续增长；我村充分利用"中国金银花之乡"的资源优势，大力发展金银花产业。与中国科学院植物研究所合作，成功选育了金银花优良品种"九丰一号"，先后建起了山东九间棚农业科技有限公司等10余家企业，在全国推广种植"九丰一号"金银花5万余亩，成为全国首家正品金银花全产业链企业；以建设全国一流的乡村游景区为目标，把景点建设与农田水利基本建设相结合，规划建设了两座水库，以村内果品种植为基础，建设旅游采摘园。2015年，全村实现工农业总产值2.4亿元，农民人均纯收入1.82万元，实现了脱贫致富，成为临沂市百强小康示范村和国家级文明村。

第七节
乡村文明行动

倡导现代文明理念和生活方式，振奋贫困地区干部群众精神，发挥乡规民约在扶贫济困中的积极作用，推动文化投入向贫困群众倾斜，集中实施一批文化惠民扶贫项目，深化贫困地区文明村镇和文明家庭创建，凝聚全党全社会扶贫开发强大合力，开创全省生态文明乡村建设新局面，是中央和省委、省政府扶贫开发工作的重要内容。山东省自2011年在全省农村组织实施乡村文明行动5年来，深入实施公共文化惠民工程和项目，优先安排扶贫工作重点村，乡村文明行动取得了重要阶段性成果。

一、目标任务

工作重点为实施"村容村貌、村风民俗、乡村道德、生活方式、平安村庄、文化惠民"六大建设，营造新环境、培育新农民、倡导新风尚，加快构建农村公共文化服务体系，建设幸福美好新家园，努力促进农村乡风民风、人居环境、文化生活"三个美起来"，加强扶贫工作重点村现代公共文化服务体系建设，提高服务效能。

（一）人居环境方面

深化"三清四改五化"工程，在城乡环卫一体化全覆盖的基础上，坚持不懈地抓巩固、抓深化、抓提升，全面建立长效机制。积极推行农村垃圾源头减量、就地分类减量和资源回收利用. 有效治理农业生产垃圾、生活垃圾。把农村改厕、治理生活污水和面源污染等作为重点，切实改善农村人居环境。广泛开展"新农村新生活"培训，开展文明家园、优美庭院创建活动，引导农村改变落后风俗习惯和生活方式，推动环境治理由村庄向家庭延伸，由改善硬环境向提升人的文明素养延伸。支持贫困地区保护性开发红色、民族、民间文化资源。

（二）乡风民风方面

一是继续推进四德工程建设，培育"文明、和睦、互助"乡村文化精神。二是深化"星级文明户"、"五好文明家庭"创建，弘扬"好家风好家训"，培育优良家风。三是继承和弘扬传统乡贤文化，发挥新乡贤群体的示范引领作用，培育新乡贤文化，延续乡村传统道德，涵育新风。四是以农村留守儿童、留守妇女、留守老年人为重点，广泛开展送温暖、献爱心志愿服务活动。五是开展法治宣传教育，大力整治农村黄赌毒，依法查处封建迷信、非法宗教等活动，严厉打击扰乱农村社会秩序、危害群众生命财产安全的犯罪，维护农民合法权益。六是移风易俗，落实《关于加强农村红白理事会建设进一步促进移风易俗的意见》要求，在农村普遍建立红白理事会，建立完善村规民约，引导农民群众破除婚丧嫁娶活动中的封建迷信、低级粗俗、铺张浪费、天价彩礼、薄养厚葬等陈规陋习。

（三）文化生活方面

一是办好文化惠民实事，积极推进综合性文化服务中心建设，建好用好乡村学校少年宫、农村文体小广场。二是结合"深入生活、扎根人民"主题实践活动，运用好文化科技卫生"三下乡"、文化进万家、送欢乐下基层、"心连心"小分队演出、文艺志愿服务、"结对子、种文化"等平台载体，搭建文化传输的桥梁，送书送戏送电影下乡，不断丰富农民群众的精神文化生活。三是加大非物质文化遗产保护力度，加强对民间艺人、文化能人、文化经纪人的教育培训，指导农民开展各种形式的自办文化，利用农闲和各类节日组织民俗文化活动，增强农村文化生机和活力。四是深化文明村镇、文明家庭创建活动，继续实施"百镇千村"建设示范工程，引导村（居）按照"十个一"的标准（休闲文化广场、健身广场、休闲长廊、乡村文明宣传街、LED显示屏、农家书屋、道德讲堂、文化墙、宣传栏、乡村文明家园标识）创建"乡村文明家园"，开展文明村镇创建活动，引导更多的村镇达到县级及县级以上文明村镇的标准。

二、支持政策

（一）乡村文明行动"百镇千村"建设示范工程奖补政策

省财政自2013年起设立乡村文明行动专项资金，组织实施"百镇千村"建设示范工程，在全省集中建设100个文化特色示范镇和1000个"乡村文明家园"示范村。目前已建成省级文化特色示范镇100个、省级"乡村文明家园"示范村（居）1885个。其中，按照每镇20万元、每村10万元的标准，由省财政直接奖补文化特色镇90个，"乡村文明家园"示范村（居）845个。

（二）乡村学校少年宫项目建设政策

"十二五"期间，中央文明办、财政部和教育部投入项目资金35亿元，在全国建设12000所乡村学校少年宫，我省也实施了省级项目。中央项目修缮装备标准为平均每所20万元，省级项目为每所10万元。目前，全省共建设省级及以上乡村学校少年宫1636个，为农村少年儿童搭建了快乐学习、健康成长平台。中央文明办、财政部和教育部在"十三五"时期继续建设乡村学校少年宫，我省也将继续安排建设省级项目。

责任单位及联系人：

山东省文明办

耿为华　综合调研处副处长　0531-51775202

王强荣　未成年人思想道德建设工作处主任科员　0531-51775320

小贴士

什么是"四德工程"

"四德工程"即"爱德、诚德、孝德、仁德"，是以社会主义核心价值体系为主线，以建立良好道德规范和构建共有精神家园为目标，凝聚道德力量，形成推动发展的思想保障和精神支撑，"四德"分别对应中央提出的社会公德、职业道德、家庭美德、个人品德。

"四德"工程建设以"职业道德、社会公德、家庭美德、个人品德"为基本内容，阐释出十二种标准要求。具体概括为"4.12"工程。(1)以"诚"为核心的职业道德建设：突出"忠诚企业、诚实敬业、诚信待人"三个方面。（2）以"爱"为核心的社会公德建设：突出"关爱他人、爱护环境、奉献社会"三个方面。(3)以"孝"为核心的家庭美德建设：突出"孝敬老人、爱抚幼小、和睦邻里"三个方面。（4）以"贤"

为核心的个人品德建设：突出"贤达高尚、豁达宽容、修身感恩"三个方面。四德工程建设应该走向生活，走向民众，突出榜样的力量，利用好新的宣传平台，创新评价体系等四种方法指导，以贴近实际、贴近生活、贴近民众为基本原则，大胆改革，勇于探索，从创新机制入手，构建具有多元化的创新评价体系。

案例一

一个山区村的殡葬改革

临沂市河东区八间屋村

八间屋村共有农户336户、1010人，其中党员39名，是当地有名的贫困村。近年来，我们村两委针对殡葬铺张浪费现象，决定从改变村民的思想观念入手，积极开展破除陋习、移风易俗活动，对殡葬制度进行改革，取得了良好成效。

一、提高认识，健全组织。我村地处偏远山区，经济基础薄弱，农民收入水平较低。虽然是贫困地区、扶贫工作重点村，但殡葬费用却很高，仅酒席、棺材、鼓手等几项开支都在3万元左右，而且近年来相互攀比之风愈演愈烈，"老人死不起、丧事办不起"的问题普遍存在，村民苦不堪言。我们村两委认识到，要改变这种状况，必须对殡葬制度进行改革，改变村民的思想观念，提倡厚养薄葬，形成比孝敬、比节俭的良好风气。我们村两委召开由老党员、老干部及村民代表参加的会议，专题研究殡葬改革问题。通过认真分析讨论，大家一致认为，丧事大操大办，不但造成了浪费，增加了农民负担，而且败坏了风气，是一种很不好的习俗，应彻底革除。大家统一认识后，决定成立红白理事会，会长由支部书记担任，成员由群众威望高且愿意为群众热心服务的村民组成，理事会下设殡改服务队，具体负责村内殡葬事务。

二、建章立制，抓好落实。为使殡葬改革能够长期坚持下去，我村制定了《八间屋村红白理事会章程》和《丧事简办实施办法》等制度，并纳入了村规民约。具体规定：

1. 殡葬去掉棺材、鼓手、纸草、孝带四项内容，凡是来客一律佩戴孝花。

2. 村里统一购买音响、垂帘及孝花等，村集体给每位去世者送花圈一个。

3. 酒席改为标准的四碟八碗，不允许有高档消费。

4. 仪式一切从简，尽早让逝者入土为安。

5. 对违背规定的，村委按村规民约进行处罚。

三、强化措施，稳步推进。一是村干部率先签订移风易俗责任书，对丧葬事项、办理时间、办理规模和范围等做出明确规定，我们村两委带头贯彻执行，并接受广大村民的监督。二是红白理事会成员签订承诺书，除了保证带头丧事简办外，还要严格遵守红白理事会的制度和纪律，坚持原则、不徇私情、不得吃请、不收受事主的钱物，对所有事主一视同仁。三是利用村里的广播喇叭、公告栏等进行反复宣传，提高村民对厚养薄葬的认识，引导村民从我做起、从身边做起，形成了良好的社会氛围。四是畅通信息。谁家有丧事，红白理事会第一时间上门服务，形成部署工作、反馈情况、交流经验、上下联动的工作信息网络。

我村殡葬改革得到了全体村民的积极响应，特别是提倡厚养薄葬，深受老年人的支持和拥护。子女的经济负担减轻了，老人每年的赡养费也增加了，老人的晚年生活逐年得到改善，为我村营造了精神振奋、脱贫致富的良好社会风气。

附录：重要学习文件

中共中央国务院关于打赢脱贫攻坚战的决定

（2015年11月29日）

确保到2020年农村贫困人口实现脱贫，是全面建成小康社会最艰巨的任务。现就打赢脱贫攻坚战作出如下决定。

一、增强打赢脱贫攻坚战的使命感紧迫感

消除贫困、改善民生、逐步实现共同富裕，是社会主义的本质要求，是我们党的重要使命。改革开放以来，我们实施大规模扶贫开发，使7亿农村贫困人口摆脱贫困，取得了举世瞩目的伟大成就，谱写了人类反贫困历史上的辉煌篇章。党的十八大以来，我们把扶贫开发工作纳入"四个全面"战略布局，作为实现第一个百年奋斗目标的重点工作，摆在更加突出的位置，大力实施精准扶贫，不断丰富和拓展中国特色扶贫开发道路，不断开创扶贫开发事业新局面。

我国扶贫开发已进入啃硬骨头、攻坚拔寨的冲刺期。中西部一些省（自治区、直辖市）贫困人口规模依然较大，剩下的贫困人口贫困程度较深，减贫成本更高，脱贫难度更大。实现到2020年让7000多万农村贫困人口摆脱贫困的既定目标，时间十分紧迫、任务相当繁重。必须在现有基础上不断创新扶贫开发思路和办法，坚决打赢这场攻坚战。

扶贫开发事关全面建成小康社会，事关人民福祉，事关巩固党的执政基础，事关国家长治久安，事关我国国际形象。打赢脱贫攻坚战，是促进全体人民共享改革发展成果、实现共同富裕的重大举措，是体现中国特色社会主义制度优越性的重要标志，也是经济发展新常态下扩大国内需求、促进经济增长的重要途径。各级党委和政府必须把扶贫开发工作作为重大政治任务来抓，切实增强责任感、使命感和紧迫感，切实解决好思想认识不到位、体制机制不健全、工作措施不落实等突出问题，不辱使命、勇于担当，只争朝夕、真抓实干，加快补齐全面建成小康社会中的这块突出短板，决不让一个地区、一个民族掉队，

实现《中共中央关于制定国民经济和社会发展第十三个五年规划的建议》确定的脱贫攻坚目标。

二、打赢脱贫攻坚战的总体要求

（一）指导思想

全面贯彻落实党的十八大和十八届二中、三中、四中、五中全会精神，以邓小平理论、"三个代表"重要思想、科学发展观为指导，深入贯彻习近平总书记系列重要讲话精神，围绕"四个全面"战略布局，牢固树立并切实贯彻创新、协调、绿色、开放、共享的发展理念，充分发挥政治优势和制度优势，把精准扶贫、精准脱贫作为基本方略，坚持扶贫开发与经济社会发展相互促进，坚持精准帮扶与集中连片特殊困难地区开发紧密结合，坚持扶贫开发与生态保护并重，坚持扶贫开发与社会保障有效衔接，咬定青山不放松，采取超常规举措，拿出过硬办法，举全党全社会之力，坚决打赢脱贫攻坚战。

（二）总体目标

到2020年，稳定实现农村贫困人口不愁吃、不愁穿，义务教育、基本医疗和住房安全有保障。实现贫困地区农民人均可支配收入增长幅度高于全国平均水平，基本公共服务主要领域指标接近全国平均水平。确保我国现行标准下农村贫困人口实现脱贫，贫困县全部摘帽，解决区域性整体贫困。

（三）基本原则

——坚持党的领导，夯实组织基础。充分发挥各级党委总揽全局、协调各方的领导核心作用，严格执行脱贫攻坚一把手负责制，省市县乡村五级书记一起抓。切实加强贫困地区农村基层党组织建设，使其成为带领群众脱贫致富的坚强战斗堡垒。

——坚持政府主导，增强社会合力。强化政府责任，引领市场、社会协同发力，鼓励先富帮后富，构建专项扶贫、行业扶贫、社会扶贫互为补充的大扶贫格局。

——坚持精准扶贫，提高扶贫成效。扶贫开发贵在精准，重在精准，必须解决好扶持谁、谁来扶、怎么扶的问题，做到扶真贫、真扶贫、真脱贫，切实提高扶贫成果可持续性，让贫困人口有更多的获得感。

——坚持保护生态，实现绿色发展。牢固树立绿水青山就是金山银山的理念，把生态保护放在优先位置，扶贫开发不能以牺牲生态为代价，探索生态脱贫新路子，让贫困人口从生态建设与修复中得到更多实惠。

——坚持群众主体，激发内生动力。继续推进开发式扶贫，处理好国家、社会帮扶和自身努力的关系，发扬自力更生、艰苦奋斗、勤劳致富精神，充分调动贫困地区干部群众积极性和创造性，注重扶贫先扶智，增强贫困人口自我发展能力。

——坚持因地制宜，创新体制机制。突出问题导向，创新扶贫开发路径，由"大水漫灌"向"精准滴灌"转变；创新扶贫资源使用方式，由多头分散向统筹集中转变；创新扶贫开发模式，由偏重"输血"向注重"造血"转变；创新扶贫考评体系，由侧重考核地区生产总值向主要考核脱贫成效转变。

三、实施精准扶贫方略，加快贫困人口精准脱贫

（四）健全精准扶贫工作机制

抓好精准识别、建档立卡这个关键环节，为打赢脱贫攻坚战打好基础，为推进城乡发展一体化、逐步实现基本公共服务均等化创造条件。按照扶持对象精准、项目安排精准、资金使用精准、措施到户精准、因村派人精准、脱贫成效精准的要求，使建档立卡贫困人口中有5000万人左右通过产业扶持、转移就业、易地搬迁、教育支持、医疗救助等措施实现脱贫，其余完全或部分丧失劳动能力的贫困人口实行社保政策兜底脱贫。对建档立卡贫困村、贫困户和贫困人口定期进行全面核查，建立精准扶贫台账，实行有进有出的动态管理。根据致贫原因和脱贫需求，对贫困人口实行分类扶持。建立贫困户脱贫认定机制，对已经脱贫的农户，在一定时期内让其继续享受扶贫相关政策，避免出现边脱贫、边返贫现象，切实做到应进则进、应扶则扶。抓紧制定严格、规范、透明的国家扶贫开发工作重点县退出标准、程序、核查办法。重点县退出，由县提出申请，市（地）初审，省级审定，报国务院扶贫开发领导小组备案。重点县退出后，在攻坚期内国家原有扶贫政策保持不变，抓紧制定攻坚期后国家帮扶政策。加强对扶贫工作绩效的社会监督，开展贫困地区群众扶贫满意度调查，建立对扶

贫政策落实情况和扶贫成效的第三方评估机制。评价精准扶贫成效,既要看减贫数量,更要看脱贫质量,不提不切实际的指标,对弄虚作假搞"数字脱贫"的,要严肃追究责任。

(五)发展特色产业脱贫

制定贫困地区特色产业发展规划。出台专项政策,统筹使用涉农资金,重点支持贫困村、贫困户因地制宜发展种养业和传统手工业等。实施贫困村"一村一品"产业推进行动,扶持建设一批贫困人口参与度高的特色农业基地。加强贫困地区农民合作社和龙头企业培育,发挥其对贫困人口的组织和带动作用,强化其与贫困户的利益联结机制。支持贫困地区发展农产品加工业,加快一二三产业融合发展,让贫困户更多分享农业全产业链和价值链增值收益。加大对贫困地区农产品品牌推介营销支持力度。依托贫困地区特有的自然人文资源,深入实施乡村旅游扶贫工程。科学合理有序开发贫困地区水电、煤炭、油气等资源,调整完善资源开发收益分配政策。探索水电利益共享机制,将从发电中提取的资金优先用于水库移民和库区后续发展。引导中央企业、民营企业分别设立贫困地区产业投资基金,采取市场化运作方式,主要用于吸引企业到贫困地区从事资源开发、产业园区建设、新型城镇化发展等。

(六)引导劳务输出脱贫

加大劳务输出培训投入,统筹使用各类培训资源,以就业为导向,提高培训的针对性和有效性。加大职业技能提升计划和贫困户教育培训工程实施力度,引导企业扶贫与职业教育相结合,鼓励职业院校和技工学校招收贫困家庭子女,确保贫困家庭劳动力至少掌握一门致富技能,实现靠技能脱贫。进一步加大就业专项资金向贫困地区转移支付力度。支持贫困地区建设县乡基层劳动就业和社会保障服务平台,引导和支持用人企业在贫困地区建立劳务培训基地,开展好订单定向培训,建立和完善输出地与输入地劳务对接机制。鼓励地方对跨省务工的农村贫困人口给予交通补助。大力支持家政服务、物流配送、养老服务等产业发展,拓展贫困地区劳动力外出就业空间。加大对贫困地区农民工返乡创业政策扶持力度。对在城镇工作生活一年以上的农村贫困人口,输入地政府要承担相应的帮扶责任,并优先提供基本公共服务,促进有能力在城镇稳定就业和生活的农村贫困人口有序实现市民化。

（七）实施易地搬迁脱贫

对居住在生存条件恶劣、生态环境脆弱、自然灾害频发等地区的农村贫困人口，加快实施易地扶贫搬迁工程。坚持群众自愿、积极稳妥的原则，因地制宜选择搬迁安置方式，合理确定住房建设标准，完善搬迁后续扶持政策，确保搬迁对象有业可就、稳定脱贫，做到搬得出、稳得住、能致富。要紧密结合推进新型城镇化，编制实施易地扶贫搬迁规划，支持有条件的地方依托小城镇、工业园区安置搬迁群众，帮助其尽快实现转移就业，享有与当地群众同等的基本公共服务。加大中央预算内投资和地方各级政府投入力度，创新投融资机制，拓宽资金来源渠道，提高补助标准。积极整合交通建设、农田水利、土地整治、地质灾害防治、林业生态等支农资金和社会资金，支持安置区配套公共设施建设和迁出区生态修复。利用城乡建设用地增减挂钩政策支持易地扶贫搬迁。为符合条件的搬迁户提供建房、生产、创业贴息贷款支持。支持搬迁安置点发展物业经济，增加搬迁户财产性收入。探索利用农民进城落户后自愿有偿退出的农村空置房屋和土地安置易地搬迁农户。

（八）结合生态保护脱贫

国家实施的退耕还林还草、天然林保护、防护林建设、石漠化治理、防沙治沙、湿地保护与恢复、坡耕地综合整治、退牧还草、水生态治理等重大生态工程，在项目和资金安排上进一步向贫困地区倾斜，提高贫困人口参与度和受益水平。加大贫困地区生态保护修复力度，增加重点生态功能区转移支付。结合建立国家公园体制，创新生态资金使用方式，利用生态补偿和生态保护工程资金使当地有劳动能力的部分贫困人口转为护林员等生态保护人员。合理调整贫困地区基本农田保有指标，加大贫困地区新一轮退耕还林还草力度。开展贫困地区生态综合补偿试点，健全公益林补偿标准动态调整机制，完善草原生态保护补助奖励政策，推动地区间建立横向生态补偿制度。

（九）着力加强教育脱贫

加快实施教育扶贫工程，让贫困家庭子女都能接受公平有质量的教育，阻断贫困代际传递。国家教育经费向贫困地区、基础教育倾斜。健全学前教育资助制度，帮助农村贫困家庭幼儿接受学前教育。稳步推进贫困地区农村义务教育阶段学生营养改善计划。加大对乡村教师队伍建设的支持力度，特岗计划、国培计划向贫困地区基层倾斜，为贫困地区乡村学校定向培养留得下、稳得住的一专多能教师，制定符合基层实际的教师招聘引进办法，建立省级统筹乡村教师补充机制，推动城乡教师合理流动和对口支援。全面落实连片特困地区乡村教师生活补助政策，建立乡村教师荣誉制度。合理布局贫困地区农村中小学校，改善基本办学条件，加快标准化建设，加强寄宿制学校建设，提高义务教育巩固率。普及高中阶段教育，率先从建档立卡的家庭经济困难学生实施普通高中免除学杂费、中等职业教育免除学杂费，让未升入普通高中的初中毕业生都能接受中等职业教育。加强有专业特色并适应市场需求的中等职业学校建设，提高中等职业教育国家助学金资助标准。努力办好贫困地区特殊教育和远程教育。建立保障农村和贫困地区学生上重点高校的长效机制，加大对贫困家庭大学生的救助力度。对贫困家庭离校未就业的高校毕业生提供就业支持。实施教育扶贫结对帮扶行动计划。

（十）开展医疗保险和医疗救助脱贫

实施健康扶贫工程，保障贫困人口享有基本医疗卫生服务，努力防止因病致贫、因病返贫。对贫困人口参加新型农村合作医疗个人缴费部分由财政给予补贴。新型农村合作医疗和大病保险制度对贫困人口实行政策倾斜，门诊统筹率先覆盖所有贫困地区，降低贫困人口大病费用实际支出，对新型农村合作医疗和大病保险支付后自负费用仍有困难的，加大医疗救助、临时救助、慈善救助等帮扶力度，将贫困人口全部纳入重特大疾病救助范围，使贫困人口大病医治得到有效保障。加大农村贫困残疾人康复服务和医疗救助力度，扩大纳入基本医疗保险范围的残疾人医疗康复项目。建立贫困人口健康卡。对贫困人口大病实行分类救治和先诊疗后付费的结算机制。建立全国三级医院（含军队和武警部队医院）与连片特困地区县和国家扶贫开发工作重点县县级医院稳定持续的一对一帮扶关系。完成贫困地区县乡村三级医疗卫生服务网络标准化建设，积极促进远程医疗诊治和保健咨询服务向贫困地区延伸。为贫困地区县乡医疗卫生机构订单定向免费培养医学类本专科学生，支持贫困地区实施全科医生和专科医生特设岗位计划，制定符合基层实际的人才招聘引进办法。支持和引导符合条件的贫困地区乡村医生按规定参加城镇职工基本养老保险。采取针对性措施，加强贫困地区传染病、地方病、慢性病等防治工作。全面实施贫困地区儿童营养改善、新生儿疾病免费筛查、妇女"两癌"免费筛查、孕前优生健康免费检查等重大公共卫生项目。加强贫困地区计划生育服务管理工作。

（十一）实行农村最低生活保障制度兜底脱贫

完善农村最低生活保障制度，对无法依靠产业扶持和就业帮助脱贫的家庭实行政策性保障兜底。加大农村低保省级统筹力度，低保标准较低的地区要逐步达到国家扶贫标准。尽快制定农村最低生活保障制度与扶贫开发政策有效衔接的实施方案。进一步加强农村低保申请家庭经济状况核查工作，将所有符合条件的贫困家庭纳入低保范围，做到应保尽保。加大临时救助制度在贫困地区落实力度。提高农村特困人员供养水平，改善供养条件。抓紧建立农村低保和扶贫开发的数据互通、资源共享信息平台，实现动态监测管理、工作机制有效衔接。加快完善城乡居民基本养老保险制度，适时提高基础养老金标准，引导农村贫困人口积极参保续保，逐步提高保障水平。有条件、有需求地区可以实施"以粮济贫"。

（十二）探索资产收益扶贫

在不改变用途的情况下，财政专项扶贫资金和其他涉农资金投入设施农业、养殖、光伏、水电、乡村旅游等项目形成的资产，具备条件的可折股量化给贫困村和贫困户，尤其是丧失劳动能力的贫困户。资产可由村集体、合作社或其他经营主体统一经营。要强化监督管理，明确资产运营方对财政资金形成资产的保值增值责任，建立健全收益分配机制，确保资产收益及时回馈持股贫困户。支持农民合作社和其他经营主体通过土地托管、牲畜托养和吸收农民土地经营权入股等方式，带动贫困户增收。贫困地区水电、矿产等资源开发，赋予土地被占用的村集体股权，让贫困人口分享资源开发收益。

（十三）健全留守儿童、留守妇女、留守老人和残疾人关爱服务体系

对农村"三留守"人员和残疾人进行全面摸底排查，建立详实完备、动态

更新的信息管理系统。加强儿童福利院、救助保护机构、特困人员供养机构、残疾人康复托养机构、社区儿童之家等服务设施和队伍建设，不断提高管理服务水平。建立家庭、学校、基层组织、政府和社会力量相衔接的留守儿童关爱服务网络。加强对未成年人的监护。健全孤儿、事实无人抚养儿童、低收入家庭重病重残等困境儿童的福利保障体系。健全发现报告、应急处置、帮扶干预机制，帮助特殊贫困家庭解决实际困难。加大贫困残疾人康复工程、特殊教育、技能培训、托养服务实施力度。针对残疾人的特殊困难，全面建立困难残疾人生活补贴和重度残疾人护理补贴制度。对低保家庭中的老年人、未成年人、重度残疾人等重点救助对象，提高救助水平，确保基本生活。引导和鼓励社会力量参与特殊群体关爱服务工作。

四、加强贫困地区基础设施建设，加快破除发展瓶颈制约

（十四）加快交通、水利、电力建设

推动国家铁路网、国家高速公路网连接贫困地区的重大交通项目建设，提高国道省道技术标准，构建贫困地区外通内联的交通运输通道。大幅度增加中央投资投入中西部地区和贫困地区的铁路、公路建设，继续实施车购税对农村公路建设的专项转移政策，提高贫困地区农村公路建设补助标准，加快完成具备条件的乡镇和建制村通硬化路的建设任务，加强农村公路安全防护和危桥改造，推动一定人口规模的自然村通公路。加强贫困地区重大水利工程、病险水库水闸除险加固、灌区续建配套与节水改造等水利项目建设。实施农村饮水安全巩固提升工程，全面解决贫困人口饮水安全问题。小型农田水利、"五小水利"工程等建设向贫困村倾斜。对贫困地区农村公益性基础设施管理养护给予支持。加大对贫困地区抗旱水源建设、中小河流治理、水土流失综合治理力度。加强山洪和地质灾害防治体系建设。大力扶持贫困地区农村水电开发。加强贫困地区农村气象为农服务体系和灾害防御体系建设。加快推进贫困地区农网改造升级，全面提升农网供电能力和供电质量，制定贫困村通动力电规划，提升贫困地区电力普遍服务水平。增加贫困地区年度发电指标。提高贫困地区水电工程留存电量比例。加快推进光伏扶贫工程，支持光伏发电设施接入电网运行，发展光伏农业。

（十五）加大"互联网+"扶贫力度

完善电信普遍服务补偿机制，加快推进宽带网络覆盖贫困村。实施电商扶贫工程。加快贫困地区物流配送体系建设，支持邮政、供销合作等系统在贫困乡村建立服务网点。支持电商企业拓展农村业务，加强贫困地区农产品网上销售平台建设。加强贫困地区农村电商人才培训。对贫困家庭开设网店给予网络资费补助、小额信贷等支持。开展互联网为农便民服务，提升贫困地区农村互联网金融服务水平，扩大信息进村入户覆盖面。

（十六）加快农村危房改造和人居环境整治

加快推进贫困地区农村危房改造，统筹开展农房抗震改造，把建档立卡贫困户放在优先位置，提高补助标准，探索采用贷款贴息、建设集体公租房等多种方式，切实保障贫困户基本住房安全。加大贫困村生活垃圾处理、污水治理、改厕和村庄绿化美化力度。加大贫困地区传统村落保护力度。继续推进贫困地区农村环境连片整治。加大贫困地区以工代赈投入力度，支持农村山水田林路建设和小流域综合治理。财政支持的微小型建设项目，涉及贫困村的，允许按照一事一议方式直接委托村级组织自建自管。以整村推进为平台，加快改善贫困村生产生活条件，扎实推进美丽宜居乡村建设。

（十七）重点支持革命老区、民族地区、边疆地区、连片特困地区脱贫攻坚

出台加大脱贫攻坚力度支持革命老区开发建设指导意见，加快实施重点贫困革命老区振兴发展规划，扩大革命老区财政转移支付规模。加快推进民族地区重大基础设施项目和民生工程建设，实施少数民族特困地区和特困群体综合扶贫工程，出台人口较少民族整体脱贫的特殊政策措施。改善边疆民族地区义务教育阶段基本办学条件，建立健全双语教学体系，加大教育对口支援力度，积极发展符合民族地区实际的职业教育，加强民族地区师资培训。加强少数民族特色村镇保护与发展。大力推进兴边富民行动，加大边境地区转移支付力度，完善边民补贴机制，充分考虑边境地区特殊需要，集中改善边民生产生活条件，扶持发展边境贸易和特色经济，使边民能够安心生产生活、安心守边固边。完善片区联系协调机制，加快实施集中连片特殊困难地区区域发展与脱贫攻坚规

划。加大中央投入力度，采取特殊扶持政策，推进西藏、四省藏区和新疆南疆四地州脱贫攻坚。

五、强化政策保障，健全脱贫攻坚支撑体系

（十八）加大财政扶贫投入力度

发挥政府投入在扶贫开发中的主体和主导作用，积极开辟扶贫开发新的资金渠道，确保政府扶贫投入力度与脱贫攻坚任务相适应。中央财政继续加大对贫困地区的转移支付力度，中央财政专项扶贫资金规模实现较大幅度增长，一般性转移支付资金、各类涉及民生的专项转移支付资金和中央预算内投资进一步向贫困地区和贫困人口倾斜。加大中央集中彩票公益金对扶贫的支持力度。农业综合开发、农村综合改革转移支付等涉农资金要明确一定比例用于贫困村。各部门安排的各项惠民政策、项目和工程，要最大限度地向贫困地区、贫困村、贫困人口倾斜。各省（自治区、直辖市）要根据本地脱贫攻坚需要，积极调整省级财政支出结构，切实加大扶贫资金投入。从2016年起通过扩大中央和地方财政支出规模，增加对贫困地区水电路气网等基础设施建设和提高基本公共服务水平的投入。建立健全脱贫攻坚多规划衔接、多部门协调长效机制，整合目标相近、方向类同的涉农资金。按照权责一致原则，支持连片特困地区县和国家扶贫开发工作重点县围绕本县突出问题，以扶贫规划为引领，以重点扶贫项目为平台，把专项扶贫资金、相关涉农资金和社会帮扶资金捆绑集中使用。严格落实国家在贫困地区安排的公益性建设项目取消县级和西部连片特困地区地市级配套资金的政策，并加大中央和省级财政投资补助比重。在扶贫开发中推广政府与社会资本合作、政府购买服务等模式。加强财政监督检查和审计、稽查等工作，建立扶贫资金违规使用责任追究制度。纪检监察机关对扶贫领域虚报冒领、截留私分、贪污挪用、挥霍浪费等违法违规问题，坚决从严惩处。推进扶贫开发领域反腐倡廉建设，集中整治和加强预防扶贫领域职务犯罪工作。贫困地区要建立扶贫公告公示制度，强化社会监督，保障资金在阳光下运行。

（十九）加大金融扶贫力度

鼓励和引导商业性、政策性、开发性、合作性等各类金融机构加大对扶贫

开发的金融支持。运用多种货币政策工具，向金融机构提供长期、低成本的资金，用于支持扶贫开发。设立扶贫再贷款，实行比支农再贷款更优惠的利率，重点支持贫困地区发展特色产业和贫困人口就业创业。运用适当的政策安排，动用财政贴息资金及部分金融机构的富余资金，对接政策性、开发性金融机构的资金需求，拓宽扶贫资金来源渠道。由国家开发银行和中国农业发展银行发行政策性金融债，按照微利或保本的原则发放长期贷款，中央财政给予90%的贷款贴息，专项用于易地扶贫搬迁。国家开发银行、中国农业发展银行分别设立"扶贫金融事业部"，依法享受税收优惠。中国农业银行、邮政储蓄银行、农村信用社等金融机构要延伸服务网络，创新金融产品，增加贫困地区信贷投放。对有稳定还款来源的扶贫项目，允许采用过桥贷款方式，撬动信贷资金投入。按照省（自治区、直辖市）负总责的要求，建立和完善省级扶贫开发投融资主体。支持农村信用社、村镇银行等金融机构为贫困户提供免抵押、免担保扶贫小额信贷，由财政按基础利率贴息。加大创业担保贷款、助学贷款、妇女小额贷款、康复扶贫贷款实施力度。优先支持在贫困地区设立村镇银行、小额贷款公司等机构。支持贫困地区培育发展农民资金互助组织，开展农民合作社信用合作试点。支持贫困地区设立扶贫贷款风险补偿基金。支持贫困地区设立政府出资的融资担保机构，重点开展扶贫担保业务。积极发展扶贫小额贷款保证保险，对贫困户保证保险保费予以补助。扩大农业保险覆盖面，通过中央财政以奖代补等支持贫困地区特色农产品保险发展。加强贫困地区金融服务基础设施建设，优化金融生态环境。支持贫困地区开展特色农产品价格保险，有条件的地方可给予一定保费补贴。有效拓展贫困地区抵押物担保范围。

（二十）完善扶贫开发用地政策

支持贫困地区根据第二次全国土地调查及最新年度变更调查成果，调整完善土地利用总体规划。新增建设用地计划指标优先保障扶贫开发用地需要，专项安排国家扶贫开发工作重点县年度新增建设用地计划指标。中央和省级在安排土地整治工程和项目、分配下达高标准基本农田建设计划和补助资金时，要向贫困地区倾斜。在连片特困地区和国家扶贫开发工作重点县开展易地扶贫搬迁，允许将城乡建设用地增减挂钩指标在省域范围内使用。在有条件的贫困地区，

461

优先安排国土资源管理制度改革试点，支持开展历史遗留工矿废弃地复垦利用、城镇低效用地再开发和低丘缓坡荒滩等未利用地开发利用试点。

（二十一）发挥科技、人才支撑作用

加大科技扶贫力度，解决贫困地区特色产业发展和生态建设中的关键技术问题。加大技术创新引导专项（基金）对科技扶贫的支持，加快先进适用技术成果在贫困地区的转化。深入推行科技特派员制度，支持科技特派员开展创业式扶贫服务。强化贫困地区基层农技推广体系建设，加强新型职业农民培训。加大政策激励力度，鼓励各类人才扎根贫困地区基层建功立业，对表现优秀的人员在职称评聘等方面给予倾斜。大力实施边远贫困地区、边疆民族地区和革命老区人才支持计划，贫困地区本土人才培养计划。积极推进贫困村创业致富带头人培训工程。

六、广泛动员全社会力量，合力推进脱贫攻坚

（二十二）健全东西部扶贫协作机制

加大东西部扶贫协作力度，建立精准对接机制，使帮扶资金主要用于贫困村、贫困户。东部地区要根据财力增长情况，逐步增加对口帮扶财政投入，并列入年度预算。强化以企业合作为载体的扶贫协作，鼓励东西部按照当地主体功能定位共建产业园区，推动东部人才、资金、技术向贫困地区流动。启动实施经济强县（市）与国家扶贫开发工作重点县"携手奔小康"行动，东部各省（直辖市）在努力做好本区域内扶贫开发工作的同时，更多发挥县（市）作用，与扶贫协作省份的国家扶贫开发工作重点县开展结对帮扶。建立东西部扶贫协作考核评价机制。

（二十三）健全定点扶贫机制

进一步加强和改进定点扶贫工作，建立考核评价机制，确保各单位落实扶贫责任。深入推进中央企业定点帮扶贫困革命老区县"百县万村"活动。完善定点扶贫牵头联系机制，各牵头部门要按照分工督促指导各单位做好定点扶贫工作。

（二十四）健全社会力量参与机制

鼓励支持民营企业、社会组织、个人参与扶贫开发，实现社会帮扶资源和精准扶贫有效对接。引导社会扶贫重心下移，自愿包村包户，做到贫困户都有党员干部或爱心人士结对帮扶。吸纳农村贫困人口就业的企业，按规定享受税收优惠、职业培训补贴等就业支持政策。落实企业和个人公益扶贫捐赠所得税税前扣除政策。充分发挥各民主党派、无党派人士在人才和智力扶贫上的优势和作用。工商联系统组织民营企业开展"万企帮万村"精准扶贫行动。通过政府购买服务等方式，鼓励各类社会组织开展到村到户精准扶贫。完善扶贫龙头企业认定制度，增强企业辐射带动贫困户增收的能力。鼓励有条件的企业设立扶贫公益基金和开展扶贫公益信托。发挥好"10·17"全国扶贫日社会动员作用。实施扶贫志愿者行动计划和社会工作专业人才服务贫困地区计划。着力打造扶贫公益品牌，全面及时公开扶贫捐赠信息，提高社会扶贫公信力和美誉度。构建社会扶贫信息服务网络，探索发展公益众筹扶贫。

七、大力营造良好氛围，为脱贫攻坚提供强大精神动力

（二十五）创新中国特色扶贫开发理论

深刻领会习近平总书记关于新时期扶贫开发的重要战略思想，系统总结我们党和政府领导亿万人民摆脱贫困的历史经验，提炼升华精准扶贫的实践成果，不断丰富完善中国特色扶贫开发理论，为脱贫攻坚注入强大思想动力。

（二十六）加强贫困地区乡风文明建设

培育和践行社会主义核心价值观，大力弘扬中华民族自强不息、扶贫济困传统美德，振奋贫困地区广大干部群众精神，坚定改变贫困落后面貌的信心和决心，凝聚全党全社会扶贫开发强大合力。倡导现代文明理念和生活方式，改变落后风俗习惯，善于发挥乡规民约在扶贫济困中的积极作用，激发贫困群众奋发脱贫的热情。推动文化投入向贫困地区倾斜，集中实施一批文化惠民扶贫项目，普遍建立村级文化中心。深化贫困地区文明村镇和文明家庭创建。推动贫困地区县级公共文化体育设施达到国家标准。支持贫困地区挖掘保护和开发

利用红色、民族、民间文化资源。鼓励文化单位、文艺工作者和其他社会力量为贫困地区提供文化产品和服务。

（二十七）扎实做好脱贫攻坚宣传工作

坚持正确舆论导向，全面宣传我国扶贫事业取得的重大成就，准确解读党和政府扶贫开发的决策部署、政策举措，生动报道各地区各部门精准扶贫、精准脱贫丰富实践和先进典型。建立国家扶贫荣誉制度，表彰对扶贫开发作出杰出贡献的组织和个人。加强对外宣传，讲好减贫的中国故事，传播好减贫的中国声音，阐述好减贫的中国理念。

（二十八）加强国际减贫领域交流合作

通过对外援助、项目合作、技术扩散、智库交流等多种形式，加强与发展中国家和国际机构在减贫领域的交流合作。积极借鉴国际先进减贫理念与经验。履行减贫国际责任，积极落实联合国2030年可持续发展议程，对全球减贫事业作出更大贡献。

八、切实加强党的领导，为脱贫攻坚提供坚强政治保障

（二十九）强化脱贫攻坚领导责任制

实行中央统筹、省（自治区、直辖市）负总责、市（地）县抓落实的工作机制，坚持片区为重点、精准到村到户。党中央、国务院主要负责统筹制定扶贫开发大政方针，出台重大政策举措，规划重大工程项目。省（自治区、直辖市）党委和政府对扶贫开发工作负总责，抓好目标确定、项目下达、资金投放、组织动员、监督考核等工作。市（地）党委和政府要做好上下衔接、域内协调、督促检查工作，把精力集中在贫困县如期摘帽上。县级党委和政府承担主体责任，书记和县长是第一责任人，做好进度安排、项目落地、资金使用、人力调配、推进实施等工作。要层层签订脱贫攻坚责任书，扶贫开发任务重的省（自治区、直辖市）党政主要领导要向中央签署脱贫责任书，每年要向中央作扶贫脱贫进展情况的报告。省（自治区、直辖市）党委和政府要向市（地）、县（市）、乡镇提出要求，层层落实责任制。中央和国家机关各部门要按照部门职责落实扶

贫开发责任，实现部门专项规划与脱贫攻坚规划有效衔接，充分运用行业资源做好扶贫开发工作。军队和武警部队要发挥优势，积极参与地方扶贫开发。改进县级干部选拔任用机制，统筹省（自治区、直辖市）内优秀干部，选好配强扶贫任务重的县党政主要领导，把扶贫开发工作实绩作为选拔使用干部的重要依据。脱贫攻坚期内贫困县县级领导班子要保持稳定，对表现优秀、符合条件的可以就地提级。加大选派优秀年轻干部特别是后备干部到贫困地区工作的力度，有计划地安排省部级后备干部到贫困县挂职任职，各省（自治区、直辖市）党委和政府也要选派厅局级后备干部到贫困县挂职任职。各级领导干部要自觉践行党的群众路线，切实转变作风，把严的要求、实的作风贯穿于脱贫攻坚始终。

（三十）发挥基层党组织战斗堡垒作用

加强贫困乡镇领导班子建设，有针对性地选配政治素质高、工作能力强、熟悉"三农"工作的干部担任贫困乡镇党政主要领导。抓好以村党组织为领导核心的村级组织配套建设，集中整顿软弱涣散村党组织，提高贫困村党组织的创造力、凝聚力、战斗力，发挥好工会、共青团、妇联等群团组织的作用。选好配强村级领导班子，突出抓好村党组织带头人队伍建设，充分发挥党员先锋模范作用。完善村级组织运转经费保障机制，将村干部报酬、村办公经费和其他必要支出作为保障重点。注重选派思想好、作风正、能力强的优秀年轻干部到贫困地区驻村，选聘高校毕业生到贫困村工作。根据贫困村的实际需求，精准选配第一书记，精准选派驻村工作队，提高县以上机关派出干部比例。加大驻村干部考核力度，不稳定脱贫不撤队伍。对在基层一线干出成绩、群众欢迎的驻村干部，要重点培养使用。加快推进贫困村村务监督委员会建设，继续落实好"四议两公开"、村务联席会等制度，健全党组织领导的村民自治机制。在有实际需要的地区，探索在村民小组或自然村开展村民自治，通过议事协商，组织群众自觉广泛参与扶贫开发。

（三十一）严格扶贫考核督查问责

抓紧出台中央对省（自治区、直辖市）党委和政府扶贫开发工作成效考核办法。建立年度扶贫开发工作逐级督查制度，选择重点部门、重点地区进行联合督查，对落实不力的部门和地区，国务院扶贫开发领导小组要向党中央、国务院报告并提出责任追究建议，对未完成年度减贫任务的省份要对党政主要领导进行约谈。各省（自治区、直辖市）党委和政府要加快出台对贫困县扶贫绩效考核办法，大幅度提高减贫指标在贫困县经济社会发展实绩考核指标中的权重，建立扶贫工作责任清单。加快落实对限制开发区域和生态脆弱的贫困县取消地区生产总值考核的要求。落实贫困县约束机制，严禁铺张浪费，厉行勤俭节约，严格控制"三公"经费，坚决刹住穷县"富衔"、"戴帽"炫富之风，杜绝不切实际的形象工程。建立重大涉贫事件的处置、反馈机制，在处置典型事件中发现问题，不断提高扶贫工作水平。加强农村贫困统计监测体系建设，提高监测能力和数据质量，实现数据共享。

（三十二）加强扶贫开发队伍建设

稳定和强化各级扶贫开发领导小组和工作机构。扶贫开发任务重的省（自治区、直辖市）、市（地）、县（市）扶贫开发领导小组组长由党政主要负责同志担任，强化各级扶贫开发领导小组决策部署、统筹协调、督促落实、检查考核的职能。加强与精准扶贫工作要求相适应的扶贫开发队伍和机构建设，完善各级扶贫开发机构的设置和职能，充实配强各级扶贫开发工作力度。扶贫任务重的乡镇要有专门干部负责扶贫开发工作。加强贫困地区县级领导干部和扶贫干部思想作风建设，加大培训力度，全面提升扶贫干部队伍能力水平。

（三十三）推进扶贫开发法治建设

各级党委和政府要切实履行责任，善于运用法治思维和法治方式推进扶贫开发工作，在规划编制、项目安排、资金使用、监督管理等方面，提高规范化、制度化、法治化水平。强化贫困地区社会治安防控体系建设和基层执法队伍建设。健全贫困地区公共法律服务制度，切实保障贫困人口合法权益。完善扶贫开发法律法规，抓紧制定扶贫开发条例。

让我们更加紧密地团结在以习近平同志为总书记的党中央周围，凝心聚力，精准发力，苦干实干，坚决打赢脱贫攻坚战，为全面建成小康社会、实现中华民族伟大复兴的中国梦而努力奋斗。

中共山东省委 山东省人民政府关于贯彻落实中央扶贫开发工作部署坚决打赢脱贫攻坚战的意见

(2015年12月17日)

在全面建成小康社会即将进入决胜阶段，中央召开扶贫开发工作会议，公布《中共中央、国务院关于打赢脱贫攻坚战的决定》，向全党全社会发出了打赢脱贫攻坚战的动员令。为贯彻落实好中央扶贫开发工作部署，结合山东实际，提出如下贯彻落实意见。

一、统一思想认识，明确目标任务

中央扶贫开发工作会议是党的十八届五中全会后召开的第一个中央工作会议，充分体现了党中央对扶贫开发工作的高度重视。习近平总书记、李克强总理等中央领导同志作了重要讲话。习近平总书记从战略和全局高度，深刻阐述了脱贫攻坚的重要意义，科学分析了扶贫开发面临的新机遇新挑战，明确了扶贫开发工作的大政方针、目标任务、总体要求和重大举措，为我们做好新时期扶贫开发工作、打赢脱贫攻坚战提供了科学指南。打赢脱贫攻坚战，必须深入贯彻落实中央扶贫开发工作部署，用习近平总书记扶贫开发战略思想武装头脑、指导实践、引领脱贫攻坚行动。

新中国成立以来，特别是改革开放以来，历届省委、省政府始终高度重视扶贫开发工作。进入"十二五"时期，省委、省政府把农村贫困人口脱贫问题摆在经济社会发展的重要位置，投入力度不断加大，政策措施不断强化，基本构建起专项扶贫、行业扶贫、社会扶贫"三位一体"扶贫开发新格局，全省连续四年每年减少农村贫困人口100万人以上，到2014年年底省定标准线下农村贫困人口减至394万人，2015年可再减贫100万人，农村贫困群众收入增幅高于全省农村居民收入增幅，为提前完成脱贫攻坚任务打下了坚实基础。同时，也要清醒地看到，我省扶贫开发已经进入啃硬骨头、攻坚拔寨的冲刺期。目前，全省仍有300万左右农村贫困人口，总量较大、分布零散、脱贫任务艰巨。工作中，还存在扶贫路径不够宽、体制机制不健全、工作落实不到位、工作力度不够大、分类指导有待加强等薄弱环节。扶贫开发事关全面建成小康社会，事关人民福祉，事关巩固党的执政基础，事关国家长治久安。只有提前完成脱贫攻坚任务，才能在全面建成小康社会进程中走在前列。各级党委、政府必须切实增强责任感使命感紧迫感，把脱贫攻坚作为重大政治任务，在现有基础上不断深化和创新扶贫思路办法，坚决打赢脱贫攻坚战。

打赢脱贫攻坚战，要全面贯彻落实党的十八大和十八届二中、三中、四中、五中全会精神，深入贯彻落实中央扶贫开发工作会议精神和《中共中央、国务院关于打赢脱贫攻坚战的决定》，认真贯彻落实习近平总书记系列重要讲话和对山东工作重要指示精神，按照中央的部署要求，协调推进"四个全面"战略布局，坚持创新、协调、绿色、开放、共享发展理念，充分发挥政治优势和制度优势，以走在前列为目标定位，以增加农村贫困人口收入为核心任务，坚持精准扶贫、精准脱贫基本方略，进行广泛深入动员，采取超常规举措，拿出过硬办法，层层压实责任，切实解决好"扶持谁、谁来扶、如何扶、怎么退"的问题，确保提前完成脱贫攻坚任务，稳定实现农村贫困人口不愁吃、不愁穿，义务教育、基本医疗和住房安全有保障，确保全省人民同步迈入全面小康社会。

推进扶贫开发工作，必须坚持党的领导，夯实组织基础；坚持政府主导，增强社会合力；坚持精准扶贫，提高扶贫成效；坚持保护生态，实现绿色发展；坚持群众主体，激发内生动力；坚持因地制宜，创新体制机制。

在精准识别、精准施策基础上，对建档立卡的300万左右农村贫困人口(以下简称农村贫困人口、农村贫困户)，集中开展扶贫工作。主要是：通过发展生产实现150万人左右脱贫，通过转移就业实现60万人左右脱贫，通过易地搬迁实现6万人左右脱贫，通过生态补偿实现4万人左右脱贫，其他农村贫困人口通过社会保障兜底脱贫。

在脱贫进度上，2016－2017年两年基本完成脱贫任务，第三年全部兜底完成，后两年巩固提升脱贫攻坚成果，建立长效机制。

二、完善政策措施，精准扶贫脱贫

全面贯彻落实中央确定的脱贫攻坚各项政策措施，按照"六个精准""五个一批"要求，创造性地开展工作，集中围绕解决农村贫困人口"两不愁、三保障"，因人因地施策，因贫困原因施策，因贫困类型施策，形成形式多样、作用直接、务实高效、更可持续的脱贫攻坚新格局。

（一）做好基础工作，精准务实推进脱贫攻坚

1. 开展精准识别。抓好精准识别、建档立卡这个关键环节，对农村贫困户、贫困人口定期进行全面核查，对脱贫任务比较重的县、扶贫工作重点村进行再识别再认定。建立脱贫认定机制，制定严格、规范、透明的退出标准、程序和核查办法。建立扶贫动态管理制度，脱贫销号，返贫挂号，做到退出有标准、纳入有程序。对已经脱贫销号的贫困户，脱贫攻坚期内继续给予帮扶，促进稳定脱贫。

2. 科学谋划设计。根据致贫原因和脱贫需求，对农村贫困人口实行分类扶持，选准脱贫路径，明确扶贫方式、扶贫项目、扶贫资金、帮扶单位、帮扶人员等，赢得群众认同，签订帮扶脱贫承诺书。

3. 强化社会监督。建立扶贫政策落实情况和扶贫成效第三方评估制度，加强对扶贫工作绩效的社会监督。对搞"关系扶贫""人情扶贫"和弄虚作假"数字脱贫"的，严肃追究责任。

（二）大力发展生产，提高农村贫困人口收入水平

立足农村贫困人口增收，牢牢把握产业发展、转移就业两大重点，统筹用好产业发展各项扶持政策，把中央产业脱贫有关要求落到实处。

1. 因地制宜发展特色产业。依托当地资源优势和种养习惯，通过结对帮扶、资金支持、技术服务、订单收购等方式，扶持农村贫困户发展投资少、见效快、风险小的特色种养业。实施农村电商扶贫工程，免费培训电商人员，对农村贫困家庭开设网店给予网络资费补助、小额信贷等支持。采取以奖代补、先建后补、财政贴息、财政资金入股等方式，扶持"农家乐"、特色采摘、农耕体验、休闲养生、旅游产品制作等乡村旅游业。注重挖掘保护和开发利用红色、民族、民间文化资源，优先支持革命老区发展红色旅游。实施光伏扶贫工程，帮助有条件的农村贫困户新建分布式光伏项目，鼓励有条件的县(市、区)参与大型集中式光伏项目建设，资产收益用于扶贫。光伏发电建设规模向光伏扶贫项目重点倾斜。

2. 增强农业新型经营主体扶贫带动作用。鼓励支持农业龙头企业、农民合作社、家庭农场等主动承担扶贫责任，通过"龙头企业＋基地＋农户""公司＋合作社＋农户"等方式，把更多农村贫困户纳入产业化经营链条，使每个有劳动力并适宜在当地发展的农村贫困户至少加入1个合作组织。对吸纳农村贫困人口就业30人以上或带动农村贫困户10户以上的各类经营主体，在用地保障、财税政策、银行贷款等方面给予重点支持。

3. 多渠道促进农村贫困人口就业。创新培训方式，加大精准培训力度，两年内完成对所有具有劳动能力并愿意学习技能的农村贫困人口的免费培训。对就业困难人员，组织村企结对，发展手工工艺、来料加工等，实现就地就近转移就业。通过政府购买部分公益岗位，安排农村贫困人口就业。开展东西部就业结对帮扶，东部地区职业学校和企业定向招收西部地区农村贫困家庭学生、定向吸纳西部地区农村贫困人口劳务输出就业。

4. 发展集体经济增加农村贫困人口资产收益。加快村集体产权制度改革，把村集体闲置土地等资源和经营性资产作股量化到村民，组建股份合作社。财政专项扶贫资金和其他涉农资金投入农业、风电、乡村旅游等项目形成的资产，可折股量化到农村贫困户和农村贫困人口。允许以财政扶贫资金作为个人股金入股合作社、龙头企业，引导农村贫困户以土地承包经营权入股合作社、龙头企业，持股分红，负盈不负亏。探索资源开发共享机制，在开发煤炭、油气、水电等资源时，调整完善资源开发收益分配政策，适当提高用于扶贫的比重。

5. 创新产业发展投融资方式。引导现有各类基金向扶贫开发倾斜。由省级财政出资，设立省特色产业扶贫基金，重点扶持发展特色种养和加工业；设立省小额贷款扶贫担保基金，重点为农村贫困户发展生产提供贷款担保。

（三）实施易地搬迁，促进农村贫困人口安居乐业

坚持群众自愿、积极稳妥的原则，全面落实中央易地搬迁脱贫政策，确保搬迁对象搬得出、稳得住、能致富。

1. 积极稳妥推进特殊地区搬迁脱贫。按照中央确定的搬迁范围和下达的搬迁人口数量，加快实施易地搬迁。对黄河滩区、东平湖微山湖湖区、煤炭塌陷区、山区、库区等不适宜居住的村，以及新建湿地自然保护区、湿地公园等涉及的村，需要搬迁的，编制易地搬迁规划，根据群众意愿实施易地搬迁。对易地搬迁村

庄单列土地指标。

2. 妥善做好搬迁农村贫困户安置工作。结合生产就业和民生保障，尽可能将特殊地区贫困户搬到中心村。探索利用农民进城落户后自愿有偿转让出来的农村空置房屋和土地安置易地搬迁农户。支持搬迁安置点发展物业经济，增加搬迁户就业岗位和财产性收入。为符合条件的搬迁户提供建房、生产、创业贴息贷款等支持。对易地搬迁的农村贫困户，参照保障性住房有关政策，优先利用县城、乡镇驻地周边已建商品房就近安置。结合易地搬迁，加快推进城中村、城边村改造，缩小居民生活差距。

（四）结合生态保护，开辟绿色发展脱贫路径

按照中央生态脱贫有关要求，把生态保护放在优先位置，提高农村贫困人口参与度和受益水平。

1. 健全生态补偿机制。落实重点生态功能区生态补偿，适度提高生态公益林等补偿标准，对农村贫困人口集中的区域重点倾斜。积极争取国家政策，对符合条件的25°以上坡耕地实行退耕还林还果。

2. 让农村贫困人口从生态建设中得实惠。结合沿海沿河沿湖生态防护林建设、湿地生态保护区修复、湿地公园提升等工程，在增加生态保护补偿收益的同时，为农村贫困人口提供更多护林员、管理员等就业岗位。在推进城乡环卫一体化过程中，新增保洁员等就业岗位优先提供给农村贫困人口。

（五）加快教育脱贫，阻断贫困现象代际传递

注重扶贫先扶智，对农村贫困家庭学生从学前教育到高等教育进行全过程扶持，让农村贫困家庭子女都能接受公平有质量的教育。

1. 加大农村贫困家庭学生资助力度。各级财政加大投入，省级财政教育经费向脱贫任务较重的县倾斜，对建档立卡农村家庭困难学生，从学前教育到高等教育实行资助全覆盖。学前适龄儿童免收保教费；普通高中免除学杂费。通过助学金、助学贷款等方式，进一步做好农村贫困家庭大学生救助工作。确保每个农村贫困学生不因家庭经济困难而失学。以发展中等职业教育为重点，普及高中阶段教育，让未升入普通高中的农村初中毕业生都能接受中等职业教育。实行贫困农村留守儿童关爱行动，在乡村学校(含教学点)设置留守儿童关爱室。

2. 充实师资力量改善办学条件。建立市级统筹农村教师补充机制，通过撤并、改企转制等方式收回的事业机构编制资源，优先保障农村贫困人口集中区域乡村中小学教师编制需要。按照"退补相当"原则补充教师，缺编的学校要"缺编即补"，满编超编的学校，采用临时周转编制专户，解决总体超编但学科结构性缺员问题。加快改善农村义务教育薄弱学校基本办学条件，鼓励城镇中小学与农村贫困人口集中区域乡村中小学开展结对帮扶、联建共建。

（六）强化社会保障，兜住农村贫困人口民生底线

大力实施健康扶贫工程，完善农村最低生活保障制度，稳定解决无法通过开发性扶贫实现脱贫人口的生计问题。

1. 提高农村特困人员供养水平。通过政府直接投资、吸引社会资本投资等方式，新建、扩建一批养老院、儿童福利院、残疾人康复中心等服务设施，有条件的地方可通过购买、租赁等方式，盘活闲置房产用于供养设施建设。根据群众意愿，两年内实现符合集中供养条件的农村贫困人员集中供养，改善居家供养。设立省公益事业扶贫基金，重点用于支持敬老院、福利院、残疾人康复中心、特殊教育学校等公益设施建设。对重度残疾农村贫困居民，由政府全额代缴最低标准的养老保险费。确保居民基本养老保险基础养老金按时足额发放，逐步提高基础养老金标准。

2. 努力减少因病致贫、因病返贫。提高农村贫困人口大病保险报销比例，最高支付限额从2016年起提高到每年50万元。对农村贫困人口居民大病保险支付后自负费用仍有困难的，加大医疗救助、临时救助、慈善救助力度，将农村贫困人口全部纳入重特大疾病救助范围。对农村贫困人口大病实行分类救治和先诊疗后付费结算机制。对农村贫困人口参加居民基本医疗保险个人承担部分，由各级财政给予补贴。做好农村传染病、地方病、慢性病防治和妇幼保健工作。

3. 保障农村贫困户基本住房安全。将符合条件、有改造意愿的农村贫困户全部纳入农村危房改造计划。落实农村危房改造补助和贷款贴息政策，适度提高补助比例。在合村并居、农村新型社区建设中，通过建设社区保障房、零租房等方式，解决农村贫困户住房安全问题。

4. 推进农村低保线和扶贫线"两线合一"。2016年各县（市、区）低保线不低于国家扶贫标准线，2018年低保线达到省定扶贫标准线。加强省级统筹力度，

实施"两线合一"政策后，新增支出部分，省财政对西部地区补助比例提高到80%，对中部地区提高到60%。

（七）完善政策体系，加大脱贫攻坚支持力度

发挥政府投入的主体和主导作用，鼓励各类金融机构加大对扶贫开发的支持力度。

1. 加大财政投入和统筹使用力度。各级财政把专项扶贫资金纳入年度预算和中期财政规划，确保每年增幅明显高于本级财政收入增长幅度，财政投入与扶贫任务相适应。今后3年，大幅增加省级财政专项扶贫资金，按农村贫困人口数量、人均财力等因素精准分配到县。调整优化各级财政支出结构，适当压缩省级财政专项资金，集中用于脱贫攻坚。整合各类涉农资金，除据实结算的普惠性资金外，其他涉农资金20%以上用于扶贫脱贫。切块到县的省级以上行业部门涉农资金，由县统筹安排使用，集中用于扶贫开发。允许扶贫任务重的县把财政专项扶贫资金、相关涉农资金和社会帮扶资金统筹使用，用于扶贫。在扶贫开发中推广政府与社会资本合作、政府购买服务等模式。

2. 加强金融扶贫支持。用好人民银行支农再贷款和扶贫再贷款。依托国家开发银行、中国农业发展银行等金融机构安排更多的政策性贷款支持扶贫工作。对农村贫困人口开展5万元以下"富民农户贷"，银行实行免抵押、免担保、基准利率，由各级财政贴息支持。对实行"以企带村、以社带户"的龙头企业、农民合作社等带动农村贫困群众脱贫的，给予贷款贴息支持。扩大农业保险覆盖面，支持特色农产品保险发展，各级财政给予保费补贴。加快在脱贫任务比较重的地区设立村镇银行、小额贷款公司等金融机构。

3. 完善土地政策支持扶贫。新增建设用地计划指标优先保障扶贫开发用地需要。完善城乡土地增减挂钩政策，旧村改造、空心村改造、土地复垦等节余的土地指标，允许省域内交易，所得收益重点用于扶贫。省里统筹部分土地占补平衡指标，专项用于脱贫攻坚项目建设。

三、汇聚各方力量，齐心合力攻坚

脱贫攻坚是全党全社会的共同责任。必须举全省之力，引领市场、社会协同发力，加快形成全社会参与的大扶贫格局。

（一）建立扶贫开发综合平台

搭建以大数据为基础、全领域覆盖、全过程监督的扶贫开发综合平台。主要功能：一是信息汇集。把农村贫困户、贫困人口的基本情况、脱贫需求等信息，专项扶贫、行业扶贫、社会扶贫等资源，统一纳入平台数据库，全面反映扶贫供需情况。二是政策发布。把各级各类扶贫政策、脱贫措施纳入平台，向社会提供政策服务。三是供需对接。按照扶贫要求和标准，对需求信息和供给资源进行合理配置，搭建供需对接桥梁，实现政府、爱心企业、爱心组织、爱心人士"点对点"精准帮扶。四是调度监督。对省里确定的扶贫重点工作任务推进情况，进行全过程跟踪调度、动态分析、督导落实，接受社会监督，提高工作效能。五是成效评估。通过网上民意调查、意见反馈等方式，结合实地考察、第三方评估等，对扶贫成效进行科学考评。绘制农村贫困人口分布、扶贫措施到户到人、脱贫人口动态管理"三张图"，将扶贫对象、扶贫措施、脱贫进度等情况全部细化上图，倒排工期、挂图指挥。

（二）广泛动员社会力量参与扶贫

发挥单位、行业优势，做好定点扶贫工作，提高扶贫的精准度和有效性。党政机关、事业单位都要履行扶贫开发责任，积极开展结对帮扶，自觉参与脱贫攻坚。强化国有企业扶贫社会责任，每年拿出一定比例的利润用于扶贫脱贫，并通过社会捐赠、吸纳农村贫困人口就业、领办社会养老等多种方式，积极参与脱贫攻坚。动员民营企业开展产业扶贫、商贸扶贫、就业扶贫、捐赠扶贫、智力扶贫。发挥工青妇、残联等群团组织优势，发挥民主党派、工商联、无党派代表人士和爱国华人华侨作用，鼓励开展脱贫攻坚结对帮扶活动。发挥广大志愿者在扶贫中的作用，定点联系帮扶农村贫困人口，积极开展上门送温暖送爱心活动。支持各级妇联开展"代理妈妈"等活动。各级慈善总会要从慈善捐赠中拿出一部分用于脱贫攻坚，并设立扶贫专户，接收扶贫捐赠。脱贫攻坚期内，省"慈心一日捐"资金全部用于扶贫脱贫。发挥民兵预备役在脱贫攻坚中的作用。

（三）加大行业扶贫开发力度

围绕改善偏远落后地区生产生活条件，相关部门要加大投入，不断增强基础设施对扶贫的支撑作用。实现所有扶贫工作重点村通公路、通公交车、村内道路硬化，提升农村公路等级标准。加强农村道路安全设施建设，保障安全出行，减少交通事故对农村居民危害。实施农村饮水安全巩固提升工程，全面解决农村贫困人口饮水安全问题。加快农网改造升级，2016年实现动力电村村通，2017年完成全部扶贫工作重点村电网改造升级工程。在扶贫工作重点村从事二三产业享受农电价格政策。加快推进农村宽带、有线电视网络建设，扩大信息进村入户覆盖面。邮政、供销合作社等系统要在乡村建立服务网点，鼓励工商企业建设农产品仓储和流通设施。重点加大对革命老区基础设施建设支持力度。

（四）发挥科技、人才帮扶作用

实施科技下乡助推脱贫行动，动员涉农部门、科研单位、大专院校等定点帮扶，采取专兼结合方式，实现科技指导人员扶贫工作重点村全覆盖。支持科技指导人员开展创业式技术服务。引导科技创新成果优先到符合条件的脱贫任务较重地区转化应用。

（五）弘扬家庭美德履行赡养责任

培育和践行社会主义核心价值观，弘扬齐鲁优秀传统文化，推进农村"四德"工程，发挥好村规民约规范约束作用，形成尊老养老、扶贫济困良好风尚。对因子女不履行赡养义务导致老年人贫困的，采取司法调解、司法干预等手段，促使子女更好履行赡养义务。

（六）激发农村贫困群众脱贫致富内生动力

组织开展扶贫政策到村入户活动，深入宣传中央扶贫开发工作会议和习近平总书记脱贫攻坚重要讲话精神，激励广大农村贫困人口自立自强，坚定改变贫穷落后面貌的信心和决心。加强基层服务型党组织建设，选好配强村级领导班子，突出抓好村党组织带头人队伍建设，充分发挥村党组织的战斗堡垒作用和党员的先锋模范作用。健全党组织领导的村民自治机制，通过议事协商，组织群众参与扶贫开发，让群众真正成为脱贫攻坚的主力军。总结推广典型经验，健全正向激励机制，营造脱贫光荣的良好氛围。

四、加强组织领导，压实脱贫责任

实现农村贫困人口脱贫是第一民生工程，是全面建成小康社会的基本标志。各级党委、政府必须把脱贫攻坚作为重大政治任务，勇于担当、攻坚克难，以决战决胜的信心，坚决打赢脱贫攻坚战。

（一）强化脱贫攻坚领导责任制

建立省负总责、市抓推进、县乡抓落实的工作机制，坚持村为重点、扶贫到户、责任到人，层层签订责任书，构建省市县乡村五级书记一起抓扶贫、逐级落实责任制的治理格局。调整省扶贫开发领导小组，由省委、省政府主要负责同志任组长，加强工作机构，强化工作职能，配强工作力量，统筹协调推动脱贫攻坚工作。各市、县(市、区)都要建立健全与脱贫攻坚任务相适应的领导机构和工作机构。脱贫任务重的乡镇要配备专职工作人员。各市党委和政府要加强组织领导，县级党委和政府承担主体责任，各级党委和政府部门要按照部门职责落实扶贫开发责任，注重工作实效。各级党委和政府要善于运用法治思维和法治方式推进扶贫开发工作。

（二）统筹使用好干部资源

在全省范围内统筹干部资源，选派优秀干部到脱贫任务重的县、乡领导班子任职。选派部分市厅级后备干部到脱贫任务重的县挂职任职。脱贫攻坚期内，脱贫任务重的县乡党政领导班子保持稳定。把脱贫攻坚实绩作为选拔任用干部的重要依据，在脱贫攻坚第一线考察识别干部，表现优秀、符合条件的要大胆提拔使用，有的可就地提级。各级领导干部要自觉践行党的群众路线，切实转变作风，把严的要求、实的作风贯穿于脱贫攻坚始终。

（三）充分发挥第一书记促脱贫作用

继续深化第一书记抓党建促脱贫工作，对省定扶贫工作重点村，实现第一书记全派驻，任务重、工作难度大的，首先由省直机关选派，任务艰巨的还要选派驻村工作队。对省定扶贫工作重点村，每村安排30万元产业扶贫资金，所需资金由省市县三级统筹，省级资金向扶贫任务重的地区倾斜。第一书记由当地党委和派出单位党组织共同管理，扶贫任务不完成，派出单位不脱钩。

（四）严格考核督查问责

制定市县和省直部门扶贫工作绩效考核办法，合理设置考核内容和指标体系。建立扶贫工作调度通报和督查制度，对落实脱贫任务不力的，要进行责任追究。完不成年度任务的，对党政主要负责人进行约谈；连续两年完不成年度任务的，对党政主要负责人进行组织调整。对提前完成脱贫攻坚任务的，在一定时间内资金不减、政策不变，并给予表扬奖励。加强财政监督检查和审计、稽查等工作，建立扶贫资金违规使用责任追究制度。纪检监察机关对扶贫工作中虚报冒领、截留私分、贪污挪用、挥霍浪费等违规违纪违法问题，坚决从严查处。集中整治和加强预防扶贫领域职务犯罪工作。

本意见出台后，省有关部门(单位)要在三个月内，配套制定出台专项实施方案，明确各自任务、目标、责任和工作计划，组成"1+N"精准脱贫方案，形成各部门统一步调、统一动作、通力合作、各负其责的脱贫攻坚工作格局。

全省各级党委、政府和广大党员干部群众，要更加紧密地团结在以习近平同志为总书记的党中央周围，同心同德，群策群力，真抓实干，全力打赢脱贫攻坚战，为全面建成小康社会、加快建设经济文化强省而不懈奋斗。

索引

后　记

目前，山东的扶贫开发工作已进入啃硬骨头、攻坚拔寨的冲刺阶段。为深入贯彻落实习近平总书记扶贫开发重大战略思想，集中全力打好脱贫攻坚战，我们组织编写了这本扶贫工作指导用书，给奋战在扶贫一线的广大第一书记和农村基层工作者提供指导和服务。这项工作从2016年2月启动，经过数月紧张地编写修改，今天终于与广大读者见面了。

对书稿的编写工作，省委、省政府和国务院扶贫办领导同志高度重视。省委书记、省人大常委会主任姜异康，省委副书记、省长郭树清亲自批示，提出了明确要求。国务院扶贫办主任刘永富安排专人审阅，并提出宝贵意见。省委副书记龚正为本书作了序言。省选派第一书记工作领导小组副组长王军民牵头组织了编写工作，并亲自制定全书的编撰体例、框架结构和章节提纲，几次召开会议，听取基层第一书记意见，部署编写工作，对书稿的内容进行讨论修改。省委组织部、省委办公厅、省社科联、省发展改革委、省委农工办、省扶贫办、省农业厅等30余个部门单位积极参与编写工作，及时全面准确地提供相关的文字材料，为书稿的编写奠定了基础。具体章节组稿编写的牵头负责同志是，第一章，省社科联林建宁、周忠高；第二章，省委组织部刘炳国、高尚山；第三章、第五章，省扶贫办张瑞东、邵国君；第四章，省发展改革委赵东；第六章，省委组织部刘炳国、省委办公厅李超群；第七章，省委农工办杨炳平。他们牵头组织相关厅局、单位对书稿进行了认真研究修改，做了大量艰苦细致的工作。在成书阶段，李超群、甘信忠、闫化川、杨卫华、张国防、公浩伟、孙永泗等同志对全书进行了精心通稿，进一步提高了书稿的质量。最后，王军民同志又对全书所有章节内容，进行了审阅修改。在编写出版过程中，山东教育出版社、山东省军区政治部等单位给予了大力支持，各有关市县做了大量组织协调工作。在此，谨对所有给予本书帮助支持的单位和同志表示衷心感谢。

由于时间紧迫和水平所限，书中难免有疏漏和错误之处，欢迎广大读者批评指正。

《第一书记扶贫读本》编委会

2016年5月